Excel
VBA-Programmierung

Excel
VBA-Programmierung

Ignatz Schels

Markt+Technik

ISBN 978-3-95982-511-5

Produktmanagement Christian Braun, Burkhardt Lühr
Herstellung Jutta Brunemann
Korrektorat Alexandra Müller
Covergestaltung David Haberkamp
Coverfoto © Putilov_denis – Adobe Stock
Satz inpunkt[w]o, Wilnsdorf (www.inpunktwo.de)
Druck mediaprint solutions GmbH, Paderborn
Printed in Germany

Vorwort

Liebe Leserin, lieber Leser,

ich freue mich, dass Sie mein Buch für den Einstieg in die VBA-Programmierung gewählt haben. Ich werde alles tun, um Ihnen diesen Einstieg so einfach wie möglich zu machen. Und ich werde Ihnen von Anfang an den Spaß am Programmieren vermitteln, den ich habe und immer schon hatte.

Das Buch ist in verständlicher Sprache geschrieben. Das ist nicht so selbstverständlich, besonders beim Thema Programmierung, in dem es von (meist englischsprachigen) Fachbegriffen nur so wimmelt. Aber die lassen sich auch verständlich erklären.

Außerdem habe ich alles zusammengetragen, was Sie für die VBA-Programmierung brauchen, und dafür weggelassen, was Sie (zumindest für den Anfang) nicht interessieren muss. Und wichtige Themen sind ausführlich erklärt und mit vielen Beispielen unterlegt.

Apropos Beispiele: Programmieren lernt man nicht (nur) durch Lesen und Studieren, sondern durch Machen und Probieren. Wie ein erfahrener Handwerker viele Stücke fertigt, bis ihm eines gelingt, so schreibt der VBA-Programmierer zahlreiche Makros, bis er sein Handwerk beherrscht. Deshalb enthält dieses Buch 150 (!) praxisgerechte und nützliche Makrobeispiele zum Lernen, Ausprobieren und Anpassen an eigene Aufgaben. Die Makros können Sie auf der Webseite zum Buch unter der Adresse www.mut.de/2511 herunterladen.

Also, ran ans Werk, es gibt viel zu tun. Und wenn Sie Ihrem Arbeitgeber oder Kunden Ihr erstes fehlerfreies Makro mit eleganten Algorithmen, genialen Datenprozessen und wunderschönen Dialogen präsentieren, dann freue ich mich mit Ihnen und bin auch ein bisschen stolz, meinen Teil dazu beigetragen zu haben.

In diesem Sinne viel Spaß und viel Erfolg mit VBA!

Ihr Autor
Ignatz Schels

... ist Technik-Informatiker, war vier Jahre Trainer bei Microsoft und programmiert seit 30 Jahren selbstständig und erfolgreich mit VBA im Office-Umfeld (Excel, Access, Word) mit Anbindung an SQL-Server, Oracle, SAP u. a. Seine Spezialseminare zu Excel, VBA und Business Intelligence sind ein Erlebnis, seine Fachbücher zu Excel und Windows sind Bestseller und die Fachartikel (zum Beispiel in www.projektmagazin.de*) ganz nah an der Praxis. Besuchen Sie ihn auf seiner Webseite* www.schels.de.

Hinweise zum Buch

Als Autor zahlreicher Fachbücher weiß ich natürlich, wie ein Fachbuch zu schreiben ist. Wichtiger wäre aber zu wissen, wie ein Fachbuch wie dieses gelesen wird, denn das hat sich grundlegend geändert. Früher nahm man sich schon mal die Zeit und schmökerte stundenlang in einem neuen Buch, um sich eine Wissensbasis anzueignen. Heute in Zeiten des Internets und des globalen Informations-Overkills nimmt man sich die Zeit nicht mehr. Schnell muss es gehen, Ergebnisse zählen, Siege müssen eingefahren werden. Das ist auch richtig so, denn das Fachbuch ist längst nicht mehr die einzige Wissensquelle. Das Internet mit seinen unendlich vielen Webseiten bietet weit mehr Informationen als alle Fachbücher der Welt. Fragen sind blitzschnell beantwortet, nicht nur von Google und Bing – Alexa und Siri sind die Vorgängerinnen intelligenter Informationssysteme, die Ihre Fragen bald beantworten, bevor Sie diese formuliert haben, von ChatGPT und Co. ganz zu schweigen.

Fachbuch ade?

Wozu dann noch ein Fachbuch? Weil es das Wissen bündelt und qualifiziert. Weil es die richtigen und die wichtigen Informationen enthält. Und weil es Beispiele enthält, die ein Programmierprofi ausgesucht hat, der aus Erfahrung weiß, was besonders nützlich für Einsteiger ist. Und weil es immer noch – vielleicht wieder – immer mehr Menschen gibt, die lieber in einem Buch blättern, als durch einen Bildschirm zu scrollen (zur Not können Sie ja immer noch die E-Book-Ausgabe lesen).

Strukturiert lesen

Welcher Buch-Lesetyp sind Sie? Lesen Sie ein Buch von vorn bis hinten (oder umgekehrt wie beim Krimi, um den Mörder gleich zu entlarven) oder suchen Sie sich die guten, leicht verdaulichen Häppchen raus und heben sich die schwere Kost für später auf? In jedem Fall sollten Sie sich zuerst das Inhaltsverzeichnis vornehmen und überprüfen, ob die Inhalte zu Ihrem gewünschten Lernerfolg passen. Achten Sie aber darauf, dass vieles aufeinander aufbaut:

- Bevor Sie die ersten Makros schreiben, sollten Sie den VBA-Editor kennengelernt haben.
- Die wichtigsten Basics sind die Kontrollstrukturen. Die müssen Sie »draufhaben«.
- Wenn Sie eine konkrete Aufgabe lösen wollen, machen Sie sich mit den Programmiertechniken vertraut.
- Kommen externe Daten ins Spiel, lernen Sie, mit Dateien, ODBC, SQL und Business Intelligence umzugehen.
- Bevor Sie UserForms gestalten, arbeiten Sie die Beispiele für die Toolsammlung durch. Dann kennen Sie alle Werkzeuge.

VBA in Excel von 2007 bis 365

Das Buch orientiert sich an den Excel-Versionen 2007 bis Microsoft 365, also den Versionen, die mit dem großen Update 2007 eine neue Oberfläche bekamen. Wie Sie diese RibbonX-Oberfläche mit Menüband und Registern programmieren, wird natürlich beschrieben (siehe Kapitel 18 »Menüband und Symbolleiste programmieren«). VBA hat sich seit seinem Debüt in Excel (1995) nicht wesentlich verändert, Unterschiede gibt es aber trotzdem von Version zu Version. So hat Excel 2007 noch keine Datenschnitte für PivotTables und die BI-Tools *Power Query* und *Power Pivot* gibt es erst seit Excel 2010 als Add-ins. Seit Excel 2016 gibt es kein Power Query mehr, hier heißt das Werkzeug *Abrufen und Transformieren* bzw. in späteren Versionen *Daten abrufen und transformieren* und findet sich im *Daten*-Register.

Überhaupt BI-Tools ...

Hier macht Excel einen Riesenschritt in Richtung Datenanalyse-Tool für Data Warehouses und multidimensionale Datenbanken. Wer heute programmieren lernt, sollte sich mit diesen Werkzeugen vertraut machen, denn darin liegt die Zukunft der Tabellenkalkulation. Ihr VBA-Buch beschreibt natürlich die wesentlichen Techniken (siehe Kapitel 16.7 zu ODBC und SQL sowie Kapitel 17 »Business Intelligence«).

Es gibt natürlich auch gute Seminare zu diesen heißen Themen: www.schels.de/seminare.

Inhaltsverzeichnis

1. Etwas Theorie

In diesem Kapitel finden Sie einen kurzen Ausflug in die Geschichte von BASIC und VBA, Gedanken über Zusammenhänge und Unterschiede zwischen VB und VBA und ein paar nützliche Hinweise für Programmieranfänger.

1.1 Es begann mit BASIC

Alles begann mit BASIC, der ersten Programmiersprache für Personal Computer, erfunden 1964 von John G. Kemeny und Thomas E. Kurtz am Dartmouth College. Der BASIC-Interpreter war praktisch das Betriebssystem der Heim- und Spielecomputer, die als Vorläufer der Personal Computer gelten. Programme wurden auf diesen Maschinen über BASIC-Befehle gestartet.

Bill Gates und Paul Allen von Microsoft schrieben 1975 den ersten BASIC-Interpreter für Mikroprozessoren der Baureihen 8080 und Z80. Dann entwickelte Microsoft BASIC weiter zu Visual Basic, das als erste objektorientierte Programmiersprache gilt (was das bedeutet, erkläre ich später). Seit 1997 ist Visual Basic zusammen mit anderen Programmiersprachen (J++) Teil des Entwicklerpakets Visual Studio.

Abbildung 1.1: Vom Altair BASIC bis Visual Studio: BASIC, die erste Programmiersprache

Mit der Einführung von Windows als grafische Oberfläche des Betriebssystems MS-DOS brachte Microsoft auch das Office-Paket auf den Markt – übrigens, was nicht alle wissen, zuerst als Softwarepaket für den Apple Macintosh (richtig – Excel ist eigentlich ein Apple-Programm!).

Dass die Kalkulation Excel, das Textverarbeitungsprogramm Word und die Präsentationssoftware PowerPoint makrofähig sein mussten, war klar – die Konkurrenz hatte ihre Software längst mit Werkzeugen zur Automatisierung von Abläufen ausgestattet. Aber beim Office-Paket waren sich die Entwicklerteams nicht einig. Excel bekam eine

Makrosprache auf Basis der Funktionssyntax, das waren »umgedrehte« Funktionen wie =WENN() oder =RÜCKSPRUNG() (diese Makrosprache funktioniert übrigens immer noch ...). Word und PowerPoint erhielten aber von der ersten Version an eine abgespeckte Version von Visual Basic mit einem Makrorekorder zum Aufzeichnen der Befehle und einer Entwicklungsumgebung, dem Visual Basic Editor.

Erst mit der Version 5.0 hielt VBA Einzug in die Excel-Umgebung, zuerst noch lokalisiert, das heißt mit Befehlen in der Landessprache (*Für...Weiter* statt *For...Next*), ab Excel 97 dann einheitlich in englischsprachiger Syntax. Word, PowerPoint sowie mittlerweile auch Outlook und Access haben jetzt eine einheitliche Programmieroberfläche, die sich natürlich im Angebot der Objekte unterscheidet, aber im Kern gleich ist (siehe dazu Kapitel 16 »VBA und Microsoft Office«).

Mit der Version 6.0 kam die letzte Weiterentwicklung von Visual Basic auf den Markt, Visual Basic .NET (2002) basierte auf einem neuen Konzept auf Basis des .NET Frameworks. Mittlerweile ist VB Teil von Visual Studio, einer Entwicklungsumgebung, die viele weitere Sprachen unterstützt, Webanwendungen und mobile Applikationen ermöglicht.

VBA blieb im Unterschied zu VB weitgehend auf dem Stand der Versionen für Office 97, für neue Versionen gibt es natürlich die passenden Objekte. Aber neue Programmier- und Entwurfstechniken wie in Visual Studio sind nicht hinzugekommen.

Trotzdem – VBA im Unterschied zu VB als weniger produktiv oder gar unprofessionell abzukanzeln, wäre falsch, denn die beiden Produkte haben unterschiedliche Ansätze:

- VB bzw. Visual Studio ist eine Entwicklungsumgebung, die höchsten Ansprüchen genügt und für die Erzeugung hochwertiger Software eingesetzt wird. VBA ist eine Programmiersprache, die keine eigenständigen Programme erzeugen kann.
- VB ist eigenständig, VBA ist an Excel gebunden. Beide bieten Schnittstellen zu externen Datenpools. VBA arbeitet auch mit HTML, Java und SQL zusammen und kann Objektkataloge aus unterschiedlichsten Quellen einbinden.

1.2 Vom Kalkulierer zum Programmierer

Excel kennen Sie sicher. Wobei kennen relativ ist bei einem so »mächtigen« Produkt. Natürlich sollten Sie Excel sehr gut kennen, denn was Sie mit kalkulatorischen Mitteln bewältigen können, muss nicht programmiert werden. Über 450 Funktionen unterstützen beim Aufbau von Tabellenmodellen, ermöglichen Verweise, Verknüpfungen und die Einbindung externer Daten – dazu brauchen Sie keine Makros.

Mit Matrixfunktionen wie BEREICH.VERSCHIEBEN() und INDEX() zaubern Sie dynamische Bereichsnamen, Formularelemente mit variablen Inhalten und Diagramme, die wie von Geisterhand gesteuert wirken.

Mit Excel 2007 und vor allem ab der Version 2010 kamen neue Werkzeuge hinzu, die Excel als Werkzeug zur Analyse externer Daten aufwerteten. Power Query und Power Pivot werten Excel als Client für Big Data und Data Warehouses auf und machen Business Intelligence möglich.

Wozu dann Makros? Wo ist Excel am Ende und VBA der nächste Schritt?

Ganz einfach: Excel ist und bleibt ein Rechenwerkzeug für statische Daten. VBA hat Komponenten, die Excel nicht bieten kann:

- **Komplexe Berechnungen durchführen:** Wo die kalkulatorischen Möglichkeiten von Excel erschöpft sind, schaltet sich VBA ein. Routinen, die weit über das hinausgehen, was verschachtelte Funktionen können, lassen sich in VBA zur Verfügung stellen oder aus dem Sachverhalt konstruieren. Ereignismakros legen los, wenn ein Grenzwert erreicht oder ein Höchstwert überschritten ist.
- **Das Automatisieren von Prozessen:** die tägliche Routine, das Erfassen, Kopieren und Verschieben von Daten, das Abgleichen von Änderungen und das ewige Neuerstellen von Berichten und Visualisierungen. Das können Sie mit VBA auf Knopfdruck erledigen lassen und den Rest des Tages Golf spielen gehen.
- **Einen Dialog mit dem Benutzer führen:** Eingabemasken, Auswahlfelder, Kästchen zum Ankreuzen und Schieberegler machen das Leben doch viel einfacher als Zellen, Zeilen und Spalten. Das Risiko, dass der Benutzer falsche und unvollständige Daten erfasst oder Daten nicht wie gewünscht verarbeitet, schalten Sie aus, indem Sie ihm Dialoge servieren, mit denen er sicher und konsequent in der Datenhaltung wird. Und falls nötig, wird er auch höflich, aber bestimmt auf seine Fehler hingewiesen.
- **Die Brücke zwischen Excel und der Außenwelt schlagen:** Mit VBA öffnen Sie die Grenzen von Excel. Die Power-Präsentation, die sich selbstständig mit Excel-Diagrammen füllt, die automatisierte Mail mit Mailanhang per Outlook an einen Verteiler, der Vertrag, der Personaldaten auf die richtigen Textmarken im Word-Dokument setzt, oder das automatische Fortschreiben der SQL-Serverdatenbank – mit VBA kein Problem und viel einfacher zu programmieren, als es aussieht.

Es gibt nur wenige Gründe, nicht mit VBA zu programmieren. Wenn Excel die Basis ist, wenn die Programme nicht selbstständig laufen müssen, sondern in Tabellenblätter und Arbeitsmappen einzubinden sind und wenn Sie keine Web-Applikationen oder Apps programmieren müssen, dann ist VBA die richtige Wahl.

Und noch ein wichtiger Aspekt: VBA ist wesentlich einfacher zu erlernen als alle anderen Programmiersprachen. Und mit einer guten Portion Fleiß und Geduld arbeiten Sie sich in kurzer Zeit in die wichtigsten Strukturen ein.

Und es muss nicht gleich Klassenprogrammierung sein, bleiben Sie ruhig auf dem Level, mit dem Sie schnell zum Erfolg kommen. Schwierig wird's bekanntlich von selbst.

1.3 Der persönliche Anspruch

Werden Sie gefragt, welchen Anspruch ein Programmierer haben sollte, gibt es eine klare Antwort: strukturiert und professionell. Es gab eine Zeit, da wurden Programme nach dem Spaghetti-Prinzip geschrieben, mit wilden Sprüngen quer durch den Code, was über kurz oder lang zu unentwirrbaren Codeknäueln führte, eben Spaghetti.

- **Strukturiert** heißt, dass Sie sich zuerst mal Gedanken über das Vorhaben selbst, über den Fluss der Daten und über den (groben) Ablauf des Makros machen sollten. Sprechen Sie Ihr Programmiervorhaben auch mit allen Beteiligten ab und binden Sie alle Beteiligten (im Projektmanagement die *Stakeholder*) ein.
- **Professionell** bedeutet, dass Sie sich nicht von der Einfachheit der Sprache verleiten lassen sollten und mit Halbwissen an die Aufgaben herangehen. Wer seine Makros mit dem Makrorekorder aufzeichnet und die aufgezeichneten Befehle nicht Zeile für Zeile überprüft, handelt sträflich leichtsinnig. Gute Programme sind so gut wie schlechte Programme schlecht.

1.3.1 Und was ist mit Google?

Das Internet ist voll mit VBA-Makros zu allen erdenklichen Aufgaben. Die drei Buchstaben VBA und ein Suchwort in das Google-Suchfenster eingetippt, und schon bieten Tausende von Webseiten die passende und perfekt ausprogrammierte Lösung. Das geflügelte Wort »das muss ich nicht wissen, das kann ich googeln« mag für das Krönungsdatum von Päpsten und Königen gelten, als professioneller VBA-Programmierer sollten Sie mit Google kritischer umgehen:

- Nutzen Sie Google, bevor Sie sich mühsam durch Hilfetexte zu VBA durchquälen, wenn Sie Unterstützung für eine technische oder praktische Aufgabe brauchen. Kopieren Sie Codeschnitzel aus den angezeigten Seiten in Ihre Makros. Aber verwenden Sie niemals etwas, das Sie nicht verstehen. Nehmen Sie sich die Zeit, die Google-Fundstellen zu überprüfen, und machen Sie das Google-Geschenk zu einem Teil Ihrer Know-how-Datenbank.

- Bedenken Sie, dass Google nur die meistbesuchten Seiten (und die bezahlten Anzeigen!) ganz oben listet. Und das sind nicht zwangsläufig die besten, häufig sind es Forenbeiträge mit umständlichen, veralteten oder gar falschen Informationen. Holen Sie immer eine zweite Meinung ein.
- Foren sind mit Vorsicht zu genießen. Viele Beiträge sind alt oder unbrauchbar. Suchen Sie auch hier noch mal nach einem anderen Eintrag. Achten Sie darauf, wer den Beitrag verfasst hat. MVPs sind in der Regel die besten Gesprächspartner (MVP = **M**ost **V**aluable **P**rofessional – von Microsoft zertifizierte Experten).
- Speichern Sie die guten Seiten als Favoriten. Dazu zählt in jedem Fall das MSDN (**M**icro**s**oft **D**eveloper **N**etwork), das seit Excel 2016 auch beim Aufruf der Hilfefunktion aktiv wird. Die Beschreibungen sind manchmal zu technisch und schlecht übersetzt, aber die Inhalte sind immer fundiert und keine Ergebnisse ambitionierter Bastler: https://learn.microsoft.com/de-de/office/vba
- Die Microsoft-Support-Seite enthält über 150.000 Artikel mit Problemlösungen von Experten. Hier werden Sie sicher fündig bei der Suche nach VBA-Aufgaben: https://support.microsoft.com

Tipp

Geben Sie *kb* gefolgt von einem Suchbegriff in das Support-Feld mit dem Inhalt *Wie können wir Ihnen helfen* ein oder in das Windows-Suchfeld. Die ersten Fundstellen enthalten damit mit Sicherheit relevante Artikel aus der Microsoft Knowledge Base. Diese Artikel sind nummeriert, speichern Sie sie als Favoriten. Beispiel: *Kb Userform.*

Abbildung 1.2: VBA-Aufgaben im Microsoft-Support

1.4 Strukturiert programmieren

1.4.1 Das Pflichtenheft

Ein Pflichtenheft muss so formuliert sein, dass es als Basis für einen juristischen Vertrag dienen kann. Es muss nicht gleich ein Pflichtenheft sein, aber eine schriftliche Fixierung der Rahmenbedingungen und Vereinbarungen hat für alle Vorteile. Natürlich ist das Pflichten- oder Lastenheft die beste Voraussetzung, aber dafür sollte das Projekt schon eine bestimmte Größe haben. Diese Punkte sollte die schriftliche Fixierung Ihres Programmierprojekts auf jeden Fall aufweisen:

Punkt	Details
Einleitung	Kurze Beschreibung des Vorhabens, Auftrags oder der Idee. Bei Auftrag Auftraggeber und Auftragnehmer nennen.
Ausgangssituation	IST-Situation, Positionierung, Umgebung, Problemstellung
Gewünschte Situation	Zielformulierung, bei Bedarf aufgeteilt in Soll- und Mussziele
Anforderungen	Funktional, Leistung, Restriktionen, Qualitätsmerkmale, externe Schnittstellen
Zuständigkeit und Abstimmung	Projektbeteiligte (Stakeholder), Programmierer
Termine und Rahmenbedingungen	Gewünschter Fertigstellungstermin, Meilensteine (Abschnitte, an denen über weiteres Vorgehen beraten wird)

Nicht ins Pflichtenheft gehören Details zum Programm, Programmstrukturen oder Datenflusspläne.

1.4.2 EVA

Was kommt rein, was wird wie verarbeitet, was soll rauskommen? Ein uraltes Prinzip hilft Ihnen, eine Struktur in Ihr Vorhaben einzuziehen. EVA heißt die Dame und steht für **E**ingabe, **V**erarbeitung und **A**usgabe:

Eingabe	Verarbeitung	Ausgabe
Excel-Listen und Tabellen, externe Daten	Importieren, konvertieren, aufbereiten, kalkulieren und formatieren sowie Layoutgestaltung	Excel-Listen und Tabellen, externe Daten (Text, CSV etc.), Export per SQL an Server und OLAP-Cubes, Druckausgabe, PDF-Export, Word-Dokument, PowerPoint-Präsentation

Das EVA-Prinzip verhindert die ständige Vermischung von Ein-/Ausgabe der Daten bei gleichzeitiger Verarbeitung. Programme werden transparenter und sind leichter zu pflegen. Fehler lassen sich schneller aufspüren, und ein nach EVA programmiertes Tool läuft in der Regel schneller als ein Tool, das nach dem Streaming-Prinzip arbeitet (kontinuierliche Eingaben, ständige Verarbeitung).

Achten Sie besonders in der Dialogprogrammierung auf EVA. Werden Daten per Dialog (in VBA: UserForm) vom Benutzer angefordert, muss diese Anforderung abgeschlossen sein, damit die nächste Stufe (Verarbeitung) zünden kann.

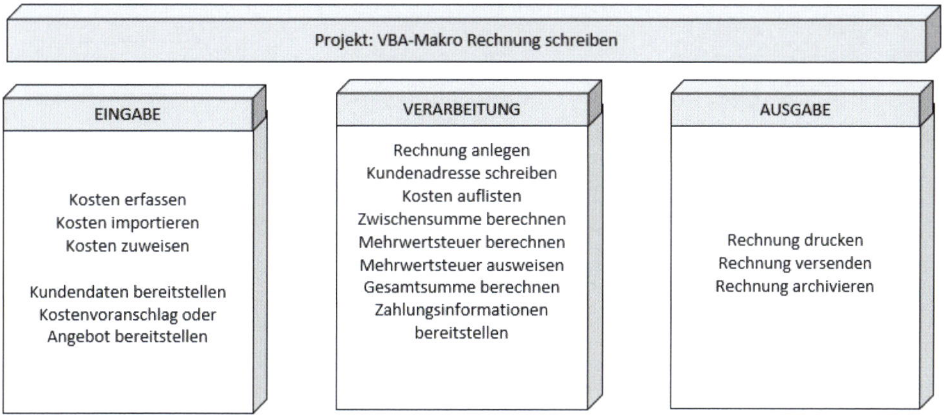

Abbildung 1.3: EVA, hier am Beispiel eines VBA-Programms »Rechnung schreiben«

1.4.3 Datenflussplan

Jungprogrammierer rümpfen die Nase, wenn sie Programmablaufpläne mit den »alten« DV-Symbolen sehen. In Zeiten, als Rechenzeit viel Geld kostete, Rechnerkapazität begrenzt zur Verfügung stand und eine Kompilierung (Übersetzung in Maschinensprache) schon mal eine ganze Nacht dauerte, haben die Programmierer ihre Programme auf Papier entworfen und dazu DV-Symbole benutzt.

PAPs (Programmablaufpläne) – (später Nassi-Shneiderman-Diagramme) waren Pflicht für strukturierte Programmentwicklung, und mit der Codierung wurde nicht gestartet, bevor der komplette Plan vorlag.

In VBA muss nichts kompiliert werden, der Code wird bereits bei der Eingabe auf Fehler überprüft und Makros starten sofort, ohne Übersetzung in Maschinensprache. Aber manchem Programm (ja, auch Excel-Makros!) würde ein PAP guttun.

> **Tipp**
>
> Excel bietet übrigens Symbole für Programmablaufpläne in der Formen-Bibliothek an. Wählen Sie *Einfügen/Illustrationen/Formen* und zeichnen Sie mit den Symbolen aus der Gruppe *Flussdiagramm* einen Programmablaufplan.

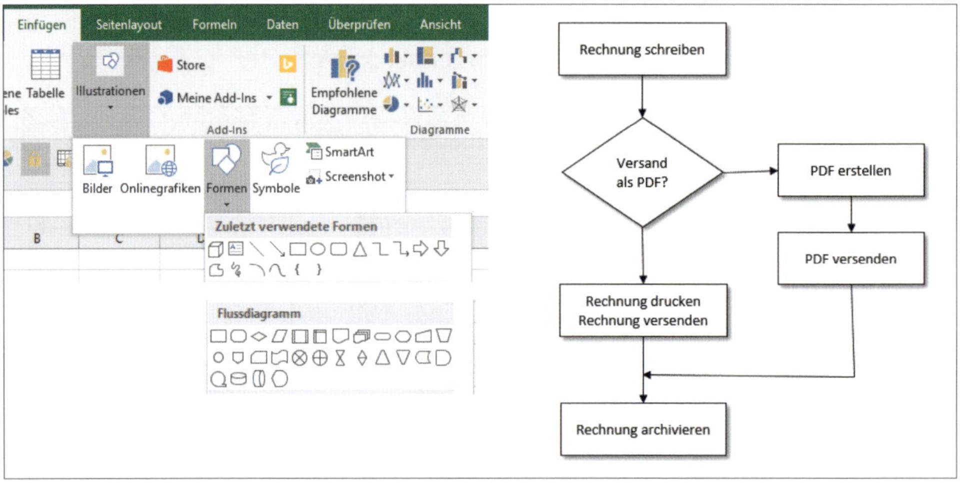

Abbildung 1.4: Programmablaufpläne zeichnen mit Excel-Flussdiagrammsymbolen

> **Tipp**
>
> Visio von Microsoft ist das Profi-Programm für Flussdiagramme. Holen Sie sich das Programm beim Händler oder über Ihr Microsoft-365-Abonnement.

1.5 Professionell programmieren

Das ist natürlich leichter gesagt als getan, wenn Sie Ihre ersten Schritte in Richtung VBA-Programmierung machen. Aber – wenn Sie nicht den Anspruch haben, professionell zu programmieren, machen Sie die Fehler, die Sie später bereuen werden. Sie gewöhnen sich eine unprofessionelle Art an, eine schlampige Codiertechnik und eine unübersichtliche Logik. Und die werden Sie nicht mehr los.

Diese goldenen zehn Regeln der VBA-Programmierung sollten Sie kennen und von der ersten geschriebenen Programmzeile an befolgen:

1.5.1 Zehn goldene Regeln für professionelle VBA-Makros

Deklarieren Sie Variablen

Variablen sind kein lästiges Übel, sie sind die Stützpfeiler des Programms. Objektvariablen machen Ihre Makros schnell und sicher – wenn Sie nicht sicher sind, ob Sie die Variable brauchen – schreiben Sie sie! Beachten Sie den Variablentyp, aber seien Sie großzügig! In Zeiten von Gigabyte-großen RAMs müssen die Variablen nicht mehr total speicheroptimierend angelegt werden – auf ein Byte kommt es da nicht an. Zur Not tut es auch Variant. Besser als gar keine Variable.

Verwenden Sie Namenskonventionen

Die drei Buchstaben am Anfang einer Variablen sollten zur Gewohnheit werden. Der Code lässt sich besser lesen, ist überschaubarer und sicherer (siehe Kapitel 4 »Variablen und Konstanten«).

Arbeiten Sie mit Einrückungen

Gewöhnen Sie sich das Einrücken der Codezeilen in Kontrollstrukturen und Schleifen an. Alles, was zwischen *If* und *End If* oder zwischen *For* und *Next* steht, rückt einen Tabstopp oder zwei Leerzeichen nach rechts, und das gilt auch für verschachtelte Codes. Damit bleibt dieser lesbar, und Sie werden nicht mehr so lange nach Fehlern suchen. Nach Fehlern werden Sie weiterhin suchen müssen, aber eben nicht mehr so lange.

Verwenden Sie Kommentare

Das machen Programmierer am liebsten: kommentieren und dokumentieren. Auch wenn es schwerfällt: Schreiben Sie Kommentare in den Code, wenn nicht während der Entwicklung, dann nachher, zum Abschluss.

```
Sub TabellenblattListe()
 ' Variablen dimensionieren
 Dim objWB As Workbook, objSH As Worksheet, i As Integer, strMText As String
 ' Objektvariable für die aktive Mappe
 Set objWB = ThisWorkbook
 With objWB
  ' Schleife über alle Tabellenblätter
  For i = 1 To .Sheets.Count
   ' Objektvariable für das nächste Tabellenblatt
   Set objSH = .Sheets(i)
   ' Textkette erzeugen in der Textvariable
   strMText = strMText & objSH.Name & vbCr
  Next i
 End With
 ' Ausgabe der Textkette
 MsgBox strMText, vbInformation, "Alle Tabellenblätter in " & objWB.Name
 ' Objektvariablen löschen (Achtung: Reihenfolge beachten!)
 Set objSH = Nothing
 Set objWB = Nothing
End Sub
```

Abbildung 1.5: Gut dokumentiert: Kommentare zwischen den Codezeilen

Und schreiben Sie eine Dokumentation, eine Anleitung oder ein Makrohandbuch. Ihre Kollegen/Kolleginnen und Freunde danken es Ihnen, und Sie sind selbst auch dankbar dafür, wenn Sie Ihr grandioses Werk nach zehn fehlerfreien Jahren (!) zum ersten Mal updaten müssen!

Testen Sie ausführlich, hart und immer wieder!

Nach Murphys Law werden in der Testphase nur die Fehler gefunden, die das Programm nicht gefährden. Testen Sie Ihre Makros so oft und so gründlich wie möglich, geben Sie Daten ein, die niemand eingeben würde, und drücken Sie alle Knöpfe, die zu finden sind. Eine Faustregel für Datentests: Testen Sie immer mit dem ersten und dem letzten (zum Beispiel bei Listen oder Datenbanken). Und seien Sie nicht zimperlich, bringen Sie Ihr Programm zum Absturz, bevor es andere tun.

Fehlerfreier Code ist wichtiger als Eleganz und Schönheit

Natürlich lässt sich mit eleganter Gestaltung Eindruck schinden, und eine schöne Animation hebt den Wert Ihres Programms deutlich. Aber – verschieben Sie diese Aktionen bis zum Ende, stellen Sie zuerst sicher, dass das Programm läuft. Auch wenn es rau und holprig über Steine und Scherben schrammt, Hauptsache, es kommt durch. Für die perfekte Optik haben Sie später immer noch Zeit.

KISS – keep it simple and stupid – but not simpler

Makros sollten einfach in der Machart, aber genial in der Ausführung sein. Verzichten Sie auf Dinge, die der Anwender nicht braucht oder nicht will. Gestalten Sie Dialoge klar und schnörkellos, verwenden Sie keine unterschiedlichen Farben, Schriftarten und Schriftgrößen und beschränken Sie sich auf wenige Bildelemente.

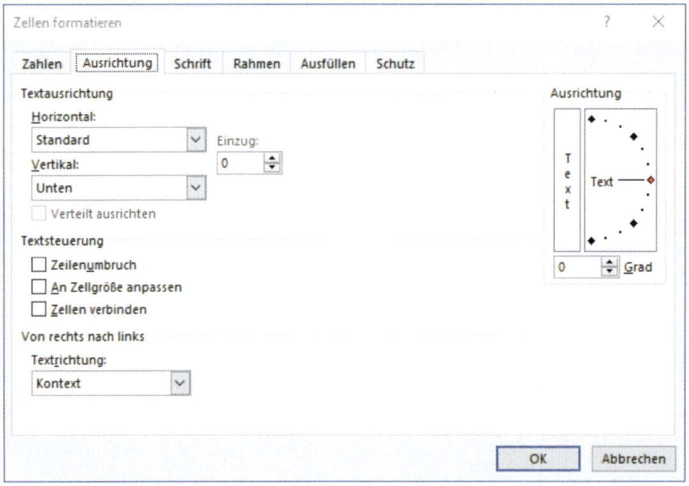

Abbildung 1.6: Einfach und schnörkellos – das Standarddesign für Windows-Dialoge

Animationen wie wehende Flaggen oder hüpfende Bälle sind sowieso verpönt, und bevor jemand Ihre Dialoge als Zirkusplakate tituliert, sehen Sie sich die Standard-Dialoge von Excel oder Office an.

Erfinden Sie keine neuen Räder

Die Quadratur des Kreises ist noch nicht erfunden und schon gar nicht programmiert worden, aber für die meisten anderen Aufgaben der Menschheit dürfen Sie davon ausgehen, dass ein Programmierer schon mal probiert hat, sie zu lösen. Sehen Sie sich zunächst die Makros an, die in Ihrer Firma oder Behörde erstellt wurden und aktiv sind. Lernen Sie Routinen, Abläufe, gefällige Dialoge kennen und kopieren Sie, was Sie sehen. Konsequent. Denken Sie an das geflügelte Wort: Das wichtigste Metall in der Programmierung ist das Kupfer – jeder kupfert vom anderen ab. Bleiben Sie aber fair, geben Sie nichts als Ihren Einfall aus, was Ihnen nicht eingefallen ist. Und weisen Sie auf Quellen hin, die Sie nutzen, das ist nicht nur guter Stil, sondern geltendes Recht.

Bringen Sie es zu Ende und hören Sie nie auf zu lernen

Programmierprojekte scheitern nicht an der Komplexität der Aufgabe, sondern an der Belastbarkeit der Sitzfläche. Mit Fleiß, Geduld und dem festen Willen, es zu Ende zu bringen, schaffen Sie jedes Projekt. Und mit jedem Sieg über die Faulheit sind Sie für das nächste Projekt besser gerüstet. Der berühmte Adrenalin-Kick der Spitzensportler, den gibt es auch für Programmierer. Aber nicht umsonst.

Genießen Sie es!

Aller Anfang ist schwer, und die Frustschwelle ist hoch, wenn man am Anfang steht. Umso schöner ist das Gefühl, etwas geschaffen zu haben. Programmierer sind Handwerker, gute Programmierer sind Künstler. Haben Sie Spaß an dem, was Sie tun, und genießen Sie es. Und gehen Sie Golf spielen oder kitesurfen, um den Kopf freizubekommen.

Golf spielen ist übrigens ein idealer Sport für Programmierer. Es gibt viele Parallelen, zum Beispiel das Streben nach Perfektion, das Verhältnis zwischen Talent, Können, Üben und Fleiß und das Wechselbad der Gefühle.

1.5.2 Das Tao der Programmierung

Dem weisen Programmierer wird vom Tao erzählt und er befolgt es.
Dem durchschnittlichen Programmierer wird vom Tao erzählt und er sucht danach.
Dem dummen Programmierer wird vom Tao erzählt und er lacht darüber.

Das ganze Tao finden Sie bei den Downloaddaten zu diesem Buch (siehe Einleitung).

1.6 Los geht's – Vorbereitung und erste Makros

Zum Schreiben und Testen von Makros enthält Excel den Visual Basic Editor. Der wird in einem zusätzlichen Fenster aktiviert. Wenn Sie Makros programmieren, werden Sie ständig zwischen Excel und dem VBA-Editor umschalten.

Makros werden zwar außerhalb der Excel-Arbeitsmappe geschrieben, gehören aber trotzdem immer zur Mappe. Sie können nicht unabhängig von der Mappe gespeichert werden, nur das Exportieren in eine Datei ist möglich. Um ein Makro zu sichern, speichern Sie also einfach die Arbeitsmappe.

Aber aufpassen: Enthält die Mappe Makros, müssen Sie den Dateityp *Excel-Arbeitsmappe mit Makros* verwenden, die Dateiendung ist dann XLSM.

1.6.1 Entwicklertools bereitstellen

Da hat sich Microsoft einen kleinen Scherz erlaubt: Die Registerkarte für Makroprogrammierer ist standardmäßig gar nicht verfügbar. Sollte der unbedarfte Excel-Anwender nicht mit Begriffen wie Makros und Add-ins geschockt werden? (PivotTable und Prognoseblatt sind auch nicht selbsterklärend ...) Einmal aktiviert, bleibt die Registerkarte aber auf ihrem Platz:

1. Wählen Sie *Datei/Optionen*.
2. Schalten Sie um auf *Menüband anpassen* und kreuzen Sie in der rechten Liste mit den Hauptregisterkarten den Eintrag *Entwicklertools* an.
3. Jetzt enthält das Menüband ein neues Register *Entwicklertools* mit den Gruppen *Code, Add-Ins, Steuerelemente* und *XML*.

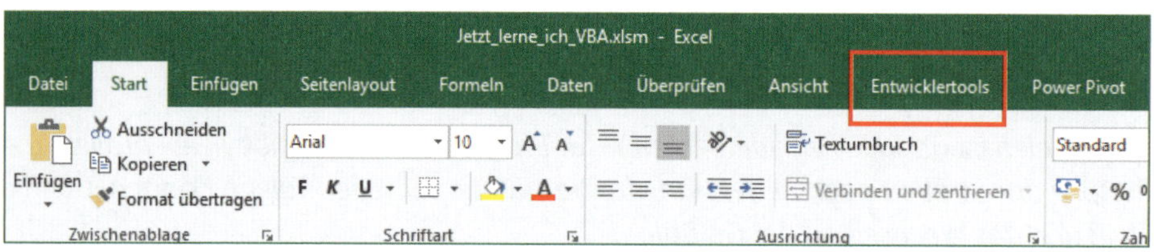

Abbildung 1.7: Die Entwicklertools müssen im Menüband aktiviert werden

1.6.2 VBA-Editor starten, wechseln zwischen den Fenstern

Für den Aufruf des VBA-Editors stellt das Register *Entwicklertools* ganz rechts außen ein Symbol bereit. Klicken Sie es an, um den Editor zu starten oder in ein aktives Fenster zu schalten.

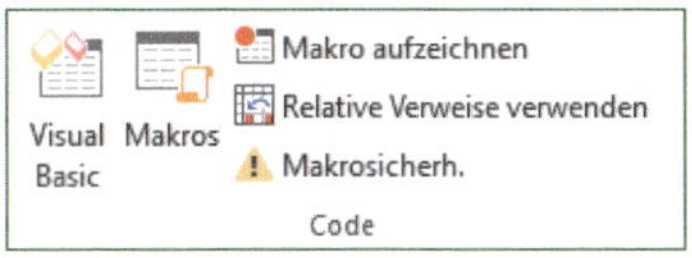

Abbildung 1.8: Die Gruppe »Code« in den Entwicklertools

Schneller geht's mit der Tastenkombination: Drücken Sie Alt+F11.

Jetzt haben Sie zwei Fenster offen, Excel und den VBA-Editor, und beim Programmieren werden Sie häufig zwischen den beiden umschalten müssen. Dazu gibt es viele Varianten:

- Der VBA-Editor zu Excel bietet links oben ein kleines Excel-Symbol.
- Sie können in der Taskleiste auf das Symbol von Excel oder vom VBA-Editor klicken.
- Mit Alt+⇆ schalten Sie zwischen den beiden Fenstern um.

Die Tastenkombination ist die beste Variante, weil sie immer zwischen den beiden zuletzt benutzten Tasks (Fenstern) wechselt.

> **Tipp**
> Wenn Sie noch keinen zweiten Bildschirm haben, dann besorgen Sie sich einen.

2. Der VBA-Editor

Hier werden Sie die meiste Zeit verbringen, wenn Sie Makros schreiben. Der VBA-Editor ist die VBE (**V**isual **B**asic **E**nvironment), die Entwicklerschnittstelle für Makroprogrammierer. Auch den Begriff *Interpreter* werden Sie häufig lesen oder hören, obwohl dieser nur teilweise passt. Der VBA-Editor interpretiert nämlich Makros, das heißt, er testet sie. Ausgeführt werden sie in der Regel aus einer anderen Oberfläche heraus, zum Beispiel aus einem Excel-Tabellenblatt oder über Symbole im Excel-Menüband.

2.1 Die wichtigsten Voreinstellungen im VBA-Editor

2.1.1 Menüs und Symbolleisten

Nach dem Start wird Ihnen sicher die Oberfläche des VBA-Editors auffallen. Da dieser seit seinem ersten Auftritt in Excel Version 5.0 nur unwesentlich verändert wurde, zeigt er sich im Design der früheren Excel-Versionen mit Menüzeile und Symbolleisten. Ändern Sie diese beiden Elemente nicht, holen Sie nur zwei der angebotenen vier Symbolleisten an Bord:

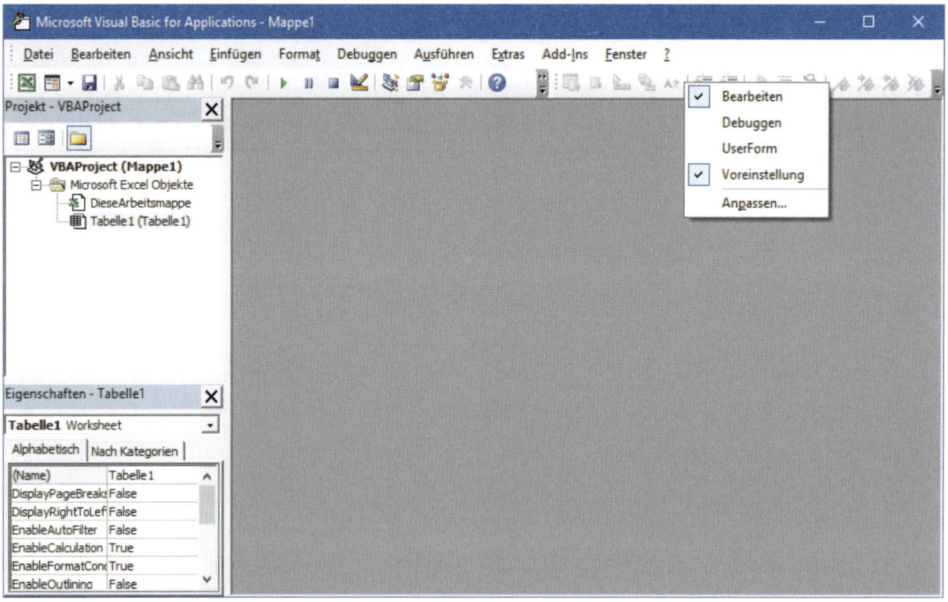

Abbildung 2.1: Der Visual Basic Editor

Klicken Sie mit der rechten Maustaste in eine Symbolleiste. Markieren Sie zusätzlich zur Voreinstellung noch die Leiste *Bearbeiten*. Ziehen Sie diese mit dem Mauszeiger in der Kopfzeile neben die erste Leiste. Über die vier Punkte am linken Rand können Sie die Leisten verschieben. Wenn Sie mit dem Editor besser vertraut sind, können Sie über *Anpassen* im Kontextmenü der rechten Maustaste Befehlssymbole in Symbolleisten einfügen oder aus diesen löschen.

Menü	Beschreibung
Datei	Hier finden Sie Befehle, um das Makroprojekt zu speichern (gespeichert wird immer die Mappe), Makrodateien zu importieren oder zu exportieren (Module oder UserForms) und das aktive Element zu drucken.
Bearbeiten	Dieses Menü enthält die Standard-Aktionen für die Arbeit im Makrocode oder in der Gestaltung von UserForms. Markieren Sie Textstellen oder Elemente der UserForm, können Sie diese hier bearbeiten. In der Praxis werden Sie aber meist mit Tasten (Entf ...) oder mit Shortcuts (Strg+C für *Kopieren*) arbeiten. Für einen der wichtigsten und häufigsten Befehle aus diesem Menü werden Sie auch nur den Shortcut benutzen: Drücken Sie Alt+⇐ oder Strg+Z für *Rückgängig* (letzter Befehl oder mehrfach für bis zu 40 Befehle).
Ansicht	Schalten Sie hier Teile des Editors ein oder aus, blenden Sie Unterfenster ein und schalten Sie in UserForms zwischen Code und Formular um.
Einfügen	Hier finden Sie die Hauptelemente eines VBA-Projekts. Fügen Sie Prozeduren, Module, UserForms oder Dateien ein.
Format	Die Befehle in diesem Menü sind ausschließlich für die Bearbeitung von UserForm-Elementen reserviert.
Debuggen	Hier finden Sie die Testwerkzeuge für Makros. *Kompilieren* (Fehlersuche) werden Sie häufig benutzen, *Überwachung hinzufügen* später auch. Für die anderen Menüeinträge nehmen Sie die Shortcuts (F8, F9 ...).
Ausführen	Das ist die Ablaufsteuerung für Makros. Für alle Befehle gibt es aber Symbole in den Symbolleisten *Debuggen* oder *Voreinstellung*. Nehmen Sie diese.
Verweise	Hier finden Sie die Objektbibliotheken (Verweise) und die Optionen des VBA-Editors.
Add-Ins	Der Add-in-Manager zeigt, welche Add-ins installiert sind. Add-ins sind Makros, die Excel zur Auswahl stellt.
Fenster	Verwalten Sie in diesem Menü Ihre Unterfenster im Editor. Stellen Sie diese neben- oder untereinander oder stapeln Sie sie. In der Liste sehen Sie alle Module und UserForms.
?	Hier finden Sie das Info-Fenster mit der Versionsnummer und den Aufruf der Hilfe. Die erhalten Sie aber schneller mit der Funktionstaste F1.

2.1.2 Unterfenster

Der VBA-Editor bietet viele kleine Unterfenster, von denen nicht alle wichtig sind. Fenster werden in der Oberfläche verankert, versuchen Sie nicht, diese zu verschieben, sie lassen sich relativ schwer wieder an ihrer früheren Position unterbringen. Der Projekt-Explorer sollte bereits sichtbar sein, falls nicht, schalten Sie ihn und das Eigenschaftenfenster ein. Alle anderen Fenster brauchen Sie erst später.

- Wählen Sie *Ansicht/Projekt-Explorer* oder drücken Sie Strg+R.
- Wählen Sie *Ansicht/Eigenschaftenfenster* oder drücken Sie F4.

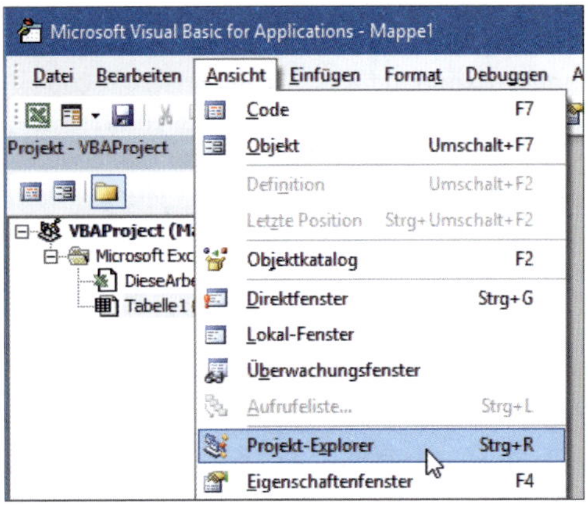

Abbildung 2.2: Die beiden Fenster am linken Rand

2.1.3 Optionen

Unter *Extras/Optionen* finden Sie alle Voreinstellungen für den VBA-Editor. Die meisten lassen Sie unverändert, nur diese Optionen sollten Sie zu Anfang anfassen:

Option	Einstellung
Editor/Variablendeklaration erforderlich	Auf jeden Fall ankreuzen (siehe Kapitel 4).
Editor/Tab-Schrittweite	Auf *2* stellen, dann werden Einrückungen mit der ⇆-Taste nur um zwei Zeichen eingerückt.
Editorformat/Schrift	Stellen Sie Schriftart und Schriftgröße ein. Die Voreinstellung *Courier New* ist aber gut, weil Courier eine nicht proportionale Schrift ist, bei der alle Zeichen gleich groß sind (gut für Längenvergleiche von Zeichenketten). Die Schriftgröße passen Sie nach Ihren Wünschen an.

Option	Einstellung
Editorformat/Kennzeichenleiste	Unbedingt einschalten, die graue Leiste am linken Rand des Moduls brauchen Sie, um Haltepunkte zu setzen (mit F9).
Editorformat/Code-Farben	Nicht ändern, Kommentare sind grün, Schlüsselwörter blau und Fehler rot.
Allgemein und Verankern	Nichts ändern.

2.2 Module

Module sind die Buchdeckel, zwischen die Sie Ihre Makros packen. Sie können in ein Makroprojekt (eine Mappe) ein Modul einfügen und dieses mit Tausenden von Makros füllen oder Tausende Module mit je einem Makro anlegen. Letzteres ist natürlich nicht zu empfehlen. Legen Sie für jede Aufgabe ein Modul an und je ein Modul für globale Konstanten und Funktionen.

Makros können zwischen Modulen kopiert und verschoben werden, achten Sie nur darauf, dass Makros in unterschiedlichen Modulen nicht gleich benannt sind. Excel muss in diesem Fall in seiner Makroliste das Modul mit angeben, und wenn Sie ein Makro als Unterprogramm aufrufen, brauchen Sie ebenfalls den Namen des Moduls dazu.

Wählen Sie *Einfügen/Modul*.

Geben Sie dem Modul im Eigenschaftenfenster unter *Name* einen Namen. Verwenden Sie das Präfix *mod* für Module:

```
mod_Auftragsverwaltung
mod_Global
mod_Funktionen
```

2.2.1 Modul exportieren und importieren

Module lassen sich als Textdateien exportieren. Das hat Vorteile. Sie können Makros archivieren, per Mail versenden und zwischen Projekten austauschen.

1. Klicken Sie mit der rechten Maustaste auf ein Modul im Projekt-Explorer und wählen Sie *Datei exportieren*.
2. Suchen Sie den Zielordner und geben Sie einen Dateinamen ein. Die Endung *bas* wird automatisch angefügt.

3. Um ein Modul zu importieren, klicken Sie mit der rechten Maustaste auf den Module-Ordner oder – falls dieser noch nicht existiert – auf das Projekt.
4. Wählen Sie *Datei importieren*. Suchen Sie die Datei mit der Endung *bas* und importieren Sie sie als Modul. Existiert bereits ein Modul mit diesem Dateinamen, wird das neue Modul von 1 bis n durchnummeriert (*mod_Test1*, *mod_Test2* etc.).

2.2.2 Modul löschen

Um ein Modul zu löschen, klicken Sie es mit der rechten Maustaste im Explorer an und wählen *Entfernen von <Modulname>*.

Der VBA-Editor bietet noch die Möglichkeit, das Modul zu exportieren, um die Makros zu retten. Bestätigen Sie die Sicherungsmeldung mit *Ja*, können Sie eine BAS-Datei anlegen, mit *Nein* wird das Modul mit allen Makros darin gelöscht.

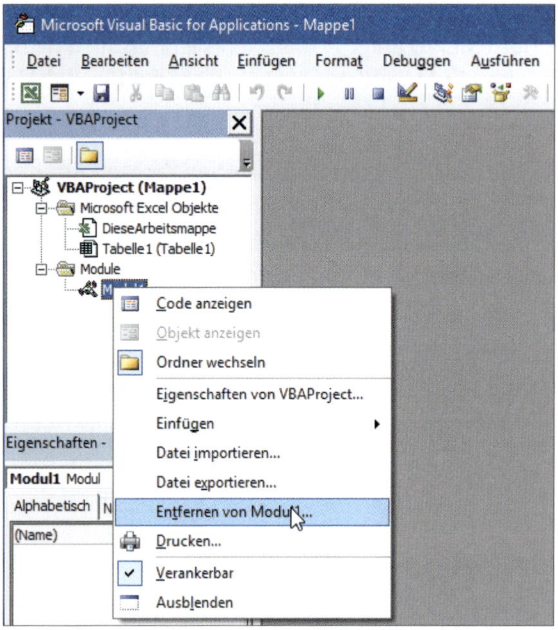

Abbildung 2.3: Module lassen sich importieren, exportieren und löschen

2.3 Das erste Makro

Jetzt wird es aber Zeit für das erste Makro. Oder haben Sie schon Makros aufgezeichnet oder probiert, welche zu schreiben? Gehen wir das Ganze systematisch an, schließen Sie das Excel-Programmfenster noch mal und starten Sie ganz neu.

2.3.1 Hallo Welt

Das erste Programm, das der Programmierer schreibt, heißt nach alter Tradition *HalloWelt* (oder *HelloWorld*).

Programme heißen bei uns ab jetzt Makros:

1. Klicken Sie in der Backstage-Ansicht auf *Leere Arbeitsmappe*, falls Sie den Startbildschirm abgeschaltet haben.
2. Drücken Sie [Alt]+[F11], um zum VBA-Editor umzuschalten.
3. Wählen Sie *Einfügen/Modul*. Das neue Modul wird im Arbeitsbereich des Editors geöffnet, *Option Explicit* steht in der ersten Zeile, wenn Sie die Variablendeklaration in den Optionen erforderlich gemacht hatten.
4. Klicken Sie in das Modul, drücken Sie die [↵]-Taste für eine neue Zeile, und schreiben Sie an der Position des Cursors (Schreibmarke) das erste Makro (eine Prozedur).
   `Sub HalloWelt`
5. Drücken Sie [↵], wird das Makro angelegt, der Editor fügt eine Leerzeile und die Anweisung `End Sub` ein.

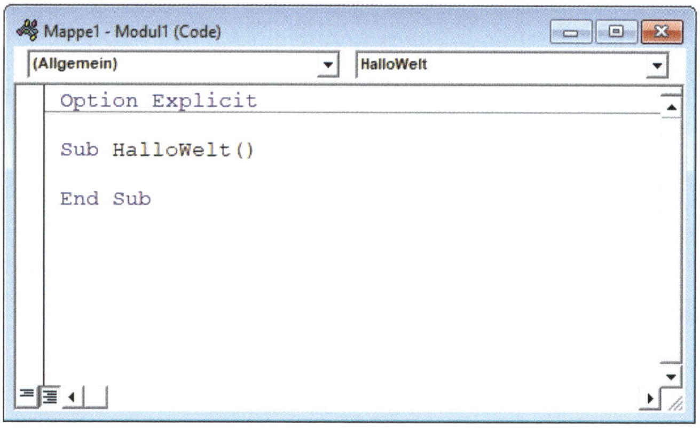

Abbildung 2.4: Die erste Prozedur ist angelegt

6. Setzen Sie den Cursor in die Leerzeile zwischen *Sub HalloWelt()* und *End Sub*. Drücken Sie die [⇆]-Taste für eine Einrückung und schreiben Sie:
   `MsgBox "Hallo Welt"`
7. Stellen Sie sicher, dass der Cursor in Ihrem Makro steht. Starten Sie das Makro mit Klick auf *Ausführen* (grüner Pfeil).
8. Das Makro wird ausgeführt, dazu schaltet der Editor auf das Excel-Fenster um und präsentiert eine Meldung mit dem Text *Hallo Welt*.

9. Bestätigen Sie die Meldung mit Klick auf *OK*.

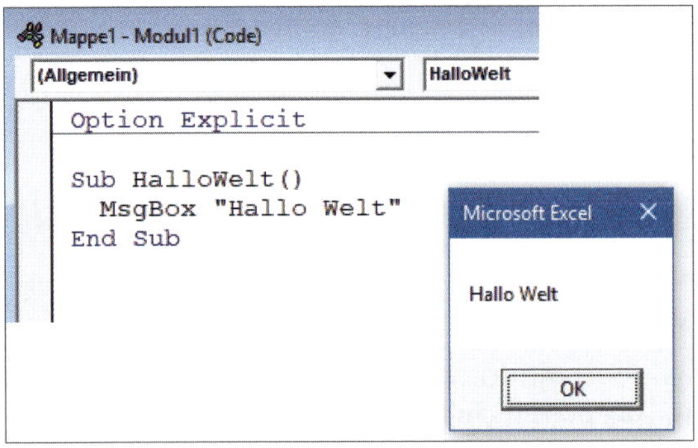

Abbildung 2.5: ... und es funktioniert

2.3.2 Makromappe gleich speichern

1. Schalten Sie über das Excel-Symbol links oben oder mit Alt+⇆ zum Excel-Fenster um und wählen Sie *Datei/Speichern unter*.
2. Suchen Sie einen passenden Ordner. Geben Sie als Dateiname ein:
   `Jetzt_lerne_ich_VBA`
3. Schalten Sie um auf den Dateityp *Excel-Arbeitsmappe mit Makros (*.xlsm)* und klicken Sie auf *Speichern*.
4. Die Arbeitsmappe wird unter dem Dateinamen gespeichert, die Dateiendung XLSM fügt Excel automatisch hinzu.

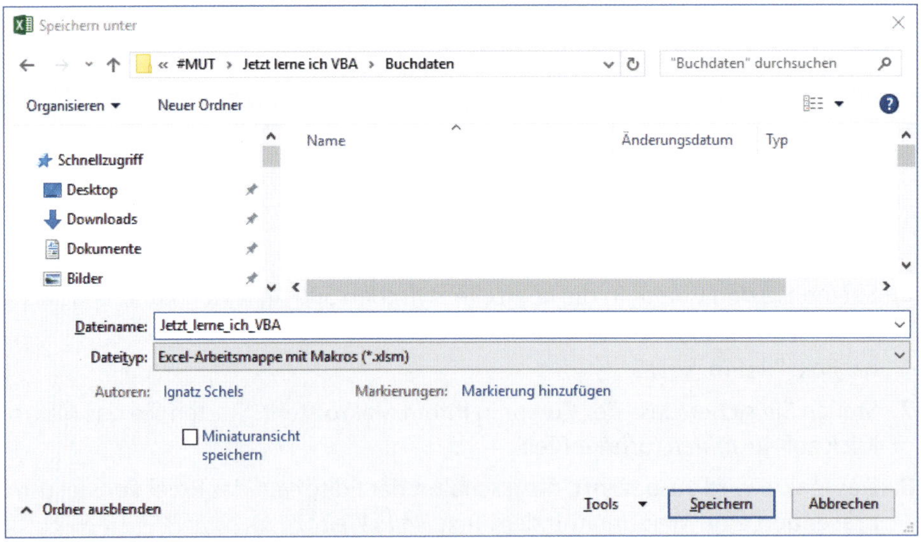

Abbildung 2.6: Die Mappe wird als Makromappe gespeichert

Das ist das Makroprinzip: Sie erstellen ein Modul, schreiben ein Makro, das mit

```
Sub <Makroname>
```

beginnt und mit

```
End Sub
```

endet, und fügen dazwischen die Befehle ein, die das Makro ausführen soll. Das Ganze wird in einer Makromappe gespeichert. Eigentlich einfach, und an diesem Grundprinzip wird sich nichts ändern, auch wenn Sie VBA in seiner ganzen Pracht ausreizen.

2.3.3 Kommentare

Kommentare sollten Sie so oft wie möglich einsetzen, um Makros zu dokumentieren. Setzen Sie den Cursor in eine neue Zeile, schreiben Sie einen Apostroph, ein Leerzeichen und dann Ihren Kommentar. Kommentare werden nicht ausgeführt und können beliebig oft und an jeder Stelle eingefügt werden.

Kommentieren Sie gleich Ihr erstes Makro:

Makro Nr. 1

```
' Makro bringt Meldung auf den Bildschirm
' Makrobeginn
Sub HalloWelt()
  ' Meldung ausgeben
  MsgBox "Hallo Welt"
' Makroende
End Sub
```

Abbildung 2.7: Kommentare im ersten Makro

2.3.4 Ein paar Makros zum Üben

Haben Sie Lust auf weitere Makros bekommen? Legen Sie im ersten Modul die nächste Sub (Subprocedure = Unterprogramm) an und fügen Sie die Befehle ein. Schreiben Sie einfach los, erklärt wird alles später. Wichtig ist, dass Sie jetzt erste Erfolgserlebnisse sammeln. Drücken Sie [↵] am Zeilenende. Wenn Sie eine Zeile korrigieren, fahren Sie mit dem Cursor aus der Zeile, sonst gibt's jedes Mal eine überflüssige Leerzeile.

Bei Schreibfehlern erhalten Sie einen dezenten Hinweis vom VBA-Editor, und die Programmzeile wird rot. Wenn alle Anweisungen korrekt sind, wählen Sie *Debuggen/ Kompilieren*. Ist alles in Ordnung, wird der Befehl ausgegraut, ansonsten erhalten Sie eine Fehlermeldung und der Editor markiert die fehlerhafte Anweisung.

Zum Ausprobieren eines Makros setzen Sie den Cursor in das Makro und drücken F5 oder klicken auf *Ausführen*. Wenn Sie das Makro schrittweise testen wollen, drücken Sie F8. Die nächste Zeile wird gelb markiert, drücken Sie F8 für weitere Schritte oder F5 für eine Ausführung bis zum Ende.

Wenn das Makro auf einen Fehler stößt, wird die Ausführung angehalten, und die fehlerhafte Zeile wird gelb markiert. Das kann auch die erste Zeile sein, zum Beispiel, wenn eine Variable nicht dimensioniert ist. Sie können den Fehler bereinigen und das Makro mit F5 weiterlaufen lassen oder auf *Zurücksetzen* klicken, um das Makro anzuhalten.

Sie können Ihre Makros übrigens auch schon im Excel-Fenster starten: Im Register *Entwicklertools* finden Sie in der Gruppe *Code* das Symbol *Makros*. Klicken Sie es an, suchen Sie in der Liste Ihr Makro und starten Sie mit *Ausführen*.

Falls Sie eine Fehlermeldung erhalten, sehen Sie bitte im nächsten Abschnitt nach, was zu tun ist. Hier noch mal in Kurzform das Wichtigste zum Schreiben und Ausführen von Makros:

Aktion	Beschreibung
Makros schreiben	`Sub Makroname (keine Leerzeichen)` `End Sub`
	Einrücken zwischen *Sub* und *End Sub*, zwischen *If* und *End If*, zwischen *For* und *Next*
	Sprunglabels mit Doppelpunkt schreiben, Labels stehen immer links am Rand
Makros testen und ausführen	*Debuggen/Kompilieren*
	Cursor in das Makro setzen
	Klick auf *Ausführen* oder F5 drücken
	Mit F8 schrittweise testen, nächste auszuführende Zeile ist gelb markiert.
Fehler beim Schreiben von Makros	Fehlermeldung, dann wird die Zeile mit dem Fehler rot markiert. Fehler muss bereinigt werden. Cursor aus der Zeile nehmen.
Fehler beim Ausführen von Makros	Fehler bereinigen, mit F5 weitermachen oder mit F8 schrittweise ausführen oder das Makro mit Zurücksetzen anhalten.

Jetzt viel Spaß mit Ihren ersten VBA-Makros! Und vergessen Sie nicht, immer fleißig Kommentare einzufügen!

Makro Nr. 2

```
' Ein Makro mit InputBox: Das Geburtsdatum wird per Dialog abgefragt,
' das Alter wird aus der Differenz Tagesdatum - Geburtsdatum berechnet
Sub AlterBerechnen()
  Dim varGeburtsdatum As Variant, int_Alter As Integer
  varGeburtsdatum = InputBox("Bitte geben Sie Ihr Geburtsdatum ein:")
  int_Alter = Year(Date) - Year(varGeburtsdatum)
  MsgBox "Sie sind " & int_Alter & " Jahre alt."
End Sub
```

Makro Nr. 3

```
' Zweimal Eingabe per InputBox und Ausgabe per MsgBox,
' Zweite MsgBox mit Ja/Nein, If-Abfrage und Goto-Sprung
Sub Produkt_aus_zwei_Zahlen()
 Dim varZahl1 As Variant, varzahl2 As Variant, dblErgebnis As Double
ZahlenEingeben:
 varZahl1 = InputBox("Zahl 1?")
 varzahl2 = InputBox("Zahl 2?")
 dblErgebnis = Val(varZahl1) * Val(varzahl2)
 MsgBox "Ergebnis: " & dblErgebnis
 If MsgBox("Nochmal?", vbYesNo) = vbNo Then
   Exit Sub
 Else
   GoTo ZahlenEingeben
 End If
End Sub
```

Makro Nr. 4

```
' Zahlen per InputBox eingeben und aufsummieren
' Bei Abbruch oder leerer Eingabe wird die Summe ausgegeben
Sub ZahlenAddieren()
 Dim varZahl As Variant, dblSumme As Double
SummeEingeben:
 varZahl = InputBox("Zahl?")
 If varZahl = "" Then
   GoTo SummeAusgeben
 Else
  dblSumme = dblSumme + Val(varZahl)
  GoTo SummeEingeben
 End If
SummeAusgeben:
 MsgBox "Summe: " & dblSumme
End Sub
```

Makro Nr. 5

```
' Und die erste Schleife: Endwert eingeben,
' alle Zahlen von 1 bis Endwert werden ausgegeben
Sub SchleifebisEndwert()
 Dim varEndwert, i As Integer
EndWertEingabe:
 varEndwert = InputBox("Bitte Endwert eingeben! (Nicht zu viel, 10
reicht!)")
 If Val(varEndwert) > 10 Then
   MsgBox varEndwert & " ist zu viel!"
   GoTo EndWertEingabe
 End If
 For i = 1 To Val(varEndwert)
  MsgBox i, vbInformation
 Next i
End Sub
```

3. Objekte, Eigenschaften und Methoden

Im Vorwort und in der Einleitung ist öfter schon mal das Wort Objekt gefallen. Mit Visual Basic führte Microsoft das Prinzip der objektorientierten Programmierung (OOP) ein, und dieses Prinzip verwenden mittlerweile die meisten Programmiersprachen. Nehmen Sie sich die Zeit und lesen Sie in diesem Kapitel das Wichtigste zum Thema Objekte, Eigenschaften und Methoden. Das Wissen brauchen Sie, um die Aufzeichnungen des Makrorekorders zu verstehen und komplexere Makros zu schreiben als *Hallo Welt* und *Alter berechnen*.

3.1 Alles ist Objekt

Mit OOP wird alles, was für die Programmierung relevant ist, als Objekt behandelt. Das beginnt bei Excel selbst (ja, Excel ist auch ein Objekt) und geht weiter zu Mappen, Tabellenblättern, Zellen und Diagrammen, um mal die wichtigsten Objekte zu nennen. Jedes Objekt kann weitere Objekte enthalten, und das nennt man dann Objekthierarchie. Die Mutter aller Objekte heißt Application (richtig: Excel himself). So sieht die Hierarchie mit einigen Unterobjekten aus:

Application
- AddIn
- Window
- Workbook
- WorksheetFunction

Das Objekt *Workbook* steht für die Arbeitsmappe, und die hat weitere Objekte, zum Beispiel:

Workbook
- Worksheet
- Chart
- Name

Und so geht es weiter, das Worksheet-Objekt (Tabellenblatt) hat u. a. diese Objekte:

Worksheet
- Comment
- Hyperlink
- Name
- PivotTable

Um ein Objekt in einem Objekt zur Programmierung zu benutzen, müssten Sie nichts anderes tun, als sich in der Objekthierarchie bis zu dem Objekt durchzugraben. Beispiele:

Objekt	Objekt (in VBA)
Eine Arbeitsmappe	`Application.Workbook`
Ein Tabellenblatt	`Application.Workbook.Worksheet`
Ein Bereich in einem Arbeitsblatt	`Application.Workbook.Worksheet.Range`
Ein Diagrammobjekt	`Application.Workbook.Worksheet.Chartobject`

Objekte behalten das, was sie haben, über die gesamte Lebensdauer, die sich meist auf die Laufzeit eines Makros beschränkt. Deshalb werden Objektvariablen am Ende eines Makros immer mit *Nothing* belegt, um den Speicher zu leeren, den sie belegt hatten:

```
Set <Objekvariable> = Nothing
```

3.2 Collections

Was tun, wenn mehrere Arbeitsmappen unter Excel offen sind? Wenn eine Mappe mehrere Tabellenblätter hat (was ja meist der Fall ist) oder wenn ein Tabellenblatt mehrere Diagrammobjekte enthält? Dafür bietet VBA das geniale Konzept der Collections. Eine Collection (Sammlung) ist eine Gruppe von Objekten desselben Objekttyps.

Die wichtigsten und häufigsten Collections sind diese:

- **Workbooks:** alle offenen Arbeitsmappen
- **Worksheets:** slle Tabellenblätter einer Arbeitsmappe
- **Charts:** alle Diagrammblätter in einer Arbeitsmappe
- **Chartobjects:** alle Diagrammobjekte auf einem Tabellenblatt

Um im VBA-Makro mit Collections zu programmieren, gibt es zwei Möglichkeiten:

- Sie benutzen die Collection selbst und verwenden eine Eigenschaft oder eine Methode. Beispiel:

  ```
  Workbooks.count
  ```

  Ergebnis: Die Anzahl aktiver Arbeitsmappen

- Sie indizieren eine Collection und verwenden ein Element daraus. Dazu geben Sie den Namen des Elements oder seine Nummer an:
  `Workbooks("Einkauf.xlsx")` oder
  `Workbooks(1)`

In der Objekthierarchie sieht das Ganze dann so aus:

Objekt	Objekt (in VBA)
Die Arbeitsmappe *Einkauf.xlsx*	`Application.Workbooks("Einkauf.xlsx")`
Das Tabellenblatt "Filiale 1" in der Arbeitsmappe "Einkauf.xlsx"	`Application.Workbooks("Einkauf.xlsx").Worksheets("Filiale 1")`
Der Bereich "$A$1:$C$20" im Tabellenblatt "Filiale 1" in der Arbeitsmappe "Einkauf.xlsx"	`Application.Workbooks("Einkauf.xlsx").Worksheets("Filiale 1").Range("$A$1:$C$20")`
Das Diagrammobjekt "Diagramm 1" im Tabellenblatt "Filiale 1" in der Arbeitsmappe "Einkauf.xlsx"	`Application.Workbooks("Einkauf.xlsx").Worksheets("Filiale 1").Chartobjects("Diagramm 1")`
Das erste Diagrammobjekt im ersten Tabellenblatt in der ersten Arbeitsmappe	`Application.Workbooks(1).Worksheets(1).Chartobjects(1)`

Der wichtigste Unterschied bei der Indizierung von Collections: Verwenden Sie einen Namen, geben Sie diesen immer in Anführungszeichen ein. Verwenden Sie Position oder Nummer, tragen Sie diese ohne Anführungszeichen zwischen die Klammern ein.

Darüber hinaus gibt es noch weitere Möglichkeiten, ein Objekt in einer Collection zu indizieren, zum Beispiel:

Ausdruck	Beschreibung
`Worksheets(shName)`	Erlaubt, wenn *shName* ein Bereichsname mit Bezug auf einen Tabellenblattnamen ist.
`Worksheets(range("$A$1").Value)`	Erlaubt, wenn in Zelle A1 der Name eines Tabellenblatts steht.

`Dim strTab`
`strTab = "Filiale 1"`
`Worksheets(strTab).Select`
	Hier wird eine Variable angelegt und mit dem Namen eines Tabellenblatts versehen. Die Variable kann dann zur Indizierung der Collection *Worksheets* verwendet werden.

3.2.1 Objektreferenzen vereinfachen

Keine Angst: In der Praxis werden Sie selten lange Monsterhierarchien schreiben müssen. Befinden Sie sich zum Beispiel beim Makrostart sicher in der aktiven Mappe, reicht es, wenn Sie den Namen des Tabellenblatts angeben. Und wenn Sie per Makro in ein Tabellenblatt wechseln oder ein neues Blatt anlegen, müssen Sie dieses nicht mehr angeben, um einen Bereich oder ein Diagrammobjekt anzuprogrammieren.

Das Objekt *Application* können Sie fast immer weglassen, außer es besteht die Gefahr, dass eine andere Application (Word, PowerPoint) ins Spiel kommt und das Makro von dieser aus ausgeführt wird.

Schreiben Sie doch einmal die Zahl *12345* in die Zelle A1 eines Tabellenblatts und lesen Sie die Zelle per Makro aus. Die lange Version sieht so aus:

```
Sub Zelle_A1_Auslesen
  MsgBox Application.Workbooks("Einkauf.xlsx").Worksheets("Filiale 1").
Range("$A$1")
End Sub
```

Lassen Sie Ihr Makro vorher durch die Objekthierarchie wandern, wird das Ganze einfacher und Sie können, um weitere Zellen zu beschriften, das letzte Objekt (Range) verwenden:

```
Sub Zelle_A1_Auslesen_2
  Application.Workbooks("Einkauf.xlsx").Activate
  Worksheets("Filiale 1").Select
  MsgBox Range("$A$1").Value
End Sub
```

3.2.2 With und End With

Sehr hilfreich in diesem Zusammenhang ist eine Kontrollstruktur, die auch der Makrorekorder häufig einsetzt, um sich beim Aufzeichnen von Makros lange und überflüssige »Objektbäume« zu sparen. Mit *With* wird das Objekt eingeführt, auf das sich alle weiteren Anweisungen beziehen. *End With* beendet das Ganze wieder:

```
With Objekt
       .Objekt.Eigenschaft.Methode
       .Objekt.Eigenschaft.Methode
       .Objekt.Eigenschaft.Methode
End With
```

So sieht das in unserem Beispiel aus:

```
With Application.Workbooks("Einkauf.xlsx").Worksheets("Filiale 1")
       MsgBox Range("$A$1").Value
End With
```

Haben Sie den wichtigen Unterschied bemerkt? Wenn das Objekt bzw. die Objekthierarchie mit *With* »adressiert« wird, muss das Makro nicht die ganze Hierarchie durchwandern, um zum begehrten Zielobjekt zu gelangen. Die Zelle A1 kann im obigen Beispiel ausgelesen werden, ohne dass das Makro die Mappe öffnet und in das Tabellenblatt wechselt.

3.2.3 Objekteigenschaften und Methoden

Wie Sie in den Beispielen zu den Objekten schon gesehen haben, reicht es nicht, die Objekthierarchie einfach anzugeben, egal, wie groß sie ist und wie viele Objekte sie enthält. In VBA wird mit den Objekten immer etwas Praktisches passieren. Arbeitsmappen werden geöffnet, aktiviert oder geschlossen (oder auch nur gezählt), Tabellenblätter aktiviert man per VBA, benennt sie um oder löscht sie und Bereiche (Zellen) bekommen per Makro Inhalte, Zahlenformate, Farben und Rahmen.

Unterscheiden wir zwischen Eigenschaften und Methoden:

- Eigenschaften eines Objekts werden ausgelesen, festgelegt oder geändert.
- Methoden führen eine Aktion mit einem Objekt durch.

Jedes Objekt hat Eigenschaften und Methoden, und nicht selten haben unterschiedliche Objekte die gleichen Eigenschaften oder Methoden. Die Eigenschaft *Name* dürfte die häufigste im Objektkatalog sein, so ziemlich jedes Objekt hat nämlich einen Namen:

```
Workbook(1).Name
Worksheets(1).Name
ChartObjects(5).Name
usw.
```

Die häufigste Methode ist *Select*, sie wird zum Beispiel verwendet, um Tabellenblätter anzusteuern oder Zellbereiche zu markieren:

```
Worksheets("Filiale 1").Select
Range("$A$1:$C$20").Select
ChartObjects(1).Axis(1).Select
```

Eine Liste mit allen Objekten und deren Eigenschaften und Methoden anzufertigen, ist unmöglich, es gibt zu viele Objekte, und die haben oft die gleichen Eigenschaften und Methoden.

3.2.4 Ereignisse

Als VBA-Programmierer arbeiten Sie nicht nur mit Objekten (inklusive Eigenschaften, Methoden), sondern auch mit Ereignissen. Ein Ereignis ist zum Beispiel das Öffnen einer Mappe, der Wechsel auf ein anderes Tabellenblatt oder das Markieren eines Zellbereichs. Selbst der Mausklick auf eine Zelle löst bereits ein Ereignis aus.

Ereignismakros werden häufig eingesetzt, um Prozesse zu automatisieren und abzusichern, aber auch, um Daten bereitzustellen oder Oberflächen zu präparieren.

3.2.5 Das Objektmodell »Autohaus«

Haben Sie das Objektmodell verstanden? Hier noch einmal eine Zusammenfassung und ein praktischer Vergleich, sagen wir mit der *Application* »Autohaus«:

	Im Objektmodell	Im Beispiel
Das übergeordnete Objekt	Excel	Ein Autohaus
Objekte, Collections	Arbeitsmappen (Workbooks) Tabellenblätter (Worksheets) Bereiche (Ranges) Grafische Objekte (Shapes)	Eine Modellreihe Einzelne Fahrzeuge der Modellreihen Varianten der Fahrzeugmodelle
Eigenschaften	Anzahl offener Arbeitsmappen: `Workbooks.count` Anzahl Tabellenblätter: `Workbooks(1).Sheets.count` Name eines Tabellenblatts: `Worksheets(1).Name`	Anzahl der Fahrzeuge im Autohaus Namen der Modellreihen Eigenschaften des Objekts Fahrzeug: Modellbezeichnung, Motorisierung, Farbe, Ausstattung, Polsterung

	Im Objektmodell	Im Beispiel
Methoden	Neue Arbeitsmappe anlegen: `Workbooks.Add` Neues Tabellenblatt anlegen: `Sheets.Add` Erstes Tabellenblatt löschen: `Sheets(1).Delete` Tabellenblatt 5 an den Anfang verschieben: `Worksheets(5).Move Before:=1`	Neue Baureihe einführen, neue Fahrzeuge ausstellen, Fahrzeuge verkaufen Methoden des Objekts Fahrzeug: Fahrzeug ausstatten, Fahrzeug umparken, Fahrzeug starten, fahren

Im Autohaus würde der Besitzer sagen: Ich habe für mein Autohaus (Application) die Baureihe G eingeführt (Objekt), zwei Fahrzeuge, einen GLK und einen GLA gekauft (Objekte) und beide im Autohaus geparkt (Methode). Der GLK ist tenoritgrau (Eigenschaft), er hat ein Automatikgetriebe (Eigenschaft). Der GLA wurde verkauft (Methode), er hatte ein Schiebedach (Eigenschaft).

In Excel sieht das so aus: Ich habe in Excel (Application) eine Arbeitsmappe (Objekt) angelegt, sie enthält drei Tabellenblätter (Objekte), das erste hat die Bezeichnung »Einkauf« (Eigenschaft), das zweite »Verkauf« (Eigenschaft). Das zweite Blatt habe ich vor das erste geschoben (Methode), das dritte gelöscht (Methode).

3.3 Der Objektkatalog

Obwohl es wie schon erwähnt unmöglich ist, alle Objekte mit ihren Eigenschaften und Methoden zu listen, bietet der Visual Basic Editor einen Objektkatalog an.

Wählen Sie *Ansicht/Objektkatalog* oder drücken Sie F2. Der Objektkatalog wird in einem neuen Fenster aktiviert, um ihn wieder zu schließen, klicken Sie auf das Schließen-Symbol rechts oben.

Welche Objekte der Objektkatalog anzeigt, hängt von der Einstellung in der ersten Auswahlliste ab. Steht da *Alle Bibliotheken*, erhalten Sie eine Übersicht über alle Objekte in allen Objektbibliotheken. Das ist zunächst nicht sinnvoll, weil der Katalog a) viel zu groß ist und b) viele Einträge enthält, die Sie niemals brauchen werden. Schalten Sie deshalb auf den Eintrag *Excel* um. Jetzt sehen Sie eine vollständige Liste aller Excel-Objekte mit ihren Eigenschaften und Methoden.

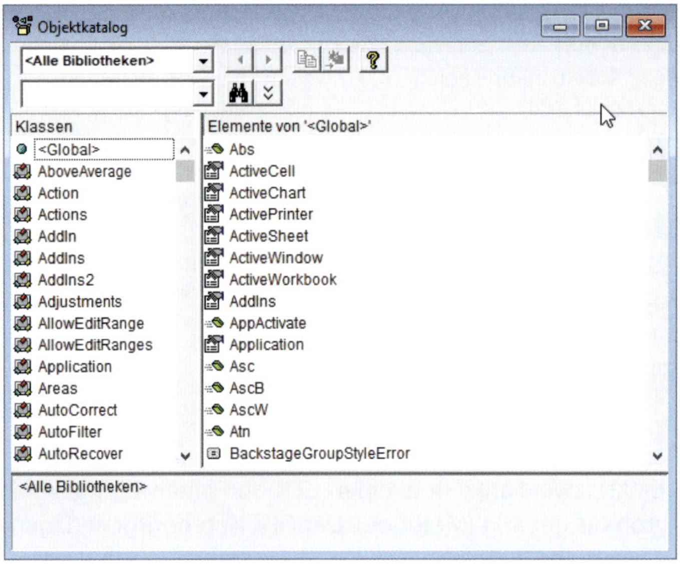

Abbildung 3.1: Der Objektkatalog

Klicken Sie links auf ein Objekt, sehen Sie rechts alle Eigenschaften, Methoden und Ereignisse, die diesem Objekt zugewiesen sind. Am Symbol erkennen Sie, worum es sich handelt.

Symbol	Bedeutung
	Eigenschaft
	Methode
	Ereignis

Hier zum Beispiel das Objekt *Application*. Die Eigenschaften *ActiveWorkbook* und *ActivePrinter* erklären sich von selbst, mit der Methode *Calculate* könnten Sie eine Neuberechnung starten, und damit würden Sie das Ereignis *SheetCalculate* auslösen.

Im Objektkatalog werden die Objekte als Klassen bezeichnet, weil sie in den Bibliotheken als solche programmiert sind. Eine Klasse enthält nicht nur den Objektnamen, sondern auch alle Eigenschaften und Methoden. Neben den Standard-Elementen finden Sie in einigen Bibliotheken auch Konstanten, Module, Klassen, benutzerdefinierte Typen und Aufzählungen.

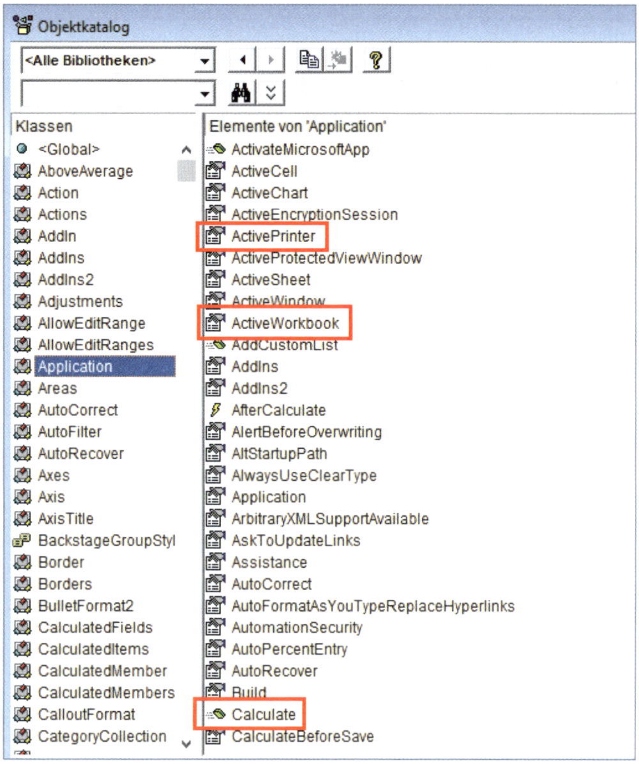

Abbildung 3.2: Objekte, Eigenschaften und Methoden

3.4 Objektsuche und Objekthilfe

Geben Sie in das zweite Listenfeld einen Suchbegriff ein, um nach Einträgen im Katalog zu suchen. Geben Sie beispielsweise *Comment* ein und bestätigen Sie mit ↵, zeigt der Katalog alle Einträge, in denen dieser Text vorkommt.

Mit dem Hilfe-Symbol erhalten Sie eine schnelle Beschreibung zum jeweils markierten Element im Objektkatalog. Dazu aktiviert der VBA-Editor Ihren Browser und schaltet auf die VBA-Referenz im Office-Dev-Center (MSDN) um. In der Regel ist neben der Beschreibung auch ein kleines Beispielmakro enthalten.

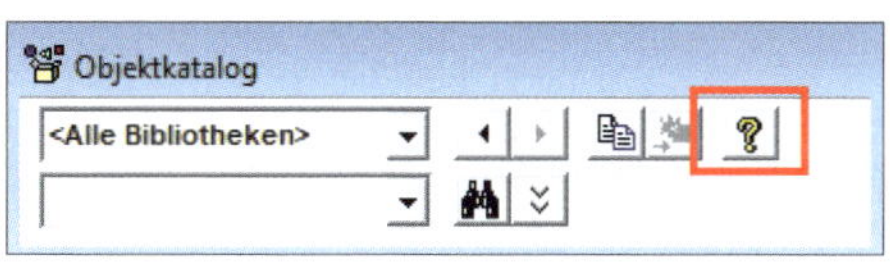

Abbildung 3.3: Das Hilfesymbol führt zu MSDN

3.5 Objektbibliotheken und Verweise

Wenn Sie einen Blick in die Liste der Objektkataloge werfen (Auswahlliste links oben im Objektkatalog), sehen Sie, dass neben den Hauptbibliotheken Excel und VBA noch weitere Bibliotheken verfügbar sind. Aber das sind längst noch nicht alle. Wählen Sie *Extras/Verweise*, erhalten Sie die Auswahl aller verfügbaren Objektbibliotheken.

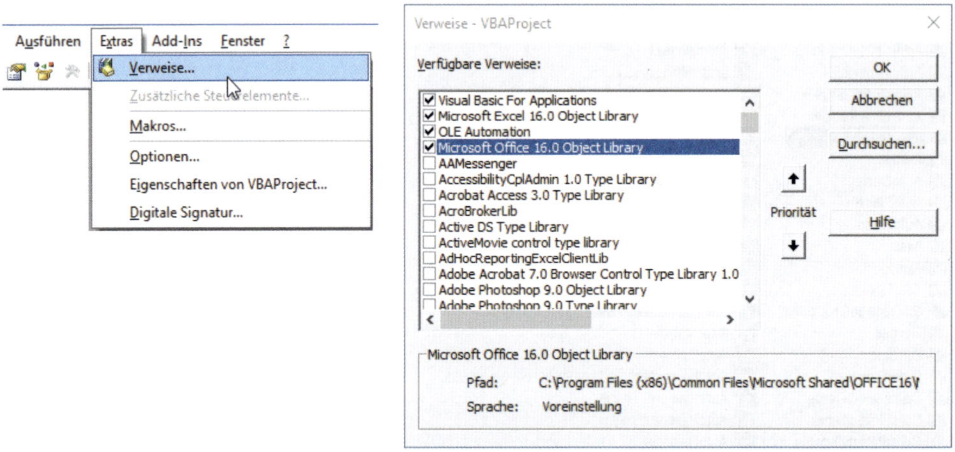

Abbildung 3.4: Die Objektbibliotheken unter Extras/Verweise

Klicken Sie eine Bibliothek an, zeigt das Verweisfenster im unteren Bereich, aus welcher Datei diese stammt. Die Excel-Bibliothek ist tatsächlich in der Programmdatei EXCEL.EXE selbst hinterlegt, die VBA-Objekte stammen aus einer DLL (**D**ynamic **L**ink **L**ibrary), andere Bibliotheken aus Dateien mit der Endung TLB.

Diese vier Bibliotheken sind standardmäßig aktiv:

Bibliothek	Beschreibung	Datei
OLE Automation	Basisfunktionen für ActiveX	StdOle2.tlb
Visual Basic for Applications	Die VBA-Objektbibliothek	VBE7.DLL
Microsoft Excel 16.0 Object Library	Die Excel-Objektbibliothek	EXCEL.EXE
Microsoft Office 16.0 Object Library	Die Bibliothek mit gemeinsamen Objekten aller Office-Komponenten	Mso.dll

Die Bibliothek *Microsoft Forms 2.0 Object Library* wird automatisch aktiviert, wenn Sie in der Mappe mit Dialogen (UserForms) arbeiten.

Um in VBA-Makros mit Objekten aus anderen Programmen oder Datenumgebungen zu arbeiten, wird also einfach die passende Bibliothek eingeschaltet. Programmieren Sie beispielsweise mit einem Excel-VBA-Makro an einem Word-Dokument, verweisen Sie auf die Bibliothek *Microsoft Word 16.0 Object Library*, und mit der *Microsoft PowerPoint 16.0 Object Library* stehen Ihnen alle Objekte aus PowerPoint zur Verfügung.

> **Hinweis**
>
> Wenn Sie hier einen Eintrag mit dem Text *NICHT VORHANDEN* sehen, verwendet die Makromappe einen Verweis auf eine fehlende Bibliothek. Sie können mit Klick auf *Durchsuchen* nach der Bibliotheksdatei suchen. Falls die Bibliothek nicht mehr verfügbar ist, sollten Sie den Eintrag deaktivieren.

Schreiben Sie ein Makro, das alle aktiven Verweise auflistet. Sie brauchen zwei Variablen, eine Objektvariable für das Projekt und eine Schleifenvariable. Das Makro legt zunächst ein neues Tabellenblatt an, beschriftet die ersten drei Spalten und startet dann eine Schleife über alle Verweise. Der Schleifenzähler sorgt dafür, dass jeder Verweis eine eigene Zeile bekommt:

```
Cells(schleifenzähler + 1, spaltennummer)
```

Und aus dem Container-Objekt *References* werden die Eigenschaften *Name*, *Description* und *Fullpath* übernommen. Zum Schluss bekommen die drei Spalten noch eine optimale Spaltenbreite.

Makro Nr. 6

```
Sub Verweise_auflisten()
 ' Makro listet alle aktiven Verweise
 Dim objVBE As Object, i As Integer
 Set objVBE = Application.VBE.ActiveVBProject
 ' Neues Tabellenblatt
 Sheets.Add
 ' Überschriftszeile
 Cells(1, 1) = "Name"
 Cells(1, 2) = "Verweis"
 Cells(1, 3) = "Pfad zur Datei"
 With objVBE
   ' Schleife über alle Verweise
   For i = 1 To .References.Count
     Cells(i + 1, 1) = .References(i).Name
     Cells(i + 1, 2) = .References(i).Description
     Cells(i + 1, 3) = .References(i).FullPath
   Next i
 End With
```

```
 ' Optimale Spaltenbreiten
 Range("A:C").Columns.AutoFit
 ' Objektvariable zurücksetzen
 Set objVBE = Nothing
End Sub
```

Dieses Makro löscht »broken references«, also nicht vorhandene Verweise:

Makro Nr. 7

```
Private Sub NichtVorhandeneVerweiseLöschen()
 Dim objVerweise As Object, objV As Object
 Set objVerweise = ThisWorkbook.VBProject.References
 For Each objV In objVerweise
   If objV.IsBroken Then
    Call ThisWorkbook.VBProject.References.Remove(objV)
   End If
 Next
End Sub
```

3.6 Klassen

Die Klassenprogrammierung gilt als Königsdisziplin der VBA-Programmierung. Wer Klassen programmieren kann, muss sich nicht auf Objekte in Objektkatalogen verlassen, er kann sich seine Objektwelt mit Objekten, Methoden und Eigenschaften selbst erschaffen. Da stellt sich aber sofort die Frage nach dem Warum. Gibt es überhaupt etwas, für das kein Objektkatalog existiert? Müssen Sie die zugegeben etwas komplizierte Klassenprogrammierung lernen, um Erfolg als VBA-Programmierer zu haben? Erfahrungsgemäß nein. Die meisten Makrolösungen kommen ohne zusätzlich programmierte Klassen aus, was die vielen (guten) Beispiele im weltweiten Netz beweisen. Wozu also Klassen?

Klassen programmieren Sie, wenn gleiche Aufgaben parallel ausgeführt werden müssen. Programmieren Sie zum Beispiel Makros, die Maschinenausfälle (Störungen) messen, dann werden Sie vielleicht für jede Maschine eine Stoppuhr brauchen. Schreiben Sie sich eine Klasse »Stoppuhr«, können Sie diese so oft einsetzen, wie Sie wollen.

Klassen bieten eine bessere Intellisense-Unterstützung. Wird ein Objekt zum Beispiel sehr oft in einer Routine eingesetzt, können Sie auch eine Klasse programmieren und Eigenschaften und Methoden festlegen, die sich dann mit dem Punkt am Objekt einfach abrufen lassen. Komplexe Berechnungen »kapseln« Klassen besser ein als normale Makroroutinen.

3.6.1 Klassenmodul anlegen

Klicken Sie mit der rechten Maustaste auf das Projekt im Projekt-Explorer und wählen Sie *Einfügen/Klassenmodul*.

Mit dem ersten Modul wird ein neuer Ordner *Klassenmodule* angelegt. Geben Sie dem Klassenmodul im Eigenschaftenfenster einen Namen, nennen Sie das Modul *cls_Test*.

Klassenmodule können wie »normale« Module auch Prozeduren und Funktionen enthalten. Legen Sie eine Prozedur *HalloWelt()* und eine neue Funktion *MyName()* an:

Makro Nr. 8

```
Sub HalloWelt()
  MsgBox "Hallo Welt"
End Sub

Function MyName() As String
  MyName = Application.UserName
End Function
```

Jetzt finden Sie in der Liste am Modulkopf den Eintrag *class* und rechts die beiden Klassenereignisse *Initialize* und *Terminate*. Holen Sie beide als neue Prozeduren in das Klassenmodul. *Initialize* legt los, wenn die Klasse gestartet wird, *Terminate* meldet sich beim Beenden der Klasse.

```
Private Sub Class_Initialize()
  Debug.Print "Testklasse ist gestartet"
End Sub

Private Sub Class_Terminate()
  Debug.Print "Testklasse wird beendet"
End Sub
```

3.6.2 Klasse anwenden

Legen Sie mit *Einfügen/Modul* ein neues Modul an und schreiben Sie eine Prozedur, in der die Klassenprozedur und die Klassenfunktion zum Einsatz kommen. Die Prozedur wird einfach gestartet, sie meldet sich mit einer *MsgBox*. Die Funktion muss in einer *MsgBox* aktiviert werden, das Ergebnis ist je eine Meldung auf dem Bildschirm. Wenn Sie anschließend mit [Strg]+[G] das Direktfenster öffnen, sehen Sie, was die beiden Ereignisse der Klasse hinterlassen haben.

```
Sub Klassentest()
  Dim Test As New cls_Test
  Test.HalloWelt
  MsgBox Test.MyName
End Sub
```

Damit ist der Ausflug in die Klassenprogrammierung zu Ende, das Thema ist so umfangreich wie komplex, dass es das Konzept des Buches sprengen würde. Sehen Sie sich die Tutorials und die Hilfeseiten im Dev Center von Microsoft an, wenn Sie mehr mit Klassen machen wollen.

4. Variablen und Konstanten

VBA-Makros arbeiten wie alle Programme der Welt mit Variablen. Technisch gesehen ist eine Variable ein im Hauptspeicher reservierter Speicherbereich, bildlich gesprochen wird eine Variable wie eine Schublade benutzt, um Daten zu »bunkern«, die das Makro während des Programmlaufs braucht. Eine Variable brauchen Sie also, um während des Makroablaufs etwas zwischenzuspeichern, was Sie später wieder brauchen. Variablen sind vor und nach dem Ablauf eines Makros leer.

4.1 DIM deklariert Variablen

Variablen müssen deklariert werden, und zwar mit der Anweisung DIM. DIM reserviert den Speicherplatz im Hauptspeicher, den die Variable braucht, wobei der Typ der Variablen die Anzahl der Bytes bestimmt. Geben Sie deshalb mit DIM immer den Namen und den Typ der Variablen an.

```
Dim variable as typ
```

Um die Variable sowohl in der Größe als auch von ihrem Typ her so eindeutig wie möglich zu bestimmen, weisen Sie ihr bei der Einführung einen Datentyp zu. Das hat eine wichtige Bedeutung. Das Makro bekommt gleich zu Beginn die Information darüber, wie viel Speicher es für die Variable zur Verfügung stellen muss, und kann deshalb wesentlich schneller ablaufen. Die Einführung einer neuen Variablen während des Programmlaufs würde den Ablauf verzögern, weil für diese zunächst freier Speicher gesucht werden müsste.

4.1.1 Option Explicit – Variablendeklaration erforderlich

Wenn Sie in einem Makro mit Variablen arbeiten, sollten diese im Kopfbereich mit DIM oder CONST deklariert und dimensioniert werden. Geben Sie im Kopfbereich des Moduls noch vor der ersten Prozedur oder Funktion diese Anweisung ein, erzwingen Sie diese Dimensionierung. Makros können nicht gestartet werden, bevor alle verwendeten Variablen dimensioniert sind:

```
Option Explicit
```

Wählen Sie im VBA-Editor *Extras/Optionen* und kreuzen Sie auf der Registerkarte *Editor* die Option *Variablendeklaration erforderlich* an. Damit wird *Option Explicit* automatisch in alle neu angelegten Module eingefügt. Haben Sie die Option erst später eingeschaltet, schreiben Sie die Anweisung einfach in die erste Zeile aller angelegten Module.

Ohne diese Voreinstellung könnten Sie sich die Arbeit mit DIM sparen und neue Variablen einfach undimensioniert mitten im Code einführen. Aber das hätte schwere Nachteile:

- Beim Austesten von Makros würde der Interpreter falsch geschriebene Variablen nicht erkennen, weil diese als neue Variable angenommen würden. Demzufolge würde das Makro fehlerhaft laufen, und im ungünstigsten Fall würden Sie den Fehler gar nicht bemerken, weil die neue Variable leer ist.
- Ihre Makros würden deutlich langsamer laufen, weil das Makro für jede Variable Speicherplatz im Arbeitsspeicher (RAM) suchen muss, sobald sie im Code auftaucht. Ist sie aber vorher dimensioniert, stehen die Arbeitsspeicherposition und der benötigte Platz schon fest, und die Variable kann sich bequem einrichten.

Einmal angekreuzt, bleibt die Option *Variablendeklaration erforderlich* für den Benutzer eingestellt, weil sie wie alle Optionen in der Registry, der Windows-Registrierdatenbank, hinterlegt ist.

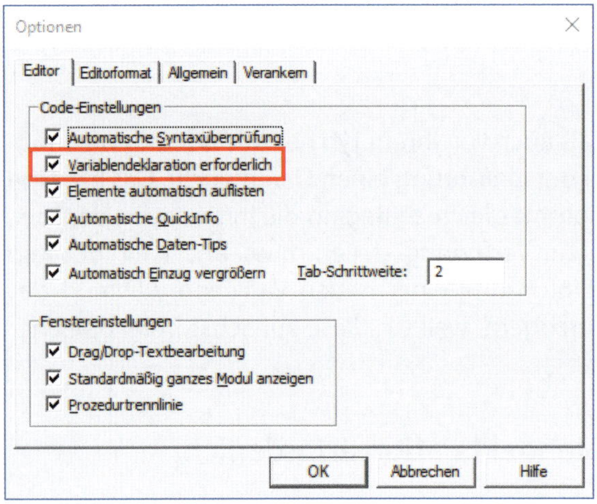

Abbildung 4.1: Die Option »Variablendeklaration erforderlich«

4.2 Regeln für die Variablenbenennung

Grundsätzlich ist der Name einer Variablen frei wählbar, diese Regeln sollten Sie aber beachten:

- Die Variable muss mit einem Buchstaben beginnen.
- Der Name darf nur aus Buchstaben, Ziffern und dem Unterstrich-Zeichen _ bestehen, Leerzeichen oder Sonderzeichen wie . : , ; ! $ % & # etc. sind nicht erlaubt.

- Der Name darf nicht länger als 255 Zeichen sein.
- Der Name darf nicht identisch sein mit sogenannten Schlüsselwörtern. Das sind Wörter, die von VBA reserviert sind, wie zum Beispiel Namen von Befehlen oder Eigenschaften. So darf eine Variable beispielsweise nicht *MsgBox* heißen, denn das ist die Anweisung für die Ausgabe einer Meldung.
- Im Gültigkeitsbereich der Variablen darf es keine andere Variable, Prozedur oder Funktion mit dem gleichen Namen geben.

In diesem Beispiel bekommt die Variable *varMwSt* den Mehrwertsteuersatz 19 % zugewiesen. Anschließend wird der vom Benutzer angeforderte Netto-Betrag in Brutto (zuzügl. MwSt) ausgewiesen. Für die InputBox brauchen Sie natürlich auch eine Variable:

Makro Nr. 9

```
Sub Mwst_Berechnen()
 Dim varMwSt, varBetrag
 varMwSt = 0.19
 varBetrag = InputBox("Bitte Betrag (netto) eingeben:")
 MsgBox "Bruttobetrag: " & varBetrag * (1 + varMwSt)
End Sub
```

4.3 Gültigkeit von Variablen

Wie lange eine Variable ihren Inhalt behält und für welche Makros sie gilt, bestimmen Sie durch die Deklaration mit DIM. Variablen können nur für ein einzelnes Makro, für alle Makros im Modul oder sogar für alle Makros im Projekt gelten. Hier einige Varianten der Variablendeklaration mit DIM:

Anweisung	Deklaration

`Sub Testproz()`
`Dim variable as String`
`...`
`...`
`End Sub`
	Die Variable wird für die Prozedur deklariert und gilt auch nur für diese. Nach Beendigung der Prozedur ist die Variable leer.

`Dim variable as String`
`Sub Testproz()`
`...`
`...`
`End Sub`
	Wird die *DIM*-Anweisung vor die erste Prozedur oder Funktion geschrieben, gilt die Variable auf Modulebene, das heißt für alle Prozeduren und Funktionen des Moduls.

Anweisung	Deklaration
`Public variable as String`	Um eine Variable für alle Prozeduren in allen Modulen des Projekts verfügbar zu machen, stellen Sie ihr die Anweisung *Public* voran.
`Private variable as String`	Das ist eine private Variable auf Modulebene, die nur von den Prozeduren des Moduls verwendet werden kann (entspricht DIM auf Modulebene).
`Static variable as String`	Die *Static*-Anweisung sorgt dafür, dass die Variable während der gesamten Laufzeit des Moduls ihren Inhalt behält.

4.4 Datentypen in Variablen

Wenn Sie keinen Daten- oder Objekttyp angeben, erhält die Variable standardmäßig den Datentyp *Variant*. Für die Zuweisung von Objekten zu Objektvariablen brauchen Sie die Anweisung *Set*.

Der häufigste Variablentyp ist *String*. Variablen mit diesem Typ sind für Text bestimmt, können aber auch Zahlen, Datumswerte oder Sonderzeichen enthalten. Ein weiterer Variablendatentyp ist *Integer*. Eine Variable, die als *Integer* deklariert wurde, kann nur ganze Zahlen von –32.768 bis 32.767 als Wert aufnehmen.

Wird einer Variablen bei der Deklaration kein Datentyp zugewiesen, erhält sie automatisch den Datentyp *Variant*, eine Art »Allround-Datentyp«, der alle Werte aufnehmen kann und alle anderen Datentypen umfasst. Für Variant-Variablen sucht sich VBA den passenden Datentyp aus. Das ist zwar nicht ideal, weil der Variant-Datentyp sehr viel Speicher verbraucht, aber immer noch besser als gar keine Deklaration (und bei Hauptspeichergrößen im Gigabyte-Bereich heutzutage kein Problem mehr).

Wenn Sie einer Variablen beim Deklarieren einen Datentyp zuweisen wollen, geben Sie nach dem üblichen Deklarationsbefehl das Schlüsselwort *As* und den Namen des Datentyps ein:

```
Dim strTest As String
```

Dieser Befehl deklariert die Variable *strTest* als String-Variable. Der Name ist frei wählbar, sofern die Regeln beachtet werden (siehe oben), das Präfix *str* kennzeichnet die Variable aber deutlich als String-Variable. Eine Anweisung

```
Dim intTest as String
```

wäre technisch zwar richtig, aber nicht sinnvoll, weil das Präfix *int* auf einen falschen Datentyp verweisen würde.

Die folgende Tabelle enthält eine Übersicht über die verschiedenen deklarierbaren Datentypen und ihre Wertebereiche (also die Werte, die sie annehmen können):

Datentyp	Typkenn-zeichen	Max. Größe in Bytes	Wertebereich von ... bis
Boolean		2	Nur 0 (False) oder –1 (True)
Byte		1	Ganze Zahlen von 0 bis 255
Integer	%	2	Ganze Zahlen von –32.768 bis +32.767
Long	&	4	Ganze Zahlen von –2.147.483.648 bis +2.147.483.647
Single	!	4	–3,402823E38 bis –1,401298E-45 und 1,401298E-45 bis 3,402823E38
Double	#	8	–1,79769313486232E308 bis –4,94065645841247E-324 und +4,94065645841247E-324 bis +1,79769313486232E308
Currency	@	8	–922337203685477,5808 bis +922337203685477,5808
Date		8	Enthält Datum und Uhrzeit im Bereich vom 1. Januar 100 bis 31. Dezember 9999
String (variable Länge)	$	10 + Länge der Zeichenkette	Zeichenkette bestehend aus 0 bis ca. 2 Milliarden Zeichen
String (feste Länge)	$	Länge der Zeichenkette	ca. 65.500 Zeichen
Variant		16	Jeder numerische Wert im Bereich einer Double-Variablen
Variant (mit Zeichenkette)		22 + Länge der Zeichenkette	0 bis ca. 2 Milliarden Zeichen
Object		4	Referenz auf ein Objekt

In der Spalte *Typkennzeichen* finden Sie eine interessante Funktion. Die Variable kann schon bei der Benennung mit dem passenden Typ versehen werden, wenn Sie ihr das

Typkennzeichen mitgeben. Die Zuweisung des Datentyps *String* an die Variable *Name* könnte also sowohl

```
Dim strName As String
```

lauten als auch

```
Dim strName$
```

In beiden Fällen wird die Variable als String-Variable deklariert. Im Makro wird die Variable nur über den Namen angesprochen, das Datentypkennzeichen entfällt:

Makro Nr. 10

```
Sub Show_UserName()
 Dim strName$
 strName = Application.UserName
 MsgBox "Benutzer: " & strName
End Sub
```

Ein Hinweis dazu: Diese Kurzversion ist etwas aus der Mode gekommen, in der objektorientierten Programmierung wird sie selten benutzt.

4.5 Objektvariablen

Variablen können für Zeichenketten und Zahlen verschiedener Größenordnungen vorbereitet werden oder für Objekte. Dafür brauchen Sie bei der Zuordnung des Variableninhalts aber den Zusatz *Set*:

```
Dim objTest as Object
Set objTest = ...
```

Objektvariablen sollten gelöscht werden, wenn sie nicht mehr gebraucht werden. Schreiben Sie die Anweisung dazu am Ende des Makros:

```
Set objTest = Nothing
```

Hier ein Makro, das den Titel des aktiven Excel-Fensters in einer Meldung ausgibt:

```
Sub ZeigeFensterTitel()
 Dim objW As Window
 Set objW = Application.ActiveWindow
 MsgBox objW.Caption
Set objW = Nothing
End Sub
```

Objektvariablen werden häufig verwendet, um große »Objektbäume« abzukürzen. Sehr hilfreich sind hier die Objekte *Workbook, ActiveWorkbook, ThisWorkbook* und *Worksheet*. Dieses Makro definiert zum Beispiel eine Variable für Arbeitsmappen und Tabellenblätter, belegt die erste mit der aktiven Mappe und verwendet die zweite, um die Tabellenblätter in der Mappe anzusteuern. Die Namen der Blätter werden in einer Textvariablen zusammengefasst, die Konstante *vbCr* sorgt für den Zeilenumbruch. Nach der Ausgabe in einer Meldung werden die Objektvariablen wieder gelöscht, achten Sie dabei auf die Reihenfolge (erst Mappe, dann Tabellenblatt):

Makro Nr. 11

```
Sub TabellenblattListe()
 ' Variablen dimensionieren
 Dim objWB As Workbook, objSH As Worksheet, i As Integer, strMText As String
 ' Objektvariable für die aktive Mappe
 Set objWB = ThisWorkbook
 With objWB
  ' Schleife über alle Tabellenblätter
  For i = 1 To .Sheets.Count
   ' Objektvariable für das nächste Tabellenblatt
   Set objSH = .Sheets(i)
   ' Textkette erzeugen in der Textvariablen
   strMText = strMText & objSH.Name & vbCr
  Next i
 End With
 ' Ausgabe der Textkette
 MsgBox strMText, vbInformation, "Alle Tabellenblätter in " & objWB.Name
 ' Objektvariablen löschen (Achtung: Reihenfolge beachten!)
 Set objSH = Nothing
 Set objWB = Nothing
End Sub
```

Welche Vorteile die Verwendung von Objektvariablen hat, werden Sie beim Schreiben der ersten Makros merken: Der Code wird übersichtlicher, die Anweisungen werden kürzer. Und – die Objektvariable gibt ihre Elemente preis, wenn Sie einen Punkt dahinter setzen. So finden Sie Eigenschaften und Methoden von Objekten schneller.

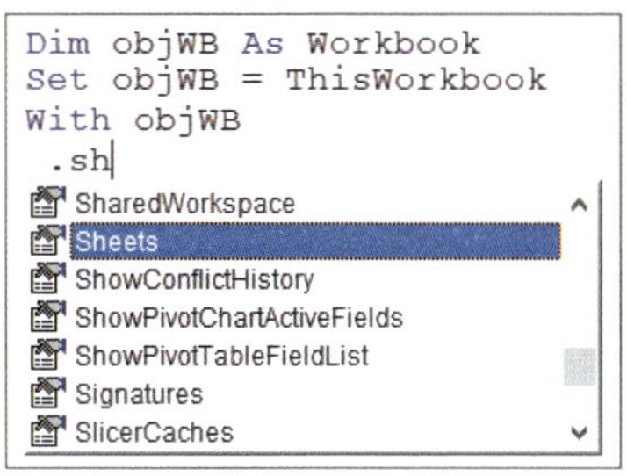

Abbildung 4.2: Objektvariable mit Quicklist

4.6 Konstanten

Eine Konstante ist eine Variable mit einem festen Wert. Brauchen Sie eine Variable, deren Inhalt schon beim Schreiben des Programmcodes bekannt ist und sich während des Programmverlaufs nicht verändert, nehmen Sie besser eine Konstante. Der Wert der Konstanten bleibt konstant, er kann im Programmablauf nicht mehr verändert werden.

Konstanten werden mit dem Befehl *Const* entweder im Deklarationsteil des Moduls oder innerhalb einer Prozedur deklariert. Wird eine Konstante innerhalb einer Prozedur deklariert, kann auch nur innerhalb dieser Prozedur auf sie zugegriffen werden. Deklarieren Sie eine Konstante als global, gilt sie für alle Prozeduren in allen Modulen:

```
Const conMwSt = 0.19
Public Const conEuro_Dollar_Kurs = 1.08
Global Const gconTitel = "Inventarverwaltung © Schels"
```

Wie bei Variablen können Sie Konstanten per Deklaration auch Datentypen zuweisen. Der folgende Befehl deklariert eine Konstante mit dem Namen *Pi* und dem Datentyp *Double* und weist ihr einen Wert zu:

```
Const Pi As Double = 3.14159265358979
```

Text oder Zahlen innerhalb von Anweisungen werden als *literale Konstanten* bezeichnet:

```
MsgBox "Guten Tag " & Application.Username
```

Excel stellt für VBA-Makros sogenannte globale Konstanten zur Verfügung. Das sind Definitionen aus der Objektbibliothek, die ohne vorherige Zuweisung benutzt werden können. Typische globale Konstanten sind die Schaltflächenargumente der *MsgBox*:

```
MsgBox("Neuer Versuch? ",vbOKCancel + vbQuestion)
```

Für einige Konstanten gibt es eine *Chr()*-Funktion, die alternativ verwendet werden kann. Die Zahl bezeichnet den ASCII-Code des Zeichens.

Konstante	Äquivalent	Beschreibung
vbCrLf	Chr(13) + Chr(10)	Kombination aus Wagenrücklauf und Zeilenvorschub
vbCr	Chr(13)	Wagenrücklaufzeichen
vbLf	Chr(10)	Zeilenvorschubzeichen

Konstante	Äquivalent	Beschreibung
vbNewLine	Chr(13) + Chr(10)	Plattformspezifisches Zeilenumbruchzeichen
vbNullChar	Chr(0)	Zeichen mit dem Wert 0
vbNullString	Zeichenfolge mit dem Wert 0	Nicht identisch mit der Null-Zeichenfolge ("")
vbTab	Chr(9)	Tabulatorzeichen
vbBack	Chr(8)	Rückschrittzeichen

4.7 Datenfelder

Datenfelder, auch Arrays genannt, sind besonders wichtig, wenn viele Informationen zwischengespeichert werden müssen. Anstelle zahlreicher Variablen erstellen Sie ein einzelnes Datenfeld und belegen dieses mit einer bestimmten Anzahl von Elementen. Die Daten werden (meist per Schleife) in das Datenfeld eingelesen und können von den folgenden Anweisungen indiziert, das heißt mithilfe der Feldnummer ausgelesen werden.

```
Dim Datenfeld(5)
Datenfeld(0) = "Eins"
Datenfeld(1)= "Zwei"
...
Datenfeld(4) = "Fünf"
```

Datenfelder werden über die *DIM*-Anweisung wie jede andere Variable dimensioniert, sie unterscheiden sich durch die in Klammern angegebene Elementzahl. Achten Sie darauf, dass die Indizierung bei 0 beginnt, das erste Datenfeld hat die Bezeichnung *Name(0)*. Es gibt eine Möglichkeit, alle Indizes eines Moduls bei 1 beginnen zu lassen. Schreiben Sie dazu zu Beginn des Moduls diese Anweisung:

```
Option Base 1
```

Mit der Anweisung *ReDim* wird ein Datenfeld innerhalb der Prozedur oder der Funktion neu dimensioniert. Wenn Sie das Schlüsselwort *Preserve* dazunehmen, bleiben die bereits belegten Elemente erhalten, ansonsten werden sie gelöscht:

```
ReDim Datenfeld(100)
```

oder

```
ReDim Preserve Datenfeld(100)
```

4.8 Namenskonventionen für Variablen und Konstanten

Wie bereits erwähnt, können Variablen und Konstanten nach eigenen Wünschen benannt werden, solange die oben genannten Regeln für Variablennamen eingehalten werden (die übrigens auch für Konstanten gelten).

Natürlich macht es eine einheitliche Namensgebung dem Entwickler leichter, andere Codes zu verstehen, und auch der eigene Code wird besser lesbar, wenn man sich an bestimmte Regeln hält.

Profi-Programmierer halten sich mehr oder weniger streng an die Namenskonventionen für VBA, und da gibt es einen Standard von Graham Keene und James Barnard, veröffentlicht im Jahr 1996.

Variablen und Konstanten erhalten ein Präfix aus drei Buchstaben:

Variablentyp	Präfix	Beispiel
Boolean	bln	`Dim blnFound as Boolean`
Currency	cur	`Dim curBetrag as Currency`
Date	dat	`Dim datProjektbeginn as Date`
Double	dbl	`Dim dblUmsatz as Double`
Integer	int	`Dim intZaehler as Integer`
Long	lng	`Dim lngLangeZahl as Long`
Object	obj	`Dim objDiagramm as Object`
Single	sng	`Dim sngZahlOhneNK as Single`
String	str	`Dim strBenutzerName as String`
Type (benutzerdefiniert)	typ	`Dim typTeilDaten as mtTEIL_DATEN`
Variant	var	`Dim varBenutzerEingabe as Variant`

Umlaute (Ä, Ö, Ü etc.) und ß sind zwar erlaubt, sollten aber nicht verwendet werden, damit Entwickler in anderen Ländern auch etwas mit dem Makrocode anfangen können.

Makrobeispiel Lottozahlen

Mit diesem Makro berechnen Sie endlich den absolut sicheren Lottozahlentipp fürs Wochenende: Der Lottozahlengenerator ermittelt per Zufallszahl sechs Zahlen. Eine Datenfeldvariable und eine *If*-Anweisung sorgen dafür, dass keine doppelten Zahlen vorkommen.

Makro Nr. 12

```
Sub LottozahlenGenerator ()
  Dim i%, zahlen(5), j%
  Dim mtext As String
  ' Zufallszahlengenerator
  Randomize
  ' Erste Zahl ziehen, Variable belegen
  zahlen(0) = Int(Rnd * 49) + 1
  ' Die nächsten Zahlen
  For i = 1 To 5
    Randomize
    zahlen(i) = Int(Rnd * 49) + 1
       ' Prüfen, ob Zahl schon gezogen ist
       For j = 0 To i - 1
          If zahlen(j) = zahlen(i) Then
             ' Zahl schon gezogen
             i = i - 1
             Exit For
          End If
      Next j
  Next i
  ' Meldungstext konstruieren
  For i = 0 To 5
   mtext = mtext & "Zahl " & i + 1 & ": " _
      & vbTab & zahlen(i) & vbCr
  Next i
  ' Meldung ausgeben
  MsgBox "Hier die Lottozahlen der nächsten Ziehung:" _
         & vbCr & vbCr & mtext, vbInformation, _
         "Lottozahlengenerator"
End Sub
```

Für die Sortierung des Datenfelds benutzen Sie das BubbleSort-Verfahren. Es gibt mehrere Varianten davon, hier eine kurze, die eine dritte Variable einführt. Binden Sie die *DIM*-Anweisungen am Anfang der Prozedur ein und die Sequenz vor der letzten Schleife, die den Meldungstext produziert:

```
Dim First%, Last%, Temp%
First = LBound(zahlen())
Last = UBound(zahlen())
For i = First To Last - 1
For j = i + 1 To Last
If zahlen(i) > zahlen(j) Then
Temp = zahlen(j)
zahlen(j) = zahlen(i)
zahlen(i) = Temp
End If
Next j
Next i
```

5. Makros schreiben und testen

Makros testen Sie, nachdem sie codiert sind, direkt im Interpreter (VBA-Editor), indem Sie sie starten. Sie können dazu auch den Einzelschrittmodus verwenden. Wählen Sie *Ansicht/Makros/Makro ausführen*.

Besser sind diese Tastenkombinationen:

- Drücken Sie F5, um das Makro an der Cursorposition zu starten.
- Drücken Sie F8, um das Makro schrittweise zu starten. Schalten Sie mit F8 Schritt für Schritt weiter oder mit F5 ohne Schritt bis zum Ende.

Wenn beim Ablauf des Makros ein Fehler auftritt, stoppt der Editor das Makro und meldet den Fehler in einer Dialogbox. Die Fehlermeldung selbst weist auf den Fehler hin, ist aber in ihrer Abstraktheit für Einsteiger oft nicht allzu nützlich.

Klicken Sie auf *Debuggen*, um sofort in das Modulblatt zu schalten. Die fehlerhafte Anweisung wird markiert.

Mit *Beenden* schließen Sie das Makro, ohne zum Editor zurückzukehren.

Die *Hilfe* gibt Auskunft über den Fehler, der unter dem angezeigten Fehlercode gemeldet wird.

5.1 Wozu der Unterstrich?

Wenn Sie einen guten Programmcode sehen, werden Sie feststellen, dass der Programmierer in Benennungen (Makronamen, Module, Variablen etc.) immer einen Unterstrich verwendet.

Beispiel:

```
Sub Rechnungsdaten_Importieren
Dim strRBetrag_Intern, int_Counter
```

In den meisten Fällen ersetzt der Unterstrich einfach das Leerzeichen, das in keinem Namen erlaubt ist. Der Unterstrich hat aber noch eine weitere wichtige Funktion: Es gibt keine Schlüsselwörter, System- oder Programmteile, die einen Unterstrich verwenden, und deshalb können Namen mit Unterstrich niemals (versehentlich) mit einem solchen Element kollidieren.

Ein Beispiel:

```
Sub Tabelle1()
```

... ist zwar ein erlaubter Makroname, könnte aber mit der Standardbenennung von Tabellenblattregistern verwechselt werden.

```
Sub Tabelle_1()
```

... ist unverfänglich und kann nicht verwechselt werden.

5.2 Camel Case

Auch das werden Sie häufiger sehen: Makro- oder Variablennamen werden – auch zwischen den Zeichen – mit großen Anfangsbuchstaben geschrieben:

```
Sub HoleDatenAusCSVDatei()
Dim str_NameVorname as String
```

Ist das eine Marotte oder hat das einen tieferen Sinn? Hat es, und zwar diesen:

Codiert wird grundsätzlich in Kleinschrift, nur Variablendimensionen und neu eingeführte Namen schreibt man mit großen Anfangsbuchstaben. Beim Codieren werden alle Namen und Variablen automatisch vom Interpreter abgeprüft und – falls als korrekt erkannt – in ihre festgelegte Schreibweise umgewandelt. So sehen Sie als Programmierer sofort, ob die Variable dimensioniert und richtig geschrieben ist oder ob es ein Unterprogramm oder eine Funktion dieses Namens gibt.

Und warum heißt diese Schreibweise *Camel Case*? Weil die Anfangsbuchstaben im Namen wie Kamelhöcker aussehen.

Abbildung 5.1: Camel Case

Makrobeispiel: Alter berechnen

Schreiben Sie ein Makro, das aus einem per Dialog angeforderten Geburtsdatum das Alter berechnet. Da dieses Makro keine ausführbaren Aktionen enthält, müssen Sie die Codezeilen ohne Makrorekorder erstellen.

Aktivieren Sie den Visual Basic Editor. Legen Sie ein neues Modul an und schreiben Sie diesen Code:

Makro Nr. 13

```
Sub AlterBerechnen()
 Dim GDatum, GDatumA, varAlter
D_Eingabe:
 GDatum = InputBox("Bitte geben Sie Ihr Geburtsdatum ein:")
 If GDatum = "" Then Exit Sub
 If Not IsDate(GDatum) Then
 MsgBox "Bitte geben Sie ein gültiges Datum ein", vbCritical
  GoTo D_Eingabe
 End If
 GDatumA = DateSerial(Year(Date), Month(GDatum), Day(GDatum))
 If GDatumA <= Date Then
   alter = Year(Date) - Year(GDatum)
 Else
   alter = Year(Date) - Year(GDatum) - 1
 End If
 MsgBox "Geburtstag: " _
  & Format(GDatum, "dddd, d. MMMM YYYY") & vbCr _
 & "Alter: " & alter
End Sub
```

5.3 Schrittweise testen

Mit dem Schritt-Test wird ein Makro Zeile für Zeile durchgetestet. Sie können Makros schon beim Aufruf im Excel-Fenster schrittweise ablaufen lassen. Markieren Sie das Makro in der Makroliste und klicken Sie auf die Schaltfläche *Schritt*.

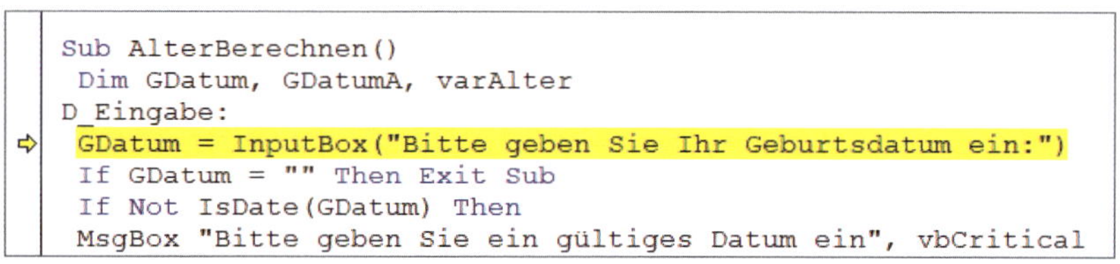

Abbildung 5.2: Der Schrittmodus: Die gelbe Zeile ist die nächste

Der Visual Basic Editor wird aktiviert, die erste Zeile des Makros erhält einen gelben Hintergrund. Drücken Sie die Taste F8, um Zeile für Zeile durch den Code zu wandern. In der Markierungsleiste am linken Rand zeigt ein kleiner Pfeil auf die jeweils nächste Zeile, die zur Ausführung ansteht.

Die Symbolleiste *Debuggen* bietet auch Symbole für das schrittweise Austesten an, der *Einzelschritt* entspricht der Taste F8, mit dem *Prozedurschritt* können Sie so testen, dass Unterprogramme nicht einzeln, sondern als Block durchgerechnet werden.

Mit der Taste F5 oder einem Klick auf das *Fortsetzen*-Symbol wechseln Sie vom Einzelschritt in die normale Ausführung.

Wenn Sie das Makro ab einer Stelle weiter unten oder oben im Code testen wollen, setzen Sie einfach den Zeiger um. Klicken Sie in die Zeile und drücken Sie Strg+F9 oder ziehen Sie das Zeigersymbol am linken Rand mit gedrückter Maustaste an die neue Position.

Ziehen Sie den gelben Pfeil am Rand mit dem Mauszeiger an eine neue Position, läuft das Makro ab dieser Zeile weiter. Sie können auch den Cursor in eine andere Zeile setzen und Strg+F9 drücken.

5.4 Schrittmodus per Stop-Anweisung

Sie können ein Makro so präparieren, dass es an einer bestimmten Codezeile automatisch in den Schrittmodus wechselt. Geben Sie die Anweisung *Stop* ein.

Das Makro durchläuft einen Bereich in der aktiven Tabelle und wechselt in den Schrittmodus, wenn es auf eine Zelle stößt, der das EUR-Zahlenformat zugewiesen ist.

Makro Nr. 14

```
Sub StopTest()
 MsgBox "Makro stoppt in der ersten EUR-Zelle"
 For Each varzelle In Range("F1:F20")
   varzelle.Select
   If InStr(varzelle.NumberFormatLocal, "EUR")  0 Then
     Stop
   End If
 Next varzelle
End Sub
```

5.5 Unterprogramme testen

Mit der Anweisung *Call* wird ein Unterprogramm aufgerufen. In der Praxis ist es sehr zeitraubend, bereits getestete Routinen im Einzelschritt abzuarbeiten. Verwenden Sie das Symbol *Prozedurschritt* oder diese beiden Tastenkombinationen:

⇧+F8 überspringt das Unterprogramm, es wird als eine Codezeile ausgeführt.

Strg+⇧+F8 drücken Sie im Unterprogramm, wenn Sie alle weiteren Zeilen ausführen und zum Einzelschrittmodus im aufrufenden Programm zurückkehren möchten.

5.6 Haltepunkte

Haltepunkte sind besonders in längeren Makrocodes von großem Nutzen, wenn die schrittweise Ausführung eines bereits getesteten Codes nicht ausreicht oder nicht mehr nötig ist. Setzen Sie bei den Makroanweisungen, ab denen Excel das Makro schrittweise testen soll, Haltepunkte:

Klicken Sie im Modul auf die Anweisung, bei der Sie den Unterbrechungsmodus einschalten wollen. Setzen Sie mit *Debuggen/Haltepunkt ein/aus* einen Haltepunkt. Die Zeile wird rot unterlegt. Starten Sie das Makro per Klick auf das Symbol *Sub/UserForm ausführen*. Das Makro läuft bis zur Zeile mit dem Haltepunkt und schaltet dort in den Schrittmodus.

```
End If
GDatumA = DateSerial(Year(Date), Month(GDatum), Day(GDatum))
If GDatumA <= Date Then
  varAlter = Year(Date) - Year(GDatum)
Else
  varAlter = Year(Date) - Year(GDatum) - 1
End If
```

Abbildung 5.3: Ein Haltepunkt

Mit der Taste F5 springen Sie im Makro von Haltepunkt zu Haltepunkt, setzen Sie diese jeweils an die letzte Zeile eines ausgetesteten Blocks.

Ein Haltepunkt wird genauso gelöscht, wie er gesetzt wurde: Markieren Sie die Anweisung und wählen Sie *Debuggen/Haltepunkt ein/aus*.

Ein schneller Haltepunktschalter

Mit F9 oder einem Klick auf die Markierungsleiste links wird ein Haltepunkt gesetzt und auch wieder entfernt. *Alle Haltepunkte löschen* aus dem Menü *Debuggen* macht, was es ausdrückt: Die Option entfernt alle gesetzten Haltepunkte in einem Makro.

5.7 Das Direktfenster

Das wichtigste Testwerkzeug ist gerade für Einsteiger das Direktfenster. Es bietet die Möglichkeit, vor oder während des Makrolaufs Objekte, Methoden und Eigenschaften abzurufen, Variablen oder Ausdrücke zu testen oder einfach Zellinhalte, Datei- und Tabellennamen abzufragen.

Öffnen Sie das Fenster mit Strg+G oder *Ansicht/Direktfenster*.

Geben Sie ein Fragezeichen (?) ein. Das ist die Print-Anweisung für dieses Fenster, der Rest der Zeile wird »in das Fenster gedruckt«. Geben Sie eine Anweisung oder einen Teilcode ein und drücken Sie ↵. Das Ergebnis wird unter der Fragezeichenzeile angezeigt, Sie können eine neue Zeile eingeben oder die erste Zeile überschreiben. Fragen Sie im Direktfenster Informationen aus Windows oder Excel ab. Das sind Informationen, die Excel (oder Windows) zur Verfügung stellt und die im Makrocode über Anweisungen, Konstanten oder Objekteigenschaften abgerufen werden:

Systeminfo	Ergebnis
`? Date`	Tagesdatum
`? Time`	Aktuelle Uhrzeit
`? Application.Username`	Name des Excel-Anwenders
`? Activesheet.Name`	Name der aktiven Tabelle
`? Application.Version`	Versionsnummer von Excel

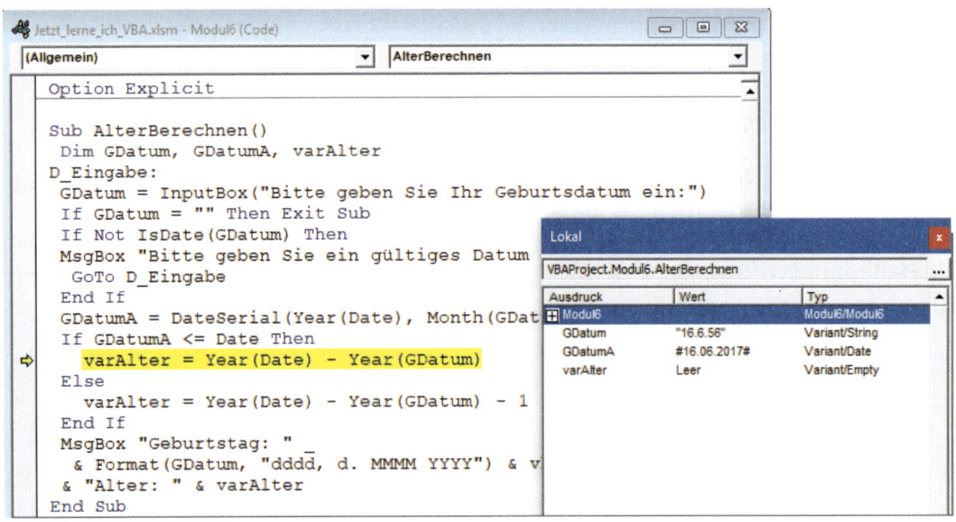

Abbildung 5.4: Das Direktfenster

5.8 Ausgabe in das Direktfenster per Makro

Das Direktfenster trägt den Objektnamen *Debug*, und um es von einer Prozedur aus anzusteuern, verwenden Sie diese Anweisung:

```
Debug.Print xx
```

Sie können alle Abfragen, die Sie eingetippt hatten, auch zu einem Makro zusammenfassen. Schreiben Sie dieses Makro in ein Modul:

Makro Nr. 15

```
Sub XLInfos ()
 Debug.Print Date
 Debug.Print Time
 Debug.Print "Benutzer: " & Application.UserName
 Debug.Print "Programm: " & Application.Name & " " & Application.Version
 Debug.Print "Aktuelle Tabelle: " & ActiveSheet.Name
 Debug.Print "Zellzeiger steht in Zelle: " _
             & ActiveCell.Address
 Debug.Print ActiveWorkbook.Name
End Sub
```

Starten Sie das Makro mit geöffnetem Fenster, sehen Sie, wie die Informationen Zeile für Zeile in das Direktfenster gedruckt werden.

Makrobeispiel: Makro nach Bedingung anhalten

Sie können das Debug-Objekt auch dazu benutzen, das Makro anzuhalten, wenn eine bestimmte Bedingung nicht erfüllt ist. Verwenden Sie die Methode *Assert*, die das Makro anhält. Hier ein Beispiel: Das Makro durchläuft in einer Schleife die ersten 50 Zellen der Spalte A, stoppt bei der ersten Zelle, die leer ist, und wechselt in den Einzelschritt.

Makro Nr. 16

```
Sub DebugAssertTest()
 For i = 1 To 50
   Cells(i, 1).Select
   Debug.Assert (ActiveCell.Value  "")
 Next i
End Sub
```

5.9 Das Lokal-Fenster

Im Lokal-Fenster finden Sie alle deklarierten Variablen der aktiven Prozedur oder Funktion, wenn Sie im Einzelschrittmodus arbeiten. Aktivieren Sie dieses Fenster über *Ansicht/Lokal-Fenster*.

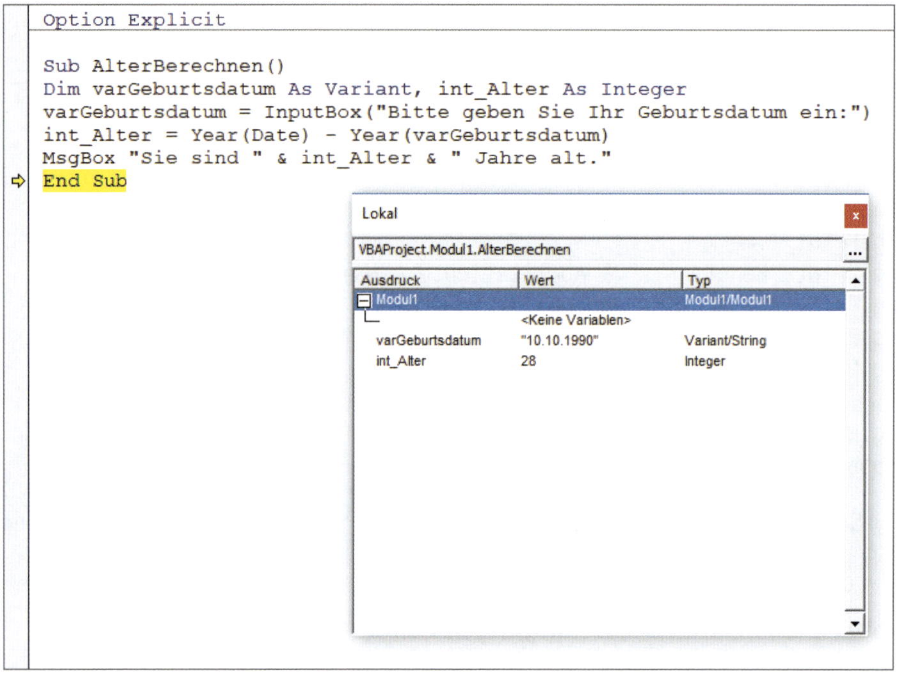

Abbildung 5.5: Im Lokalfenster sehen Sie alle Variablen

Sie können den Variableninhalt in der zweiten Spalte ändern, setzen Sie einfach den Cursor in den Eintrag und geben Sie einen neuen Wert ein. Das Symbol mit den drei Punkten rechts oben in der Ecke bietet alle Funktionen und Prozeduren des aktiven Moduls an.

5.10 Das Überwachungsfenster

Um die Änderungen in Variablen und anderen beweglichen Teilen des Makros gezielt kontrollieren zu können, schalten Sie das Überwachungsfenster ein. Sie können das Fenster einfach einblenden und Teile des Makrocodes darin einfügen:

Wählen Sie *Ansicht/Überwachungsfenster*. Markieren Sie einen Teil des Makrocodes, eine Variable, ein Objekt oder einen Ausdruck. Wählen Sie *Debuggen/Überwachung hinzufügen*, geben Sie die Überwachungsart an und bestätigen sie, um die Überwachung einzufügen. Für eine schnelle Überwachung ziehen Sie den markierten Codeteil einfach mit gedrückter Maustaste in das Fenster. Die Überwachungsart kontrollieren Sie mit *Überwachung bearbeiten* aus dem Kontextmenü der rechten Maustaste.

Testen Sie das Überwachungsfenster mit einem Makro, das Zufallszahlen generiert:

Makro Nr. 17

```
Sub Zufallszahl()
 Dim intZähler
 For intZähler = 1 To 10
   Randomize
   TestWert = (Int(10 * Rnd) + 1)
 Next intZähler
End Sub
```

Ziehen Sie die Variablen *intZähler* und *TestWert* in das Überwachungsfenster und testen Sie das Makro mit F8. Mit jedem Durchlauf der Schleife erhalten die beiden Variablen auf der Überwachungskarte andere Werte. Der Schleifenzähler zählt sequenziell von 1 bis 10, die Zufallszahl erhält Zufallswerte zwischen 1 und 10.

Eine weitere Variante der Überwachung ist die Unterbrechung: Sie können eine Überwachung so definieren, dass sie die Ausführung eines Makros unterbricht und in das Textfenster schaltet, sobald eine Variable einen bestimmten Wert angenommen oder sich verändert hat. Fügen Sie für unser Beispiel eine Überwachung ein, die das Makro unterbricht, wenn eine Zufallszahl erzeugt wird, die größer als 90 ist.

Wählen Sie *Debuggen/Überwachung hinzufügen*. Geben Sie diesen Ausdruck ein:

```
TestWert 5
Unterbrechen, wenn der Wert True ist
```

Wählen Sie die Überwachungsart. Starten Sie das Makro mit F5. Der Editor stoppt die Ausführung und blendet das Testfenster ein, sobald eine Zufallszahl größer als fünf erzeugt wurde.

Art der Überwachung legt fest, wie VBA auf den Überwachungsausdruck reagiert. Wählen Sie *Überwachungsausdruck*, wird dieser zusammen mit seinem aktuellen Wert im Überwachungsfenster angezeigt. Im Haltemodus wird der Wert automatisch aktualisiert. Wählen Sie *Unterbrechen, wenn der Wert True ist*, wechselt das Makro automatisch in den Haltemodus, wenn der Ausdruck als wahr oder als beliebiger Wert ungleich null ausgewertet wird (nicht in Zeichenfolgenausdrücken). Mit *Unterbrechen, wenn Wert geändert wurde* wechselt das Makro automatisch in den Haltemodus, wenn sich der Wert des Ausdrucks innerhalb des angegebenen Kontextes ändert.

Um eine Überwachung wieder zu löschen, markieren Sie sie im Überwachungsfenster und drücken die Taste Entf. Ein Doppelklick auf die Zeile öffnet die Dialogbox zur Bearbeitung der Überwachung (auch unter *Extras/Überwachung bearbeiten*).

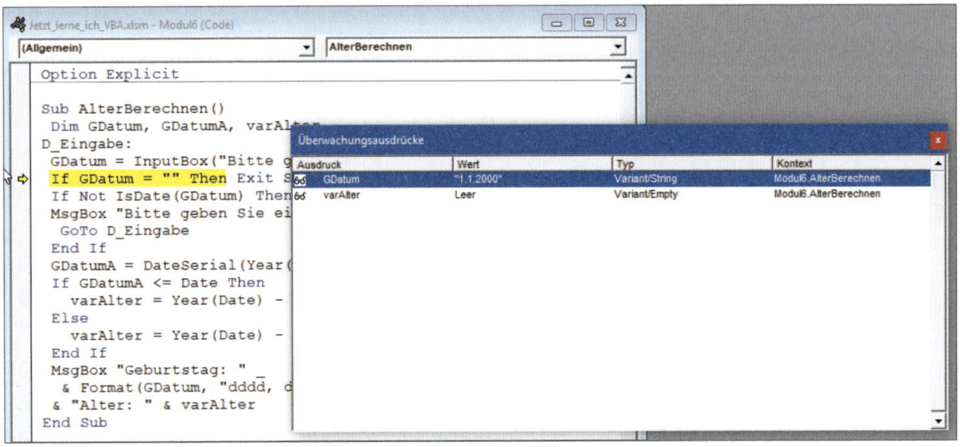

Abbildung 5.6: Das Überwachungsfenster

5.11 Makros kompilieren

Mit der Kompilierung eines Makros werden alle Makros noch mal gründlich auf Fehler getestet:

1. Markieren Sie das Projekt, das Sie kompilieren wollen.
2. Wählen Sie *Debuggen/Kompilieren von Projektxx.*

Im Unterschied zur Kompilierung in selbstständigen Programmiersprachen wie Visual Basic, C++ oder Java findet keine Umsetzung in Maschinensprache statt (nur intern), es wird auch keine ausführbare Datei erzeugt. Der Compiler endet auch ohne weitere Kommentare, wenn keine Fehler mehr im Code entdeckt wurden, und der Befehl im *Debuggen*-Menü ist inaktiv, solange das Projekt nach der Kompilierung nicht verändert wurde.

Mit der *bedingten Kompilierung* haben Sie die Möglichkeit, zwei Versionen von Makrocodes zu schreiben, eine *Testversion* und eine *Auslieferversion*. Wenn Sie Anweisungen wie *Stop*, *Debug.Assert* oder *Debug.Print* oder Meldungen im Makro haben, die nur beim Austesten zur Laufzeit auftauchen sollen und nicht in der Endversion, die an Kunden ausgeliefert wird, verpacken Sie diese in bedingte Kompilierungsblöcke. Sie brauchen zunächst eine Compilervariable, geben Sie diese mit einer *#CONST*-Anweisung am Kopf des Moduls ein. Hier heißt die Variable *myTest*, sie wird auf den Boolean-Wert *True* gesetzt:

```
#Const myTest = True
```

Schreiben Sie ein Makro, das eine Reihe von Zahlen in einem Zellbereich abgreift und in eine Variable aufsummiert.

Makro Nr. 18

```
Sub ZahlenCheck()
 Dim varZelle, lngSumme
 Range("Testzahlen").Select
 For Each varZelle In Selection
  lngSumme = lngSumme + varZelle
 Next varZelle
```

Die Meldung der Summe erfolgt über eine bedingte Kompilierung, dazu wird vor *If* und *End If* jeweils ein #-Zeichen gesetzt.

```
 #If myTest = True Then
   MsgBox "Summe: " & lngSumme
 #End If
End Sub
```

Dieser Block wird nur ausgeführt, wenn die Compilervariable auf *True* gesetzt ist. Sie können jetzt in allen Makros Anweisungsblöcke schreiben, die vom Wert der Compilervariablen abhängig sind. Ist das Makro fertig getestet, setzen Sie die Variable auf *False* und die Blöcke werden nicht mehr ausgeführt. Schneller geht's mit einem Unterprogramm. Verpacken Sie die kompilierten Bedingungen in eine Subroutine und rufen Sie diese auf:

```
Call Check
Sub Check
#If . . .
#End If
End Sub
```

5.12 Makro abbrechen

Auch das wird Ihnen passieren: Eine Schleife läuft endlos, weil das Schleifenende nicht zu finden ist, oder ein Datenzugriff dauert ewig, weil Excel auf den Server wartet. Um ein laufendes Makro abzubrechen, drücken Sie einfach die Tastenkombination Strg+Pause.

Das Makro wird unterbrochen, eine Meldung erscheint und bietet die Möglichkeit, in den Debugging-Modus zu wechseln:

```
Ausführung des Codes wurde unterbrochen
```

Klicken Sie auf *Fortfahren*, startet das Makro wieder, mit *Beenden* stoppen Sie das Makro. Ein Klicken auf *Debuggen* schaltet den VBA-Editor in den Einzelschrittmodus, die aktuelle bzw. nächste Ausführungszeile wird gelb markiert und Sie können in Ruhe nach dem Fehler suchen oder ganz abbrechen.

Hinweis

Leider gibt es auch Makros, die sich nicht abbrechen lassen. Hier hilft nur noch der Task-Manager. Starten Sie ihn mit Strg+⇧+Esc und brechen Sie den aktiven Prozess (Excel) ab. Alle zuvor nicht gesicherten Daten sind dann natürlich weg.

6. Der Makrorekorder

Zu Beginn dieses Kapitels gleich mal eine frohe Botschaft: Die meisten Befehle der Makrosprache VBA müssen Sie nicht kennen. Zeichnen Sie einfach die Aktion auf, die Sie mit dem Makro ausführen wollen, und der Makrorekorder legt automatisch die Befehle dafür an. Das ist tatsächlich so, und der Makrorekorder ist ohne Zweifel das wichtigste Werkzeug des VBA-Programmierers. Aber – bevor Sie jetzt dieses Buch weglegen, weil Sie sich ja das Programmieren-Lernen sparen können: Mit dem Aufzeichnen ist es nicht getan. Sie müssen schon wissen, was der Rekorder an Codes produziert. Und Sie müssen diesen Code anschließend mit logischen Strukturen, mit Schleifen und Bedingungen und mit Variablen versehen, damit aus simplen Aktionsabläufen echte Programme werden.

6.1 Vor- und Nachteile des Makrorekorders

Der Makrorekorder hat einen besonderen Vorteil: Sie müssen keine Objekte, Eigenschaften oder Methoden aus dem Objektkatalog kennen. Wenn sich eine Aktion aufzeichnen lässt, erhalten Sie automatisch die passenden VBA-Befehle. Alle Objekte zu kennen, wäre übrigens auch fast zu viel verlangt, denn der Objektkatalog enthält ca. 4.000 Elemente (Verweise auf externe Objekte nicht mitgerechnet).

- Mit dem Makrorekorder lernen Sie nicht nur die Elemente des Objektkatalogs kennen, sondern auch die meisten Anweisungen, die für die Makroausführung benötigt werden.
- Der Makrorekorder kennt aber keine Kontrollstrukturen. Er kann weder logische Bedingungen noch Schleifen in den Code einbauen. Auch die für Makros unverzichtbaren Variablen sind für den Rekorder ein Fremdwort.
- Der Makrorekorder ist manchmal sehr umständlich und zeichnet viele Aktionen auf, die er gar nicht aufzeichnen sollte. Wenn Sie beispielsweise einer Zelle eine neue Farbe zuweisen, erhalten Sie auch Codes für die Festlegung des Zellmusters und des Zellrahmens. Die Folge davon: Die meisten aufgezeichneten Befehle müssen Sie anschließend wieder löschen.
- Der größte Nachteil des Makrorekorders: Er zeichnet in Listen nur absolute Bezüge auf. Kopieren Sie eine Summenformel zum Beispiel per Doppelklick auf das Füllkästchen nach unten bis zum Ende der Liste, erhalten Sie im Makrocode nur den absoluten Bereich. Starten Sie Ihr Makro später mit einer größeren oder kleineren Liste, wird es nur den aufgezeichneten Bereich mit der Summe füllen.

Achten Sie besonders auf aufgezeichnete Bezüge, denn das ist die größte Fehlerquelle in Makros. Makroaufzeichnungen sind immer auch von der Position abhängig, an der die Aufzeichnung gestartet wurde. Zeichnen Sie zum Beispiel ein Makro auf, das eine Formel in die aktive Zelle schreibt, muss diese Zelle natürlich markiert sein, wenn Sie das Makro anschließend starten.

6.2 Mit dem Rekorder aufzeichnen

Ein wichtiger Hinweis, bevor Sie Ihr erstes Makro aufzeichnen: Der Rekorder zeichnet alles auf, was Sie tun, ausgenommen das Umschalten auf Reiter im Menüband oder Aktionen, die wieder abgebrochen werden (*Datei/Öffnen*, *Abbrechen* ...). Überlegen Sie sich also gut, was Sie dem Rekorder übermitteln wollen, und machen Sie keine unnötigen Aktionen (Blättern im Tabellenblatt, Zoomen, Spaltenbreiten anpassen etc.). Das wird alles VBA, und den aufgezeichneten »Müll« müssen Sie anschließend wieder umständlich löschen.

Testen Sie den Rekorder an einem einfachen Einsteigerbeispiel: Legen Sie in der aktiven Mappe ein neues Tabellenblatt für die Erfassung monatlicher Kosten an:

1. Schalten Sie um auf das Register *Entwicklertools*.
2. Wählen Sie *Code/Makro aufzeichnen*.
3. Geben Sie den Namen des Makros ein: *Kostenblatt*.
4. Wählen Sie unter *Makro speichern in* die Option *Diese Arbeitsmappe*.
5. Geben Sie in das Feld *Beschreibung* ein: *Makro legt ein neues Kostenblatt an*.
6. Starten Sie die Aufzeichnung mit Klick auf *OK*.

Achten Sie auf das Quadrat-Symbol links unten in der Statusleiste, es wird schwarz (in Excel 2010 blau) und bleibt so, solange der Makrorekorder aufzeichnet.

7. Klicken Sie jetzt auf das Symbol *Neues Tabellenblatt*. Geben Sie ein:
   `A1: Monatliche Kosten`
8. Markieren Sie A1 noch einmal und weisen Sie der Zelle die Formatierung *Fett* zu (mit Strg+⇧+F oder über *Start/Schriftart*).
9. Wählen Sie *Entwicklertools/Code/Aufzeichnung beenden*.
10. Wählen Sie *Entwicklertools/Code/Makros*.
11. Markieren Sie das neue Makro in der Liste und klicken Sie auf *Bearbeiten*.

Damit öffnen Sie den Visual Basic Editor. Im Projekt-Explorer sehen Sie das aktuelle Projekt (die Mappe) mit einem neuen Ordner (zum Beispiel *Modul2*). Diesen Ordner hat der Makrorekorder angelegt, um das Makro darin zu speichern. Löschen Sie die leeren Kommentare, die der Rekorder anlegt, und rücken Sie die Zeilen gleich passend ein.

Hier das Makro mit zusätzlichen Kommentaren zu den aufgezeichneten Befehlen (die Kommentare erkennen Sie jeweils durch den Apostroph mit folgendem Leerzeichen):

```
Sub Kostenblatt()
 ' Kostenblatt Makro
 ' Makro legt neues Kostenblatt an
 ' Neues Tabellenblatt anlegen
 Sheets.Add After:=ActiveSheet
 ' Text in die erste Zelle (A1) schreiben
 ActiveCell.FormulaR1C1 = "Monatliche Kosten"
 ' Zelle A1 markieren
 Range("A1").Select
 ' Schriftformat "Fett" zuweisen
 Selection.Font.Bold = True
End Sub
```

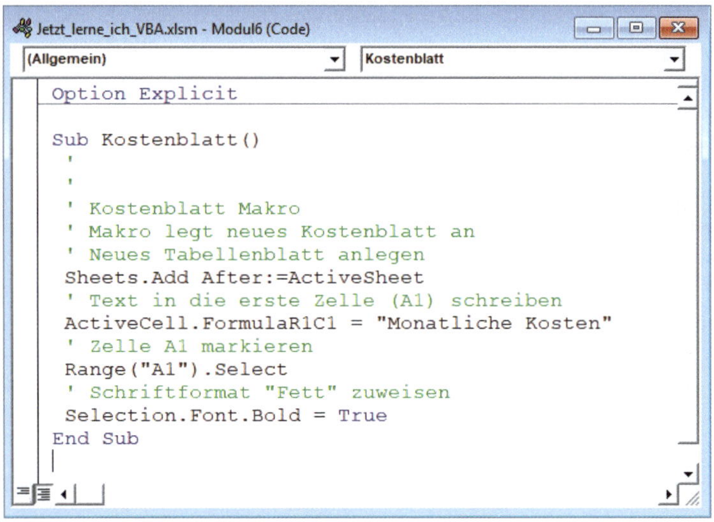

Abbildung 6.1: Makro nach Aufzeichnung und Bearbeitung

6.2.1 Neuer Ordner, neues Modul

Etwas verwirrend ist das Verhalten des Rekorders, was den Speicherort der Aufzeichnung betrifft: Enthält das Projekt kein Modul, wird automatisch ein neuer Ordner *Module* und darin ein neues Modul *Modul1* angelegt. Jede weitere Aufzeichnung landet in diesem Modul, aber nur so lange, bis das Projekt geschlossen wird. Dann legt der

Makrorekorder wieder ein neues Modul im Module-Ordner an, und es gibt keine Möglichkeit, ihm beizubringen, dass er ein bereits angelegtes Modul für die Aufzeichnung nutzen soll. Die Module werden durchnummeriert. Wenn Sie ein Modul löschen oder umbenennen, wird die freie Nummer wieder vom Makrorekorder verwendet.

Löschen Sie das aktuelle Aufzeichnungsmodul, legt der Rekorder ein neues Modul an. Markieren Sie das Modul und geben ihm über *Eigenschaften* einen neuen Namen, bleibt es trotzdem das Aufzeichnungsmodul, bis das Projekt geschlossen wird.

Löschen Sie das letzte Modul im Ordner *Module*, wird dieser ebenfalls entfernt. Sie können mit *Einfügen/Modul* wieder ein neues Modul und damit wieder einen neuen Module-Ordner anlegen oder den Makrorekorder starten, um Module-Ordner und Modul neu anzulegen.

Makros können jederzeit von einem Modul in ein anderes verschoben werden, sollten aber nicht unter gleichem Namen in mehreren Modulen vorkommen.

6.2.2 Aufgezeichnetes Makro ausführen

Das neue Makro können Sie im VBA-Editor oder (besser) in der Excel-Oberfläche starten:

1. Schalten Sie zurück zu Excel und wählen Sie *Entwicklertools/Code/Makro*.
2. Markieren Sie das Makro und wählen Sie *Ausführen*.

6.2.3 Das Makrorekorder-Symbol in der Statusleiste

Dieses Symbol meldet den Status des Makrorekorders und bietet auch die Möglichkeit, eine Aufzeichnung zu starten. Zeigen Sie mit dem Mauszeiger auf das Symbol, sehen Sie den Status:

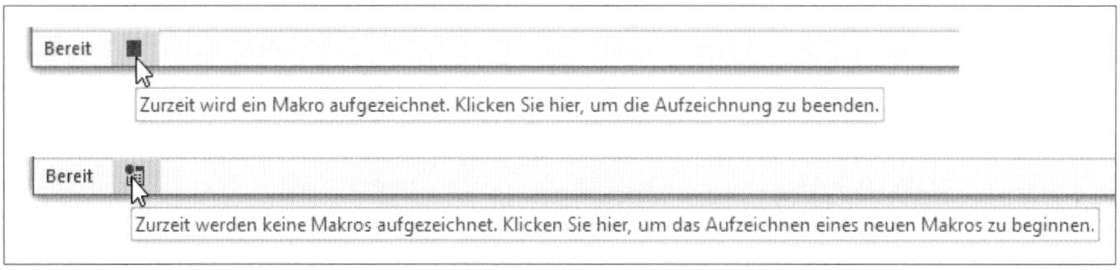

Abbildung 6.2: Das Makrorekorder-Symbol in der Statusleiste

Klicken Sie das inaktive Symbol an, aktivieren Sie den Makrorekorder. Klicken Sie das aktive Symbol an, stoppen Sie automatisch den Makrorekorder.

6.2.4 Rekorder starten über das Ansicht-Register

Im Register *Ansicht* finden Sie ganz rechts außen eine Gruppe *Makro* mit einem weiteren Befehl, um den Makrorekorder zu starten.

6.3 Makrobeispiel: SchriftZoomer

Ein Beispiel gefällig? Wie wär's mit einem Makro, das die Schrift in einer markierten Zelle in einem bestimmten Intervall vergrößert? Das Schriftgrößensymbol im Menüband (Start-Register) bietet zwar die Möglichkeit, die Schriftgröße per Klick zu erhöhen oder zu verringern, stellt dafür aber eine vordefinierte Liste zur Auswahl. Unser SchriftZoomer soll die Schriftgröße in 5er-Schritten erhöhen (oder verringern).

1. Schreiben Sie *Test* in eine beliebige Zelle und setzen Sie den Zellzeiger darauf.
2. Starten Sie den Makrorekorder per Klick auf das Symbol links unten in der Statuszeile oder mit *Entwicklertools/Code/Makro aufzeichnen*. Nennen Sie das neue Makro *SchriftZoomer1*.
3. Klicken Sie unter *Start/Schriftart* mehrmals auf das Symbol für größere Schrift.
4. Stoppen Sie den Makrorekorder per Klick auf das Symbol in der Statusleiste und schalten Sie mit Alt+F11 in den Visual Basic Editor. Öffnen Sie das Aufzeichnungsmodul.

So sieht das Makro aus (ohne Kommentare):

Makro Nr. 19

```
Sub SchriftZoomer1()
  Selection.Font.Size = 12
  Selection.Font.Size = 14
  Selection.Font.Size = 16
End Sub
```

Zeichnen Sie ein weiteres Makro *SchriftZoomer2* auf, tragen Sie dieses Mal aber die Schriftgröße in das Schriftgrößenfeld ein. Jetzt zeichnet der Rekorder wesentlich mehr auf. Mit einer *With*-Anweisung wird das Objekt *Selection.Font* eingeleitet. *Selection* ist die Markierung, *.Font* ist die Eigenschaft *Schrift*.

Dann trägt der Rekorder alle Eigenschaften ein, die dieses Objekt hat, und besetzt diese mit dem aktuellen, beim Aufzeichnen vorgefundenen oder geänderten Status:

Makro Nr. 20

```
Sub SchriftZoomer2()
 With Selection.Font
   .Name = "Calibri"
   .Size = 20
   .Strikethrough = False
   .Superscript = False
   .Subscript = False
   .OutlineFont = False
   .Shadow = False
   .Underline = xlUnderlineStyleNone
   .ThemeColor = xlThemeColorLight1
   .TintAndShade = 0
   .ThemeFont = xlThemeFontMinor
  End With
End Sub
```

Sie können bis auf die Schriftgrößenänderung (Eigenschaft *.Size*) alle Zeilen löschen, die Sie nicht verändert haben, und damit wird das Makro schon übersichtlicher:

```
Sub SchriftZoomer2()
 With Selection.Font
   .Size = 20
  End With
End Sub
```

Und da die *With*-Anweisung nur bei mehreren Zuweisungen an ein Objekt Sinn macht, nehmen Sie diese auch weg und geben *Selection.Font* einfach die Eigenschaft *.Size* mit dem neuen Wert:

```
Sub SchriftZoomer2()
 Selection.Font.Size = 20
End Sub
```

Umständlich? Sicher, aber der Makrorekorder zeichnet meist mehr auf, als benötigt wird. Und eine logische Steuerung, zum Beispiel die Erhöhung der Schriftgröße um 5 Punkt oder die Anforderung an den Benutzer, die gewünschte Schriftgröße einzugeben, kann der Rekorder nicht stemmen. Das ist Ihre Aufgabe als VBA-Programmierer, solche Strukturen einzuziehen – der Rekorder liefert nur die Namen, Eigenschaften und Methoden der benutzten Objekte.

Schreiben Sie ein Makro, das die Schriftgröße der aktiven Markierung um 5 Punkt erhöht. Die Eigenschaft, die verändert werden muss, hat uns der Makrorekorder geliefert, das Makro speichert die aktuelle Größe zunächst in einer Variablen (*varFontSize*), erhöht deren Wert um 5 und weist die Variable wieder der Eigenschaft *Schriftgröße* zu:

Makro Nr. 21

```
Sub SchriftZoomerPlus5()
  Dim varFontSize
  varFontSize = Selection.Font.Size
  varFontSize = varFontSize + 5
  Selection.Font.Size = varFontSize
End Sub
```

Und das ist ein Makro, das die Schriftgröße um 5 Punkt verringert. Wenn der Wert auf 0 oder kleiner 0 sinkt, wird das Makro einen Fehler auslösen, denn eine Schriftgröße 0 (oder kleiner) ist nicht erlaubt. Mit einer *If*-Anweisung prüfen Sie deshalb ab, ob die Schrift noch verkleinert werden darf. Ist die Bedingung (Schriftgröße > 5) erfüllt, wird die Schriftgröße verringert.

Makro Nr. 22

```
Sub SchriftZoomerMinus5()
  Dim varFontSize
  varFontSize = Selection.Font.Size
  If varFontSize > 5 Then
   varFontSize = varFontSize - 5
   Selection.Font.Size = varFontSize
  End If
End Sub
```

Um die beiden Makros testen zu können, zeichnen Sie über *Entwicklertools/Steuerelemente/Einfügen* zwei Schaltflächen (Formularsteuerelemente) und weisen diesen mit *Makro zuweisen* (rechte Maustaste) die Makros zu. Ändern Sie auch die Beschriftung im Kontextmenü:

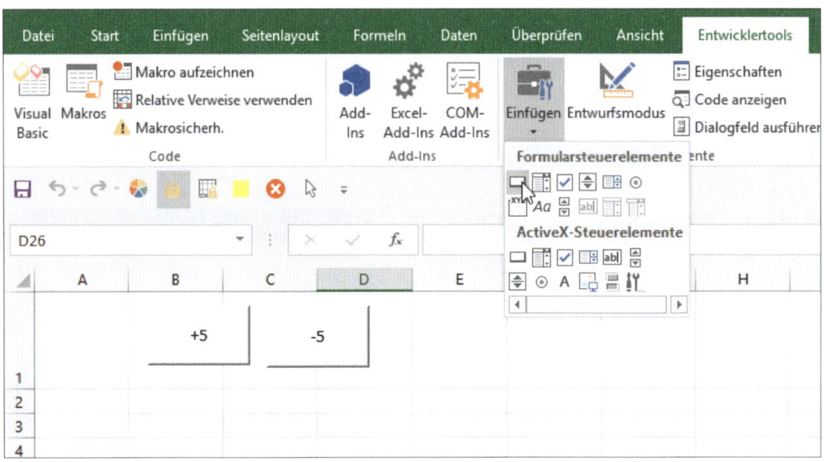

Abbildung 6.3: Schaltflächen für die SchriftZoomer-Makros

Das Beispiel sollte Ihnen zeigen, dass der Makrorekorder nur ein nützliches Werkzeug für die Aufzeichnung von Aktionen ist, aber keinesfalls die Logik eines VBA-Algorithmus übernehmen kann. Nutzen Sie den Makrorekorder, um Objekte, Eigenschaften und Methoden sowie Anweisungen kennenzulernen. Erweitern Sie den aufgezeichneten Code kreativ mit Variablen, Schleifen und Bedingungen. Denn kreativ sein, das kann der Makrorekorder nicht.

Hier noch ein Makro zum Üben: Der SchriftZoomer fordert vom Anwender über eine InputBox eine Schriftgröße an und schreibt dazu die aktuelle Größe in das Eingabefeld. Bricht der Anwender die Eingabe ab oder löscht er das Eingabefeld und klickt auf *OK*, führt das Makro keine Aktion durch. Gibt der Anwender etwas anderes als eine Zahl ein, wird er freundlich auf den Fehler hingewiesen, und das Makro fordert noch einmal die Schriftgröße an. Erst wenn eine korrekte Größe eingetragen wird, weist das Makro diese der markierten Zelle zu.

Makro Nr. 23

```
Sub SchriftZoomer()
  Dim varFontSize
  varFontSize = Selection.Font.Size
EingabeSG:
  varFontSize = InputBox("Bitte Schriftgöße eingeben", "SchriftZoomer",
varFontSize)
  If varFontSize = "" Then Exit Sub
  If Not IsNumeric(varFontSize) Or Val(varFontSize) <= 0 Then
    MsgBox "Schriftgröße bitte als Zahl > 0 eingeben", vbCritical
    GoTo EingabeSG
  Else
    Selection.Font.Size = Val(varFontSize)
  End If
End Sub
```

6.4 Im richtigen Projekt aufzeichnen

Nach dem Start bietet der Makrorekorder die Möglichkeit, das Makro in einem dieser Projekte zu speichern:

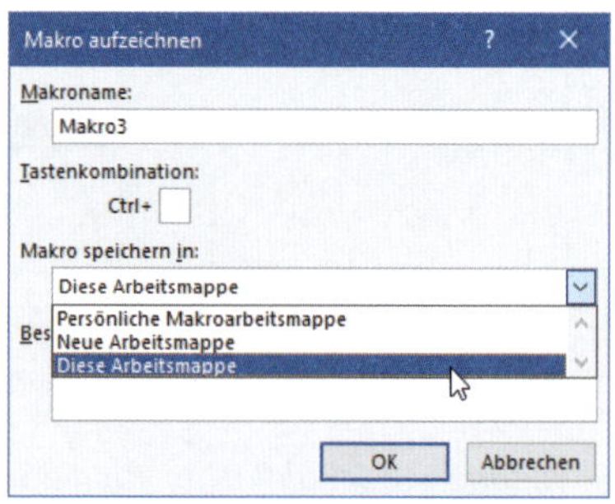

Abbildung 6.4: Drei verschiedene Makrospeicherorte

6.4.1 Persönliche Makroarbeitsmappe

Das ist eine Mappe mit der Bezeichnung *PERSONL.XLSB*. Diese Mappe gibt es zunächst gar nicht, sie wird erst erzeugt, wenn Sie diesen Speicherort zum ersten Mal wählen. Dann wird sie aber in einem speziellen Ordner namens *XLSTART* gespeichert, und damit steht sie automatisch nach dem Start von Excel zur Verfügung. Sie ist aber nicht sichtbar, weil sie ausgeblendet angelegt wird.

Die persönliche Makroarbeitsmappe nutzen Sie für alle Makros, die unabhängig von aktiven Mappen und Tabellenblättern automatisch und immer zur Verfügung stehen sollen. Eine ausführliche Beschreibung zur persönlichen Arbeitsmappe finden Sie in Kapitel 21 »Know-how von A bis Z«.

6.4.2 Neue Arbeitsmappe

Damit wird eine neue Mappe generiert, der Rekorder legt gleich den Ordner *Module* mit einem neuen Modul *Modul1* an und zeichnet den Code in dieses Modul auf. Der Vorteil dieser Speichertechnik: Sie können Makros unabhängig von der aktiven Mappe speichern, achten Sie darauf, dass Sie als Dateityp *Excel-Arbeitsmappe mit Makros (*.xlsm)* verwenden. Die neue Mappe finden Sie anschließend unter *Ansicht/Fenster wechseln* und natürlich als neues Projekt im VBA-Editor.

6.4.3 Diese Arbeitsmappe

Diesen Speicherort benutzen Sie, wenn die aktive Arbeitsmappe als Makroarbeitsmappe gespeichert ist (oder wird). Makroarbeitsmappen sind die häufigste Speicherform und sind dann nützlich, wenn Daten und Makros eine Einheit bilden. Achten Sie darauf, dass die Makros nur erhalten bleiben, wenn Sie beim Speichern den Dateityp *Excel-Arbeitsmappe mit Makros (*.xlsm)* verwenden.

6.5 Modular aufzeichnen

Unter diesem Begriff versteht man das Zusammenführen aufgezeichneter Makros. Der Rekorder liefert dabei immer nur die Befehle, der Programmierer macht aus mehreren Einzelmodulen ein großes VBA-Makro. Hier ein Beispiel:

Zeichnen Sie alle Makros in die persönliche Makroarbeitsmappe auf. Das erste Makro erstellt eine neue Mappe (einfach mit Strg+N):

```
Sub Makro1()
    Workbooks.Add
End Sub
```

Starten Sie den Makrorekorder erneut und zeichnen Sie diese Aktionen auf (wieder in die persönliche Makroarbeitsmappe, nicht in die aktive Mappe):

1. Nennen Sie das erste Tabellenblatt *Januar*.
2. Legen Sie zwei weitere Tabellenblätter *Februar* und *März* an.
3. Stoppen Sie den Rekorder und schalten Sie zum VBA-Editor um. Jetzt haben Sie zwei Makros.

Makro Nr. 24

```
Sub Makro1()
    Workbooks.Add
End Sub
Sub Makro2()
    Sheets("Tabelle1").Select
    Sheets("Tabelle1").Name = "Januar"
    Sheets.Add After:=ActiveSheet
    Sheets("Tabelle2").Select
    Sheets("Tabelle2").Name = "Februar"
    Sheets.Add After:=ActiveSheet
    Sheets("Tabelle3").Name = "März"
End Sub
```

Löschen Sie das *End Sub* von *Makro1* und das *Sub* von *Makro2*, verschmelzen die beiden Makros zu einem. Bei der Gelegenheit löschen Sie auch gleich die überflüssigen Befehle (Tabellenblätter müssen zum Umbenennen nicht markiert werden):

```
Sub Makro1()
    Workbooks.Add
    Sheets("Tabelle1").Name = "Januar"
    Sheets.Add After:=ActiveSheet
    Sheets("Tabelle2").Name = "Februar"
    Sheets.Add After:=ActiveSheet
    Sheets("Tabelle3").Name = "März"
End Sub
```

Für das nächste Makro markieren Sie alle Tabellenblätter mit gedrückter ⇧-Taste und schreiben einen einheitlichen Titel in die Zelle A1:

Makro Nr. 25

```
Sub Makro3()
  Sheets(Array("Januar", "Februar", "März")).Select
  Sheets("Januar").Activate
  ActiveCell.FormulaR1C1 = "Monatliche Kosten"
  Range("A2").Select
End Sub
```

Kombinieren Sie wieder das erste mit dem neuen Makro und löschen Sie überflüssige Befehle:

Makro Nr. 26

```
Sub Makro1()
    Workbooks.Add
    Sheets("Tabelle1").Name = "Januar"
    Sheets.Add After:=ActiveSheet
    Sheets("Tabelle2").Name = "Februar"
    Sheets.Add After:=ActiveSheet
    Sheets("Tabelle3").Name = "März"
    Sheets(Array("Januar", "Februar", "März")).Select
    ActiveCell.FormulaR1C1 = "Monatliche Kosten"
 End Sub
```

Und so geht es weiter, nach und nach entsteht so ein richtig großes Makro.

6.6 Relative Verweise verwenden

Normalerweise zeichnet der Rekorder Bezüge so auf, wie er sie vorfindet. Beschriften Sie eine Zelle, merkt sich der Rekorder die Zelladresse, und wenn Sie das Makro starten, wird genau diese Zelle wieder als Ziel für die Beschriftung verwendet. In der Praxis kann es aber vorkommen, dass der Bezug relativ, das heißt abhängig von der aktuellen Position gewählt werden soll. Schalten Sie für diesen Fall unter *Entwicklertools/Code* die Option *Relative Verweise verwenden* ein.

Ein Beispiel:

1. Setzen Sie den Zellzeiger in die Zelle A1 und starten Sie den Makrorekorder. Zeichnen Sie das Makro *Eingabe_Absolut* auf.
2. Setzen Sie den Zellzeiger in die Zelle B2 und schreiben Sie *Einnahmen*.
3. Setzen Sie den Zellzeiger in die Zelle B3 und schreiben Sie *Ausgaben*.
4. Setzen Sie den Zellzeiger in die Zelle B4 und schreiben Sie *Differenz*.
5. Stoppen Sie den Makrorekorder.
6. Löschen Sie alle Eingaben und setzen Sie den Zellzeiger wieder auf A1.
7. Aktivieren Sie die Option *Entwicklertools/Code/Relative Verweise verwenden* und starten Sie den Makrorekorder wieder. Nennen Sie das neue Makro *Eingabe_relativ*.
8. Setzen Sie den Zellzeiger in die Zelle B2 und schreiben Sie *Einnahmen*. Setzen Sie den Zellzeiger in die Zelle B3 und schreiben Sie *Ausgaben*. Setzen Sie den Zellzeiger in die Zelle B4 und schreiben Sie *Differenz*. Stoppen Sie den Makrorekorder.

Sehen Sie sich die beiden Makros an. Das erste verwendet absolute Bezüge (*Range("B2")*), um den Text direkt auf die Zellen zu setzen. Das zweite Makro verwendet die Eigenschaft *Offset(zeile,spalte)*, um die Texte relativ zur Zellzeigerposition zu platzieren. Starten Sie das erste Makro, werden die Texte immer in den Bereich B2:B4 geschrieben. Mit dem zweiten Makro schreiben Sie die Texte aber an jede beliebige Zellzeigerposition.

Makro Nr. 27

```
Sub Eingabe_absolut()
 Range("B2").Select
 ActiveCell.FormulaR1C1 = "Einnahmen"
 Range("B3").Select
 ActiveCell.FormulaR1C1 = "Ausgaben"
 Range("B4").Select
 ActiveCell.FormulaR1C1 = "Differenz"
 Range("B5").Select
End Sub
```

Makro Nr. 28

```
Sub Eingabe_relativ()
    ActiveCell.Offset(1, 1).Range("A1").Select
    ActiveCell.FormulaR1C1 = "Einnahmen"
    ActiveCell.Offset(1, 0).Range("A1").Select
    ActiveCell.FormulaR1C1 = "Ausgaben"
    ActiveCell.Offset(1, 0).Range("A1").Select
    ActiveCell.FormulaR1C1 = "Differenz"
    ActiveCell.Offset(1, 0).Range("A1").Select
End Sub
```

6.7 Tastenkombination zuweisen

Die Eingabebox des Makrorekorders bietet die Möglichkeit, eine Tastenkombination für das neue Makro zu vergeben. Dazu wird ein einzelner Buchstabe in das Feld eingetragen, das Makro kann anschließend mit Strg + Buchstabe gestartet werden.

Um einem bereits aufgezeichneten oder geschriebenen Makro eine Tastenkombination zuzuweisen oder die Kombination zu ändern, wählen Sie *Entwicklertools/Code/Makros*. Markieren Sie das Makro in der Liste und wählen Sie *Optionen*. Jetzt können Sie die Tastenkombination eintragen oder ändern.

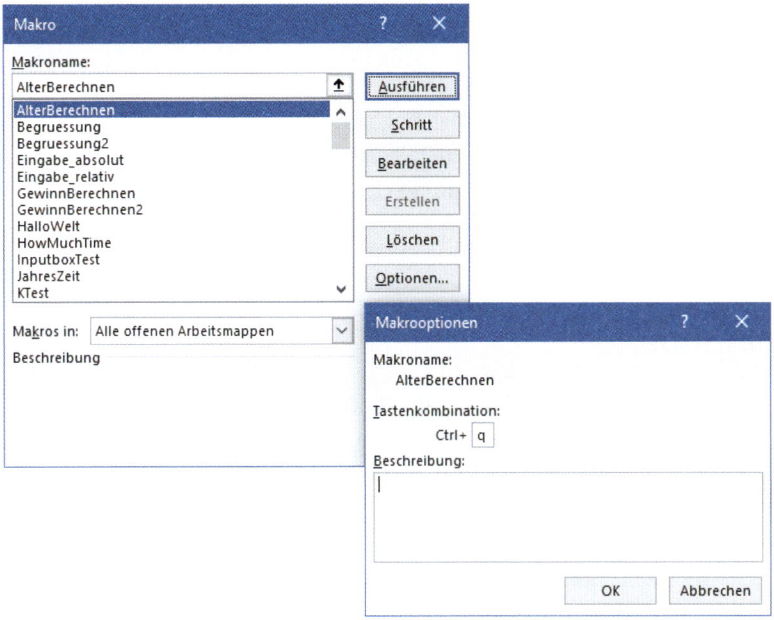

Abbildung 6.5: Tastenkombination zuweisen

Tastenkombinationen sind in der Praxis nicht geläufig und werden selten verwendet, einfach aus dem Grund, weil sich die Anwender die Kombinationen nicht lange merken können. Verwenden Sie auch keine Tastenkombinationen, die Excel in seiner Shortcut-Liste führt. Viele Anwender benutzen nützliche Shortcuts wie Strg+C (*Kopieren*), Strg+V (*Einfügen*) oder Strg+A (*Alles markieren*). Verwenden Sie diese Standard-Shortcuts für Ihre Makros, könnte das zu unerwünschten Effekten führen.

7. Kontrollstrukturen

Das ist zwar ein schrecklich bürokratisches Wort, bezeichnet aber offiziell die Elemente im Makrocode, die für die logischen Abläufe zuständig sind. Bedingungen und Schleifen lassen sich nicht mit dem Makrorekorder aufzeichnen, sie werden per Hand in den Code programmiert.

7.1 Verzweigungen

Eine Verzweigung wird gebraucht, um eine Entscheidung aufgrund des Wahrheitsgehaltes eines logischen Ausdrucks, einer Bedingung, herbeizuführen. Das Symbol im Programmablaufplan hat deshalb auch einen Eingang und zwei mögliche Ausgänge (Ja und Nein, ein Vielleicht kennt der Computer nicht, außer (vielleicht) in der künstlichen Intelligenz).

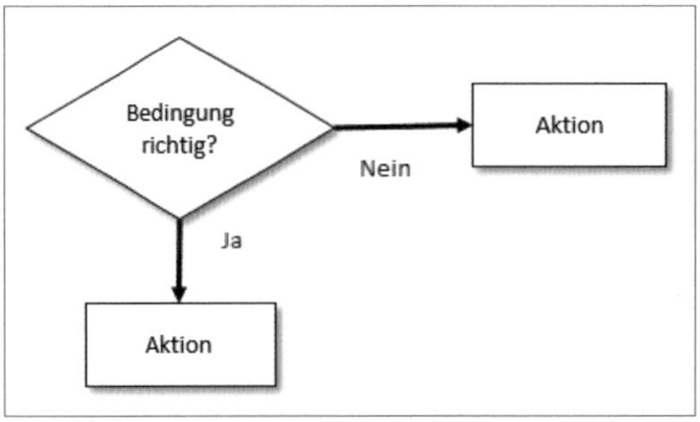

Abbildung 7.1: Verzweigungen und Bedingungen

7.1.1 Die If-Anweisung

Die wichtigste und häufigste Anweisung für Verzweigungen heißt *If*. Die Syntax:

```
If Bedingung = WAHR Then
  Aktion, wenn Bedingung WAHR
Else
  Aktion, wenn Bedingung FALSCH
End If
```

Für *If* gibt es mehrere Schreibweisen. Sie können Bedingung und Aktion in eine Zeile schreiben und brauchen dann kein *End If*, um die Anweisung zu beenden. Damit lässt sich aber nicht darauf reagieren, dass die Bedingung FALSCH ist:

```
If Bedingung = WAHR Then Aktion
```

Wenn Sie mehrere Aktionen auf die wahre Bedingung folgen lassen wollen, schreiben Sie diese mit einem Doppelpunkt als Trennzeichen oder nehmen die klassische Schreibweise mit *End If* und allen Aktionen in einer eigenen Zeile:

```
If Bedingung = WAHR Then Aktion1: Aktion2: Aktion3
```

oder

```
If Bedingung = WAHR Then
  Aktion1
  Aktion2
  Aktion3
End If
```

Um mehrere Bedingungen ins Spiel zu bringen, schreiben Sie ein *ElseIf*. Damit starten Sie eine neue Bedingung:

```
If Bedingung = WAHR Then
  Aktion, wenn Bedingung WAHR
ElseIf Bedingung2 = WAHR Then
... Aktion, wenn Bedingung2 WAHR
Else
... Aktion, wenn Bedingung2 FALSCH
End If
```

Schachteln Sie die *If*-Anweisungen, wenn Sie Bedingungen brauchen, die sich gegenseitig bedingen:

```
If Bedingung1 = WAHR Then
  If Bedingung2 = WAHR Then
    Aktion, wenn Bedingung2 WAHR
  End If
End If
```

Ein schönes Beispiel: Lassen Sie sich von Ihrem geliebten Computer begrüßen, wenn Sie Excel einschalten. Das Makro dazu dimensioniert zwei Variablen, berechnet über die Funktion *HOUR(Time)* die aktuelle Stunde aus der Tageszeit und prüft über eine *If*-Anweisung, ob der Begrüßungstext »Guten Morgen« oder »Guten Tag« lauten soll.

Die MsgBox verknüpft den ermittelten Text dann noch mit dem Benutzernamen, der als Eigenschaft von Application im Objektkatalog verfügbar ist:

Makro Nr. 29

```
Sub Begruessung()
 Dim intStunde As Integer, strBegruessung As String
 intStunde = Hour(Time)
 If intStunde < 12 Then
  strBegruessung = "Guten Morgen"
 Else
  strBegruessung = "Guten Tag"
 End If
 MsgBox strBegruessung & " " & Application.UserName, vbInformation, "Hallo!"
End Sub
```

Ergänzen Sie die *If*-Anweisung mit einem *ElseIf*, lässt sich auch noch ein »Guten Abend« wünschen:

```
If intStunde < 12 Then
  strBegruessung = "Guten Morgen"
 ElseIf intStunde >= 18 Then
  strBegruessung = "Guten Abend"
Else
  strBegruessung = "Guten Tag"
 End If
```

Damit das Makro automatisch startet, muss es in das Ereignis *Workbook_Open()* eingebunden werden. Wie das geht, lesen Sie in Kapitel 14.1.

7.1.2 Select Case

Wenn die Aufgabe eine Überprüfung mehrerer Bedingungen erfordert, können Sie natürlich entsprechend viele *If*-Anweisungen schreiben. Oder die *Select Case*-Anweisung nutzen, die das Ganze wesentlich einfacher macht. Starten Sie mit *Select Case* und geben Sie bis zur Ende-Anweisung (*End Select*) alle Bedingungen an, die Sie brauchen. *Case Else* wird verwendet, um alle anderen Fälle abzufangen, für die keine *Case*-Anweisung mit Bedingung angegeben wurde.

```
Select Case
  Case Bedingung1 = WAHR
  Aktion
Case Bedingung2 = WAHR
  Aktion
Case Bedingungn = WAHR
  Aktion

Case Else
  Aktion
End Select
```

Die *Case*-Bedingung kann eine oder mehrere Varianten enthalten, geben Sie weitere Fälle mit einem Komma als Trennzeichen an. Erlaubt sind Zahlen, Texte, Variablen und logische Ausdrücke:

```
Case 1
Case 1,2
Case "Rot", "Grün", "Blau"
Case 1 to 5
Case Is > 400
```

Ein einfaches Beispiel: Das Makro *JahresZeit()* fordert vom Benutzer eine Monatszahl an und berechnet über *Select Case* die passende Jahreszeit. Für die Bedingungen werden wahlweise einzelne Zahlen oder Zahlengruppen angegeben. *Case Else* fängt alle Eingaben ab, die nicht als Monatszahl zu werten sind:

Makro Nr. 30

```
Sub JahresZeit()
 Dim varZahl, strMText As String
 varZahl = 0
Eingabe:
 varZahl = InputBox("Monat als Zahl eingeben", "JahresZeit")
 If varZahl = "" Then Exit Sub
 Select Case varZahl
  Case 1 To 2
   strMText = "Winter"
  Case 3, 4, 5
   strMText = "Frühling"
  Case 6 To 7
   strMText = "Sommer"
  Case 8
   strMText = "Hochsommer"
  Case 9 To 11
   strMText = "Herbst"
  Case 12
   strMText = "Winter"
  Case Else
   MsgBox varZahl & " ist keine Monatszahl", vbCritical, "JahresZeit"
   GoTo Eingabe
 End Select
 If MsgBox("Jahreszeit: " & strMText & vbCr & "Noch ein Versuch?",
vbQuestion + vbYesNo, "JahresZeit") = vbYes Then GoTo Eingabe
End Sub
```

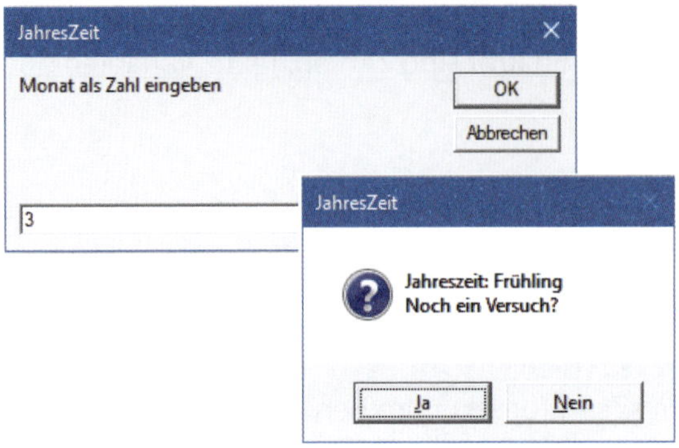

Abbildung 7.2: Jahreszeiten berechnen mit Select Case

7.2 Schleifen

Schleifen brauchen Sie in VBA, um wiederkehrende Aktionen zu programmieren. Die Anzahl der Wiederholungen kann dabei abhängig sein von einer Bedingung, die erfüllt sein muss, damit die Schleife beendet wird, oder einfach von einem Zähler, der vorgibt, wie oft die Schleife zu laufen hat. Das Makro macht nach dem letzten Schleifendurchlauf mit der Anweisung weiter, die unmittelbar nach der Schleife steht.

Hinweis

Der Schleifenzähler spielt in den Zählschleifen eine wichtige Rolle. Warum die meisten Programmierer dafür die Variable *i* nennen, weiß kein Mensch, aber wir wollen mit dieser schönen Tradition nicht brechen.

7.2.1 Die Zählschleife (For-Next-Schleife)

Stellen Sie sich diese Schleife wie den Rundenzähler einer Autorennbahn vor: Der Anfang ist die Runde 1, das Ende, die Anzahl der Runden, legen Sie selbst fest. Bei jedem Schleifendurchlauf wird der Zähler um die angegebene Schrittweite (meist 1) erhöht. Die Schleife läuft so lange, bis der Schleifenzähler den Endwert erreicht hat:

Makro Nr. 31

```
Sub Rundenzaehler()
 Dim i As Integer
 For i = 1 To 20 Step 1
  MsgBox "Runde: " & i
 Next i
End Sub
```

Die Angabe *Step* kann auch wegfallen, wenn die Schrittweite 1 ist. *Step* kann aber auch rückwärts zählen, zum Beispiel mit –1 um je eine Stelle. Das setzt natürlich voraus, dass der Anfangswert höher ist als der Endwert.

Wie wäre es mit einem Makro, das zählt, wie oft jemand schon an einem Sonntag aufgewacht ist? Lassen Sie per InputBox das Geburtsdatum eingeben, und zählen Sie in der Schleife vom Tagesdatum rückwärts bis zu diesem Datum. Mit einer *If*-Bedingung fragen Sie bei jedem Schleifendurchlauf, ob das Datum ein Sonntag war, und falls ja, erhöhen Sie den Sonntagszähler um 1. Zum Schluss noch eine MsgBox für die Ausgabe von Zahl und Text kombiniert.

Makro Nr. 32

```
Sub SonntageZaehlen()
  Dim i As Long, varBDate, intSundayCounter As Integer
  varBDate = InputBox("Bitte geben Sie Ihr Geburtsdatum ein")
  If varBDate = "" Or Not IsDate(varBDate) Then Exit Sub
  For i = CLng(Date) To CLng(CDate(varBDate)) Step -1
    If Weekday(CDate(i)) = vbSunday Then intSundayCounter =
intSundayCounter + 1
  Next i
  MsgBox "Sie sind schon " & intSundayCounter & " mal an einem Sonntag
aufgewacht!", vbInformation, "SonntagsZähler"
End Sub
```

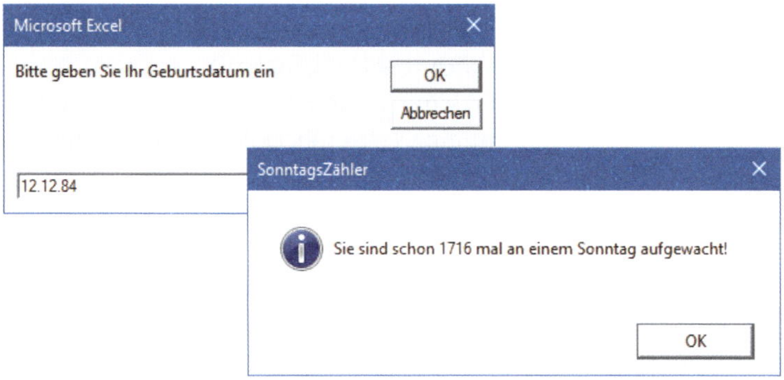

Abbildung 7.3: Eine Zählschleife zählt die Sonntage

7.2.2 Die For-Each-Schleife

In der Praxis werden Sie auf Situationen stoßen, in denen die Zählschleife keine Chance hat, weil Sie nicht wissen, wie viele Durchläufe Sie brauchen. Lässt sich das Schleifenende aber theoretisch abgreifen, nutzen Sie die For-Each-Schleife.

Sie läuft alle Elemente eines Containers durch, und das kann jedes Container-Objekt aus dem Objektkatalog sein oder alles, was mehrere Elemente besitzt. Der Schleifenzähler nimmt mit jedem Durchlauf das nächste Element an.

> **Hinweis**
>
> Achten Sie darauf, dass der Schleifenzähler der For-Each-Schleife unbedingt vom Datentyp *Variant* sein muss.

```
For Each zaehler in objekt
  Aktion
Next zaehler
```

Ein Klassiker ist der Tabellenblattzähler: Durchsuchen Sie das Container-Objekt *Sheets* und geben Sie die Namen der Blätter aus:

Makro Nr. 33

```
Sub TabCounter()
 Dim varTab
 For Each varTab In ThisWorkbook.Sheets
   MsgBox varTab.Name
 Next varTab
End Sub
```

Etwas mehr Komfort bitte: Dieses Makro überprüft, ob das per Schleife erfasste Tabellenblatt sichtbar ist (Eigenschaft *Visible*), und schreibt den Blattnamen wahlweise in eine von zwei String-Variablen. Mit einer angehängten *vbCr*-Konstanten (vbCr = **V**isual **B**asic **C**arriage **R**eturn) entsteht eine Liste mit Zeilenumbrüchen, und die wird nach Schleifenende über eine MsgBox ausgegeben:

Makro Nr. 34

```
Sub TabCounter2()
 Dim varTab, strTabsV As String, strTabsH As String
 For Each varTab In ThisWorkbook.Sheets
   If varTab.Visible = -1 Then
     strTabsV = strTabsV & varTab.Name & vbCr
   Else
     strTabsH = strTabsH & varTab.Name & vbCr
   End If
 Next varTab
 MsgBox strTabsV, vbInformation, "Sichtbare Tabellenblätter"
 MsgBox strTabsH, vbCritical, "Nicht sichtbare Tabellenblätter"
End Sub
```

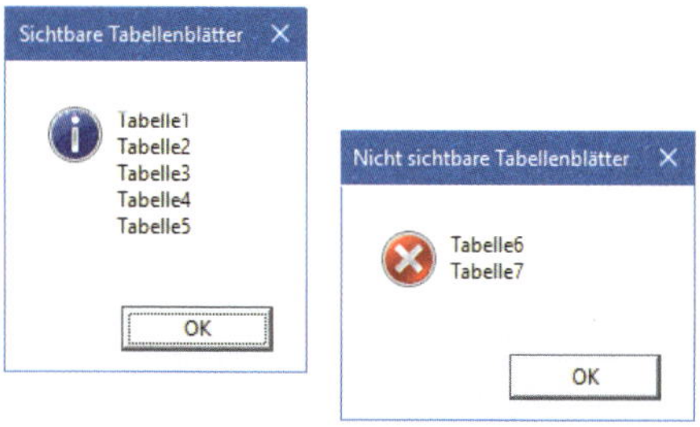

Abbildung 7.4: Sichtbare und unsichtbare Tabellenblätter per Schleife identifiziert

7.2.3 Die Do-Schleifen

Wenn die Schleife keinen numerischen Zähler braucht, können Sie auch *Do* verwenden. Die einfachste *Do*-Schleife startet mit *Do* und endet mit *Loop*. Alle Anweisungen dazwischen werden immer wieder ausgeführt.

```
Do
  Aktion
Loop
```

Damit Sie diese Endlosschleife verlassen können, schreiben Sie eine *If*-Bedingung mit einer *Exit Do*-Anweisung.

```
Do
  Aktion
  If Bedingung = WAHR then Exit Do
Loop
```

Die häufigere Form ist die *Do...While*-Schleife, in der die Bedingung bereits beim Schleifenstart festgelegt wird. Die Schleife wird so lange ausgeführt, bis die Bedingung FALSCH ist.

```
Do While Bedingung = WAHR
  Aktion
...
Loop
```

Auch das ist möglich: Lassen Sie die Schleife so lange laufen, bis die Bedingung WAHR ist:

```
Do Until Bedingung = WAHR
  Aktion
Loop
```

Makrobeispiel: Erste Leerzeile suchen

Einfach, aber immer wirkungsvoll: Die Schleife positioniert den Zellzeiger in die Überschrift einer Liste und setzt ihn so lange eine Zeile weiter, bis die erste Leerzeile gefunden ist. Praktisch für Makros, die Daten aus der Zwischenablage an andere Listen anhängen. Die Eigenschaft *Offset(zeile,spalte)* ist dabei sehr nützlich.

Makro Nr. 35

```
Sub ZellzeigerInErsteLeerzeile()
 Sheets("Sweets").Select
 Range("A1").Select
 Do While ActiveCell.Value <> ""
   ActiveCell.Offset(1, 0).Select
 Loop
End Sub
```

Brauchen Sie trotzdem einen numerischen Zähler, lassen Sie einfach eine Variable mitlaufen. Hier zählt die Schleife noch die Zeilen und gibt den Wert zum Schluss in einer Meldung aus:

Makro Nr. 36

```
Sub ZellzeigerInErsteLeerzeile()
 Dim intCount As Integer
 Sheets("Sweets").Select
 Range("A1").Select
 Do While ActiveCell.Value <> ""
   ActiveCell.Offset(1, 0).Select
   intCount = intCount + 1
 Loop
 MsgBox intCount & " Zeilen"
End Sub
```

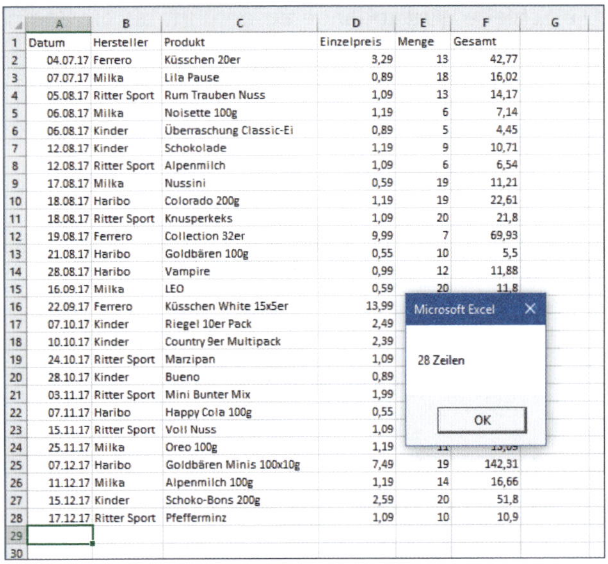

	A	B	C	D	E	F	G
1	Datum	Hersteller	Produkt	Einzelpreis	Menge	Gesamt	
2	04.07.17	Ferrero	Küsschen 20er	3,29	13	42,77	
3	07.07.17	Milka	Lila Pause	0,89	18	16,02	
4	05.08.17	Ritter Sport	Rum Trauben Nuss	1,09	13	14,17	
5	06.08.17	Milka	Noisette 100g	1,19	6	7,14	
6	06.08.17	Kinder	Überraschung Classic-Ei	0,89	5	4,45	
7	12.08.17	Kinder	Schokolade	1,19	9	10,71	
8	12.08.17	Ritter Sport	Alpenmilch	1,09	6	6,54	
9	17.08.17	Milka	Nussini	0,59	19	11,21	
10	18.08.17	Haribo	Colorado 200g	1,19	19	22,61	
11	18.08.17	Ritter Sport	Knusperkeks	1,09	20	21,8	
12	19.08.17	Ferrero	Collection 32er	9,99	7	69,93	
13	21.08.17	Haribo	Goldbären 100g	0,55	10	5,5	
14	28.08.17	Haribo	Vampire	0,99	12	11,88	
15	16.09.17	Milka	LEO	0,59	20	11,8	
16	22.09.17	Ferrero	Küsschen White 15x5er	13,99			
17	07.10.17	Kinder	Riegel 10er Pack	2,49			
18	10.10.17	Kinder	Country 9er Multipack	2,39			
19	24.10.17	Ritter Sport	Marzipan	1,09			
20	28.10.17	Kinder	Bueno	0,89			
21	03.11.17	Ritter Sport	Mini Bunter Mix	1,99			
22	07.11.17	Haribo	Happy Cola 100g	0,55			
23	15.11.17	Ritter Sport	Voll Nuss	1,09			
24	25.11.17	Milka	Oreo 100g	1,19			
25	07.12.17	Haribo	Goldbären Minis 100x10g	7,49	19	142,31	
26	11.12.17	Milka	Alpenmilch 100g	1,19	14	16,66	
27	15.12.17	Kinder	Schoko-Bons 200g	2,59	20	51,8	
28	17.12.17	Ritter Sport	Pfefferminz	1,09	10	10,9	
29							
30							

Abbildung 7.5: Die Do-While-Schleife sucht die erste Leerzeile

7.2.4 Die While-Schleife

Dieser Schleifentyp ist der *Do-While*-Schleife ähnlich, hat aber ein anderes Ende:

```
While Bedingung = WAHR
  Aktion
Wend
```

Mit diesem Makro fordern Sie den Wert jeweils per InputBox an und summieren alle Werte auf. Die Schleife endet, wenn nichts mehr eingegeben wird:

Makro Nr. 37

```
Sub WhileTest()
 Dim varZahl, varSumme
 varZahl = 0
 While varZahl <> ""
   varZahl = InputBox("Zahl?")
   varSumme = varSumme + Val(varZahl)
 Wend
 MsgBox varSumme
End Sub
```

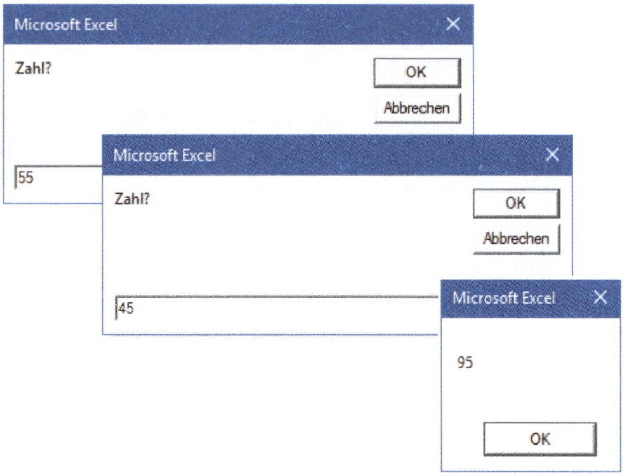

Abbildung 7.6: Die While-Schleife addiert Eingabezahlen

7.2.5 Schleifen abbrechen

Schleifen werden automatisch beendet, wenn der Schleifenzähler voll oder die Schleifenbedingung erfüllt ist. Natürlich kann es vorkommen, dass eine Schleife noch vor dem Erreichen des Endwertes oder unter einer anderen Bedingung beendet werden muss, zum Beispiel bei Erreichung eines Zielwertes oder wenn falsche Daten importiert werden.

Verwenden Sie die Schleifenabbruchanweisung, um eine Schleife zu beenden. Das Makro macht mit der Anweisung weiter, die nach dem Schleifenende steht.

Schleifentyp	Schleifenabbruch
For Next	Exit For
Do Do While Do Until	Exit Do

Makrobeispiel: ZahlenRaten

Bereit für ein größeres Beispielmakro? Schreiben Sie eine Routine, die eine Zufallszahl produziert und den Anwender per *Do*-Schleife und InputBox auffordert, diese zu finden. Zehn Versuche sind gestattet, dann endet die Schleife wie vorgesehen. Findet der Anwender die Zahl, wird die Schleife vorzeitig beendet.

Makro Nr. 38

```
Sub ZahlenRaten()
 Dim intZahl As Integer, intCounter As Integer, bolFound As Boolean
 Dim strMtext As String, varSymbol, varVersuch
Ziehung:
 Randomize
 intZahl = ((10 * Rnd) + 1)
 intCounter = 0
 bolFound = False
 Do While intCounter <= 10
  intCounter = intCounter + 1
  varVersuch = InputBox("Eine Zahl von 1 bis 10?", "ZahlenRaten")
  If varVersuch = "" Then Exit Sub
  If Val(varVersuch) = intZahl Then
    bolFound = True
    Exit Do
  End If
 Loop
 If bolFound = True Then
  strMtext = "Gratuliere! Zahl gefunden"
  varSymbol = vbInformation
```

```
 Else
  strMtext = "Schade, Zahl nicht gefunden"
  varSymbol = vbCritical
 End If
 If MsgBox(strMtext & vbCr & "Noch ein Versuch?", varSymbol + vbYesNo,
"ZahlenRaten, " & intCounter & " Versuche") = vbYes Then GoTo Ziehung
End Sub
```

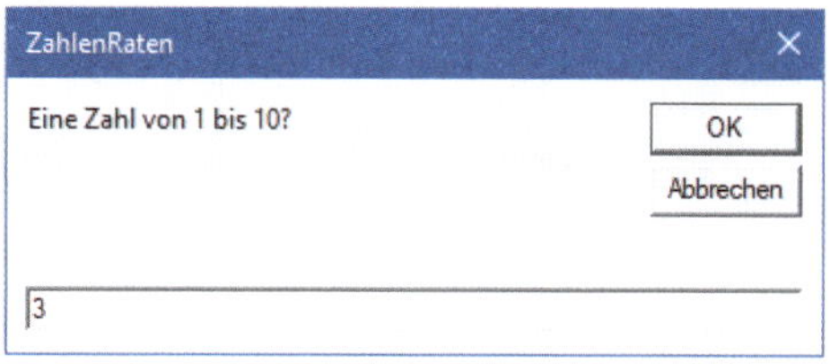

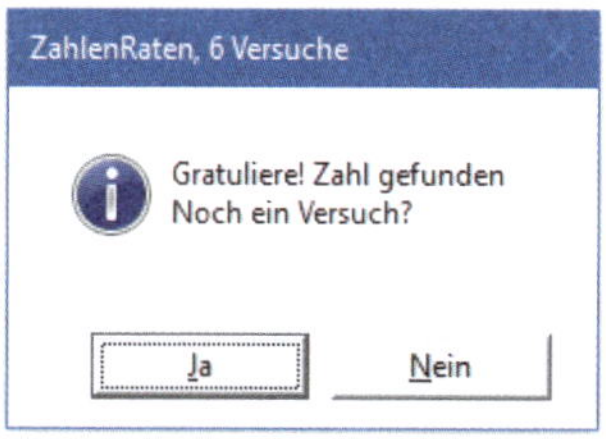

Abbildung 7.7: Zahlenraten

8. Eingaben und Ausgaben

In Kapitel 1 »Etwas Theorie« haben Sie die berühmte Dame der Programmierung bereits kennengelernt: VBA-Makros werden wie alle Programme der Welt nach einem einfachen Prinzip aufgebaut, genannt EVA:

Abbildung 8.1: Das Prinzip: Eingabe, Verarbeitung und Ausgabe

8.1 Eingabe

Vor der ersten Aktion oder Berechnung werden die Daten eingeholt, die das Makro braucht. Diese Daten können vom Benutzer angefordert werden, aus externen Quellen oder von aktiven oder inaktiven Arbeitsmappen kopiert werden. Wichtig ist, dass zunächst alles »an Bord« ist, was das Makro braucht.

8.1.1 Eingaben über InputBox

Die einfachste Form der Benutzereingabe ist die Anweisung *InputBox*. Sie erzeugt eine schlichte Dialogbox mit einer Eingabezeile, die zentral auf dem Bildschirm platziert wird.

```
InputBox prompt, title, default
```

Abbildung 8.2: InputBox mit drei Argumenten

Die InputBox wird über Argumente gesteuert. Alle Argumente können aus einem Text (in Anführungszeichen), einer Textkette oder aus einer Variablen stammen.

Argument	Erklärung
`Prompt`	Die Meldung, die dem Benutzer angeboten wird (erforderlich)
`Title`	Die Überschrift in der Titelzeile der Box (optional)
`Default`	Der Vorgabewert, der in der Eingabezeile angeboten wird (optional)

Die übrigen Argumente werden selten verwendet oder lassen sich nicht mit einfachen Mitteln erzeugen. Die InputBox wird gleich einer Variablen übergeben, sie enthält anschließend den vom Benutzer eingetragenen Inhalt der Eingabezeile (oder den Vorgabewert).

Tipp
Die Variable der InputBox muss vom Datentyp *Variant* sein.

```
Variable = InputBox("Aufforderung","Überschrift",Vorgabe)
```

Schreiben Sie ein Makro, das eine InputBox, eine einfache *If*-Abfrage und eine Meldungsbox verwendet:

Makro Nr. 39

```
Sub InputBoxTest()
 Dim varEingabe
varEingabe = InputBox("Bitte geben Sie eine Zahl ein", "Zahl anfordern")
 If Not IsNumeric(varEingabe) Then
  MsgBox vareingabe & " ist keine Zahl! "
 Else
  MsgBox "Sie haben " & varEingabe & " eingegeben"
 End If
End Sub
```

Die Schaltfläche *Abbrechen* bewirkt, dass die Box abgeschaltet wird, die Rückgabevariable enthält in diesem Fall keinen Wert und hat dieselbe Wirkung wie ein Klick auf *OK* mit einem leeren Eingabefeld (der Unterschied lässt sich programmtechnisch nicht feststellen). Fangen Sie die Leereingabe oder den Klick auf *Abbrechen* am besten gleich mit einer Bedingung ab:

```
If varEingabe = "" then Exit Sub
```

Abbildung 8.3: InputBox mit If-Abfrage auf numerische Eingaben

Hinweis
In der professionellen Programmierung wird die InputBox selten benutzt, da sie wesentlich weniger Möglichkeiten bietet als zum Beispiel die UserForm. Aber – für kleine Hilfsmakros ist sie durchaus brauchbar.

8.2 Ausgaben

Zu den Ausgaben zählt alles, was auf Bildschirm, Drucker oder Plotter projiziert wird, aber auch Onlineausgaben, Speichervorgänge, PDFs u. a.

8.2.1 MsgBox

Das Standardausgabe-Werkzeug von VBA ist die Meldungsbox (*MsgBox*). Sie lässt sich sehr variabel programmieren.

```
MsgBox prompt,buttons,title
```

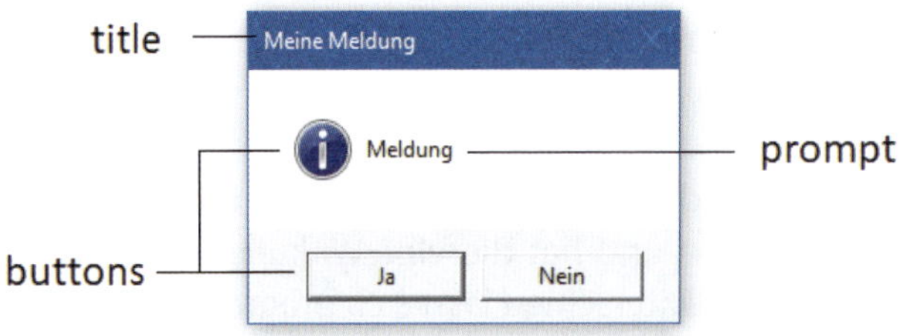

Abbildung 8.4: Die MsgBox mit drei Argumenten

Das sind die Argumente der Anweisung *MsgBox*. Nur das erste (*prompt*) muss angegeben werden, alle anderen sind optional.

Argument	Erklärung
`prompt`	Die Meldung, die dem Benutzer angeboten wird (erforderlich)
`buttons`	Schaltflächen und Symbole, die einzeln oder zusammen mit der Meldung angezeigt werden
`title`	Die Überschrift in der Titelzeile der Box (optional)
`helpfile`	Ein optionaler Text, der auf die Hilfedatei für diese Meldung verweist. Wenn *helpfile* angegeben ist, muss auch das Argument *context* besetzt sein.
`context`	Die Nummer des Hilfethemas, wie sie in der Hilfedatei für die Meldung definiert ist

Die erste und einfachste Art ist eine Ausgabe mit der Standard-Schaltfläche *OK*. Verwenden Sie nur das Argument *prompt* für die Meldung:

```
MsgBox "Hallo Welt"
```

Der Titel wird in der Titelzeile der Meldung angezeigt. Geben Sie einen Text oder eine Variable oder einen Ausdruck an. Wenn Sie nur die Schaltfläche *OK* sehen wollen, lassen Sie das zweite Argument weg:

```
MsgBox "Hallo Welt", "Meldung"
```

```
MsgBox "Wochentag: " & Weekday(Date)
```

<table>
<tr><td>

```
MsgBox "Hallo" & vbCr & "Welt"
```

</td><td>

</td></tr>
</table>

Geben Sie im zweiten Argument ein Symbol an, wird dieses neben dem *prompt* angezeigt. Zur Auswahl stehen drei Konstanten. Achten Sie auf die unterschiedlichen Windows-Töne für die einzelnen Symbole:

<table>
<tr><td>

```
MsgBox "Hallo Welt", vbInformation
```

</td><td>

</td></tr>
<tr><td>

```
MsgBox "Hallo Welt", vbExclamation
```

</td><td>
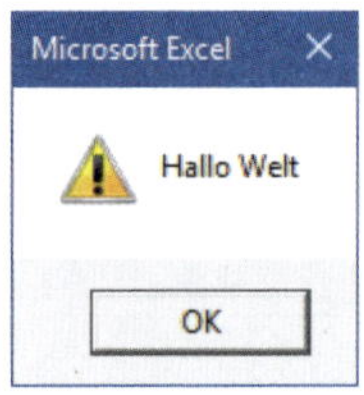

</td></tr>
<tr><td>

```
MsgBox "Hallo Welt", vbCritical
```

</td><td>

</td></tr>
</table>

Mit der MsgBox können Sie nicht nur Meldungen ausgeben, sondern auch mit dem Anwender kommunizieren. Dazu müssen Sie die Meldung wie die InputBox an eine Variable anbinden und die Argumente in Klammern setzen. Die Variable enthält anschließend einen Rückgabewert, aus dem sich die gedrückte Schaltfläche ableiten lässt.

Da sowohl Symbole als auch Schaltflächen im zweiten Argument anzugeben sind, kombinieren Sie die beiden einfach über die Konstanten oder durch Addieren der Argumentwerte:

Makro Nr. 40

```
Sub MsgBoxTest2()
  Dim varZahl, intRueckgabe As Integer
Eingabe:
  varZahl = InputBox("Zahl? ")
  intRueckgabe = MsgBox("Noch eine Eingabe? ", vbQuestion + vbYesNo,
"Antwort")
  If intRueckgabe = vbYes Then GoTo Eingabe
End Sub
```

Hier eine vollständige Liste mit allen Konstanten und Werten der MsgBox:

Konstante	Wert	Beschreibung
vbOKOnly	0	Angezeigt wird nur die Schaltfläche *OK*.
vbOKCancel	1	Die MsgBox zeigt die Schaltflächen *OK* und *Abbrechen* an.
vbAbortRetryIgnore	2	Die Schaltflächen *Abbruch, Wiederholen* und *Ignorieren* werden in der MsgBox angezeigt.
vbYesNoCancel	3	Die Schaltflächen *Ja, Nein* und *Abbrechen* werden in der MsgBox angezeigt.
vbYesNo	4	Die MsgBox zeigt die Schaltflächen *Ja* und *Nein* an.
vbRetryCancel	5	Die MsgBox zeigt die Schaltflächen *Wiederholen* und *Abbrechen* an.
vbCritical	16	Die MsgBox enthält eine Meldung kombiniert mit einem Stopp-Symbol.
vbQuestion	32	Die MsgBox enthält eine Frage kombiniert mit einem Fragezeichen-Symbol.
vbExclamation	48	Die MsgBox enthält eine Meldung kombiniert mit einem Ausrufezeichen-Symbol.
vbInformation	64	Die MsgBox enthält eine Meldung kombiniert mit einem Info-Symbol.
vbDefaultButton1	0	Die erste Schaltfläche ist umrandet und damit die Standardschaltfläche.
vbDefaultButton2	256	Die zweite Schaltfläche ist umrandet und damit die Standardschaltfläche.

Konstante	Wert	Beschreibung
vbDefaultButton3	512	Die dritte Schaltfläche ist umrandet und damit die Standardschaltfläche.
vbDefaultButton4	768	Die vierte Schaltfläche ist umrandet und damit die Standardschaltfläche.
vbApplicationModal	0	Die MsgBox ist an die Anwendung gebunden. Der Anwender muss auf das Meldungsfeld reagieren, um in der aktuellen Anwendung weiterarbeiten zu können.
vbSystemModal	4096	Die MsgBox ist an das System gebunden. Alle aktiven Anwendungen werden unterbrochen, bis der Anwender auf das Meldungsfeld reagiert.
vbMsgBoxHelpButton	16384	Die MsgBox bekommt eine Hilfe-Schaltfläche.
vbMsgBoxSetForeground	65536	Die MsgBox steht im Vordergrund.
vbMsgBoxRight	524288	Der Text in der MsgBox ist linksbündig ausgerichtet.
vbMsgBoxRtlReading	1048576	Die Schreibrichtung des Textes läuft von links nach rechts (für arabisches und jüdisches Schriftsystem).

Und das sind die Rückgabewerte der einzelnen Schaltflächen:

Konstante	Wert	Beschreibung
vbOK	1	OK
vbCancel	2	Abbrechen
vbAbort	3	Abbruch
vbRetry	4	Wiederholen
vbIgnore	5	Ignorieren
vbYes	6	Ja
vbNo	7	Nein

Hier Beispiele mit möglichen Kombinationen:

Meldung	Argumente	Rückgabewerte
	`vbYesNo + vbCritical` Wert: 4 + 16 = 20	`vbYes`, `vbNo`
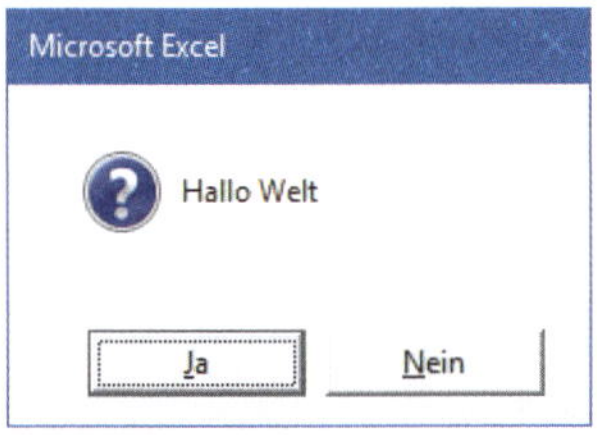	`vbYesNo + vbQuestion` Wert: 4 + 32 = 36	`vbYes`, `vbNo`
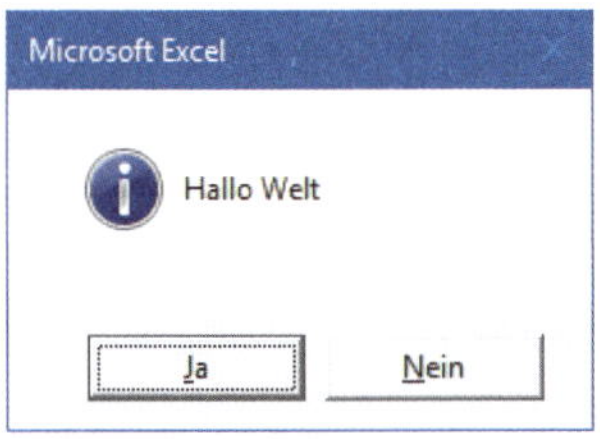	`vbYesNo + vbInformation` Wert: 4 + 64 = 68	`vbYes`, `vbNo`
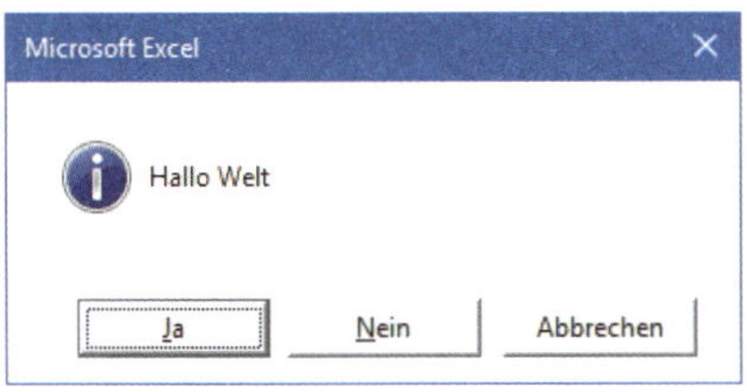	`vbYesNoCancel + vbInformation` Wert: 3 + 64 = 67	`vbYes`, `vbNo`, `vbCancel`

Makrobeispiel Vokabeltrainer

Makro Nr. 41

Eine Aufgabe mit Biss: Erstellen Sie ein Makro *Vokabeltrainer*. Basis ist eine Vokabelliste mit deutschen und englischsprachigen Begriffen. Das Makro sucht nach dem Zufallsprinzip nach einem deutschen Wort, und Sie geben die Übersetzung ein. Ist diese richtig, wird der nächste Begriff angezeigt; ist sie falsch, erhalten Sie eine Meldung.

So sieht die Aufgabe im Programmablaufplan aus:

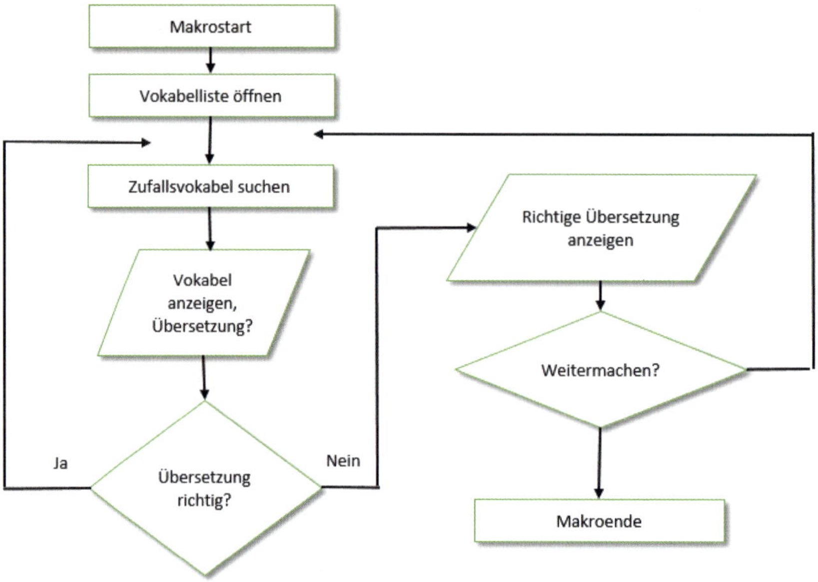

Abbildung 8.5: Der Programmablaufplan für das Makro »Vokabeltrainer«

1. Legen Sie ein neues Tabellenblatt mit dem Registernamen *Vokabelheft* an.
2. Schreiben Sie die deutschsprachigen Begriffe in die erste Spalte und die fremdsprachigen Übersetzungen in die zweite Spalte.

	A	B
1	Alter	Age
2	Baum	Tree
3	Chor	corus
4	Deutsch	German
5	Erde	Earth
6	Frühling	Spring
7	Gebühr	Fee
8	Herbst	Autumn
9	Irgendwo	Somewhere
10	Jugend	Youth
11	Kanal	Channel
12	Lärm	Noise
13		
14		
15		

Vokabelheft

Abbildung 8.6: Das Vokabelheft für den Vokabeltrainer

3. Legen Sie im VBA-Editor ein neues Modul an, nennen Sie es über die Eigenschaft *Name* im Eigenschaftenfenster *modVokabeltrainer*.
4. Die erste Zeile sollte mit *Option Explicit* belegt sein, damit die Variablendeklaration gesichert ist (falls nicht, gleich unter *Extras/Optionen* die Option *Variablendeklaration erforderlich* setzen).
5. Legen Sie eine Konstante *msgTitel* an, geben Sie Ihr den Text, den Sie in allen Meldungen sehen wollen. Damit können Sie in jeder MsgBox den gleichen Text anzeigen lassen:
   ```
   Const msgTitel = "Vokabeltrainer © <Ihr Name>"
   ```

Tipp

Das Copyright-Zeichen schreiben Sie einfach so: Drücken Sie die Alt-Taste und geben Sie rechts auf dem Zahlenblock die Ziffernfolge 0169 ein.

6. Legen Sie jetzt die Prozedur *Vokabeltrainer* an:
   ```
   Sub Vokabeltrainer()
   End Sub
   ```

Als Nächstes brauchen Sie Variablen, deklarieren Sie diese mit *DIM*:

Variable	Typ	Wird gebraucht für
objVokabelheft	Worksheet	Eine Objektvariable für das Tabellenblatt mit den Vokabeln
lngAnzV	Long	Anzahl der Vokabeln, mit dem Typ *Long* groß genug
lngZZahl	Long	Zufallszahl für die Auswahl eines Begriffs
varBack	Variant	Rückgabewert der MsgBox
varTranslation	Variant	Rückgabewert der InputBox (Übersetzung)
strMText	String	Meldungstext für die MsgBox
varSymbol	Variant	Symbol für die MsgBox
StrD	String	Vokabel in Deutsch
StrE	String	Vokabel in Englisch

Schreiben Sie die Variablen inklusive der Typenzuweisung in eine oder mehrere Zeilen, je nachdem, wie viel Platz das Modul lässt.

```
Dim shVHeft As Worksheet, lngAnzV As Long, lngZZahl As Long
Dim varBack, varTranslation, strMText As String, varSymbol
Dim strD As String, strE As String
```

Die nächste Anweisung startet eine MsgBox, die der Benutzer mit *Ja* bestätigen muss, damit der Vokabeltrainer startet. Klickt er auf *Nein*, schaltet das Makro zum Sprunglabel *endof_Proc* um. Das steht ganz unten in der Prozedur:

```
varBack = MsgBox("Vokabeltrainer starten?", vbYesNo + vbInformation,
msgTitel)
If varBack = vbNo Then GoTo endof_Proc
```

Wenn Sie die Meldung gleich in eine *If*-Anweisung packen, müssen Sie den Rückgabewert nicht gesondert abfragen:

```
If MsgBox("Vokabeltrainer starten?", vbYesNo + vbInformation, msgTitel) =
vbNo Then GoTo endof_Proc
```

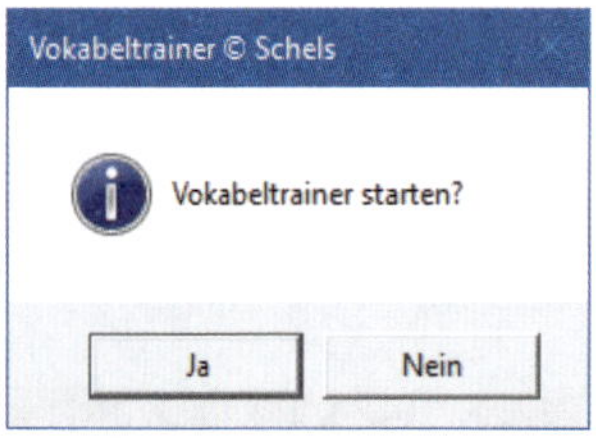

Abbildung 8.7: Startmeldung

Jetzt können Sie die Objektvariable belegen und das Tabellenblatt auswählen. Setzen Sie den Zellzeiger auch gleich in die erste Zelle.

```
Set objVokabelheft = ThisWorkbook.Sheets("Vokabelheft")
objVokabelheft.Select
Range("$A$1").Select
```

Die Eigenschaft *CurrentRegion* entspricht dem aktuellen Bereich rund um den Zellzeiger (Selection), und wenn Sie diese mit Rows (Zeilen) und Count (Zählen) kombinieren, erhalten Sie die Anzahl Zeilen der aktuellen Liste:

```
lngAnzV = Selection.CurrentRegion.Rows.Count - 1
```

Jetzt schreiben Sie das Sprunglabel, das vom Makro bei jeder neuen »Ziehung« angesteuert wird, starten mit *Randomize* den Zufallsgenerator neu und ziehen eine zufällige Zahl zwischen 0 und 1. Multipliziert mit der Zeilenzahl ergibt das einen Wert zwischen 0 und dem Höchstwert, und eine aufaddierte 1 sorgt dafür, dass keine 0 gezogen wird:

```
Vokabelauswahl:
  Randomize
  lngZZahl = Int(Rnd * lngAnzV) + 1
```

Die Eigenschaft *Cells(zeile,spalte)* liefert den deutschsprachigen Wert aus der ermittelten Zeile und der Spalte 1, und der fremdsprachige Wert kommt aus der zweiten Spalte:

```
  strD = Cells(lngZZahl, 1)
  strE = Cells(lngZZahl, 2)
```

Starten Sie eine *InputBox*, die den Wert aus Spalte 1 anbietet. Per *If*-Anweisung wird geprüft, ob der Benutzer *Abbrechen* angeklickt hat. In diesem Fall (oder wenn die Eingabezeile leer blieb) wird der Vokabeltrainer nach einer MsgBox beendet.

```
varTranslation = InputBox(strD, msgTitel)
  If varTranslation = "" Then
    MsgBox "Vokabeltrainer wird beendet", vbInformation, msgTitel
    GoTo endof_Proc
  End If
```

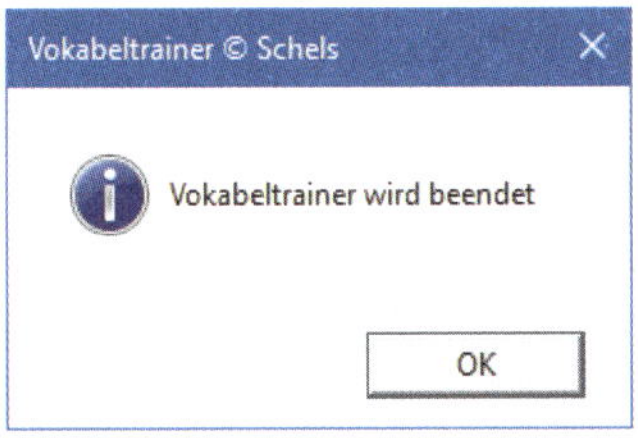

Abbildung 8.8: Schlussmeldung, Vokabeltrainer wird beendet

Für die Überprüfung der beiden Vokabeln wandeln Sie diese jeweils mit *UCase* in Großschrift um (oder *LCase* für Kleinschrift). Das hat den Vorteil, dass der Makroanwender die Übersetzung klein- oder großschreiben kann:

```
  If UCase(varTranslation) = UCase(strE) Then
```

Stimmen die beiden Begriffe überein, wird der Meldungstext und die Kombination aus Symbol und Schaltflächen passend mit *vbInformation* und *vbYesNo* konstruiert. Ist die Übersetzung falsch, bekommt die Symbolauswahl einen anderen Text und ein anderes Symbol (*vbCritical*):

```
strMText = "Richtig :)" & vbCr & "Noch einmal?"
varSymbol = vbInformation + vbYesNo
Else
strMText = "Leider falsch :(" & vbCr & "Richtig:" & vbCr &
Cells(lngZZahl, 2) & vbCr & "Noch einmal?"
varSymbol = vbCritical + vbYesNo
  End If
```

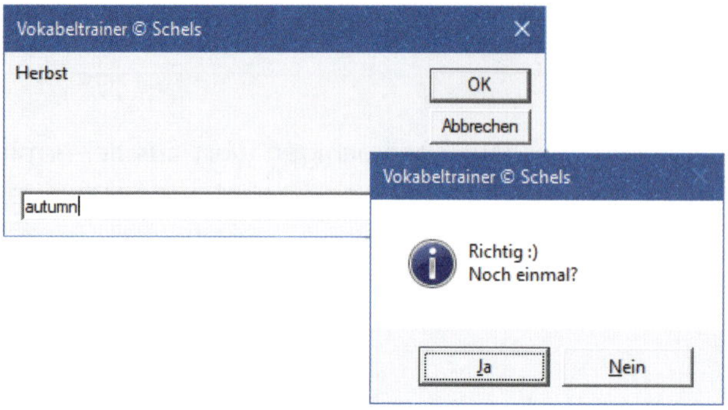

Abbildung 8.9: InputBox und Meldung, wenn die Frage richtig beantwortet wurde

Jetzt können Sie den Meldungstext und die Symbole/Schaltflächen an die MsgBox übergeben und gleich abfragen, ob der Benutzer als Antwort *Ja* oder *Nein* angeklickt hat. Bei *Ja* springt das Makro zum Label *Vokabelauswahl*, bei *Nein* macht es einfach weiter.

```
varBack = MsgBox(strMText, varSymbol, msgTitel)
If varBack = vbYes Then GoTo Vokabelauswahl
```

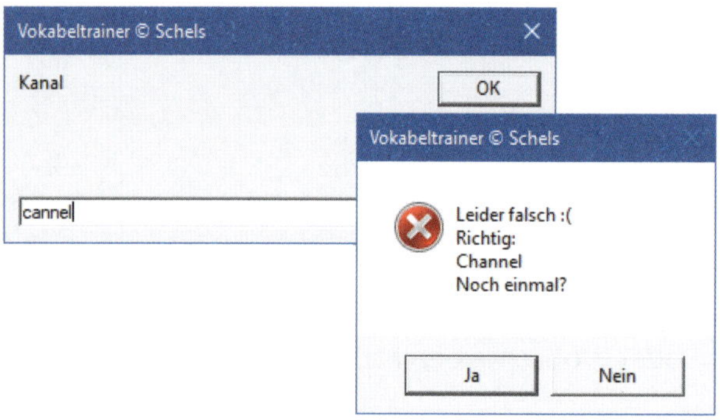

Abbildung 8.10: Frage wurde falsch beantwortet

Zum Schluss muss noch das Label geschrieben werden, das aus verschiedenen Anweisungen angesteuert wird. Darunter programmieren Sie alle Aktionen, die noch vor dem endgültigen Ende des Makros ausgeführt werden müssen. Löschen Sie die Objektvariable und setzen Sie den Zellzeiger in die Zelle A1:

```
endof_Proc:
 Set objVokabelheft = Nothing
 Range("A1").Select
```

Damit ist das Makro fertig, die letzte Anweisung beendet die Prozedur:

```
End Sub
```

Tipp: Setzen Sie diese Anweisung gleich nach den Variablendimensionierungen ein, sie schaltet die Bildschirme ab:

```
Application.ScreenUpdating = False
```

Am Makroende schalten Sie den Bildschirm einfach wieder ein:

```
Application.ScreenUpdating = True
```

Hier noch einmal das vollständige Makro *Vokabeltrainer*:

```
Sub Vokabeltrainer()
  ' Variablen dimensionieren
  Dim objVokabelheft As Worksheet, lngAnzV As Long, lngZZahl As Long
  Dim varBack, varTranslation, strMText As String, varSymbol
  Dim strD As String, strE As String
  varBack = MsgBox("Vokabeltrainer starten?", vbYesNo + vbInformation,
msgTitel)
  If varBack = vbNo Then GoTo endof_Proc
  ' oder so:
  ' If MsgBox("Vokabeltrainer starten?", vbYesNo + vbInformation,
msgTitel) = vbNo Then Exit Sub
  Application.ScreenUpdating = False
  ' Vokabelheft aktivieren
  Set objVokabelheft = ThisWorkbook.Sheets("Vokabelheft")
  objVokabelheft.Select
  Range("$A$1").Select
  ' Anzahl Vokabeln ermitteln
  lngAnzV = Selection.CurrentRegion.Rows.Count - 1
  ' Sprunglabel für Zufallszahl
Vokabelauswahl:
  ' Zufallszahl ziehen und Begriffe in Variablen schreiben
  Randomize
  lngZZahl = Int(Rnd * lngAnzV) + 1
  strD = Cells(lngZZahl, 1)
  strE = Cells(lngZZahl, 2)
  ' Übersetzung per InputBox anfordern
  varTranslation = InputBox(strD, msgTitel)
```

```
    If varTranslation = "" Then
      MsgBox "Vokabeltrainer wird beendet", vbInformation, msgTitel
      GoTo endof_Proc
    End If
    ' Übersetzung prüfen
    If UCase(varTranslation) = UCase(strE) Then
     ' Richtig
     strMText = "Richtig :)" & vbCr & "Noch einmal?"
     varSymbol = vbInformation + vbYesNo
    Else
     ' Falsch
     strMText = "Leider falsch :(" & vbCr & "Richtig:" & vbCr &
Cells(lngZZahl, 2) & vbCr & "Noch einmal?"
     varSymbol = vbCritical + vbYesNo
    End If
    ' Schaltflächen auswerten
    varBack = MsgBox(strMText, varSymbol, msgTitel)
    If varBack = vbYes Then GoTo Vokabelauswahl
    ' Sprunglabel für Ende
endof_Proc:
  ' Objektvariable zurücksetzen und Zellzeiger nach A1
  Set objVokabelheft = Nothing
  Range("A1").Select
   Application.ScreenUpdating = True
  ' Makroende
End Sub
```

8.2.2 UserForms

Die zweite Möglichkeit, per Makro Daten oder Informationen auszugeben, bietet die UserForm. UserForms sind Formulare, die mithilfe einer Werkzeugsammlung mit Elementen wie Beschriftungen, Textfeldern, Listen, Ankreuz- und Optionskästchen versehen werden.

Alle Elemente, auch die Schaltflächen, müssen programmiert werden, dazu stellt die UserForm ein Codeblatt mit Ereignissen bereit.

> **Hinweis**
>
> In Kapitel 10 »Dialogprogrammierung mit UserForms« finden Sie Anleitungen und viele Beispiele für VBA-Makroprogrammierung mit UserForms.

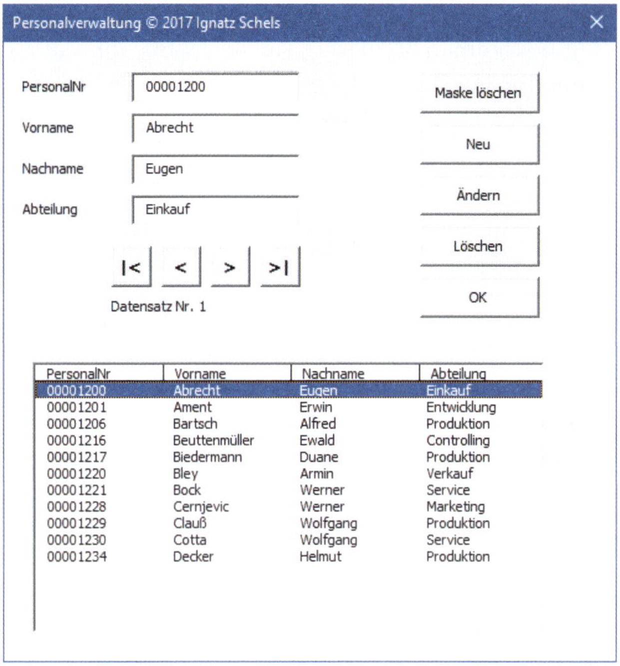

Abbildung 8.11: Dialogprogrammierung mit UserForms

8.3 Unterprogramme

Jedes Makro in einem VBA-Projekt ist eigentlich schon ein Unterprogramm – der Prozeduraufruf *Sub* ist schließlich die Abkürzung für *Subprocedure* (Unterprogramm). VBA unterscheidet nicht zwischen Hauptroutinen und Routinen, die aus diesen aktiviert werden. Das Prinzip:

- Das erste Makro ruft ein zweites Makro auf.
- Die Anweisungen im zweiten Makro werden ausgeführt, das Makro endet mit *End Sub*.
- Das erste Makro macht an der nach dem Unterprogrammaufruf stehenden Anweisung weiter.

```
Sub Makro1
  Call Makro2
End Sub

Sub Makro2
  Aktionen
End Sub
```

Alternativ dazu kann ein Unterprogramm auch vom aufrufenden Programm Informationen (Argumente) übermittelt bekommen. In diesem Fall agiert die Subroutine wie eine Funktion. Unterprogramme mit Argumenten können nicht als Prozeduren gestartet werden und sind in Excel auch nicht als Makros gelistet.

```
Sub Makro1
  Call Makro2(Argument1, ... Argumentn)
End Sub

Sub Makro2(Argument1, ... Argumentn)
  Aktionen
End Sub
```

Unterprogramme sind besonders nützlich, um Aufgaben aus verschiedenen Makros zu erledigen. In der Praxis werden Sie dafür aber eher Funktionen nehmen. Funktionen können alles, was Prozeduren auch können, können aber nicht an Makroaufrufe, Schaltflächen oder Symbole gebunden werden. Beschränken wir uns deshalb auf Makros mit Prozeduren und Funktionen.

9. Benutzerdefinierte Funktionen

Die Makrosprache VBA steht nicht nur für die Produktion ablauffähiger Programme (Prozeduren), sie bietet auch die Möglichkeit, Funktionen zu nutzen oder eigene Funktionen zu schreiben. Benutzerdefinierte Funktionen können wahlweise als zusätzliche Tabellenfunktionen oder zur Unterstützung der Prozeduren verwendet werden.

9.1 Funktion speichern

Es gibt mehrere Möglichkeiten, Funktionen zu speichern:

Wenn die Funktion nur für Berechnungen in der aktiven Arbeitsmappe benötigt wird, erstellen Sie ein Modul im Projekt der Mappe und schreiben die Funktionen in dieses Modul (oder weitere Module; wie bei Prozeduren spielt es für den Aufruf keine Rolle, in welchem Modul die Funktion steht).

Funktionen, die grundsätzlich für alle Mappen verfügbar sein sollten, schreiben Sie in ein Modulblatt der persönlichen Makroarbeitsmappe *PERSONAL.XLSB*. Wenn diese noch nicht verfügbar ist, zeichnen Sie einfach eine Prozedur mit dieser Mappe als Ziel auf.

Die Profi-Version: Erstellen Sie Funktionen in einer eigenen Mappe, speichern Sie diese als Add-in (*Datei/Speichern unter*, Dateityp *Add-In*) und binden Sie dieses über den Add-in-Manager in Ihre Excel-Oberfläche ein.

9.2 Funktion schreiben

Eine Funktion erstellen Sie über *Einfügen/Prozedur*. Tragen Sie den Funktionsnamen ein und schalten Sie auf den Typ *Function* um.

Sie können die Funktion natürlich auch manuell in das Modulblatt eintragen. Schreiben Sie nur den Aufruf, der Rest wird erstellt:

```
Function <funktionsname>
End Function
```

9.3 Gültigkeit und Namensregelungen für Funktionen

Für den Namen und den Gültigkeitsbereich gelten die gleichen Regeln wie für Prozeduren:

9.3.1 Public

Auf die Funktion kann von allen anderen Prozeduren und Funktionen in allen Modulen zugegriffen werden. Steht die Funktion in einem Modul mit einer *Option Private*-Anweisung im Kopfbereich, kann auf sie nur innerhalb des Projekts zugegriffen werden. Das Schlüsselwort *Public* ist Standard, es kann auch weggelassen werden.

9.3.2 Private

Auf die Funktion kann nur von anderen Prozeduren und Funktionen aus dem Modul zugegriffen werden, in dem sie deklariert wurde.

- Das erste Zeichen des Funktionsnamens muss ein Buchstabe sein.
- Leerzeichen, Punkt, Komma, Ausrufezeichen und die Zeichen @, &, $, # sind in einem Funktionsnamen nicht erlaubt, der Name darf nicht länger als 255 Zeichen sein.
- Der Funktionsname darf nicht mit einem Schlüsselwort aus VBA verwechselbar sein. Benennen Sie Funktionen möglichst nicht mit Programmiersprachen-Elementen wie *Sub*, *End*, *GoTo* oder Ähnlichem.
- In einem Projekt dürfen Funktionsnamen nicht mehrfach vorkommen, auch nicht, wenn sie in unterschiedlichen Modulen stehen.

9.4 Parameterübergabe

Funktionen erhalten von der aufrufenden Prozedur einen oder mehrere Parameter. Die Anzahl der zu übergebenden Werte ist unbegrenzt, die Parameter werden mit Kommata getrennt:

```
Sub TestProzedur
  Call TestFunktion(Parameter1, .. Parametern)
End Sub

Function TestFunktion(Parameter1, .. Parametern)
  ... Aktionen
End Function
```

9.4.1 By Value

Mit diesem Zusatz wird der Wert der aufzurufenden Prozedur in eine Variable kopiert. Die Funktion hat keinen Zugriff auf die Variable, sie ist schreibgeschützt. Für beide Variablen wird Speicherplatz reserviert. Mit dem Aufruf kann der Typ der Variablen angegeben werden.

```
Sub TestProzedur
  Call TestFunktion(Parameter1 byVal intZahl as Integer)
End Sub
```

9.4.2 By Reference

Mit diesem Zusatz ist die Variable selbst gemeint, es wird ein Verweis auf einen Wert übergeben. Die Variable der aufrufenden Prozedur und die der Funktion stehen an der gleichen Speicherstelle. Der Wert kann von der Funktion geändert werden, deshalb ist dieser Übergabetyp auch Standard und muss nicht explizit angegeben werden.

```
Sub TestProzedur
  Call TestFunktion(Parameter1 byRef intZahl as Integer)
End Sub
```

9.4.3 Optional

Mit diesem Zusatz wird ein Argument als optional bezeichnet. Alle nachfolgenden Argumente müssen auch optional sein. Sie müssen in der Funktion nicht als Argument geführt werden. Wenn mehrere Argumente optional übergeben werden, muss für ein optionales Argument ein Komma gesetzt werden.

```
Sub TestProzedur
  Call TestFunktion(Parameter1 byRef intZahl as Integer, Optional
varZahl2 as Integer)
End Sub
```

9.5 Funktionsergebnis als Rückgabe

Eine Funktion kann als eigenständige Makroeinheit Berechnungen durchführen oder Aktionen auslösen (zum Beispiel Dateien öffnen oder Daten importieren). Wird die Funktion zur Berechnung von Werten verwendet, übergeben Sie das Ergebnis dem Funktionsnamen und damit automatisch der aufzurufenden Prozedur:

```
Sub TestProzedur
  Call TestFunktion(var1,var2)
MsgBox TestFunktion
End Sub

Function TestFunktion
  TestFunktion = Berechnungen
End Function
```

In diesem Beispiel berechnen Sie den Gewinn aus der Differenz zwischen Umsatz und Kosten. Das Ergebnis wird in der Funktion ausgegeben:

Makro Nr. 42

```
Sub GewinnBerechnen()
 Dim varUmsatz, varKosten
 varUmsatz = 2000
 varKosten = 1400
 Call BerechneGewinn(varUmsatz, varKosten)
End Sub

Function BerechneGewinn(varUmsatz, varKosten)
  Dim varGewinn
  varGewinn = varUmsatz - varKosten
  MsgBox varGewinn
End Function
```

Die bessere Lösung ist diese: Die Funktion wird nur für die Berechnung verwendet und übergibt das Ergebnis wieder an die aufrufende Prozedur:

Makro Nr. 43

```
Sub GewinnBerechnen2()
 Dim varUmsatz, varKosten, varGewinn
 varUmsatz = 2000
 varKosten = 1400
 varGewinn = BerechneGewinn2(varUmsatz, varKosten)
 MsgBox varGewinn
End Sub

Function BerechneGewinn2(varUmsatz, varKosten)
  Dim varGewinn2
  BerechneGewinn2 = varUmsatz - varKosten
End Function
```

Brauchen Sie für das Ergebnis keine Variable, können Sie den Funktionsaufruf gleich in der MsgBox verwerten:

```
MsgBox BerechneGewinn2(varUmsatz, varKosten)
```

9.6 Argument in Klammern

Wenn eine Prozedur erwartet, dass ein Argument als Referenz (*ByRef*, die Voreinstellung) übergeben wird, muss das übergebene Argument genau dem erwarteten Datentyp entsprechen. Übergeben Sie zum Beispiel eine Variable vom Typ *Integer*, wenn ein Argument vom Typ *Long* erwartet wird, so tritt ein Fehler auf.

Soll die Umwandlung auf jeden Fall (auch bei Informationsverlust) stattfinden, schließen Sie das Argument in Klammern ein:

```
Dim var1
var1 = 3.1415
Call TestProc((var1))
Sub TestProc(Num1 As Integer)
Num1 = Num1 + Num1
End Sub
```

Durch das Einschließen des Arguments in Klammern wird die Auswertung des Arguments als Ausdruck erzwungen. Während dieser Auswertung wird der Nachkommabereich der Zahl gerundet (und nicht abgeschnitten), um den erwarteten Argumenttyp zu bilden.

Das Ergebnis der Auswertung wird in einem temporären Speicherbereich abgelegt und der Prozedur wird ein Verweis auf diesen temporären Speicherbereich übergeben. Daher behält die Originalvariable ihren Wert bei.

9.7 Benutzerdefinierte Tabellenfunktionen

VBA-Funktionen unterscheiden sich in ihrer Verwendung nicht von eingebauten Excel-Tabellenfunktionen, wie SUMME() oder MITTELWERT(). Sie werden programmiert, wenn das Funktionsangebot nicht ausreicht, um komplexe Rechenvorgänge durchzuführen. Eine benutzerdefinierte VBA-Funktion erhält mit dem Aufruf Argumente, berechnet diese und gibt das Ergebnis über den Funktionsnamen zurück.

Ein Beispiel: Diese Funktion wandelt einen Euro-Betrag in Dollar um. Betrag und aktueller Umrechnungskurs werden als Argumente in der Klammer übergeben:

Makro Nr. 44

```
Function EuroinDollar(betrag, kurs)
 EuroinDollar = betrag * kurs
End Function
```

Der Aufruf der Funktion erfolgt in einer Formel, als Argumente gelten Texte und Zahlen, Zellbezüge oder Bereichsnamen.

1. Schreiben Sie den Dollar-Betrag in die Zelle A1.
2. Geben Sie den Währungskurs in der Zelle B1 an.
3. Setzen Sie den Zellzeiger in die Zelle C1 und wählen Sie *Formel/Funktionsbibliothek/Funktion einfügen*. Der Funktionsassistent wird aktiv, schalten Sie in die Kategorie *Benutzerdefiniert* um und wählen Sie die Funktion.
4. Tragen Sie in der Funktionspalette die beiden Zellbezüge für die Argumente der Funktion ein und schließen Sie mit Klick auf *OK* ab.

Die Funktion wird eingetragen, sie berechnet das Ergebnis aus den beiden Argumenten.

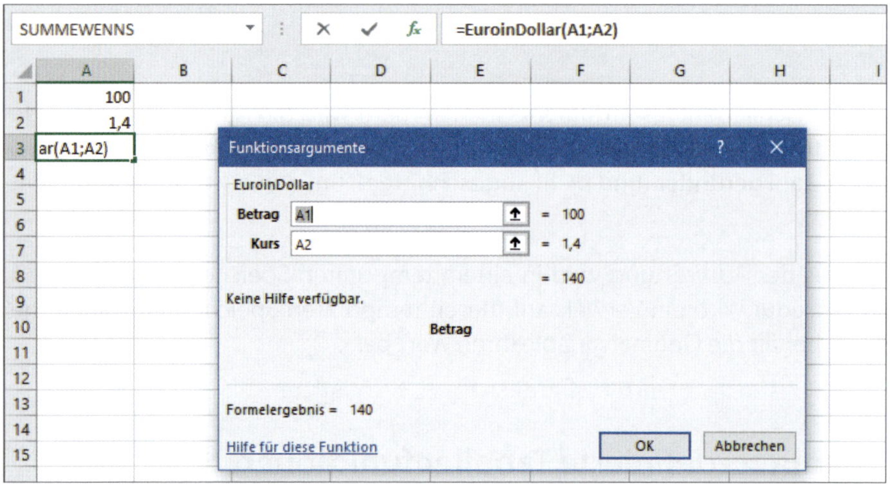

Abbildung 9.1: Die benutzerdefinierte Funktion direkt in der Zelle nutzen

Eine programmierte Funktion wird in der Regel nur berechnet, wenn sie eingetragen wird oder wenn sich eines der beteiligten Argumente ändert (im Beispiel: wenn ein neuer Betrag oder Dollar-Kurs erfasst wird). Auch beim Öffnen, Speichern und Drucken der Tabelle werden alle Funktionen durchgerechnet.

Sie können die Funktion so präparieren, dass sie automatisch mit jeder Neuberechnung der Tabelle mitberechnet wird. Schreiben Sie diese Zeile gleich nach dem Funktionsaufruf in die Funktion:

```
Application.Volatile
```

Die meisten VBA-Elemente können sowohl in Prozeduren als auch in Funktionen zum Einsatz kommen. Sie können Bedingungen (*If...Then...Else*), Schleifen (*For...Next*) benutzen, Vorsicht ist nur bei Dialogen geboten. Bedenken Sie, dass alle Funktionen stets neu berechnet werden, wenn sich deren Argumente ändern, wenn Tabellen oder Zellbereiche gespeichert und gedruckt werden. Die Verwendung von *InputBox* oder *MsgBox* in Funktionsmakros ist daher nicht zu empfehlen.

9.8 Praxisbeispiele für Funktionen

9.8.1 Quersumme berechnen

Makro Nr. 45

```
Function Quersumme(Zelle As Range) As Integer
 Dim i As Integer
 For i = 1 To Len(Zelle)
   Quersumme = Quersumme + CInt(Mid(Zelle, i, 1))
 Next
End Function
```

9.8.2 Betrag in Euro und Cent aufteilen

Teilen Sie einen Betrag in Euro und Cent auf, verwenden Sie eine Bedingung in der Funktion, die mit der VBA-Funktion *IsNumeric* ermittelt, ob der Wert numerisch ist und damit einen *#WERT*-Fehler bei Texten vermeidet:

Makro Nr. 46

```
Function NurEuro(EURBetrag)
  If Not IsNumeric(EURBetrag) Then
     NurEuro = ""
  Else
     NurEuro = Int(EURBetrag)
  End If
End Function
```

Aufruf der Funktion:

```
=NurEuro(Betrag)
```

Makro Nr. 47

```
Function NurCent(EURBetrag)
  If Not IsNumeric(EURBetrag) Then
     NurCent = ""
  Else
     NurCent = (EURBetrag - Int(EURBetrag)) * 100
  End If
End Function
```

Aufruf der Funktion:

```
=NurCent(Betrag)
```

9.8.3 Kalenderwoche berechnen

Die Funktion berechnet die Kalenderwoche nach DIN-Norm. Der Funktion wird ein Datum übergeben:

Makro Nr. 48

```
Function KW(Datum As Date) As Single
 Dim i As Integer
 If Weekday(Datum) = 1 Then
   i = 1
 Else
   i = 0
 End If
 KW = Format(Datum, "ww", , vbFirstFourDays) - i
End Function
```

> **Tipp**
>
> Die Kalenderwoche berechnen Sie zuverlässig auch mit dieser Excel-Funktion:
>
> `=KALENDERWOCHE(<datum>;21)`
>
> oder
>
> `=ISOKALENDERWOCHE(<datum>)`

9.9 Funktionen in Prozeduren

Funktionen werden nicht nur in Tabellen, sondern auch in Verbindung mit Prozeduren benutzt. Die Funktion übernimmt die Aufgabe von Berechnungen oder Teilberechnungen, kann aber auch für Aktionen benutzt werden, in denen Objekte aus den Bibliotheken verwendet werden.

9.9.1 Aufruf einer Funktion aus Prozeduren

In den meisten Fällen wird eine Funktion nicht direkt aufgerufen, sondern einer Variablen zugewiesen. Der Aufruf einer Funktion würde lauten:

```
Call funktionsname(argumente)
```

In diesem Fall hätte die Funktion aber keine Möglichkeit, einen Wert zurückzuliefern. Deshalb wird die Funktion mit Zuweisung an eine Variable aufgerufen:

```
Rückgabewert = funktionsname(argumente)
```

Makrobeispiel: TabEraser löscht Tabellen

Makro Nr. 49

Die Funktion kommt dann zum Einsatz, wenn Berechnungen oder Aktionen immer wieder, aber mit wechselnden Argumenten benötigt werden. Eine dieser Aufgaben ist das Löschen von Tabellenblättern.

Die Anweisung dafür lautet:

```
Sheets("Blattname").Delete
```

In Makros hat diese Anweisung mehrere Hindernisse: Die Löschung muss vom Anwender bestätigt werden, Excel liefert eine Sicherheitswarnung dazu. Ist die Tabelle nicht zu finden oder kann sie aus anderen Gründen nicht gelöscht werden, löst die Codezeile einen Fehler aus.

Schreiben Sie eine Funktion, die Sie in allen Makroprozeduren aufrufen können, um eine Tabelle zu löschen. Als Argumente geben Sie der Funktion den Namen des Blatts und einen Modus, der bestimmt, ob eine Sicherheitsmeldung angezeigt wird oder nicht. Die Meldungen werden von der Funktion abgefangen, Sie können eigene Meldungen für alle Varianten der Aktion definieren.

```
Function TabEraser(strBlattName As String, bolModus As Boolean) As
Boolean
 Dim strLText As String, bolTabExist As Boolean, varTab, msgTitle As
String
 msgTitle = "TabEraser © Schels"
 ' Prüfen, ob Blatt existiert
 bolTabExist = False
 For Each varTab In Sheets
  If varTab.Name = strBlattName Then
    bolTabExist = True
    Exit For
  End If
 Next varTab
 If bolTabExist = False Then
  ' Blatt existiert nicht
  If bolModus = True Then
    MsgBox "Tabellenblatt " _
    & vbCr & "<" & strBlattName & ">" _
```

```
    & vbCr & "nicht in der Arbeitsmappe gefunden!", vbCritical, msgTitle
    TabEraser = False
  End If
  Exit Function
 Else
  ' Blatt existiert
  If bolModus = True Then
     ' Mit Meldung löschen
     strLText = "Wollen Sie das Tabellenblatt " _
     & vbCr & "<" & strBlattName & ">" _
     & vbCr & "löschen? "
     If MsgBox(strLText, vbYesNo + vbQuestion, msgTitle) = vbYes Then
      ' Meldungen von Excel ausschalten
       Application.DisplayAlerts = False
      ' Blatt löschen
      Sheets(strBlattName).Delete
      ' Meldungen von Excel wieder einschalten
      Application.DisplayAlerts = True
      TabEraser = True
      Exit Function
     End If
  Else
   ' Ohne Meldung löschen
   Application.DisplayAlerts = False
   Sheets(strBlattName).Delete
   Application.DisplayAlerts = True
  End If
 End If
 ' Funktion beenden
 TabEraser = True
End Function
```

Testen Sie die Funktion mit einer Prozedur, die über die Anweisung *Call* den Namen des zu löschenden Blatts und wahlweise *True* oder *False* für den Modus (Meldung oder nicht Meldung) übergibt:

```
Sub TabEraserStart1()
  Call TabEraser("Test", False)
End Sub

Sub TabEraserStart2()
  Call TabEraser("Test", True)
End Sub
```

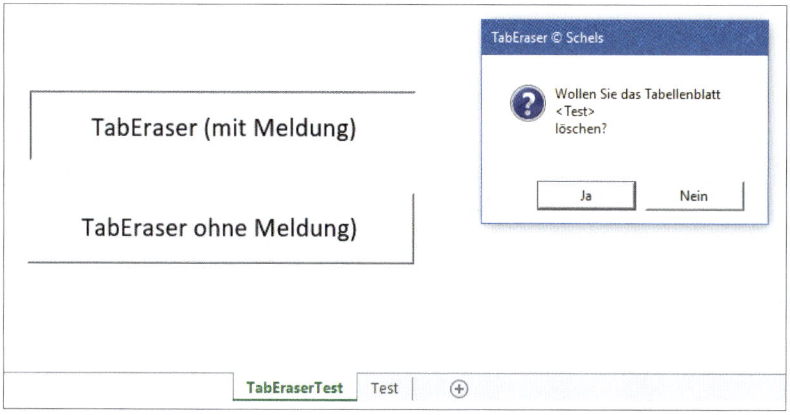

Abbildung 9.2: Testen Sie den TabEraser mit zwei Prozeduren

9.10 WorksheetFunctions

Die meisten Funktionen, die Excel für Tabellenblätter und Zellen zur Verfügung stellt, gibt es auch in VBA. Das Application-Objekt stellt dazu die Eigenschaft *WorksheetFunction* bereit, und mit der Intellisense-Hilfe lässt sich einfach feststellen, welche Funktionen verfügbar sind. Tippen Sie den Punkt hinter *WorksheetFunction*, erhalten Sie die Liste mit allen Funktionen. Da die WorksheetFunctions aber in Englisch gehalten sind, ist es nicht so einfach, die richtige Funktion zu finden. *Sum* oder *Max* sind noch einfach:

Funktion in Excel	WorksheetFunction
=SUMME()	Application.WorksheetFunction.Sum()
=MAX()	Application.WorksheetFunction.Max()
=MITTELWERT()	Application.WorksheetFunction.Average()
=SVERWEIS()	Application.WorksheetFunction.VLookup()

Makro Nr. 50

Makrobeispiel: Kleinsten Wert in einer Spalte suchen

```
Sub WFTest()
 Dim myRange As Range, varRes
 Set myRange = Range("A1:A10")
 varRes = Application.WorksheetFunction.Min(myRange)
 MsgBox "Kleinster Wert: " & varRes
End Sub
```

WorksheetFunctions liefern aber häufig den Fehler 1004 und bieten keine Möglichkeit, den Fehler abzufangen. Verwenden Sie die Funktion deshalb direkt am Application-Objekt, können Sie auf den Fehler reagieren.

Makrobeispiel: Suche nach Text in einer Spalte

Makro Nr. 51

```
Sub WFTest()
 Dim varTest As Variant, varSuchText
 varSuchText = InputBox("Suche nach?")
 If varSuchText = "" Then Exit Sub
 varTest = Application.Match(varSuchText, Columns(1), 0)
 If Not IsError(varTest) Then
   MsgBox varSuchText & " kommt in Spalte A vor"
 Else
   MsgBox varSuchText & " kommt in Spalte A nicht vor"
 End If
End Sub
```

9.11 Textfunktionen

Die Beschäftigung mit Zeichenketten ist eine der häufigen in VBA, sei es bei der Analyse von externen Daten oder bei der Erstellung von Berichten und anderen Ausgaben. Zum Glück bietet VBA eine Reihe nützlicher Textfunktionen, von denen wir hier die wichtigsten vorstellen.

9.11.1 Format

Mit dieser Funktion formatieren Sie eine Zahl. Geben Sie das Format an, das Excel im Zahlenformat benutzt (US-Schreibweise!) oder benutzen Sie Konstanten:

Format-Anweisung	Ergebnis
`Format(12345,"#,##0.000")`	1.2345,000
`Format(12345,"Fixed")`	1.2345,00
`Format(12345,"Scientific")`	1,23E+04
`Format(#01/01/2018#,"w",vbMonday)`	1

9.11.2 InStr

Diese Funktion prüft, ob eine Zeichenfolge in einer zweiten enthalten ist. Wenn ja, ist das Ergebnis die Position der Ziffer (von links), ansonsten 0. Wird der Start-Parameter ausgelassen, startet die Funktion am ersten Zeichen.

```
Instr("Über allen Gipfeln","Gipfel")
Ergebnis: 12
```

9.11.3 LCase, UCase

Wandeln Sie alle Buchstaben in Groß- oder Kleinbuchstaben um:

```
LCase("Über allen Gipfeln")   -> über allen gipfeln
UCase("Über allen Gipfeln")   -> ÜBER ALLEN GIPFELN
```

9.11.4 Left, Right

Analysieren Sie Textvariablen oder Texte von links oder rechts. Die Funktion gibt die Zeichenfolge mit der angegebenen Anzahl Zeichen wieder:

```
Left("Lass die Sonne in dein Herz",14)   -> Lass die Sonne
Right("Lass die Sonne in dein Herz",4)   -> Herz
```

Kombinieren Sie die Funktionen *Len()*, *Left()*, *Right()* und *Instr()* für raffinierte Auswertungen:

Makro Nr. 52

```
Sub TextTest()
 Dim strText As String
 strText = "Wochenend und Sonnenschein"
 MsgBox Left(strText, InStr(strText, " "))
End Sub
```

9.11.5 Mid

Holt eine Teilzeichenkette aus einem String. Geben Sie die Position und die Länge an:

```
Mid("Lass die Sonne in dein Herz",10,5)   -> Sonne
```

Makrobeispiel: Adresse analysieren mit Textfunktionen

Das Makro fordert eine Adresse an (oder Einlesen aus Zellen), holt das Länderkennzeichen und gibt die Adresse mit 4- oder 5-stelliger Postleitzahl aus, wahlweise für Österreich oder Deutschland.

Makro Nr. 53

```
Sub PLZTest()
 Dim varAdresse, varLand, varPLZ, varOrt
 ' Adresse anfordern
 varAdresse = InputBox("Adresse:", "Adresse eingeben", "A-1031 Wien")
 ' Länderkennzeichen
 varLand = Left(varAdresse, 1)
 ' Wenn A, dann Österreich, sonst Deutschland
 If varLand = "A" Then
   varLand = "Österreich"
   varPLZ = Mid(varAdresse, 3, 4)
   varOrt = Mid(varAdresse, 8, 200)
 Else
   varLand = "Deutschland"
   varPLZ = Mid(varAdresse, 3, 5)
   varOrt = Mid(varAdresse, 9, 200)
 End If
 MsgBox "Land: " & varLand & vbCr _
    & "PLZ: " & varPLZ & vbCr _
    & "Ort: " & varOrt
End Sub
```

9.11.6 Replace

Die Funktion ersetzt eine Teilzeichenkette in einer anderen Zeichenkette und eignet sich damit prima für »Putzaktionen« von importierten oder benutzerseitig eingegebenen Daten:

```
Replace("Wochenend und Sonnenschein","Wochenend und", "Jeden Tag")
-> Jeden Tag Sonnenschein
```

```
Replace("Wochenend und Sonnenschein","Wochenend und ", "") -> Sonnenschein
```

9.11.7 String

Das ist die Funktion *WIEDERHOLEN()* von Excel: Ein Zeichen wird so oft wiederholt, wie im ersten Argument angegeben:

```
String("A",5)   -> AAAAA
```

So wandeln Sie eine Personalnummer in eine 10-stellige, mit 0 von links aufgefüllte Personalnummer um. Die Länge des Strings errechnet sich aus 10 abzüglich der Länge der Originalnummer:

Makro Nr. 54

```
Sub PersonalNummer10()
 Dim varPersNr, varPersNr10
 varPersNr = InputBox("Bitte Personalnummer eingeben:", "Personalnummer",
"123")
 varPersNr10 = String(10 - Len(varPersNr), "0") & varPersNr
 MsgBox varPersNr10
End Sub
```

9.11.8 Trim

Trim entfernt Leerzeichen vor oder nach einem Textstring:

```
Trim("   ABC   ") & "D"    -> ABCD
```

> **Hinweis**
>
> Achten Sie auf den Unterschied: Die Excel-Funktion *GLÄTTEN()* bzw. die WorksheetFunction *Trim* entfernt auch die überflüssigen Leerzeichen zwischen den Wörtern.

9.12 API-Funktionen

API (Application Programming Interface) hat eigentlich nichts mit Excel zu tun, denn die meisten API-Funktionen, die in Excel-Makros benutzt werden, stammen aus der Windows-API. Windows stellt dem VBA-Programmierer seine internen Funktionen zur Verfügung, und diese sollten natürlich mit größter Sorgfalt benutzt werden, denn schließlich greifen sie ins Betriebssystem ein.

API-Funktionen lassen sich auch nicht mit wenigen Sätzen erklären, sondern erfordern tiefe Kenntnisse über das System.

Finden Sie beim Googeln nach der passenden Prozedur eine API-Funktion, können Sie diese meist unbesorgt in Ihre Codes einbinden, denn APIs lesen in der Regel nur Windows-Informationen aus, ohne etwas am System zu ändern. Hier einige Beispiele:

9.12.1 Rechenzeit

GetTickCount liefert die Anzahl der Millisekunden, die seit dem Start der Prozedur vergangen sind. Deklarieren Sie zuerst die Funktion und schreiben Sie dann ein Makro mit einer Rechenaufgabe. Wenn das richtige Ergebnis eingetragen wird, zeigt eine Meldungsbox die vergangene Zeit an:

Makro Nr. 55

```
Private Declare Function GetTickCount Lib "kernel32" () As Long


Public Sub RechenZeit()
 Dim startzeit As Long, varErgebnis
 startzeit = GetTickCount
eingabe:
 varErgebnis = InputBox("Wie viel ist 12 x 34?", "Rechentest")
 If varErgebnis = "" Then GoTo eingabe
 If Val(varErgebnis) = 408 Then
   MsgBox "Das Ergebnis " & varErgebnis & " ist richtig." _
      & vbCr _
      & "Sie haben " & GetTickCount - startzeit & " Millisekunden
gebraucht"
 Else
   MsgBox "Das Ergebnis " & varErgebnis & " ist falsch" _
      & vbCr _
      & "Sie haben " & GetTickCount - startzeit & " Millisekunden
gebraucht", vbCritical
 End If
End Sub
```

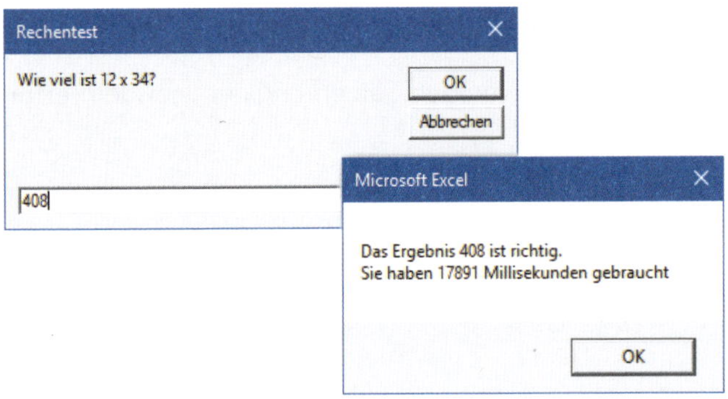

Abbildung 9.3: Das Makro nutzt die API-Funktion GetTickCount zur Berechnung der Rechenzeit

9.12.2 Anwendung aktiv?

Prüfen Sie mit der API-Funktion *FindWindows*, ob ein bestimmtes Programm aktiv ist (*OpusApp* ist der Codename von Word):

Makro Nr. 56

```
Private Declare Function FindWindow Lib "user32" Alias _
"FindWindowA" (ByVal lpClassName As String, ByVal _
lpWindowName As String) As Long

Sub ProgRunTest()
  Dim anwName As String
   anwName = InputBox("Bitte Name der Anwendung eingeben:", "Anwendung
eingeben", "OpusApp")
    If anwName = "" Then Exit Sub
    If FindWindow(vbNullString, anwName) = 0 Then
      MsgBox anwName & " ist nicht aktiv"
    Else
      MsgBox anwName & " ist aktiv"
  End If
End Sub
```

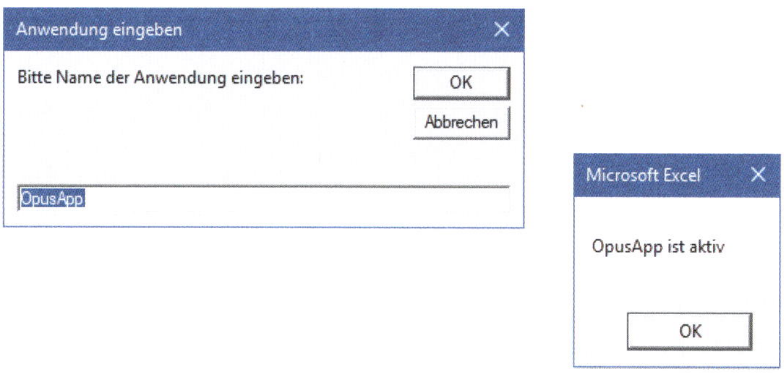

Abbildung 9.4: Prüfen, ob eine Anwendung aktiv ist

9.12.3 Fenstertitel

Die API-Funktion *GetWindowText* liefert den Text, der in der Titelzeile der aktiven Anwendung angezeigt wird.

Makro Nr. 57

```
Declare Function GetActiveWindow Lib "user32" () As Long
Declare Function GetWindowText Lib "user32" _
    Alias "GetWindowTextA" (ByVal hWnd As Long, _
    ByVal lpString As String, ByVal cch As Long) As Long
Sub AktivFensterTitel()
 Dim strCaption As String
 Dim tLaenge As Long
 strCaption = String$(255, vbNullChar)
 tLaenge = Len(strCaption)
 If (GetWindowText(GetActiveWindow, strCaption, tLaenge) > 0) Then
  MsgBox strCaption
 End If
End Sub
```

9.12.4 Bildschirmauflösung

Nützlich für die Programmierung von UserForms: Die API-Funktion *GetSystemMetrics* informiert über die aktuelle Bildschirmauflösung (in Punkten).

Makro Nr. 58

```
Declare Function GetSystemMetrics Lib "user32" (ByVal nIndex As Long) As
Long
Const SM_CXSCREEN As Long = 0
Const SM_CYSCREEN As Long = 1
Sub BildschirmA()
  Dim SHeight, SWidth
  SHeight = GetSystemMetrics(SM_CYSCREEN)
  SWidth = GetSystemMetrics(SM_CXSCREEN)
  MsgBox "Bildschirmauflösung: " _
     & vbCr _
     & SWidth & " x " _
     & SHeight _
     & " Punkte", , "SystemINFO"
End Sub
```

Abbildung 9.5: Bildschirmauflösung mit API-Funktion auslesen

10. Dialogprogrammierung mit UserForms

Makros programmieren heißt immer auch Dialoge führen: Programme interagieren mit dem Benutzer, verlangen Eingaben und Bestätigungen, geben Fehlermeldungen und Warnmeldungen aus. In VBA übernimmt solche Aufgaben die UserForm.

UserForms bilden die Schnittstelle zwischen Makro und Makrobenutzer, bieten Auswahllisten, Optionen, Ankreuzkästchen und Schaltflächen an und verarbeiten Daten, ohne den Benutzer auf dem Bildschirm zu »entlassen«.

Dateneingabeformulare, Hinweise und Warnungen, Fehlermeldungen und Fortschrittsmelder in der Programmsteuerung – das Einsatzspektrum der UserForm deckt alle Ebenen der Kommunikation mit dem Anwender ab.

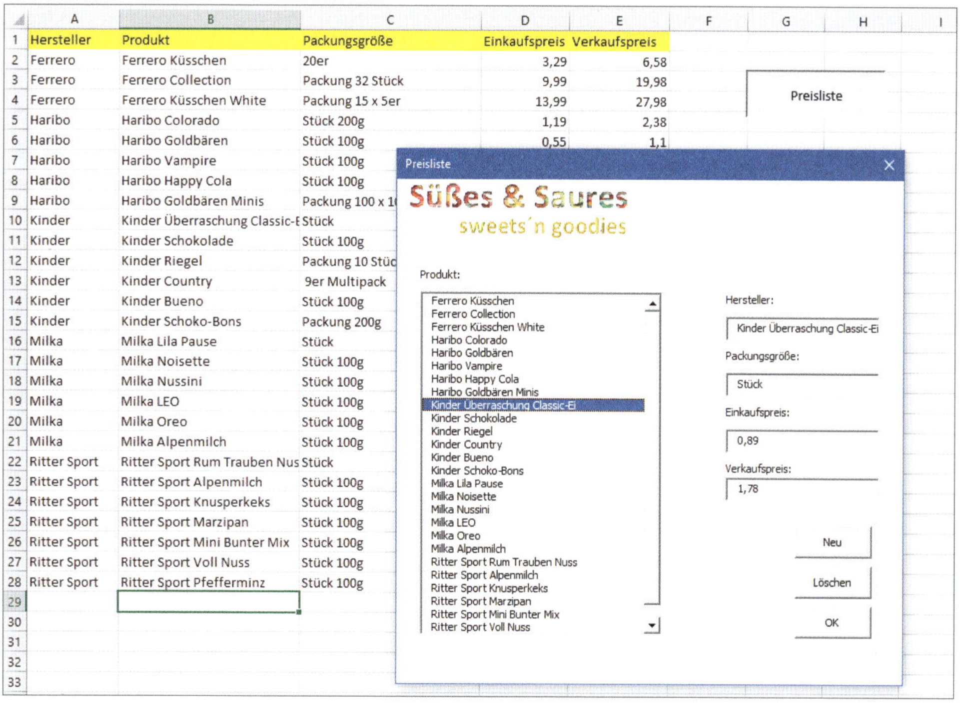

Abbildung 10.1: Dialogsteuerung mit UserForms

Der Vorteil des Dialogs liegt auf der Hand: Benutzer von Makrolösungen bekommen nur die Daten zu sehen, die für sie relevant sind, und arbeiten mit Auswahlmöglichkeiten, die der Programmierer gezielt vorgeben kann.

UserForms sind den Standard-Ein-/Ausgabewerkzeugen Meldungsbox (MsgBox) und InputBox weit überlegen, sie können Eingaben zulassen und verhindern, bieten Schaltflächen, Ankreuzkästchen, Listenfelder und Registerelemente an und lassen sich optimal auf die Anforderungen des Programms abstimmen.

So viel Komfort hat natürlich seinen Preis: UserForms müssen aufwendig gestaltet und programmiert werden. Jede einzelne Schaltfläche erfordert ihr eigenes Makro. Steuerelemente wie Listen und Optionen werden vor dem Aufruf mit aktuellen Werten versorgt und nach Abschluss des Dialogs muss die Auswahl oder Änderung des Benutzers ausgelesen werden, damit das Makro die Daten an Excel liefern oder mit weiteren Anweisungen fortfahren kann.

Aber – kein modernes VBA-Makro wird ohne UserForms auskommen, und kein VBA-Programmierer wird seine Prozeduren noch mit InputBoxen versehen, wenn er UserForms kennt.

Und – wenn Sie ein wenig Übung mit UserForms haben, können Sie Ihrer Kreativität freien Lauf lassen. Bilder, Videos und Weblinks sind nämlich längst Standard für UserForms, das Internet mit allen seinen schillernden Facetten steht bereit für die VBA-Programmierung.

10.1 Eine UserForm einfügen

Legen Sie in einer neuen leeren Arbeitsmappe eine UserForm an, zeichnen Sie eine Schaltfläche ein und bestücken Sie die Schaltfläche mit einem Makro, das die UserForm schließt.

Dann brauchen Sie noch eine Prozedur zum Öffnen der UserForm und ein Objekt auf dem Tabellenblatt, das diese Prozedur startet.

1. Schalten Sie mit Alt+F11 zum VBA-Editor um und wählen Sie *Einfügen/UserForm*.
2. Die UserForm wird im Projekt-Explorer als neues Element *UserForm1, UserForm2* im Ordner *Formulare* angelegt. Dieser Ordner entsteht erst mit der ersten UserForm.
3. Markieren Sie die UserForm im Projekt-Explorer und ändern Sie im Eigenschaftenfenster den Namen (Präfix ist nach den Namenskonventionen *frm*). Geben Sie *frm_Test* ein:

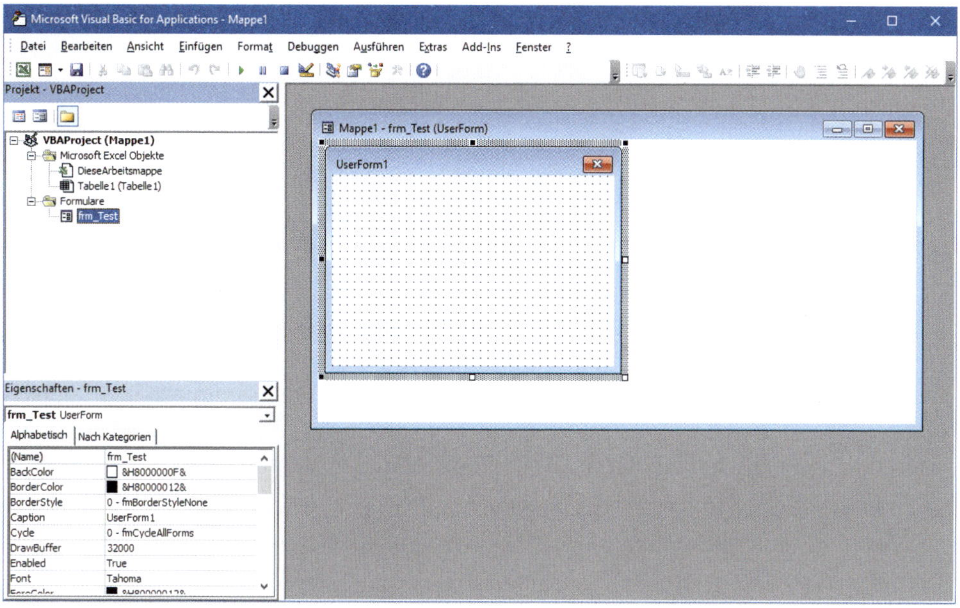

Abbildung 10.2: Eine neue UserForm im Projekt

Um eine UserForm wieder zu entfernen, klicken Sie den Eintrag im Projekt-Explorer mit der rechten Maustaste an und wählen *Entfernen von <UserForm>*. Ein Doppelklick auf den Eintrag im Projekt-Explorer blendet das Fenster mit der UserForm ein.

Klicken Sie auf das Ausführen-Symbol oder drücken Sie F5, um die UserForm im Interpreter zu starten. Aber Achtung! Die UserForm muss markiert sein. Wenn Sie ein Element davon oder einen Eintrag im Projekt-Explorer markiert hatten, erscheint die Makroauswahl. Klicken Sie am besten immer auf die Rasterpunkte der UserForm, wenn Sie diese testen wollen.

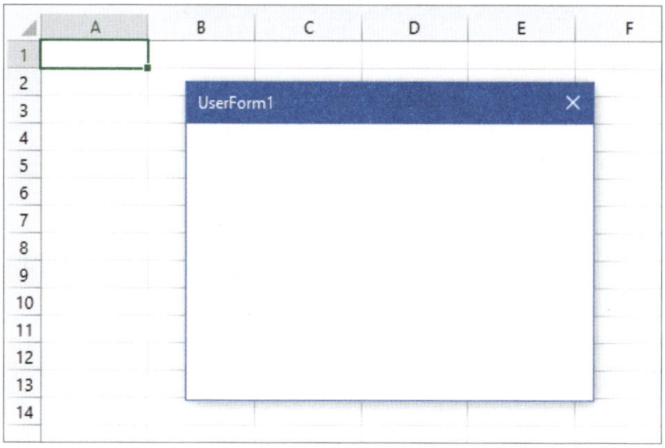

Abbildung 10.3: ... und sie funktioniert schon

10.2 UserForm per Makro starten

Damit die UserForm aus der Excel-Oberfläche heraus gestartet werden kann, legen Sie ein neues Modul an und schreiben eine Startprozedur.

1. Wählen Sie *Einfügen/Modul*. Geben Sie dem Modul über das Eigenschaftenfenster den Namen *modUserFormTest*.
2. Schreiben Sie diese Prozedur:
   ```
   Sub UserFormStart()
    frm_Test.Show
   End Sub
   ```
3. Wechseln Sie zum Excel-Programmfenster und schalten Sie um auf das Register *Entwicklertools*. Wenn dieses Register nicht sichtbar ist, wählen Sie *Datei/Optionen/Menüband anpassen*. Kreuzen Sie das Register in der rechten Liste an.
4. Wählen Sie *Entwicklertools/Steuerelemente/Einfügen*. Klicken Sie auf das Symbol *Schaltfläche* und zeichnen Sie eine Schaltfläche in das Tabellenblatt.
5. Der Dialog *Makro zuweisen* wird angezeigt, markieren Sie den Eintrag *UserFormStart* und bestätigen Sie mit *OK*.
6. Solange die weißen Markierungspunkte rund um die Schaltfläche sichtbar sind, können Sie die Größe und die Beschriftung ändern. Geben Sie als Beschriftung »Meine erste UserForm« ein.
7. Noch ein Klick in das Tabellenblatt und die Schaltfläche ist aktiv. Ein Klick darauf startet die UserForm.

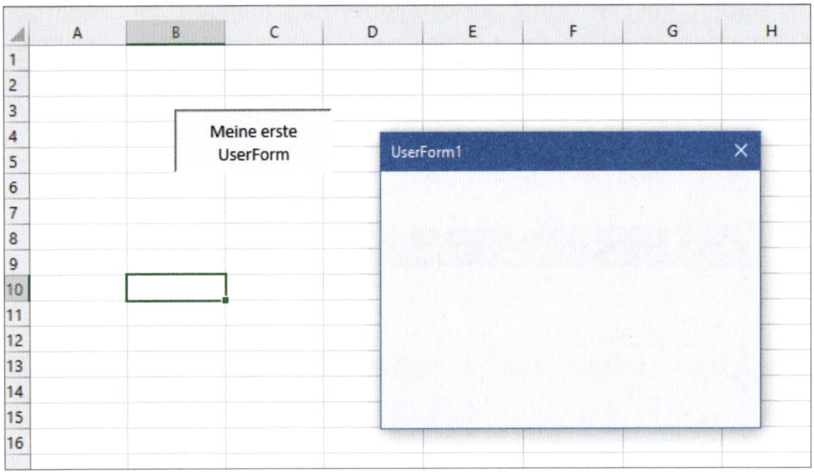

Abbildung 10.4: Jetzt lässt sich die UserForm auch aus dem Excel-Fenster starten

10.2.1 UserForm modal starten

Im Normalfall übernimmt die UserForm nach dem Start die Kontrolle über den Bildschirm, der Anwender hat keine Möglichkeit, in Tabellenblättern zu arbeiten oder die Register des Menübands zu nutzen. Starten Sie eine UserForm modal, können Sie einfach in das Excel-Fenster wechseln und darin arbeiten, während die UserForm auf dem Bildschirm steht.

```
Sub UserFormStart_modal()
 frm_Test.Show vbModeless
End Sub
```

10.3 UserForm und Codeblatt

Jede UserForm hat ihr eigenes Codeblatt, in dem die Makros zur Steuerung des Dialogs angelegt werden. Mit den beiden Schaltflächen links oben am Rand des Projekt-Explorers schalten Sie zwischen dem Codeblatt und der UserForm um, das geht aber auch mit einem Doppelklick in die UserForm. Der VBA-Editor legt mit diesem Doppelklick gleich das erste Ereignismakro für die UserForm an:

```
Private Sub UserForm_Click()
End Sub
```

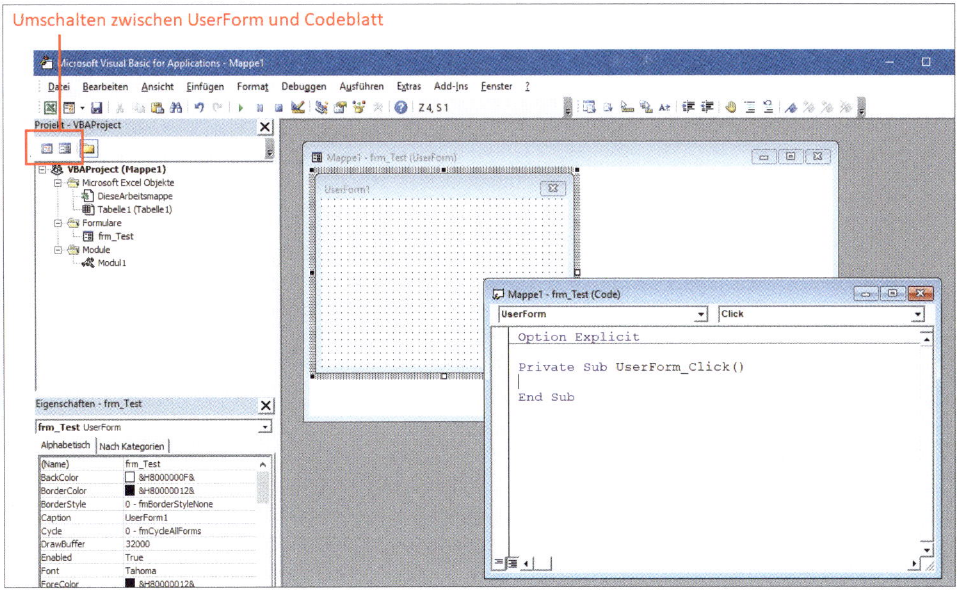

Abbildung 10.5: UserForm und Codeblatt. Mit den Symbolen oder per Doppelklick wird umgeschaltet

Wenn das Codeblatt nicht sichtbar ist, holen Sie es per Klick auf das Symbol oder per Doppelklick auf die UserForm oder eines der Elemente in der UserForm wieder auf den Bildschirm. Mit dem ersten Doppelklick auf ein Element wird das Ereignismakro für das Klick-Ereignis für dieses Element angelegt; wenn bereits ein Ereignis angelegt ist, markiert der Editor dieses beim Umschalten auf das Codeblatt.

Zeichnen Sie über die Toolbox (Werkzeugsammlung) eine Schaltfläche. Klicken Sie diese doppelt an, wird das Codeblatt der UserForm eingeblendet. Schreiben Sie das Makro fertig:

```
Private Sub CommandButton1_Click()
  Unload Me
End Sub
```

Starten Sie die UserForm mit F5. Das geht jetzt aus dem Codeblatt heraus oder bei angezeigter UserForm. Klicken Sie auf die Schaltfläche, wird die UserForm geschlossen. Um die UserForm weiter zu gestalten, klicken Sie doppelt auf den Eintrag im Formulare-Ordner; um die Codes zu bearbeiten, klicken Sie doppelt auf das Element der UserForm oder in die UserForm selbst.

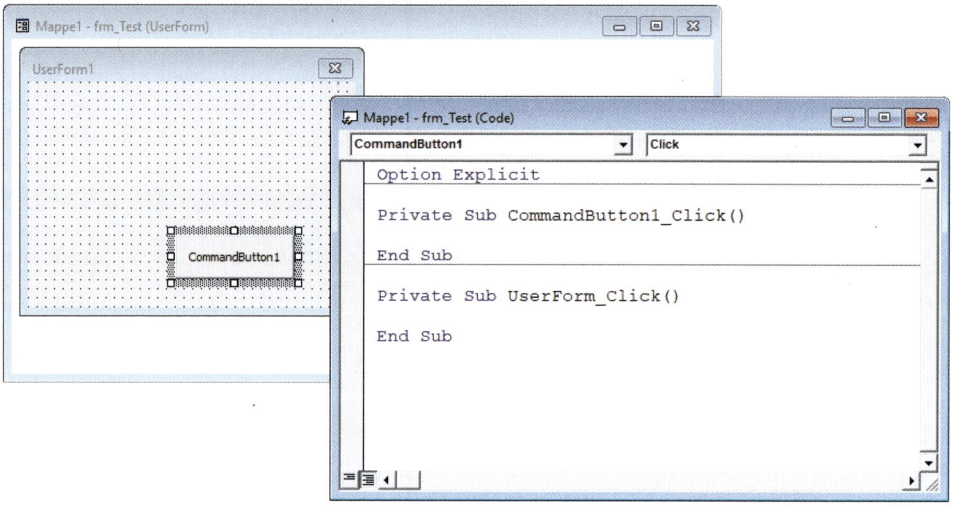

Abbildung 10.6: Die Schaltfläche bekommt auch sofort ihr Makro für das Klick-Ereignis

10.4 Steuerelemente zeichnen

Die in eine UserForm gezeichneten Elemente heißen Steuerelemente. Um ein Steuerelement einzufügen, aktivieren Sie das passende Werkzeug, setzen den Mauszeiger in die UserForm, klicken oder ziehen das Objekt in der gewünschten Größe auf.

Höhe und Breite des neuen Elements werden durch Ziehen der Markierungspunkte geändert, und das Eigenschaftenfenster bietet alle Formatierungen und Inhalte des Elements zur Änderung an, solange dieses markiert ist.

10.4.1 Steuerelemente positionieren und ausrichten

Die UserForm bietet für die Positionierung der Steuerelemente ein Raster an. Der Abstand der Rasterpunkte lässt sich über *Extras/Optionen/Allgemein* einstellen.

Kreuzen Sie die Option *Raster anzeigen* an, ist das Raster aktiv. Wenn Sie die Option deaktivieren, lassen sich alle Elemente frei positionieren. Die Standard-Rastereinheit ist 6 Punkt, geben Sie einen kleineren Wert an, wenn Sie ein dichteres Raster haben wollen.

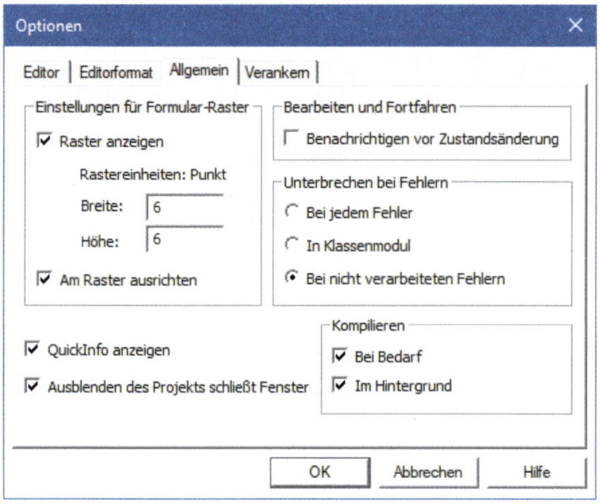

Abbildung 10.7: Passen Sie über die Optionen die Abstände der Rasterpunkte an

Um mehrere Elemente an einer Linie auszurichten, klicken Sie das erste Steuerelement an. Drücken Sie die Strg-Taste und markieren Sie weitere Steuerelemente. Oder ziehen Sie mit gedrückter Maustaste einen Markierungsrahmen über mehrere Steuerelemente.

Das Element, das als einziges noch weiße Markierungspunkte hat, ist das Element, an dem die anderen ausgerichtet werden.

Wählen Sie *Format/Ausrichten* und geben Sie die gewünschte Ausrichtung an. Mit *Links* werden zum Beispiel alle markierten Objekte am linken Rand des Objekts mit den weißen Punkten ausgerichtet. *Am Raster ausrichten* richtet die Objekte am nächstliegenden Rasterpunkt aus.

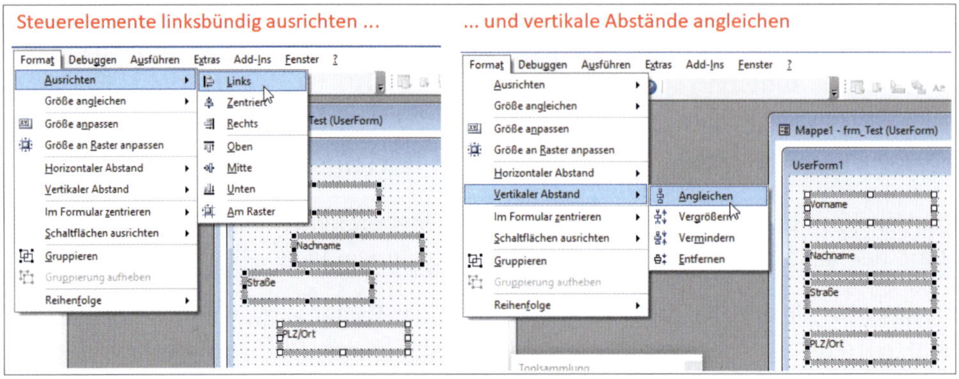

Abbildung 10.8: Steuerelemente ausrichten und Abstände angleichen

Weitere Formatieroptionen für mehrere markierte Elemente:

Menüoption	Erklärung
Format/Größe angleichen	Passt die Höhe und/oder Breite aller Elemente an die Höhe/ Breite des ersten Elements an.
Format/Größe anpassen	Passt Steuerelemente an ihre Standardgröße an. Textfelder werden 3 Rasterpunkte groß. Gilt nicht für alle Werkzeuge.
Format/Größe an Raster anpassen	Passt alle markierten Elemente auf die nächstliegenden Rasterpunkte an.
Format/Horizontaler/ vertikaler Abstand	Verringert oder erhöht den Abstand zwischen den markierten Elementen oder entfernt diesen.
Im Formular zentrieren	Zentriert alle Elemente in der UserForm.
Schaltflächen ausrichten	Gilt nur für Befehlsschaltflächen, richtet diese am unteren linken oder am oberen rechten Rand der UserForm aus.
Gruppieren	Fasst alle markierten Elemente zu einer Gruppe zusammen. Sehr nützlich für Textfelder, bei Optionen aber die Optionsfeldgruppe benutzen.
Reihenfolge	Ordnet übereinanderliegende Elemente so an, dass der Benutzer sie anklicken kann.

10.4.2 Steuerelemente löschen

Markieren Sie das Steuerelement, das Sie löschen wollen, oder ziehen Sie mit gedrückter Maustaste einen Rahmen um mehrere Elemente. Ein Klick mit der rechten Maustaste präsentiert ein Kontextmenü. Wählen Sie *Ausschneiden*, um das markierte

Element in die Zwischenablage zu befördern, oder *Löschen*, um es aus der UserForm zu entfernen. Sie können aber auch einfach die [Entf]-Taste drücken, um alle markierten Elemente zu löschen.

10.5 Die Toolsammlung (Werkzeugsammlung)

Das kleine Fenster mit den Werkzeugen für die Steuerelemente wird nur angezeigt, wenn die UserForm aktiv ist. Falls nicht, klicken Sie auf das gleichnamige Symbol oder wählen Sie *Ansicht/Toolsammlung*.

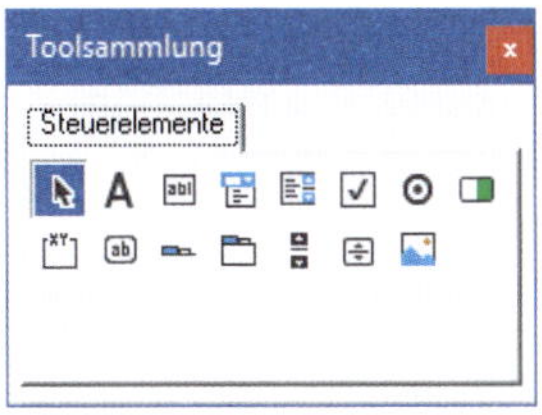

Abbildung 10.9: Die Toolsammlung mit den Zeichenwerkzeugen für die UserForm

Werkzeug	Erklärung
	Das Pfeilsymbol wird zum Markieren der UserForm oder einzelner Elemente gebraucht. Um mehrere Elemente zu markieren, ziehen Sie mit gedrückter Maustaste einen Markierungsrahmen um die Elemente.
	Damit zeichnen Sie Bezeichnungsfelder, meist einfache Beschriftungen für andere Elemente (zum Beispiel die Überschrift über eine Liste oder der Text neben einem Textfeld).
	Dieses Symbol wird für Textfelder benutzt. Textfelder enthalten Daten, die von der UserForm aus dem Tabellenblatt importiert oder vom Benutzer eingegeben werden. Textfelder können Texte und Zahlen enthalten, die UserForm macht bei der Eingabe keine Überprüfung.
	Mit diesem Symbol zeichnen Sie Kombinationsfelder für Drop-down-Listen, die ihren Inhalt über die Eigenschaft *ControlSource* oder (bei Tabellenwerten) aus *RowSource* beziehen. Das Kombinationsfeld zeigt nur einen Eintrag der Liste an, es wird per Klick auf das Pfeilsymbol aufgeklappt.
	Das ist das Symbol für ein Listenfeld. Es hat die gleichen Eigenschaften wie das Kombinationsfeld, bietet aber im Gegensatz zu diesem gleich mehrere Einträge an. Wenn die Liste mehr Einträge enthält, als angezeigt werden können, schaltet sich automatisch die vertikale Rollleiste ein.
	Mit dem Kontrollkästchenwerkzeug zeichnen Sie ein Ankreuzkästchen. Es kann in der Eigenschaft *Value* nur den Wert *True* oder *False* annehmen.

Werkzeug	Erklärung
	Damit zeichnen Sie Optionsfelder und Optionsfeldgruppen. Diese »Radiobuttons« werden zu einer Gruppe zusammengefasst, der Benutzer kann immer nur ein Element der Gruppe aktivieren, die anderen werden automatisch inaktiv.
	Mit diesem Werkzeug zeichnen Sie ein Umschaltfeld (toggle button). Diese Schaltflächen können wie Kontrollkästchen nur den Wert *True* oder *False* annehmen. Das Symbol erscheint eingerastet, wenn es den Wert *True* hat.
	Die Befehlsschaltfläche ist die Standard-Schaltfläche für die Steuerung der UserForms. Befehlsschaltflächen werden über Ereignisprozeduren gesteuert, ein Klick auf die Schaltfläche löst das Ereignis aus. Der angezeigte Text wird über die Eigenschaft *Caption* festgelegt. Wenn Sie ihn direkt in die Schaltfläche schreiben wollen, klicken Sie diese (langsam) an.
	Dieser Optionsfeldrahmen verbindet Optionsfelder, die zusammengehören, zu einer Gruppe. Gehören Optionsfelder zu einer Gruppe, kann nur eines davon den Status Aktiviert (*True*) annehmen, die anderen werden automatisch *False*.
	Das Register-Werkzeug bietet die Möglichkeit, Informationen auf mehreren Seiten anzubieten. Um Seiten einzufügen, zu löschen oder umzubenennen, markieren Sie das Element und aktivieren mit der rechten Maustaste das Kontextmenü.
	Das Multiseiten-Element bietet ebenfalls mehrere Register an. Im Unterschied zum Registerwerkzeug sind jeweils nur die Elemente des aktiven Registers sichtbar, wenn in den Registern geblättert wird.
	Die Bildlaufleiste steuert den Wert einer Zelle oder eines Textfelds oder die Inhalte anderer Steuerelemente.
	Das Drehfeld (spin button) erhöht oder verringert mit jedem Klick seinen Anfangswert. Dieser wird in den Eigenschaften oder beim Start der UserForm festgelegt. Ein Klick löst mehrere Ereignisse aus (*SpinButton_Change, SpinButton_Up, SpinButton_Down*).
	Das ist das Werkzeug für die Anzeige von Bildern und grafischen Objekten. Der Name der Bilddatei wird in der Eigenschaft *Picture* eingetragen.
	*RefEdit*-Felder sind Texteingabefelder, die für Zellbezüge reserviert sind. Im Unterschied zum normalen Textfeld wird hier ein Bezug (z. B. *=$A$1*) eingetragen.

10.5.1 Zusätzliche Steuerelemente

Die Option *Zusätzliche Steuerelemente* im Kontextmenü der Toolbox präsentiert eine Liste mit ActiveX-Elementen aus dem Component Object Model (COM). Diese Elemente sind für fortgeschrittene Programmierer, die mit Visual Studio vertraut sind. Excel liefert keine Beschreibungen zu den Elementen. Einige geben ihre Funktion preis, wenn das mit dem Werkzeug gezeichnete Element programmiert wird.

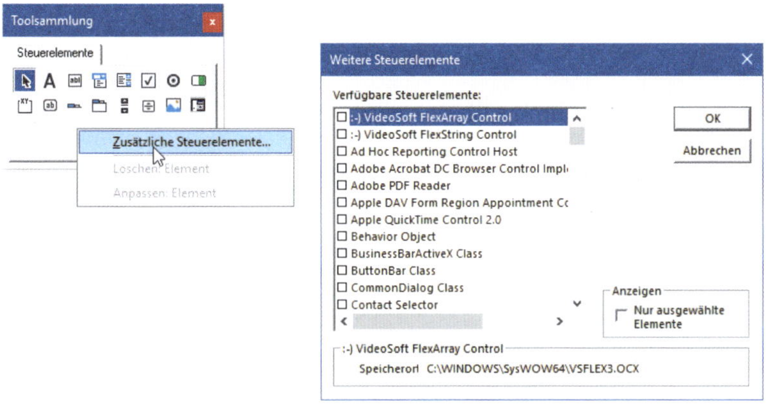

Abbildung 10.10: Zusätzliche Steuerelemente in der Toolsammlung

1. Klicken Sie mit der rechten Maustaste in die Toolsammlung und wählen Sie *Zusätzliche Steuerelemente*.
2. Kreuzen Sie das Werkzeug an und bestätigen Sie mit *OK*. Das Werkzeug wird in der Toolsammlung angezeigt.
3. Wenn Sie unter *Weitere Steuerelemente Anzeigen/Nur ausgewählte Elemente* anklicken, sehen Sie, dass alle Standardwerkzeuge der Toolsammlung aus der Microsoft-Forms-Bibliothek stammen. Markieren Sie ein Werkzeug in der Liste, wird die Bibliothek, aus der dieses Werkzeug bezogen wird, am unteren Rand angezeigt. Das ist in der Regel eine OCX-Datei oder eine DLL.

> **Hinweis**
>
> Die meisten Tools aus dieser Sammlung funktionieren nicht unter Excel, weil sie für Visual Studio konzipiert sind oder weil die Bibliothek nicht verfügbar ist. Viele ActiveX-Elemente sind auch nur benutzbar, wenn eine gültige Lizenz vorliegt. Für den Programmierer besteht die Gefahr, dass er ActiveX-Steuerelemente benutzt, die beim Endanwender nicht funktionieren. Beschränken Sie sich deshalb auf das Standard-Angebot und verwenden Sie ActiveX-Elemente nur, wenn sichergestellt ist, dass der Anwender für diese auch die Lizenz hat und die passende Bibliothek installiert ist.

Hier eine Liste nützlicher zusätzlicher Steuerelemente (Beispiele finden Sie im folgenden Abschnitt »UserForm gestalten«):

Steuerelement	Beschreibung
Microsoft Slider Control	Ein Schieberegler. Maximalwert und Reglerintervall können über die Eigenschaft eingestellt oder per Ereignismakros programmiert werden.
Microsoft Progress Bar	Ein Fortschrittsbalken. Kann wahlweise horizontal oder vertikal ausgerichtet sein. Wird per Ereignismakro gesteuert.
Microsoft Web Browser	Ein Browserfenster für die UserForm. Lässt sich mit einer Internetadresse bestücken und zeigt den Inhalt der Webseite an.

10.6 UserForm gestalten

Eine UserForm sollte für den Benutzer nützlich und praktisch sein und nebenbei auch noch gut aussehen. Um eine gute UserForm anzulegen, sollten Sie alle Tools kennen, denn was Sie nicht kennen, werden Sie nicht anwenden, und wenn Sie auf ein nicht geeignetes Werkzeug oder eine umständliche Technik ausweichen, wird es eben keine gute UserForm (abgesehen davon, dass Sie nur mehr Arbeit haben).

Abbildung 10.11: So nicht: UserForms sind keine Zirkusplakate

Ebenso wichtig wie das Beherrschen aller Tools ist die Einhaltung der Gestaltungsregeln. UserForms dürfen nicht einfach nach Belieben gezeichnet und gestaltet werden. Der persönliche Geschmack muss hintanstehen, eigene Vorlieben für Farben,

Schriftarten, Größenverhältnisse von Beschriftungen, Schaltflächen und Eingabefeldern sollten nicht gelten. UserForms sind keine Zirkusplakate, und wenn Sie die Gestaltungsregeln nicht einhalten, machen Sie keinen guten Job. Ihre Makros können noch so genial sein – wenn die Oberfläche nicht stimmig ist, werden Sie keinen Erfolg haben.

10.6.1 UserForm-Knigge – Gestaltungsregeln für Benutzerdialoge

Form follows function

Eine alte, aber bewährte Gestaltungsregel aus Design und Architektur. Die Formatierung muss einen Zweck haben. Verzichten Sie auf Ornamente und schmückendes Beiwerk, es kostet nur Zeit und macht Arbeit.

Keine Zirkusplakate

Verwenden Sie nur eine Schrift und einen Schriftschnitt, keine unterschiedlichen Farben, keine varianten Schriftgrößen und gehen Sie sehr sparsam mit Hervorhebungen um. Machen Sie zum Beispiel alle Textelemente auf der UserForm fett, haben Sie die Chance vertan, ein wichtiges Element per Fettdruck hervorzuheben. Setzen Sie Farben sehr spärlich ein und nur, wenn es unbedingt sein muss. Farbe macht Dialoge unlesbar.

Der Wurm muss dem Fisch schmecken, nicht dem Angler

Programmieren und gestalten Sie für den Benutzer (den Kunden, das Team ...), nicht nach Ihrem Geschmacksempfinden (sei es auch noch so gut). Gestalten Sie mit Ihrem Know-how, aber nach den Wünschen des Anwenders.

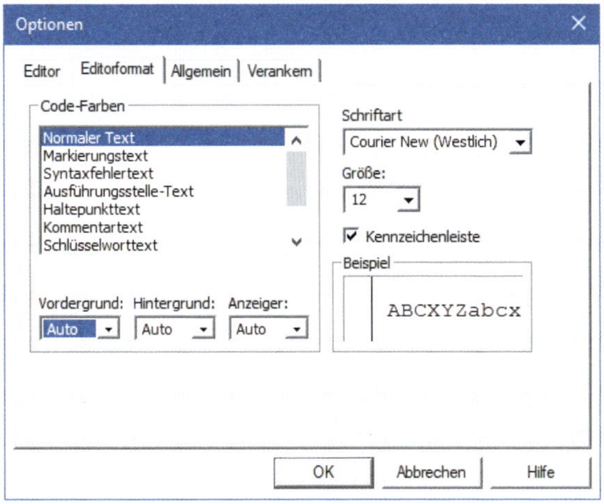

Abbildung 10.12: So werden UserForms gestaltet: einheitlich in Schrift und Farbe, kein Schnickschnack

Vorbild Microsoft-Dialoge

Sehen Sie sich die Dialoge in Excel oder in allen anderen Windows-Programmen an. Da gibt es keine zweite Schriftart und keine Schriftauszeichnungen. Alle Texte sind gleich groß, haben die gleiche Farbe und die gleiche Schrift.

10.6.2 Checkliste: Allgemeine Regeln für UserForms

Überprüfen Sie, ob Sie die wichtigsten Gestaltungsregeln für die UserForm und ihre Steuerelemente eingehalten haben:

Ist die UserForm korrekt benannt (mit Präfix *frm*)? Haben alle Elemente eine korrekte, den Namenskonventionen entsprechenden Bezeichnung (z. B. *cmd_OK*, *optButton1* ...)?	☐
Sind alle Elemente korrekt (linksbündig) ausgerichtet?	☐
Haben alle Elemente gleichen Typs die gleiche Höhe und Breite und den gleichen Abstand?	☐
Ist die UserForm überladen oder übersichtlich? Wenn sie zu viele Elemente hat, verteilen Sie diese auf mehrere Register in einem Multiseiten-Element oder auf mehrere UserForms.	☐
Sind zusammengehörende Elemente in Gruppen zusammengefasst? Rahmen um Elementgruppen sind erlaubt und zu empfehlen.	☐
Stimmt die Aktivierreihenfolge (besonders für Textfelder)? Testen Sie mit der ⭾-Taste.	☐
Passt die UserForm auch bei geringerer Bildschirmauflösung auf den Bildschirm? Bei Präsentationen muss Windows für den Projektor häufig auf eine niedrige Auflösung (maximal 800 x 600) schalten.	☐

10.6.3 Eigenschaften der UserForm

Das Raster der UserForm bestimmen Sie unter *Extras/Optionen* auf der Registerkarte *Allgemein*. Die Größe der Box ändern Sie durch Ziehen der Markierungspunkte im angeklickten Objekt. Alle anderen Formatierungen und Inhalte der UserForm weisen Sie über das Eigenschaftenfenster zu. Hier einige wichtige Eigenschaften der UserForm:

Eigenschaft	Formatierung
`Caption`	Legt den Text fest, der in der Titelzeile angezeigt wird
`Font`	Definiert Schriftart, Farbe und Schriftgröße für alle neuen Elemente

Eigenschaft	Formatierung
`BackColor`	Legt die Hintergrundfarbe fest
`Width, Height`	Breite und Höhe
`StartUpPosition`	Position nach dem Start (Fenstermitte)

Mit der Eigenschaft *Caption* fixieren Sie eine statische Überschrift für die UserForm. Nutzen Sie das *Initialize*-Ereignis, um die Überschrift dynamisch zu gestalten. So beschriften Sie die Titelzeile der UserForm mit dem Makronamen und einem Copyright-Hinweis mit der aktuellen Jahreszahl:

1. Klicken Sie doppelt in die UserForm. Das Codeblatt wird aktiv, das Makro für das Klick-Ereignis ist bereits angelegt.
2. Wechseln Sie rechts oben auf das Ereignis *Initialize*. Ergänzen Sie das neue Makro:
```
Private Sub UserForm_Initialize()
 Me.Caption = "Testmakro © " & Year(Date) & " Ignatz Schels"
End Sub
```
3. Löschen Sie das Klick-Makro und testen Sie die UserForm mit F5.

Abbildung 10.13: Überschrift (Caption) der UserForm, mit dem Initialize-Ereignis gesetzt

> **Tipp**
> Für das Copyright-Zeichen © halten Sie die Alt-Taste gedrückt und schreiben rechts auf dem Zahlenblock die Ziffern 0169. Wer keinen Zahlenblock hat, kopiert es mit *Einfügen/Symbole/Symbol* aus dem Excel-Programmfenster.

10.7 Steuerelemente anlegen, kopieren und positionieren

Arbeiten Sie nach dem Vorlagenprinzip wie die Photoshop-Designer: Legen Sie sich von jedem Elementtyp ein Grundelement an und kopieren Sie dieses, so oft Sie es brauchen. Damit haben die Elemente automatisch eine einheitliche Größe und Formatierung.

- Zeichnen Sie das Element über die Toolsammlung in die UserForm. Formatieren Sie es über die Eigenschaften im Eigenschaftenfenster.
- Halten Sie die Strg-Taste gedrückt und ziehen Sie das Element, um eine Kopie zu erzeugen. Das funktioniert auch, wenn mehrere Elemente markiert sind.
- Beschriften Sie die Schaltflächen und die Beschriftungsfelder und richten Sie die Steuerelemente vertikal linksbündig aus. Achten Sie auf gleiche Abstände.
- Arbeiten Sie mit den Eigenschaften im Eigenschaftenfenster. Hier können Sie Ihre Steuerelemente ganz exakt ausrichten und die Größen angleichen:

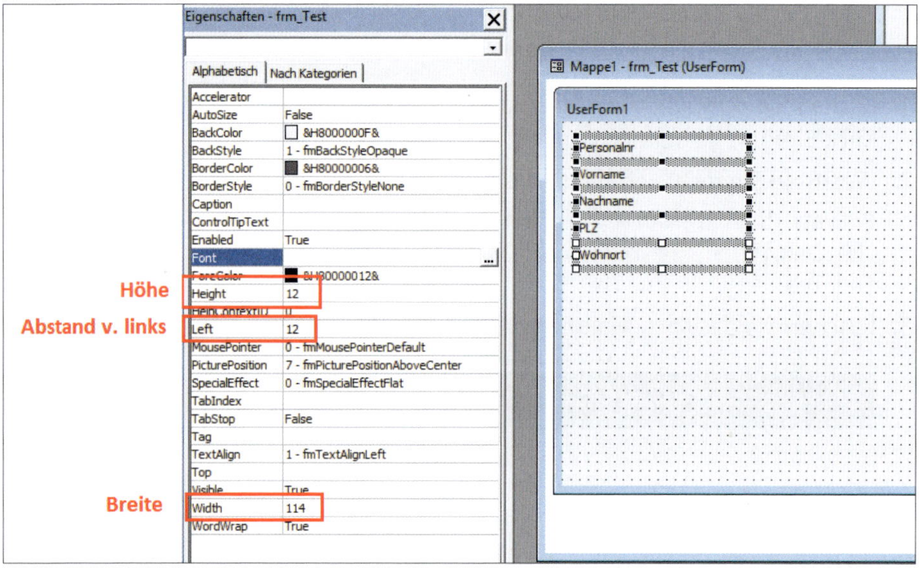

Abbildung 10.14: Mit dem Eigenschaftenfenster arbeiten

10.8 Eigenschaften der Steuerelemente

Zeichnen Sie ein Steuerelement in die UserForm oder markieren Sie ein Element, zeigt das Eigenschaftenfenster, welche Eigenschaften zur Auswahl stehen. Sie können diese Eigenschaften fixieren oder über Ereignismakros programmieren.

Diese Eigenschaften gelten für alle Typen:

Eigenschaft	Formatierung
`Caption`	Legt den Text fest, der in der Titelzeile angezeigt wird
`ControlTipText`	Hilfetext beim Zeigen mit dem Mauszeiger

Eigenschaft	Formatierung
`Enabled`	*True*, wenn Bearbeitung erlaubt
`Font`	Definiert Schriftart, Farbe und Schriftgröße für alle neuen Elemente
`BackColor, ForeColor`	Hintergrundfarbe und Vordergrundfarbe
`BackStyle`	Hintergrund transparent oder gefüllt
`Left, Top`	Abstand von links und oben
`Width, Height`	Breite und Höhe
`StartUpPosition`	Position nach dem Start (Fenstermitte)
`Visible`	*True* = Sichtbar
`SpecialEffects`	Randlinien mit oder ohne Schatten bei Listenfeldern und Textfeldern

Neben diesen Eigenschaften stehen für die einzelnen Werkzeuge individuelle Einträge zur Verfügung. Was diese bedeuten oder bewirken, können Sie in der VBA-Hilfe lesen. Markieren Sie dazu die Eigenschaft im Eigenschaftenfenster und drücken Sie F1 für die Hilfe.

10.9 Steuerelemente benennen

Grafische Objekte auf der UserForm sollten auf keinen Fall den Namen behalten, den ihnen der VBA-Editor beim Anlegen automatisch zuweist. Je komplexer die UserForm wird, desto schwieriger wird es, Elemente wie *OptionButton1*, *CommandButton5* oder *Label17* zu identifizieren.

Und die nachträgliche Benennung hat einen schweren Nachteil: Alle Ereignismakros beziehen sich auf den ursprünglichen Namen, weil dieser Bestandteil des Makronamens wird. Ändern Sie diesen nachher, funktionieren die Makros nicht mehr.

Ein Beispiel: Die Schaltfläche *CommandButton1* bekommt ein Ereignismakro mit dem Klick-Ereignis zugewiesen:

```
Sub CommandButton1_Klick
  Unload Me
End Sub
```

Entschließen Sie sich später, das Element umzubenennen in *cmd_OK*, funktioniert das Makro nicht mehr, es müsste nämlich jetzt so aussehen:

```
Sub cmd_OK_Klick
  Unload Me
End Sub
```

Verwenden Sie für die Benennung von Schaltflächen immer das passende Präfix. Der Name selbst ist frei wählbar, ein Unterstrich anstelle des (nicht erlaubten) Leerzeichens ist empfehlenswert, muss aber nicht sein. Arbeiten Sie aber immer auch mit großen Anfangsbuchstaben (Camel Notation), das macht die Namen besser lesbar. Und ob deutschsprachig oder englischsprachig oder eine bunte Mischung – das bleibt Ihnen überlassen (englische Begriffe sehen ein wenig professioneller aus).

Steuerelement	Techn. Name	Kürzel	Beispiel
UserForm	Form	frm	frm_Personal
Kontrollkästchen	Check Box	chk	chk_Print
Kombinationsfeld	ComboBox	cbo	cbo_CheckStatus
Befehlsschaltfläche	Command Button	cmd	cmd_Cancel
Rahmen	Frame	fra	fra_Addresses
Horizontaler Schieberegler	Horizontal Scroll Bar	hsb	hsb_Volumen
Vertikaler Schieberegler	Vertical Scroll Bar	vsb	vsb_Tempomat
Anzeige (Bild)	Image	img	img_Photo
Bezeichnungsfeld	Label	lbl	lbl_Name
Listenfeld	List Box	lst	lst_Countries
Optionsfeld	Options Button	opt	opt_Color
Textfeld	Text Box	txt	txt_Input

10.10 UserForm-Ereignisse

Mit der Gestaltung der UserForm und der Auswahl passender Steuerelemente haben Sie zwar einen großen Schritt in Richtung objektorientierter Programmierung geschafft, aber das ist nur die halbe Miete. UserForms und ihre Elemente werden über Ereignismakros gesteuert. Viele Ereignisse sind wie die Eigenschaften für mehrere Steuerelementtypen zuständig, jeder Steuerelementtyp hat aber wieder seine ganz spezifischen Ereignisse.

Die UserForm-Ereignisse sehen Sie, wenn Sie doppelt in die UserForm klicken oder auf das Codeblatt umschalten und in der Liste links oben den Eintrag *UserForm* wählen. Öffnen Sie die Liste rechts und sehen Sie sich die Ereignisse an. Mit dem Klick auf ein Ereignis wird das Makro angelegt. Ereignisse, für die bereits ein Makro existiert, sind fett gedruckt; markieren Sie diese, um den Cursor in das Makro zu setzen.

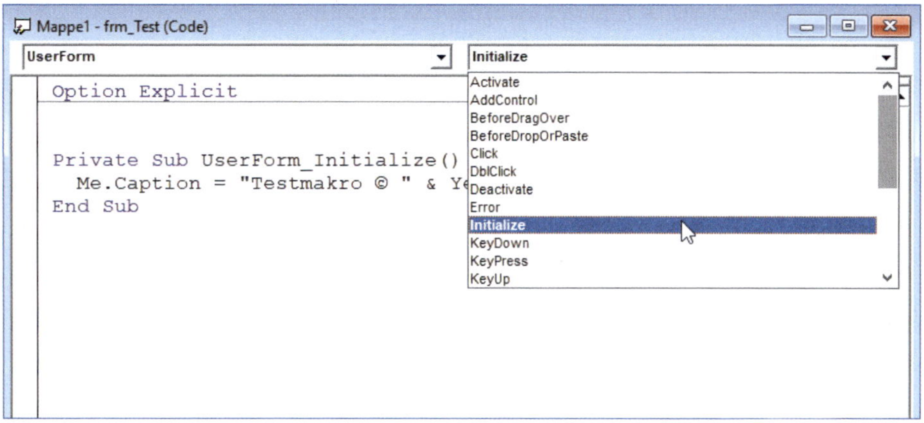

Abbildung 10.15: UserForm-Ereignisse im Codeblatt

10.10.1 Initialize

Dieses Ereignis werden Sie mit Sicherheit in jeder UserForm verwenden. Es bereitet die UserForm vor, holt Daten in die Steuerelemente, formatiert Elemente oder löscht Inhalte. Das Ereignis wird ausgeführt, bevor die UserForm auf dem Bildschirm sichtbar wird.

```
Private Sub UserForm_Initialize()
End Sub
```

Mit dem *Initialize*-Ereignis gibt es zwei Möglichkeiten, eine UserForm vor dem Start zu formatieren oder mit Daten zu füllen. Entscheiden Sie, welche besser ist:

Makrobeispiel: Monatsliste füllen

1. Legen Sie eine neue UserForm mit dem Namen *frm_Monate* an.
2. Zeichnen Sie ein Listenfeld ein und geben Sie diesem den Namen *lst_Monate*.
3. Legen Sie ein Modul an und schreiben Sie dieses Makro, das die Monatsnamen von Januar bis Dezember in das Listenfeld der UserForm schreibt und diese schließlich mit der Methode *.Show* öffnet.

Makro Nr. 59

```
Sub MonateFuellen()
 Dim i As Byte
 With frm_Monate
  For i = 1 To 12
   .lst_Monate.AddItem MonthName(i)
  Next i
 .Show
End With
End Sub
```

Schreiben Sie alternativ dazu im Codeblatt der UserForm das *Initialize*-Makro, das die Monatsnamen in die Liste schreibt:

```
Private Sub UserForm_Initialize()
 Dim i As Byte
 With Me.lst_Monate
  For i = 1 To 12
   .AddItem MonthName(i)
  Next i
 End With
End Sub
```

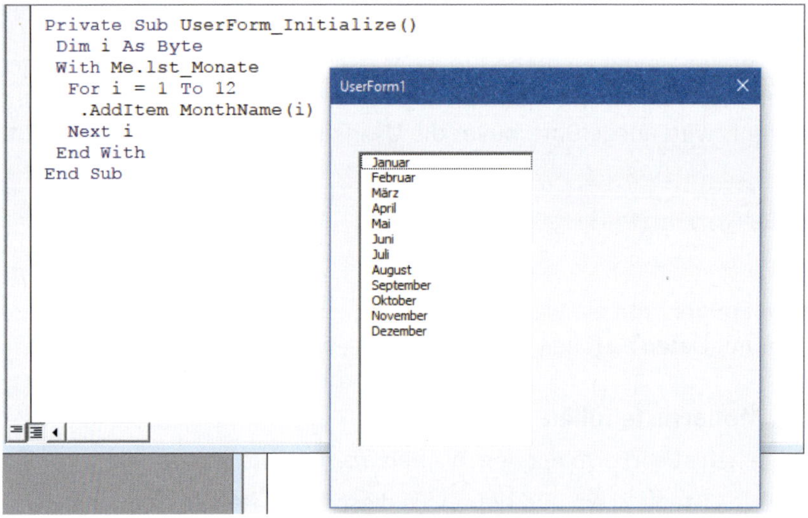

Abbildung 10.16: Mit Initialize eine Monatsliste füllen

Welche Methode Sie benutzen, bleibt Ihnen überlassen. Mit dem *Initialize*-Ereignis können Sie die UserForm unabhängig von externen Modulmakros testen. Hat dieses aber die Aufgabe, Daten zu importieren oder für den Dialog aufzubereiten, wählen Sie die Variante mit der Startmethode *.Show*.

Makrobeispiel: Personalverwaltung – UserForm mit Eingabefeldern und Initialize

Sie bekommen die Aufgabe, einen Eingabe- und Verwaltungsdialog für Personaldaten in einem Excel-Tabellenblatt zu programmieren. Die Datenbasis ist eine Liste, die User-Form wird die Daten aus dieser Liste zur Bearbeitung anbieten und dem Anwender die Möglichkeit geben, neue Datensätze zu erfassen oder Datensätze zu löschen.

1. Tragen Sie in ein Tabellenblatt mit der Bezeichnung *Mitarbeiter* diese Daten ein:
   ```
   A1: PersonalNr
   B1: Vorname
   C1: Nachname
   D1: Abteilung
   ```
2. Geben Sie ein paar Datensätze ein.

	A	B	C	D
1	**PersonalNr**	**Vorname**	**Nachname**	**Abteilung**
2	10-100	Abrecht	Eugen	Einkauf
3	10-101	Ament	Erwin	Entwicklung
4	10-102	Bartsch	Alfred	Produktion
5	10-103	Beuttenmüller	Ewald	Controlling
6	10-104	Biedermann	Duane	Produktion
7	10-105	Bley	Armin	Verkauf
8	10-106	Bock	Werner	Service
9	10-107	Cernjevic	Werner	Marketing
10	10-108	Clauß	Wolfgang	Produktion
11	10-109	Cotta	Wolfgang	Service
12	10-110	Decker	Helmut	Produktion

Mitarbeiter

Abbildung 10.17: Mitarbeiterliste mit vier Datenfeldern

3. Legen Sie eine UserForm mit vier beschrifteten Textfeldern an. Geben Sie den Textfeldern und der UserForm passende Namen.

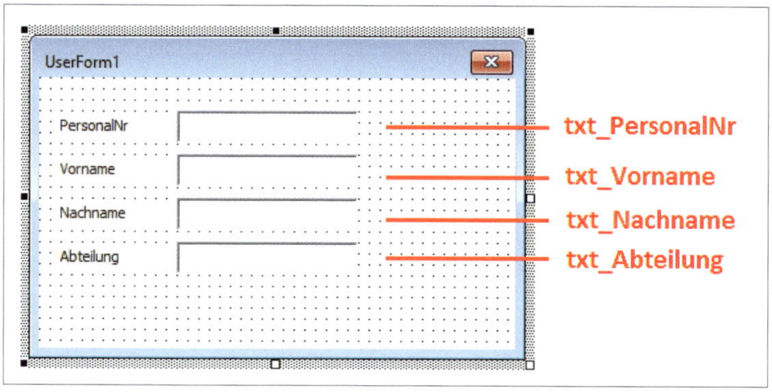

Abbildung 10.18: Die Textfelder in der UserForm erhalten Namen

4. Wechseln Sie in das Codeblatt der UserForm und suchen Sie das Ereignis *Initialize*. Schreiben Sie dieses Makro, das Objektvariablen für die Mappe und das Tabellenblatt anlegt und das Tabellenblatt aktiviert. Mit der letzten Anweisung wird noch die Titelzeile der UserForm passend beschriftet.

```
Private Sub UserForm_Initialize()
  Dim wb As Workbook, shPersonal As Worksheet
  Set wb = ThisWorkbook
  Set shPersonal = wb.Sheets("Mitarbeiter")
  shPersonal.Select
  Me.Caption = "Personalverwaltung © " & Year(Date) & " Ignatz Schels"
End Sub
```

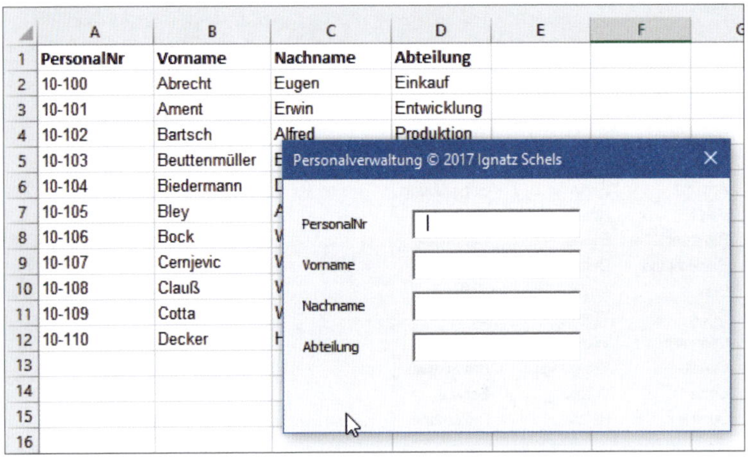

Abbildung 10.19: Die UserForm zeigt nach dem Start eine personalisierte Titelzeile

10.10.2 QueryClose

Dieses Ereignis tritt ein, bevor die UserForm geschlossen wird.

```
Sub UserForm_QueryClose(cancel as Integer, closemode as Integer)
End Sub
```

Das Argument *Cancel* enthält standardmäßig den Wert 0, womit die UserForm ohne Rückfrage geschlossen wird. Wollen Sie verhindern, dass die UserForm geschlossen wird, setzen Sie den Wert per Makro auf einen anderen Wert (1).

Mit dem zweiten Argument können Sie die Ursache des Ereignisses feststellen:

Wert	Konstante	Beschreibung
0	vbFormControlMenu	Der Benutzer hat den Befehl *Schließen* aus dem Menü *Steuerung* auf der UserForm ausgewählt.
1	vbFormCode	Die Unload-Anweisung wurde über den Code aufgerufen.
2	vbAppWindows	Die aktuelle Windows-Sitzung wird beendet.
3	vbAppTaskManager	Die Anwendung wird vom Windows-Task-Manager geschlossen.

Mit *QueryClose* lässt sich zum Beispiel verhindern, dass die UserForm mit dem Schließen-Kästchen rechts oben geschlossen wird.

Aber Achtung! Nur ausprobieren, wenn eine Schaltfläche verfügbar ist, mit der die UserForm geschlossen werden kann!

```
Private Sub UserForm_QueryClose(Cancel As Integer, CloseMode As Integer)
  If CloseMode <> 1 Then Cancel = True
Me.Caption = "Bitte die Schaltfläche <Schließen> verwenden!"
End Sub
```

10.10.3 Activate

Dieses Ereignis tritt ein, wenn das Objekt (die UserForm) zum aktiven Fenster wird. Das Intialize-Ereignis hat Vorrang, erst wenn dieses abgearbeitet ist, kommt Activate ins Spiel. Activate wird ausgelöst mit der Anweisung

```
UserForm.Show
```

oder

```
UserForm.UnHide
```

10.11 Steuerelemente-Ereignisse

Die Elemente einer UserForm werden vor dem Start mit dem *Initialize*-Ereignis formatiert oder mit Daten versehen. Die vom Benutzer oder aus externen Objekten ausgelösten Ereignisse programmieren Sie im Codeblatt. Suchen Sie den Namen des Elements in der linken Liste und öffnen Sie die rechte Liste für die Ereignisse.

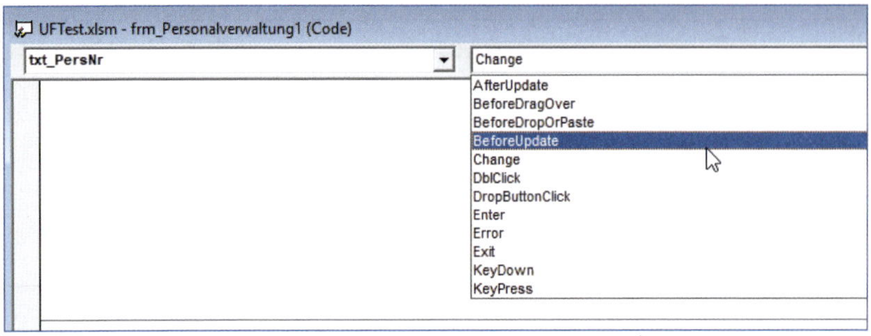

Abbildung 10.20: Die Ereignisse des Steuerelements, hier das Textfeld txt_PersNr

> **Tipp**
> Klicken Sie das Element im Entwurf der UserForm doppelt an, erhalten Sie automatisch das Codeblatt und ein neues Makro für das Klick-Ereignis.

10.11.1 Schaltflächen

Schaltflächen werden zur Steuerung der UserForm benutzt, hauptsächlich, um ein Formular zu schließen oder zu einem anderen Formular zu wechseln. Das wichtigste Ereignis für Schaltflächen ist natürlich das Klick-Ereignis. Mit *MouseMove* programmieren Sie Makros, die beim Ansteuern der Schaltfläche per Mauszeiger aktiv werden.

Makrobeispiel Personalverwaltung – Schaltflächen

Programmieren Sie in der UserForm für die Personalverwaltung die Schaltflächen für die Verwaltung der Datensätze. Zeichnen Sie die Schaltflächen ein und schreiben Sie im Codeblatt der UserForm die Makros für das Klick-Ereignis.

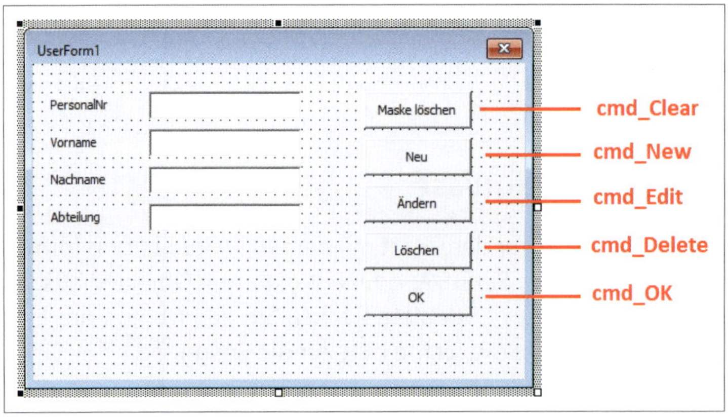

Abbildung 10.21: Schaltflächen für das Personalverwaltungsformular

Aktivieren Sie das Codeblatt der UserForm. Schreiben Sie zunächst diese Funktion, die einen Datensatz aus dem Tabellenblatt in die UserForm holt.

Als Funktionsargument wird die aktive Zelle übergeben:

Makro Nr. 60

```
Function WriteData(intRow)
 With Me
  Cells(intRow, 1).Select
  Cells(intRow, 1) = .txt_PersNr
  Cells(intRow, 2) = .txt_Vorname
  Cells(intRow, 3) = .txt_Nachname
  Cells(intRow, 4) = .txt_Abteilung
 End With
End Function
```

Jetzt können Sie die benannten Schaltflächen ausprogrammieren. Beginnen Sie mit den Klick-Ereignis-Makros.

Beschreibung	Bild	Makro

Name: *cmd_Clear*
Caption: *Maske löschen*
Zweck: alle Eingabefelder löschen
		`Private Sub cmd_Clear_Click()`
		` ' Maske löschen`
		` Dim varCtrl`
		` ' Alle Elemente vom Typ "TextBox" löschen`
		` For Each varCtrl In Me.Controls`
		`  If TypeName(varCtrl) = "TextBox" Then`
		`varCtrl.Value = ""`
		` Next varCtrl`
		` ' Fokus auf das erste Textfeld setzen`
		` Me.txt_PersNr.SetFocus`
		`End Sub`

Name: *cmd_New*
Caption: *Neu*
Zweck: Inhalt der Textfelder als neuen Datensatz schreiben
		`Private Sub cmd_New_Click()`
		` ' Neuen Mitarbeiter anlegen`
		` Dim intNextNew As Integer`
		` intNextNew = ActiveSheet.Range("$A$1").`
		`CurrentRegion.Rows.Count + 1`
		` ' Zellzeiger setzen`
		` Cells(intNextNew, 1).Select`
		` Call WriteData(intNextNew)`
		` ' Maske löschen, Zellzeiger in die nächste`
		`Zelle`
		` Call cmd_Clear_Click`
		`End Sub`

Beschreibung	Bild	Makro

Name: *cmd_Edit*
Caption: *Ändern*
Zweck: aktuellen Datensatz ändern
		Private Sub cmd_Edit_Click()
		  Dim intSel As Integer
		  intSel = Selection.Row
		  Call WriteData(intSel)
		End Sub

Name: *cmd_Delete*
Caption: Löschen
Zweck: aktuellen Datensatz löschen (mit Sicherheitsabfrage)
	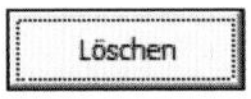	Private Sub cmd_Delete_Click()
		 Dim intSel As Integer, intAnzRows As Integer
		 intAnzRows = Range("$A$1").CurrentRegion.
		Rows.Count
		 intSel = Selection.Row
		 If intSel > 1 And intSel <= intAnzRows Then
		  If MsgBox("Datensatz wirklich löschen?",
		vbQuestion + vbYesNo, Me.Caption) = vbNo Then
		Exit Sub
		  Range(Cells(intSel, 1), Cells(intSel, 4)).
		Select
		  Selection.Delete Shift:=xlUp
		 End If
		End Sub

Name: *cmd_OK* Caption: *OK* Zweck: UserForm schließen		Private Sub cmd_OK_Click() Unload Me End Sub

Legen Sie für jede Schaltfläche noch ein Makro zum MouseMove-Ereignis an. Dieses Ereignis tritt ein, wenn der Mauszeiger auf die Schaltfläche zeigt, und bei vielen Schaltflächen ist es sinnvoll, den Text hervorzuheben bzw. fett zu drucken.

Dazu wird die Schaltflächeneigenschaft *Font* auf *Bold* = *True* gesetzt.

```
Private Sub cmd_Clear_MouseMove(ByVal Button As Integer, ByVal Shift As
Integer, ByVal X As Single, ByVal Y As Single)
  Me.cmd_Clear.Font.Bold = True
End Sub
Private Sub cmd_New_MouseMove(ByVal Button As Integer, ByVal Shift As
Integer, ByVal X As Single, ByVal Y As Single)
 Me.cmd_New.Font.Bold = True
End Sub
```

```
Private Sub cmd_Edit_MouseMove(ByVal Button As Integer, ByVal Shift As
Integer, ByVal X As Single, ByVal Y As Single)
  Me.cmd_Edit.Font.Bold = True
End Sub
Private Sub cmd_Delete_MouseMove(ByVal Button As Integer, ByVal Shift As
Integer, ByVal X As Single, ByVal Y As Single)
 Me.cmd_Delete.Font.Bold = True
End Sub
Private Sub cmd_OK_MouseMove(ByVal Button As Integer, ByVal Shift As
Integer, ByVal X As Single, ByVal Y As Single)
 Me.cmd_OK.Font.Bold = True
End Sub
```

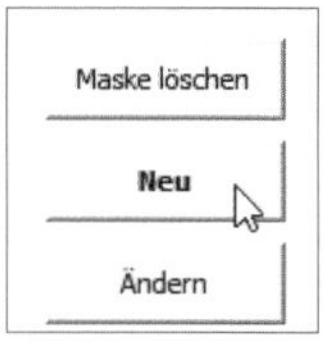

Abbildung 10.22: MouseMove-Ereignis: Die Caption der Schaltfläche wird am Mauszeiger fett

Aber halt: Der Fettdruck muss natürlich wieder auf »Normal« gesetzt werden, wenn der Mauszeiger aus der Schaltfläche bewegt wird. Diese Aufgabe übertragen wir der UserForm selbst, sie hat nämlich auch ein MouseMove-Ereignis, und das wird alle Schaltflächenformatierungen zurücknehmen.

Dazu muss eine Schleife aber alle *Controls* (Steuerelemente) durchsuchen und überprüfen, ob deren Name mit *cmd* beginnt (Alternative: Eigenschaft *TypeName(Control)*).

```
Private Sub UserForm_MouseMove(ByVal Button As Integer, ByVal Shift As
Integer, ByVal X As Single, ByVal Y As Single)
 Dim varC
 For Each varC In Me.Controls
  If Left(varC.Name, 3) = "cmd" Then
   varC.Font.Bold = False
  End If
 Next varC
End Sub
```

Zeichnen Sie noch vier kleine Navigationsschaltflächen zur Ansteuerung der Datensätze. Als Caption können Sie Textpfeile oder grafische Objekte (Eigenschaft *Picture*) verwenden.

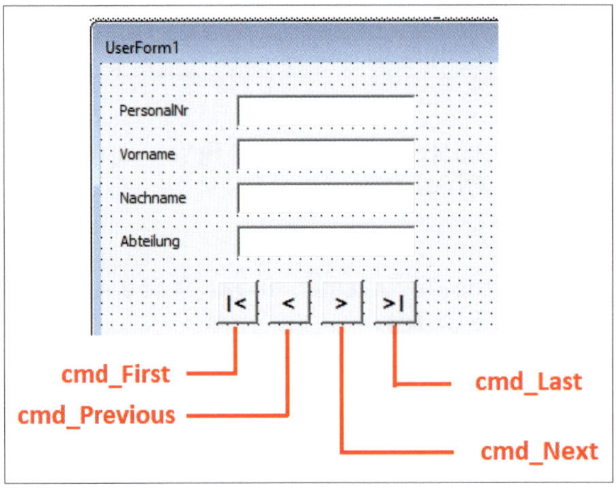

Abbildung 10.23: Navigationsschaltflächen

Schreiben Sie diese Funktion in das Codeblatt, mit der die Daten aus dem Tabellenblatt in die UserForm importiert werden:

```
Function ReadData(intRow)
 With Me
  Cells(intRow, 1).Select
  .txt_PersNr = Cells(intRow, 1)
  .txt_Vorname = Cells(intRow, 2)
  .txt_Nachname = Cells(intRow, 3)
  .txt_Abteilung = Cells(intRow, 4)
 End With
End Function
```

Beschreibung	Bild	Makro

Name: *cmd_First*
Caption: |<
Zweck: ersten Datensatz anzeigen
		`Private Sub cmd_First_Click()`
		`  Call ReadData(2)`
		`End Sub`

Name: *cmd_Previous*
Caption: <
Zweck: vorherigen Datensatz anzeigen
		`Private Sub cmd_Previous_Click()`
		` Dim intSel As Integer`
		` intSel = Selection.Row - 1`
		` If intSel > 1 Then Call ReadData(intSel)`
		`End Sub`

Beschreibung	Bild	Makro

Name: *cmd_Next*
Caption: >
Zweck: nächsten Datensatz anzeigen
	>	`Private Sub cmd_Next_Click()`
		` Dim intSel As Integer, intAnzRows As Integer`
		` intAnzRows = Range("$A$1").CurrentRegion.Rows.Count`
		` intSel = Selection.Row + 1`
		` If intSel <= intAnzRows Then Call ReadData(intSel)`
		`End Sub`

Name: *cmd_Last*
Caption: >|
Zweck: letzten Datensatz anzeigen
	>|	`Private Sub cmd_Last_Click()`
		` Dim intSel As Integer, intAnzRows As Integer`
		` intAnzRows = Range("$A$1").CurrentRegion.Rows.Count`
		` If intAnzRows > 1 Then`
		`  intSel = intAnzRows`
		` Else`
		`  intSel = 2`
		` End If`
		` Call ReadData(intSel)`
		`End Sub`

Fehlt nur noch ein Aufrufelement für die UserForm, und das zeichnen Sie sich über die Formularelemente in den Entwicklertools in das Tabellenblatt. Alternativ dazu können Sie auch das Activate-Ereignis des Tabellenblatts anprogrammieren. Der Aufruf der UserForm lautet schlicht:

```
Frm_Personalverwaltung.Show
```

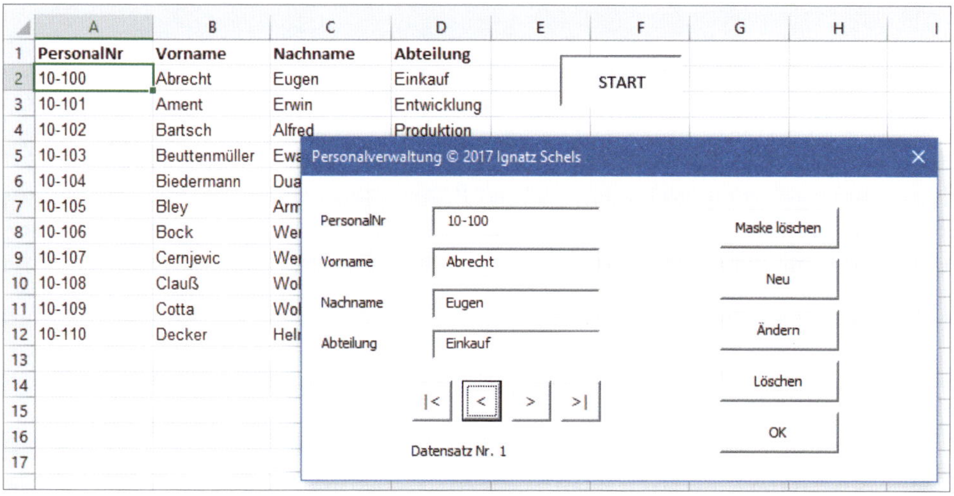

Abbildung 10.24: Die UserForm steuert die Personalliste

10.11.2 Beschriftungsfeld

Beschriftungsfelder (Labels) werden für Beschriftungen verwendet. Das können Überschriften für Listen oder Beschreibungen für Textfelder sein oder allgemeine Infofelder. Der Inhalt wird über die Eigenschaft *Caption* festgelegt.

Eigenschaften:

Caption	Der angezeigte Text
Font	Schriftart und Schriftformatierung
TextAlign	Ausrichtung (links, rechts, Mitte)

Makrobeispiel: Datumslabel

Die Schaltfläche *cmd_Datum* belegt das Bezeichnungsfeld *lbl_Datum* mit dem formatierten Tagesdatum:

Makro Nr. 61

```
Private Sub cmd_Date_Click()
 Me.lbl_Date.Caption = Format(Date, "dddd, dd.MMMM yyyy")
End Sub
```

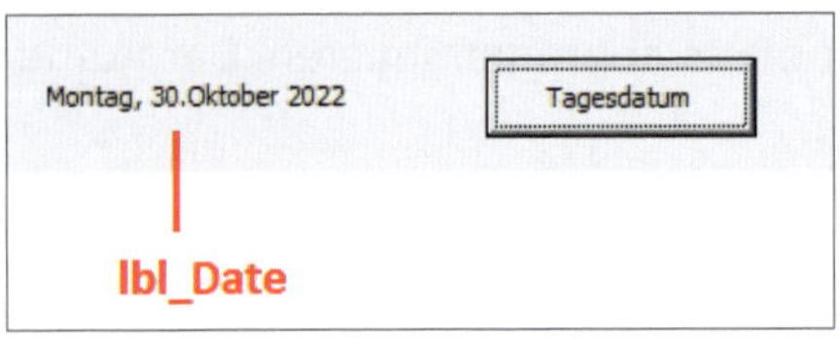

Abbildung 10.25: Beschriftungsfeld mit Tagesdatum

Makrobeispiel »Personalverwaltung«

Geben Sie den Bezeichnungsfeldern in unserem Makrobeispiel passende Namen. Zeichnen Sie ein weiteres Textfeld mit der Bezeichnung *lbl_DatensatzNr* ein. Fügen Sie in den Funktionen *ReadData* und *WriteData* vor dem Makroende eine neue Anweisung ein, mit der die Datensatznummer in das Label geschrieben wird:

```
Me.lbl_DatensatzNr.Caption = "Datensatz Nr. " & intRow - 1
```

10.11.3 Textfeld

Für die Eingabe von Text oder Zahlen kennt die UserForm nur ein Element, das Textfeld. Im Unterschied zum Datenbankformular (zum Beispiel in Access) lässt die UserForm auch jede Eingabe zu, der Datentyp wird nicht abgefragt. Den Inhalt des Textfeldes hält die Eigenschaft *Value* fest.

Eigenschaften:

ControlSource	Der Tabellenblattbereich (z. B. *Tabelle1!$A$1*)
DragBehavior	Drag-and-drop erlauben
EnterFieldBehavior	Mit 0 wird beim Ansteuern mit ↹ das ganze Feld markiert
EnterKeyBehavior	*True* = neue Zeile mit ↵, *False* = nächstes Element
HideSelection	*False* = Text bleibt markiert, wenn das Element den Fokus verliert
IntegralHeight	*True* passt die Höhe der Liste an den Inhalt an
Locked	Mit *True* ist das Textfeld gesperrt
MultiLine	Mit *True* sind mehrzeilige Eingaben erlaubt
PasswordChar	Zeigt alle Zeichen als * an (für Passwortfelder)
ScrollBars	Rollleisten am rechten und/oder unteren Rand
SelectionMargin	Mit *True* wird der Text beim Klicken auf den Rand markiert
TabIndex	Position in der Aktivierreihenfolge
TabKeyBehavior	*True* = Tabstop, *False* = ein Element weiter

Makrobeispiel: Name, Geburtsdatum und Passwort abfragen

Makro Nr. 62

In der UserForm werden drei Textfelder für die Eingabe eines Namens, des Geburtsdatums und eines Passworts angeboten. Mit der Eigenschaft *EnterKeyBehavior = True* wechselt der Fokus nach der Eingabe zum nächsten Textfeld (Aktivierreihenfolge beachten!).

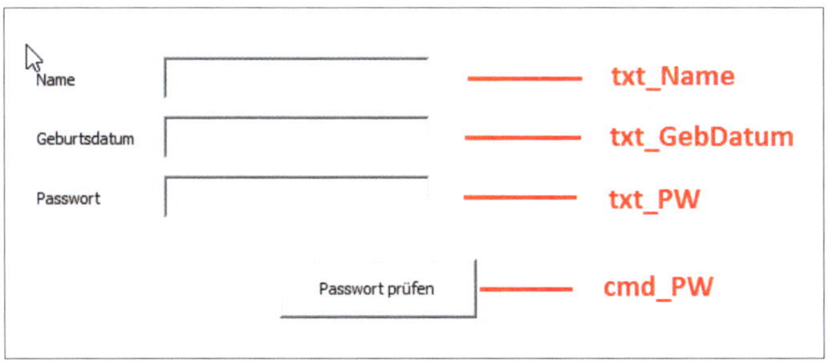

Abbildung 10.26: Textfelder für Name, Geburtsdatum und Passwort

Die erste Aufgabe: Das Namensfeld darf keine Ziffern enthalten, nur Buchstaben von A bis Z. Für diese Aufgabe müssen Sie wissen, dass jedes Zeichen einen Zeichencode hat. In Kapitel 21 »Know-how von A bis Z« finden Sie das Stichwort *ASCII/ANSI*, sehen Sie dort nach, wie die Codierung der Zeichen in VBA geregelt ist.

Das Textfeld hat ein Ereignis *KeyPress*. Es prüft ab, ob das eingetippte Zeichen im ASCII-Bereich 48 (0) bis 57 (9) liegt, und stellt den Wert in diesem Fall auf 0 zurück. Damit kann der Anwender der UserForm keine Zahlen und keine Sonderzeichen in das Textfeld eingeben.

```
Private Sub Txt_Name_KeyPress(ByVal KeyAscii As MSForms.ReturnInteger)
  If KeyAscii > 48 And KeyAscii <= 57 Then
   KeyAscii = 0
  End If
End Sub
```

Die zweite Aufgabe: Das Datumsfeld darf nur Ziffern enthalten, muss aber für Datumseingaben auch Punkte und / akzeptieren. Da diese beiden Zeichen im ASCII-Bereich 46 bis 47 liegen, wird die Bedingung für *KeyPress* einfach erweitert:

```
Private Sub Txt_Name_KeyPress(ByVal KeyAscii As MSForms.ReturnInteger)
  If KeyAscii > 48 And KeyAscii <= 57 Then
   KeyAscii = 0
  End If
End Sub
```

Das Ereignis *BeforeUpdate* prüft, ob die Eingabe als Datum verwertbar ist und ob das Datum gültig (kleiner oder gleich dem Tagesdatum) ist. Falls nicht, erscheint eine Fehlermeldung mit dem passenden Fehlertext und das Feld wird wieder gelöscht:

```
Private Sub txt_GebDatum_BeforeUpdate(ByVal Cancel As MSForms.
ReturnBoolean)
  Dim varGebDat, strMText As String
  varGebDat = Me.txt_GebDatum.Value
  If Not IsDate(varGebDat) Then
    strMText = "ist kein gültiges Datum"
  ElseIf CDate(varGebDat) > Date Then
    strMText = "ist größer als das Tagesdatum"
  End If
  If strMText <> "" Then
    MsgBox varGebDat & vbCr & strMText, vbCritical, "Fehler"
    Me.txt_GebDatum = ""
    Me.txt_GebDatum.SetFocus
  End If
End Sub
```

Abbildung 10.27: Das Datum wird mit KeyPress abgesichert und zusätzlich noch auf Plausibilität geprüft

Das Passwortfeld bekommt eine besondere Formatierung, die verhindert, dass das eingetippte Passwort angezeigt wird. Tragen Sie in der Eigenschaft *PasswortChar* einen Stern (*) ein, wird das Passwort nur als ***-Kette sichtbar. Die kleine Schaltfläche neben dem Feld bekommt den Namen *cmd_ViewPW*, und damit wird der Benutzer einen Blick auf sein Passwort werfen können. Das Bildsymbol kopieren Sie über die Zwischenablage in die Eigenschaft *Picture*, suchen Sie ein passendes Symbol.

Mit dem Makro für das Ereignis *MouseDown* kann der Anwender das Passwort kurzfristig anzeigen, das MouseUp-Ereignis schaltet die ***-Kette wieder ein, wenn die Maustaste losgelassen wird.

```
Private Sub cmd_ViewPW_MouseDown(ByVal Button As Integer, ByVal Shift As
Integer, ByVal X As Single, ByVal Y As Single)
  Me.txt_PW.PasswordChar = ""
End Sub
Private Sub cmd_ViewPW_MouseUp(ByVal Button As Integer, ByVal Shift As
Integer, ByVal X As Single, ByVal Y As Single)
  Me.txt_PW.PasswordChar = "*"
End Sub
```

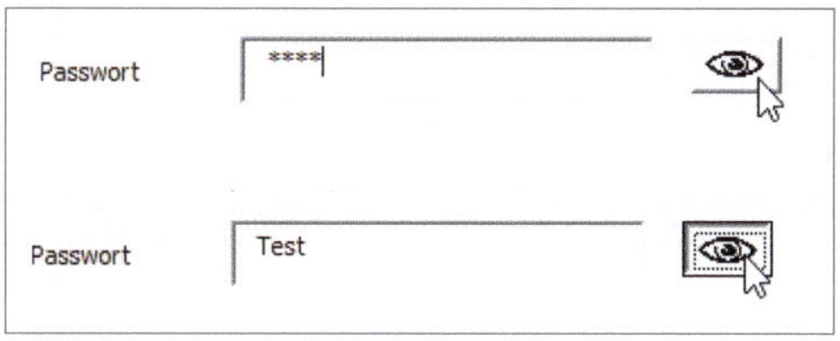

Abbildung 10.28: Die Passwortanzeige lässt sich kurzfristig aufheben

10.11.4 Kombinationsfeld und Listenfeld

Mit diesen Werkzeugen in der Toolsammlung erstellen Sie Drop-down-Listen und Listenfelder. Die Drop-down-Liste zeigt nur den ersten Eintrag an, die Liste zeigt alle Einträge (beide mit vertikaler Bildlaufleiste, wenn das Element zu kurz ist). Die Elemente bekommen über die Eigenschaften *ControlSource* und *RowSource* ihre Inhalte zugewiesen.

Eigenschaften:

BoundColumn	Die angezeigte Spalte
ColumnCount	Anzahl Spalten
ColumnHeads	Spaltenüberschriften
ColumnWidths	Spaltenbreiten in cm oder Punkt (z. B. *1cm;0,5cm* oder *100pt;200pt*)
ControlSource	Der angezeigte Tabellenblattbereich

ListIndex	Die Nummer des markierten Eintrags (0 = Zeile 1)
ListRows	Anzahl angezeigte Zeilen beim Klick
ListStyle	Einträge mit oder ohne Optionsbutton
ListWidth	Breite der Liste im Element (0 = gleich breit)
MatchEntry	Zeigt Vorschläge an beim Eingeben
MatchRequired	Eingabe muss bei *True* mit einem Listeneintrag identisch sein
MultiSelect	Mehrfachmarkierung ermöglichen (1 = mit Strg-Taste)
RowSource	Datenquelle der Liste aus Tabellenblatt

Makrobeispiel: Länder und Städte

Makro Nr. 63

Im Tabellenblatt *Europa* steht eine Liste mit Ländernamen und je einer (variablen) Anzahl Städte zur Verfügung. Gestalten Sie eine UserForm, die alle Länder zur Auswahl anbietet und nach Auswahl eines Landes die Städte dieses Landes anzeigt.

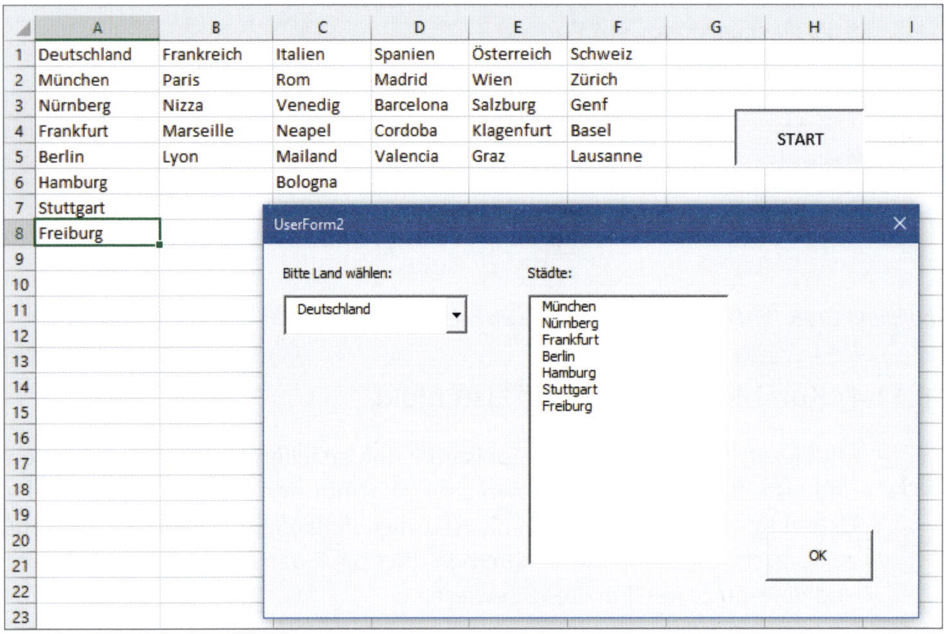

Abbildung 10.29: Länder und Städte – Listenfeld und Kombinationsfeld

Die UserForm bekommt ein Kombinationsfeld *cbo_Laender* und ein Listenfeld *lst_Staedte*. Für die Füllung der Combobox ist das *Initialize*-Ereignis der UserForm zuständig. Es holt per Schleife die Länder aus der ersten Zeile des Tabellenblatts und schreibt sie per *AddItem*-Methode in das Kombinationsfeld. Das Einlesen der Städte besorgt eine Funktion, der das ausgewählte Land als Parameter übergeben wird. Die beiden

Variablen *wb* und *shEuropa* werden in die erste Zeile geschrieben und damit für das gesamte Modul dimensioniert.

```
Dim wb As Workbook, shEuropa As Worksheet
Private Sub UserForm_Initialize()
  Set wb = ThisWorkbook
  Set shEuropa = wb.Sheets("Europa")
  With shEuropa
   Range("A1").Select
   ' Erste Zeile in Kombinationsfeld
   Do While ActiveCell <> ""
     Me.cbo_Laender.AddItem ActiveCell
    ' Zellzeiger eine Spalte weiter
     ActiveCell.Offset(0, 1).Select
   Loop
   ' Ersten Eintrag anzeigen lassen
   Me.cbo_Laender.ListIndex = 0
 End With
 ' Funktion liest Städte ein
 Call MakeStaedteListe(Me.cbo_Laender.Value)
Set shEuropa = Nothing
 Set wb = Nothing
End Sub
```

Und das ist die Funktion, die alle Städte unter dem ausgewählten Land in das Listenfeld schreibt. Dazu wird mit der gleichen Schleife die Länderliste nach dem aktiven Land durchsucht. An der Fundstelle schaltet sich die zweite Schleife ein, die alle Zeilen bis zur ersten Leerzeile in die Liste schreibt.

```
Function MakeStaedteListe(varLand)
  Set wb = ThisWorkbook
  Set shEuropa = wb.Sheets("Europa")
  With shEuropa
   Range("A1").Select
   Do While ActiveCell <> ""
     If ActiveCell = varLand Then
       ' Städteliste löschen
       Me.lst_Staedte.Clear
       ' Schleife über alle Städte
       Do While ActiveCell.Offset(1, 0).Value <> ""
         Me.lst_Staedte.AddItem ActiveCell.Offset(1, 0).Value
         ' Nächste Zeile
         ActiveCell.Offset(1, 0).Select
       Loop
       Exit Do
```

```
    Else
     ActiveCell.Offset(0, 1).Select
    End If
  Loop
 End With
End Function
```

Makrobeispiel »Personalverwaltung«

Zeichnen Sie ein Listenfeld in die UserForm. Geben Sie dem neuen Element den Namen *lst_Personal* und ändern Sie diese Eigenschaften:

ColumnCount: 4
ColumnHeads: True
MultiSelect: Single
RowSource: Mitarbeiter!A2:D200

Fügen Sie in die Funktion *ReadData* diese Zeile von dem Makroende ein. Der ListIndex wird damit auf die richtige Listenzeile gesetzt (aktuelle Zeile minus 2, weil der Index bei 0 beginnt und die Kopfzeile mitzuzählen ist):

```
Me.lst_Personal.ListIndex = intRow - 2
```

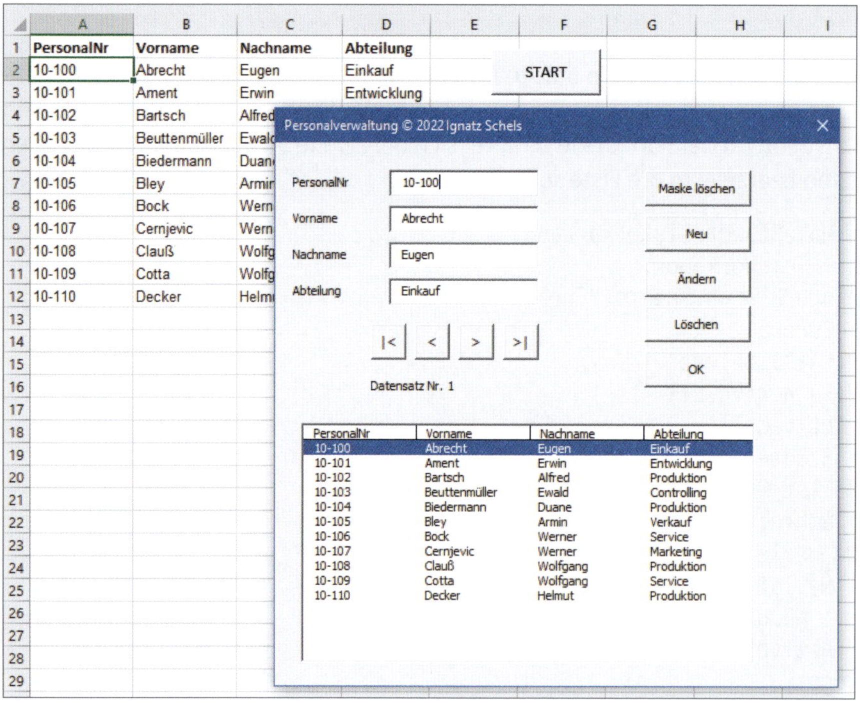

Abbildung 10.30: Ein vierspaltiges Listenfeld mit Personaldaten

Mit dieser einfachen Lösung definieren Sie eine *RowSource* mit fester Größe. Um die Liste exakt mit den Daten aus dem Tabellenblatt zu füllen, können Sie so vorgehen:

Aktivieren Sie im Excel-Programmfenster den *Namens-Manager* (Register *Formeln*) und geben Sie diesen Bereichsnamen ein. Die Funktion BEREICH.VERSCHIEBEN() berechnet den Bereich dynamisch in Abhängigkeit von der Anzahl der Einträge in Spalte A:

```
Name: rng_Personal
Bereich: Arbeitsmappe
Bezieht sich auf:
=BEREICH.VERSCHIEBEN(Mitarbeiter!$A$2;0;0;ANZAHL2(Mitarbeiter!$A:$A)-1;4)
```

Geben Sie den Bereich in der Eigenschaft *RowSource* des Listenfelds an:

```
RowSource: Mitarbeiter!rng_Personal
```

Um den in der Liste markierten Datensatz in die Eingabefelder der UserForm zu schreiben, klicken Sie doppelt auf das Element. Damit wird das Makro für das Klick-Ereignis angelegt. Tragen Sie die Anweisungen ein.

```
Private Sub lst_Personal_Click()
 Dim intSel As Integer
 intSel = Me.lst_Personal.ListIndex
 Call ReadData(intSel + 2)
End Sub
```

10.11.5 Kontrollkästchen

Mit diesen Werkzeugen erzeugen Sie Ankreuzkästchen. Ankreuzkästchen schließen sich nicht gegenseitig aus, bei Optionsfeldern ist immer nur eine Option aktiv. Legen Sie einen Gruppennamen fest, wenn Sie Kontrollkästchen oder Optionen gruppieren wollen.

Eigenschaften:

GroupName	Name der Gruppe, wenn Element Teil davon ist
Value	*True* = angekreuzt

Makrobeispiel: Rechnung

Makro Nr. 64

Für die Eingabe der Rechnungsbeträge stehen Textfelder zur Verfügung, berechnet wird über Schaltflächen. Das Kontrollkästchen regelt die Mehrwertsteuer.

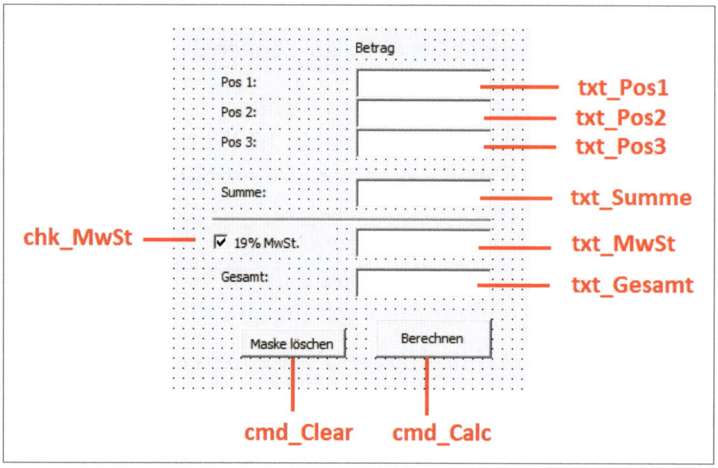

Abbildung 10.31: Textfelder, Schaltflächen und ein Kontrollkästchen

Das KeyPress-Ereignis sorgt dafür, dass nur Zahlen eingegeben werden.

```
Private Sub txt_Pos1_KeyPress(ByVal KeyAscii As MSForms.ReturnInteger)
 If KeyAscii < 48 Or KeyAscii > 57 Then
   KeyAscii = 0
  End If
End Sub
```

Die Textfelder *txt_Summe, txt_MwSt* und *txt_Gesamt* sind mit *Locked* = *True* gesperrt, sie können nicht bearbeitet werden. Die Schaltfläche *cmd_Calc* berechnet die Summe und – falls das Kontrollkästchen markiert ist – die Mehrwertsteuer und trägt alle Werte in die Textfelder ein. Mit der Schaltfläche *cmd_Clear* werden alle Textfelder gelöscht.

```
Private Sub cmd_Calc_Click()
  Dim dbl_Gesamt As Double, i As Integer, dbl_MwSt
  For i = 1 To 3
   dbl_Gesamt = dbl_Gesamt + Val(Me.Controls("txt_Pos" & i))
  Next i
  ' MwSt
  If Me.chk_MwSt = True Then
   dbl_MwSt = dbl_Gesamt * 0.19
  Else
   dbl_MwSt = 0
  End If
  Me.txt_MwSt.Value = dbl_MwSt
  Me.txt_Summe.Value = dbl_Gesamt
  Me.txt_Gesamt.Value = dbl_Gesamt + dbl_MwSt
End Sub
```

```
Private Sub cmd_Clear_Click()
 Dim ctrL
 For Each ctrL In Me.Controls
  If TypeName(ctrL) = "TextBox" Then ctrL.Value = ""
 Next ctrL
End Sub
```

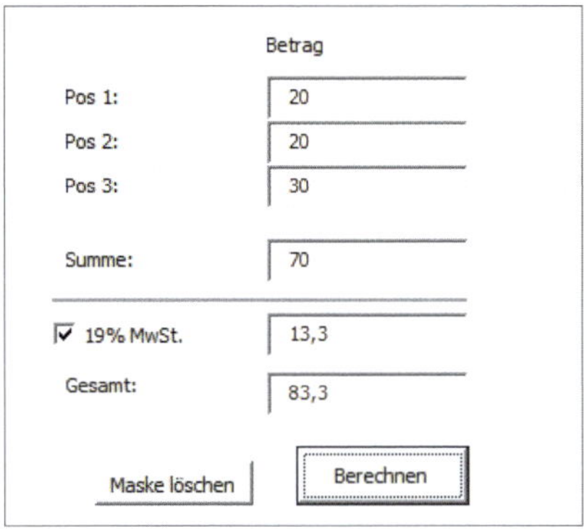

Abbildung 10.32: Rechnungsbetrag mit MwSt. berechnen

10.11.6 Optionsfeld und Optionsfeldgruppen

Optionsfelder treten immer in Gruppen auf. In früheren Excel-Versionen mussten alle zusammengehörenden Optionen in eine Optionsfeldgruppe gezeichnet oder kopiert werden. Das funktioniert immer noch, mit der Eigenschaft *GroupName* lässt sich die Aufgabe aber eleganter lösen. Weisen Sie einfach allen Optionen den gleichen Gruppennamen zu.

Beim Anklicken einer Option wird für diese die Eigenschaft *Value* auf *True* gesetzt, alle anderen Optionen der Gruppe erhalten *False*. Wenn Sie vor dem Start der UserForm eine Option vorbelegen wollen, tragen Sie unter *Value True* ein oder verwenden das *Initialize*-Makro:

```
Sub UserForm_Initialize()
  Me.opt_Sprache1 = True
End Sub
```

Makrobeispiel: Willkommen in vier Sprachen

Makro Nr. 65

Legen Sie in einer neuen UserForm eine Optionsfeldgruppe an mit den Optionsfeldern *opt_Sprache1* bis *opt_Sprache4* und dem gemeinsamen *GroupName Sprachen*. Für die erste Option wird *Value* auf *True* gesetzt.

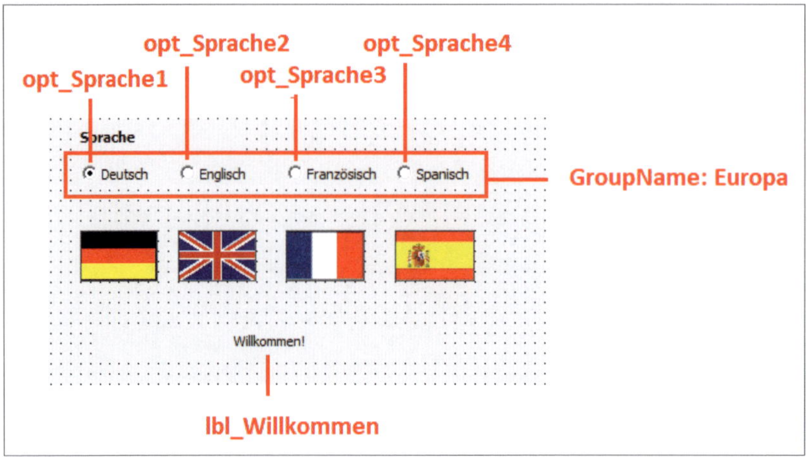

Abbildung 10.33: Vier Optionen, ein gemeinsamer Gruppenname

Mit dem Optionswechsel wird das Label *lbl_Willkommen* mit einem Gruß in der Landessprache versehen:

```
Private Sub opt_Sprache1_Click()
  Me.lbl_Willkommen.Caption = "Willkommen!"
End Sub
Private Sub opt_Sprache2_Click()
  Me.lbl_Willkommen.Caption = "Welcome!"
End Sub
Private Sub opt_Sprache3_Click()
  Me.lbl_Willkommen.Caption = "Bienvenue!"
End Sub
Private Sub opt_Sprache4_Click()
  Me.lbl_Willkommen.Caption = "Bienvenida!"
End Sub
```

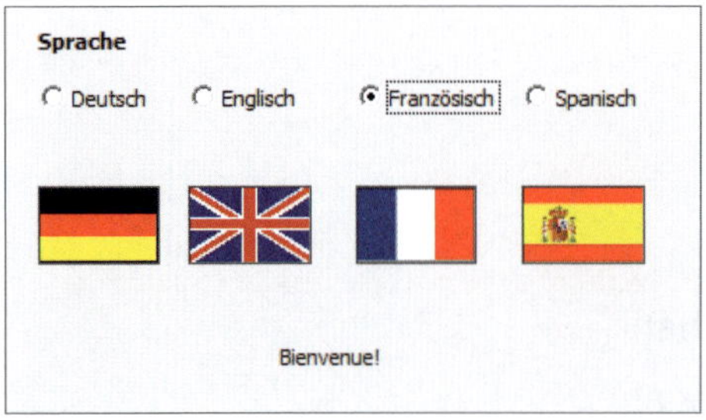

Abbildung 10.34: Ein Klick auf die Option, und der Willkommensgruß kommt in der Landessprache

Alle Optionen in einer Optionsfeldgruppe reagieren zusammen, das heißt, es kann nur eine davon aktiviert sein. Damit lassen sich mehrere Optionsfeldgruppen auf einer UserForm zeichnen.

10.11.7 Umschaltfeld

Der Toggle-Button rastet mit einem Klick ein oder aus und nimmt dabei über die Eigenschaft *Value* den Wert *True* oder *False* an.

Eigenschaften:

Countrolsource	Tabellenblattbereich
Value	*True* = eingerastet

10.11.8 Multiseiten und Register

Legen Sie mit diesen Werkzeugen Elemente mit mehreren Registern an. Mit dem Multiseitenelement erzeugen Sie »echte« Register, schalten Sie vor dem Einzeichnen von Elementen auf die jeweilige Seite um. Im Kontextmenü des Elements finden Sie die Befehle, um neue Seiten einzufügen, Seiten umzubenennen, zu verschieben und zu löschen.

Im Multiseitenelement schalten Sie auf eine Seite um und zeichnen Elemente in die Seite. Der Unterschied: Im Registerelement sehen Sie auf jedem Register die darunterliegenden Elemente, im Multiseitenelement hat jede Seite ihre eigenen Elemente.

> **Tipp**
> Für die Anzeige der Elemente ist die Reihenfolge entscheidend. Um ein Element ganz nach oben zu holen, schneiden Sie es mit Strg+X in die Zwischenablage aus und fügen es mit Strg+V wieder ein.

Eigenschaften:

MultiRow	Mit *True* sind mehrere Zeilen mit Registerkarten zulässig
Style	Tabs oder Buttons zum Anklicken oder keine Register
TabOrientation	Position der Register

Die Eigenschaft *Accelerator* ist die Zugriffstaste, sie kann auch im Kontextmenü des Registers definiert werden. Der Buchstabe wird im Register unterstrichen, und für den Seitenwechsel wird er zusammen mit der Alt-Taste gedrückt.

Makrobeispiel: Produktauswahl

Makro Nr. 66

Die UserForm bietet in einem Multiseitenelement Bilder unterschiedlicher Kategorien an. Zum Umschalten wird eine Optionsfeldgruppe eingezeichnet.

1. Zeichnen Sie drei Optionen *opt1, opt2, opt3* mit dem Gruppennamen *Produkte* und ein Multiseitenelement *mpg_Produkte* in eine UserForm.
2. Klicken Sie mit der rechten Maustaste in die Registerleiste, wählen Sie *Umbenennen* und nennen Sie die Seite *Personalcomputer*.
3. Legen Sie mit *Neue Seite* (rechte Maustaste ins Register) eine weitere Seite an und nennen Sie die Seite *Notebooks*. Die dritte Seite nennen Sie *Drucker*.
4. Für die Produkte zeichnen Sie Anzeigefelder in die einzelnen Seiten. Kopieren Sie die Bilder über die Zwischenablage in die Bildelemente (Eigenschaft *Picture, PictureSizeMode* = *0*).
5. Schreiben Sie die Ereignisprozeduren für die Optionen. Der Seitenwechsel im Multiseitenelement wird über die Eigenschaft *Value* gesteuert, die erste Seite hat den Wert 0.

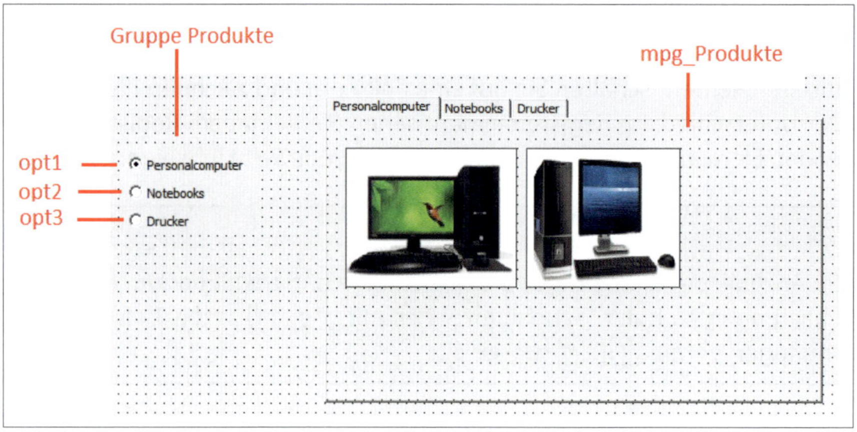

Abbildung 10.35: Multiseitenelement mit drei Seiten und Anzeigeelementen

```
Private Sub opt1_Click()
  Me.mpg_Produkte.Value = 0
End Sub
Private Sub opt2_Click()
  Me.mpg_Produkte.Value = 1
End Sub
Private Sub opt3_Click()
  Me.mpg_Produkte.Value = 2
End Sub
```

Der Seitenwechsel löst natürlich auch ein Ereignis aus, und das markiert wieder die passende Option:

```
Private Sub mpg_Produkte_Change()
 Dim varSeite
 varSeite = Me.mpg_Produkte.Value + 1
 Me.Controls("opt" & varSeite).Value = True
End Sub
```

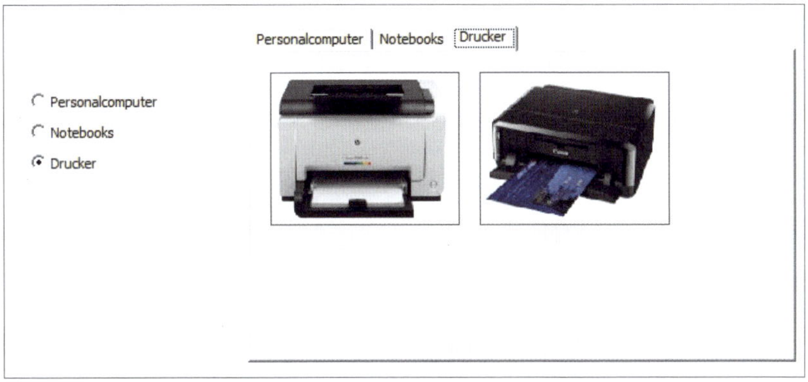

Abbildung 10.36: Seitenwechsel und Optionsfelder sind synchronisiert

10.11.9 Bildlaufleiste und Drehfeld

Die Bildlaufleiste oder das Drehfeld kommt zum Einsatz, wenn die UserForm einen Wert per Klick erhöht oder verringert. Der Wert kann in einer Zelle stehen oder in einem Textfeld auf der UserForm. Im Unterschied zum Drehfeld kann in der Bildlaufleiste der »Schwimmer« mit gedrückter Maustaste verschoben werden.

Eigenschaften:

Delay	Verzögerung in Millisekunden (Standard: 50)
Max/Min	Maximalwert und Minimalwert
LargeChange	Klick in die Bildlaufleiste
SmallChange	Klick auf einen Pfeil der Bildlaufleiste
Value	Eingestellter oder vordefinierter Wert

10.11.10 Anzeige

Das ist das Element für Bildobjekte auf der UserForm. Holen Sie Logos, Fotos, Zeichnungen oder Diagramme in das Bildelement. Suchen Sie im Eigenschaftenfenster die Eigenschaft *Picture*, klicken Sie auf das Symbol mit den drei Punkten und wählen Sie eine Bilddatei. Erlaubt sind alle gängigen Grafikformate (JPEG, PNG, BMP, TIF, GIF u. a.).

Alternativ dazu können Sie ein Bild auch über die Zwischenablage in die UserForm holen:

1. Markieren Sie das grafische Objekt und kopieren Sie es mit Strg+C in die Zwischenablage.
2. Suchen Sie die Eigenschaft *Picture*, löschen Sie den Eintrag mit der Entf-Taste.
3. Drücken Sie Strg+V, um den Inhalt der Zwischenablage einzufügen.

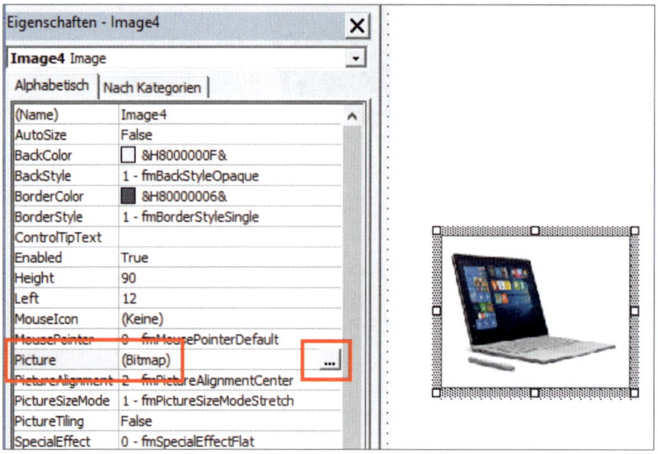

Abbildung 10.37: Anzeigeelement und Eigenschaften

Eigenschaften:

AutoSize	*True* = Größe wird an die Bildgröße angepasst
Picture	Der Dateiname des Bildes
PictureAlignment	Die Position des Bildes im Element
PictureSizeMode	Clip, Stretch oder Zoom
PictureTiling	*True* = Bild wiederholen

Makrobeispiel: Flaggen

Makro Nr. 67

In einer Optionsfeldgruppe stehen vier Optionen für die Anzeige einer Länderflagge. Für die Flaggen wurden Anzeigeelemente in die UserForm gezeichnet, die Bilder können über die Zwischenablage oder aus Dateien in die Eigenschaft *Picture* geholt werden. Die erste Flagge ist sichtbar, alle anderen haben in der Eigenschaft *Visible* den Wert *False*.

Jede Option bekommt ein Makro für das Klick-Ereignis:

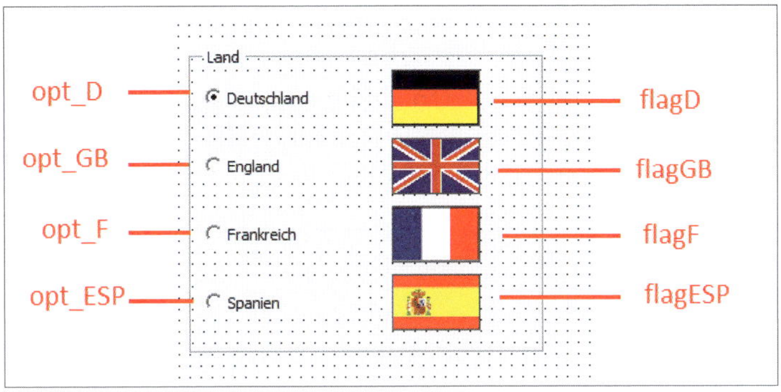

Abbildung 10.38: Optionen und Flaggen in Anzeigefeldern

```
Private Sub opt_D_Click()
 Call Flagge("D")
End Sub
Private Sub opt_GB_Click()
 Call Flagge("GB")
End Sub
Private Sub opt_F_Click()
 Call Flagge("F")
End Sub
Private Sub opt_ESP_Click()
 Call Flagge("ESP")
End Sub
```

Der Optionswechsel löst einen Funktionsaufruf aus, und in der Funktion werden zunächst per Schleife alle Anzeigeelemente unsichtbar gemacht, dann wird die passende Landesflagge wieder eingeblendet. Verschieben Sie die Anzeigeelemente übereinander, dann wird immer nur die Flagge des gewählten Landes angezeigt:

```
Function Flagge(varLand)
 Dim ctrL
 ' Alle Flaggen ausblenden
 For Each ctrL In Me.Controls
  If Left(ctrL.Name, 4) = "flag" Then ctrL.Visible = False
 Next ctrL
 ' Optionsflagge einblenden
 Me.Controls("flag" & varLand).Visible = True
End Function
```

10.11.11 RefEdit

Mit diesem Werkzeug fordern Sie einen Zellbezug an. Zeichnen Sie ein Eingabefeld in die UserForm, formatieren Sie es wie ein Textfeld. Wird die UserForm aktiviert, lässt sie sich per Klick auf den rechten Rand des *RefEdit*-Feldes minimieren, und der Anwender kann einen Bereich im Tabellenblatt markieren. Enthält das Element bereits einen Bezug, wird dieser markiert.

> **Hinweis**
> Wenn das Werkzeug nicht in der Toolsammlung angeboten wird, klicken Sie mit der rechten Maustaste in die Toolsammlung, wählen *Zusätzliche Steuerelemente* und kreuzen den Eintrag *Refedit.Ctrl* an.

Eigenschaften:

AutoTab	*True* wechselt bei maximaler Länge zum nächsten Element
Text	Der Textinhalt des Elements
WordWrap	*True* = Zeilenumbruch
SelLength	Anzahl markierter Zeichen
SelStart	Erstes markiertes Zeichen
SelText	Markierter Text

Makrobeispiel: Markierten Zellbereich summieren

Makro Nr. 68

Zeichnen Sie in einer neuen UserForm zwei Beschriftungsfelder, ein *RefEdit*-Feld und ein Textfeld. Zeichnen Sie außerdem eine Schaltfläche mit der Caption *Summe* ein.

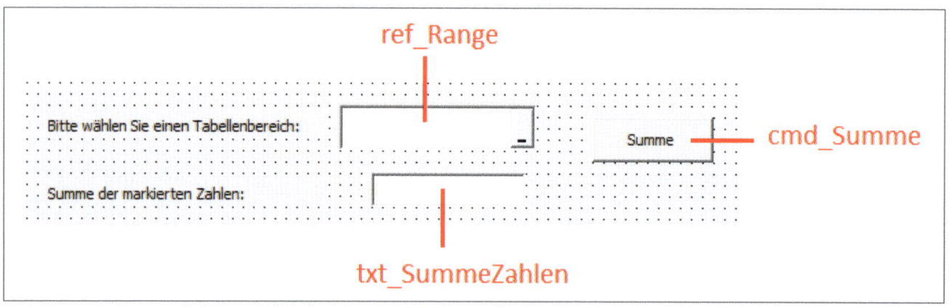

Abbildung 10.39: Ein RefEdit-Feld

Tragen Sie im aktiven Tabellenblatt einige Zahlen ein und starten Sie die UserForm. Klicken Sie in das *RefEdit*-Feld und ziehen Sie im Tabellenblatt eine Markierung über alle Zellen auf. Drücken Sie die ↵-Taste.

Ein Klick auf die Schaltfläche summiert die Zahlen im markierten Bereich und trägt die Summe in das Textfeld ein.

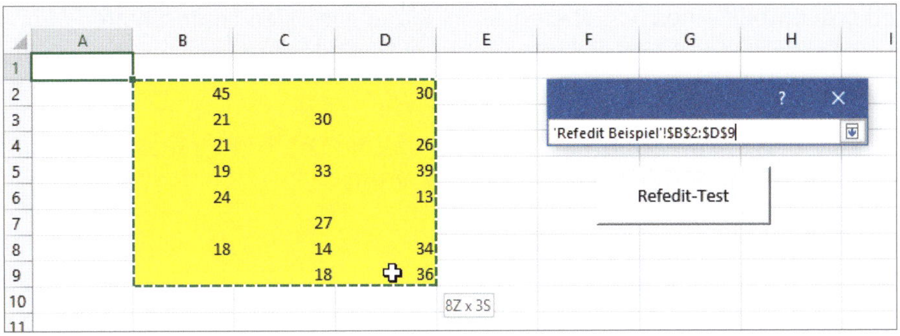

Abbildung 10.40: Der Bereich wird markiert und in das RefEdit-Feld übernommen

```
Private Sub cmd_Summe_Click()
  Dim rngZ As Range, varCell, dbl_Sum
  If Me.ref_Range.Value = "" Then Exit Sub
  Set rngZ = ActiveSheet.Range(Me.ref_Range.Value)
  For Each varCell In rngZ
    If IsNumeric(varCell) Then
     dbl_Sum = dbl_Sum + varCell.Value
    End If
  Next varCell
  Me.txt_SummeZahlen = dbl_Sum
End Sub
```

10.11.12 Slider (Schieberegler)

Der Schieberegler ist eines der nützlichen ActiveX-Steuerelemente aus der Liste der zusätzlichen Steuerelemente. Klicken Sie mit der rechten Maustaste in die Toolsammlung und kreuzen Sie unter *Zusätzliche Steuerelemente* die Option *Microsoft Slider Control* an, bietet die Toolsammlung einen Slider an (to slide = gleiten, ein Schieberegler). Der Regler wird per Klick in das Element oder durch Ziehen mit gedrückter Maustaste bewegt.

Eigenschaften:

Max	Maximale Anzahl Reglereinheiten
Min	Minimale Anzahl Reglereinheiten
LargeChange	Anzahl Einheiten, die der Regler beim Klick in das Element springt
TickFrequency	Anzahl Reglereinheiten
TickStyle	Position der Reglereinheiten oder Einheiten ausschalten

Makrobeispiel: Schieberegler für Monatsnamen

Makro Nr. 69

Die UserForm enthält einen Schieberegler *sld_Monate* mit den Eigenschaften *Max = 12, Min = 1, SmallChange = 1* und *LargeChange = 1*. Die Teilungsstriche werden mit der Eigenschaft *TickStyle* gesetzt.

Schreiben Sie diese Anweisung in das Makro, das die UserForm initialisiert. Damit wird der Schieberegler auf den aktuellen Monat gesetzt.

```
Me.sld_Monate.Value = Month(Date)
```

Das Change-Ereignis des Elements enthält die Nummer des gewählten Monats:

```
Private Sub sld_Monate_Change()
 MsgBox Me.sld_Monate
End Sub
```

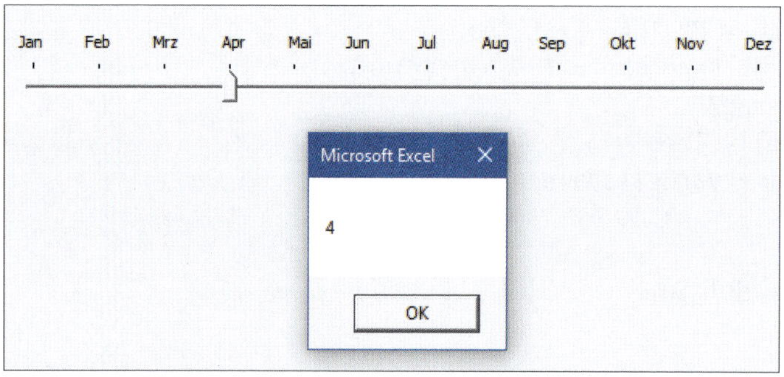

Abbildung 10.41: Ein Schieberegler für die Monatsauswahl

10.11.13 Web-Browser

Der Web-Browser ist ein Werkzeug aus der Liste der zusätzlichen Steuerelemente. Klicken Sie mit der rechten Maustaste in die Toolsammlung und kreuzen Sie unter *Zusätzliche Steuerelemente* die Option *Microsoft Web Browser* an. Zeichnen Sie damit ein Element in die UserForm, das den Inhalt einer Webseite anzeigt. Die Adresse wird per Ereignismakro zugewiesen oder geändert.

Eigenschaften:

RegisterAsBrowser Implementiert den Windows-Browser als Top-Level-Browser

Makrobeispiel: Facebook in der UserForm

Makro Nr. 70

Holen Sie das Tool *Microsoft Web Browser* in die Toolsammlung. Fügen Sie eine User-Form ein und zeichnen Sie mit dem Tool ein Rechteck über die gesamte Breite. Fügen Sie noch eine *OK*-Schaltfläche ein und schalten Sie um auf das Codeblatt der User-Form. Schreiben Sie die Prozedur für die Schaltfläche und für das *Initialize*-Ereignis der UserForm.

Sie wird über eine InputBox eine Webadresse anfordern und diese anschließend im Web-Browser anzeigen:

```
Private Sub cmd_OK_Click()
  Unload Me
End Sub

Private Sub UserForm_Initialize()
 Dim varWebseite
 varWebseite = InputBox("Bitte Webseite eingeben:", "Webseite für Web-
Browser", "http://www.schels.de")
 Me.WebBrowser1.Navigate (varWebseite)
End Sub
```

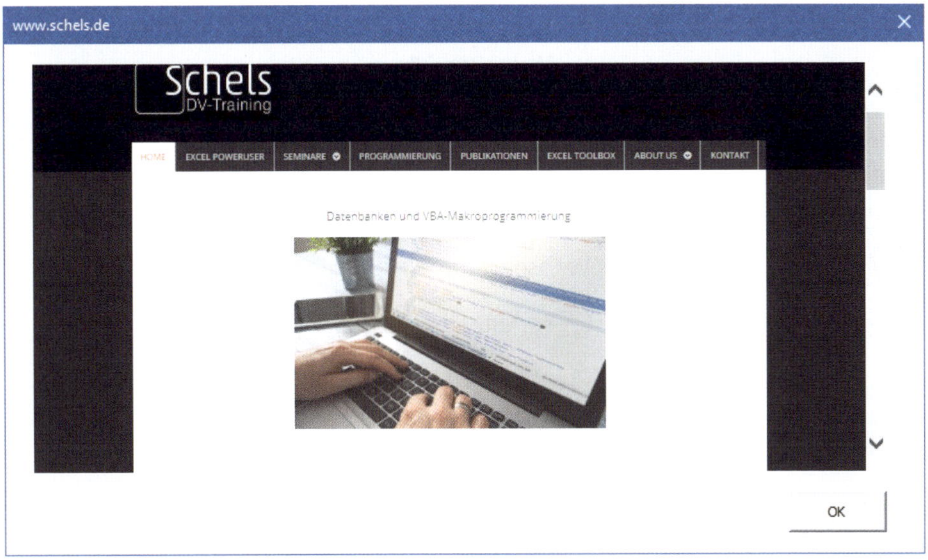

Abbildung 10.42: Mit dem Web-Browser-Element holen Sie Internetseiten in die UserForm

10.11.14 TreeView

TreeView ist ein Werkzeug aus der Liste der zusätzlichen Steuerelemente. Klicken Sie mit der rechten Maustaste in die Toolsammlung und kreuzen Sie unter *Zusätzliche Steuerelemente* die Option *Microsoft TreeView Control Version 6.0* an. Mit dem Steuerelement *TreeView* zeichnen Sie einen Objektbaum in die UserForm. Stellen Sie damit hierarchische Beziehungen dar, wie sie zum Beispiel im Datei-Explorer für die Anzeige von Ordnern, Unterordnern und Dateien verwendet werden.

Das TreeView-Element wird per Ereignismakro mit Daten gefüllt und ausgewertet.

Eigenschaften:

Style	Anzeige des Baums mit Symbolen, Linien, Bildern
Appearance	Flach oder im 3D-Modus mit Schatten
Checkboxes	*True* zeigt Ankreuzkästchen in jeder Zeile an
HotTracking	Unterstreicht Eintrag unter dem Mauszeiger
Indentation	Einzug in Twips (1 cm = 1.440 Twips = 1 Zoll)
LabelEdit	Bearbeitung der Astbeschriftungen durch Anklicken
LineStyle	Rootlines führen senkrecht zur Wurzel

Makrobeispiel: StaatenINFO

Makro Nr. 71

In diesem Beispiel holen Sie eine Liste mit Staaten der Erde, deren Hauptstädte, Einwohner und Flächen aus einer Wikipedia-Webseite, bereiten diese mit Power Query auf, erstellen PivotTables und bieten dem Benutzer eine UserForm mit einem TreeView, die per Klick die passende Information liefert.

Unter diesem Link finden Sie die Webseite von Wikipedia:

https://de.wikipedia.org/wiki/Liste_der_Staaten_der_Erde

Starten Sie mit einem leeren Tabellenblatt, setzen Sie den Zellzeiger auf A1 und wählen Sie *Daten/Daten abrufen und transformieren/Daten abrufen*. In Excel 2016 wählen Sie *Neue Abfrage*.

Wählen Sie *Aus anderen Quellen/Aus dem Web*. Geben Sie die Webadresse ein und bearbeiten Sie die zweite Tabelle. Schließen und laden Sie die bearbeitete Tabelle. Das Ergebnis sollte eine Liste mit den Spalten *Staat*, *Hauptstadt*, *Einwohner* und *Fläche* sein. Die Excel-Tabelle nennen Sie über die Tabellentools *tbl_Staaten*, das Tabellenblatt heißt *Staaten*.

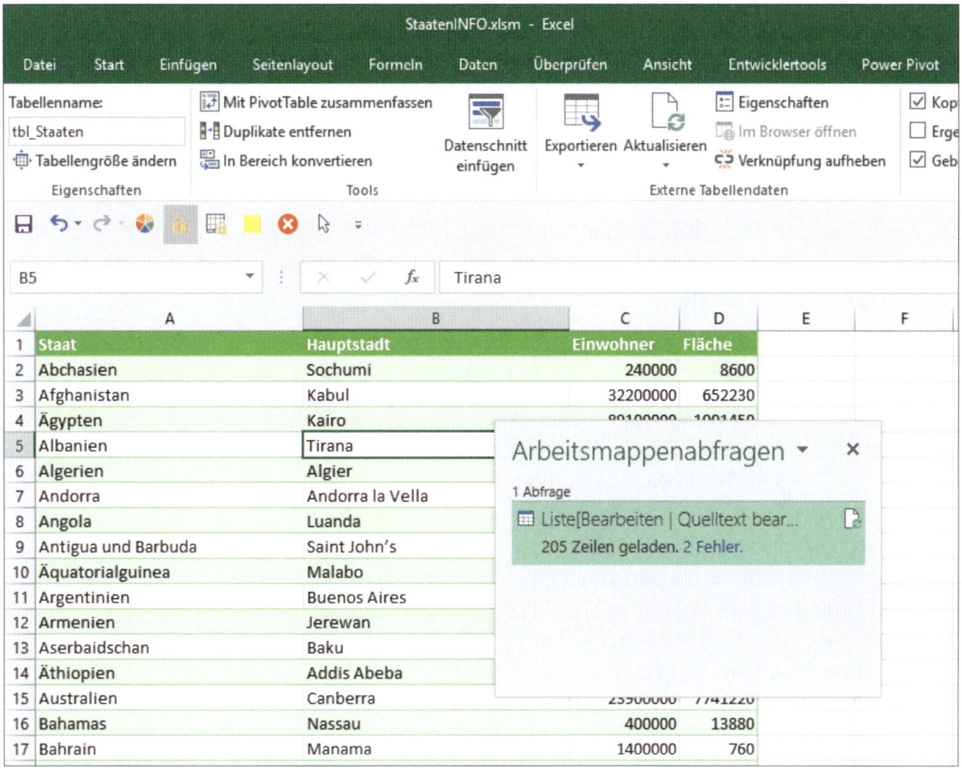

Abbildung 10.43: Staatenliste, per Power Query aus Wikipedia als Tabelle importiert

Schalten Sie um zum Visual Basic Editor, legen Sie eine neue UserForm an (*Einfügen/UserForm*, Name: *frm_StaatenINFO*).

Holen Sie das Werkzeug *TreeView* mit der rechten Maustaste in die Werkzeugsammlung (*Zusätzliche Steuerelemente/Microsoft TreeView Control, Version 6.0*).

Klicken Sie auf das Werkzeug und zeichnen Sie ein TreeView-Element in die UserForm. Gestalten Sie das Steuerelement über die Eigenschaften:

Name: tvw_Staaten
LineStyle: 1 – tvwRooLines
Style: 6 - tvwTreeLinesPlusMinusText

Schreiben Sie das Makro für das *Initialize*-Ereignis, das die Staaten aus der ersten Spalte der Tabelle in das TreeView-Element holt:

```
Private Sub UserForm_Initialize()
  Dim i As Integer, varStaat
  Sheets("Staaten").Select
  Range("tbl_Staaten[Staat]").Select
```

```
    For i = 1 To Selection.Cells.Count
      ' Staaten
      varStaat = Selection.Cells(i, 1)
      Me.tvw_Staaten.Nodes.Add Key:="Staat " & i, Text:=varStaat
    Next i
End Sub
```

Im nächsten Schritt holen Sie auch noch die Informationen aus den Spalten *Einwohner* und *Fläche* in die zweite Ebene. Mit *Selection.Offset(zeile,spalte)* schalten Sie einfach in die nächste Spalte:

```
Private Sub UserForm_Initialize()
  Dim i As Integer, varStaat, varHauptstadt, varEinwohner, varFlaeche
  Sheets("Staaten").Select
  Range("tbl_Staaten[Staat]").Select
  For i = 1 To Selection.Cells.Count
    ' Staaten
    varStaat = Selection.Cells(i, 1)
    varHauptstadt = Selection.Cells(i, 1).Offset(0, 1)
    varEinwohner = Selection.Cells(i, 1).Offset(0, 2)
    varFlaeche = Selection.Cells(i, 1).Offset(0, 3)
    Me.tvw_Staaten.Nodes.Add Key:="Staat " & i, Text:=varStaat
    Me.tvw_Staaten.Nodes.Add "Staat " & i, tvwChild, "Hauptstadt " & i,
"Hauptstadt: " & varHauptstadt
    ' Einwohner
    Me.tvw_Staaten.Nodes.Add "Staat " & i, tvwChild, "Einwohner " & i,
"Einwohner: " & Format(varEinwohner, "#,##0")
    ' Fläche
    Me.tvw_Staaten.Nodes.Add "Staat " & i, tvwChild, "Fläche " & i,
"Fläche: " & Format(varFlaeche, "#,##0")
  Next i
End Sub
```

Um einen Zweig in diesem Baum zu öffnen oder zu schließen, klicken Sie ihn einfach an. Zeichnen Sie eine Schaltfläche in die UserForm, die alle Zweige öffnet:

Name: cmd_OpenAll
Caption: Alle öffnen

Zeichnen Sie eine zweite Schaltfläche, die alle Zweige schließt.

Name: cmd_CloseAll
Caption: Alle schließen

Lagern Sie den Code in eine Funktion aus, die den Status im ersten Argument bekommt. Die beiden Klick-Prozeduren starten die Funktion:

```
Private Sub cmd_OpenAll_Click()
  Call ExpandNodes(True)
End Sub

Private Sub cmd_CloseAll_Click()
  Call ExpandNodes(False)
End Sub

Function ExpandNodes(status)
 Dim i
 With Me.tvw_Staaten
  For i = 1 To .Nodes.Count
   .Nodes(i).Expanded = status
  Next i
  ' Ersten Zweig anzeigen
  .Nodes(1).Expanded = Not status
  .Nodes(1).Expanded = status
 End With
End Function
```

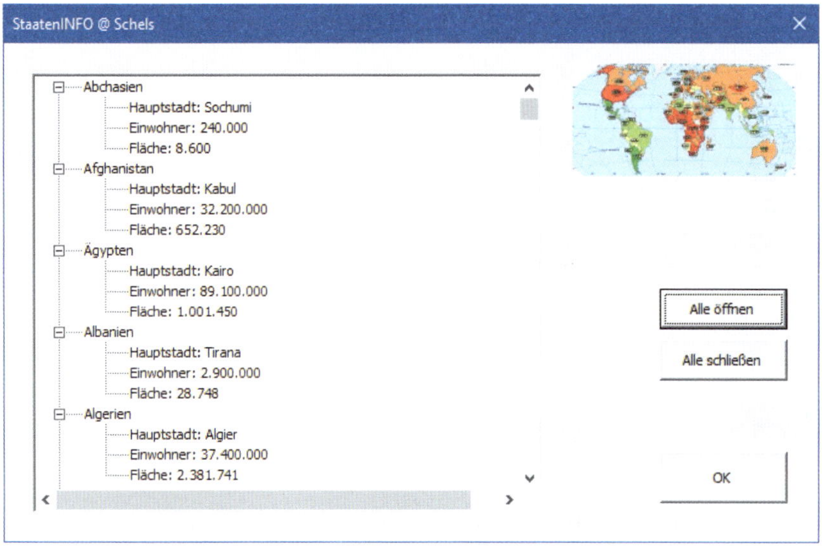

Abbildung 10.44: Ein TreeView-Element mit zwei Ebenen

10.11.15 ProgressBar

Der Fortschrittsbalken ist ein Steuerelement aus der Liste der zusätzlichen Steuerelemente in der Toolsammlung. Zeichnen Sie einen Fortschrittsbalken in die UserForm und visualisieren Sie mit diesem den Status eines Prozesses, zum Beispiel den prozentualen Anteil am Ladevorgang beim Importieren von Daten.

Eigenschaften:

Appearance	Flach oder im 3D-Modus mit Schatten
Max/Min	Kleinster/größter Wert
Scrolling	Durchgehende Fläche (1) oder Kästchen (0)

Makrobeispiel: ProgressBar mit Timer

Zeichnen Sie über die Toolsammlung einen horizontalen Fortschrittsbalken in eine UserForm. Wenn das Werkzeug noch nicht verfügbar ist, klicken Sie mit der rechten Maustaste in die Toolsammlung, wählen *Zusätzliche Steuerelemente* und markieren *Microsoft ProgressBar Control, Version 6.0.* Das Steuerelement bekommt den Namen *ProgressBar1.* Setzen Sie *Scrolling* auf 1.

Zeichnen Sie eine Schaltfläche in die UserForm, geben Sie ihr den Namen *cmd_ProgressBar_Test* und schreiben Sie das Makro für das Klick-Ereignis:

```
Private Sub cmd_ProgressBar_Test_Click()
  Dim i As Long
  Me.ProgressBar1.Max = 10
  Me.ProgressBar1.Min = 0
  For i = 1 To 10
    Me.ProgressBar1 = i
    Application.Wait Now + TimeSerial(0, 0, 0.8)
  Next i
End Sub
```

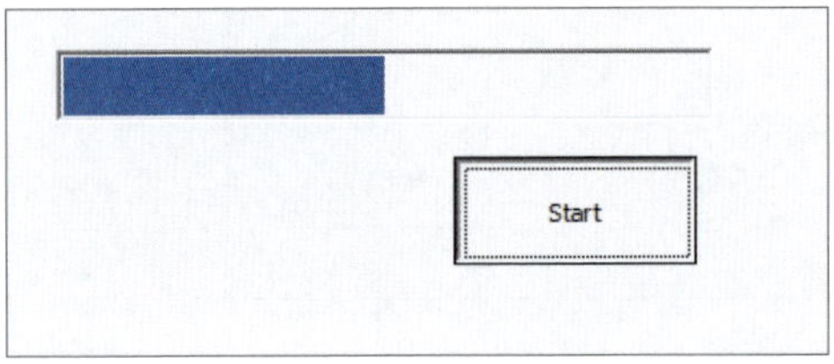

Abbildung 10.45: Der Fortschrittsbalken, zeitgesteuert

10.12 Die Aktivierreihenfolge

Viele Anwender arbeiten in UserForms gern mit der [Tab]-Taste, um von einem Eingabefeld zum nächsten zu schalten. Beim Zeichnen und Positionieren von UserForm-Elementen verschiebt sich natürlich häufig die Reihenfolge, auch wenn neue Elemente eingefügt werden. Achten Sie darauf, dass die Reihenfolge stimmt, besonders bei Textfeldern:

Klicken Sie mit der rechten Maustaste in die UserForm und wählen Sie *Aktivierreihenfolge*. Markieren Sie Elemente und positionieren Sie sie mit *Nach oben* und *Nach unten* neu. Drücken Sie die [Strg]-Taste oder die [⇧]-Taste, um mehrere Elemente gleichzeitig zu markieren.

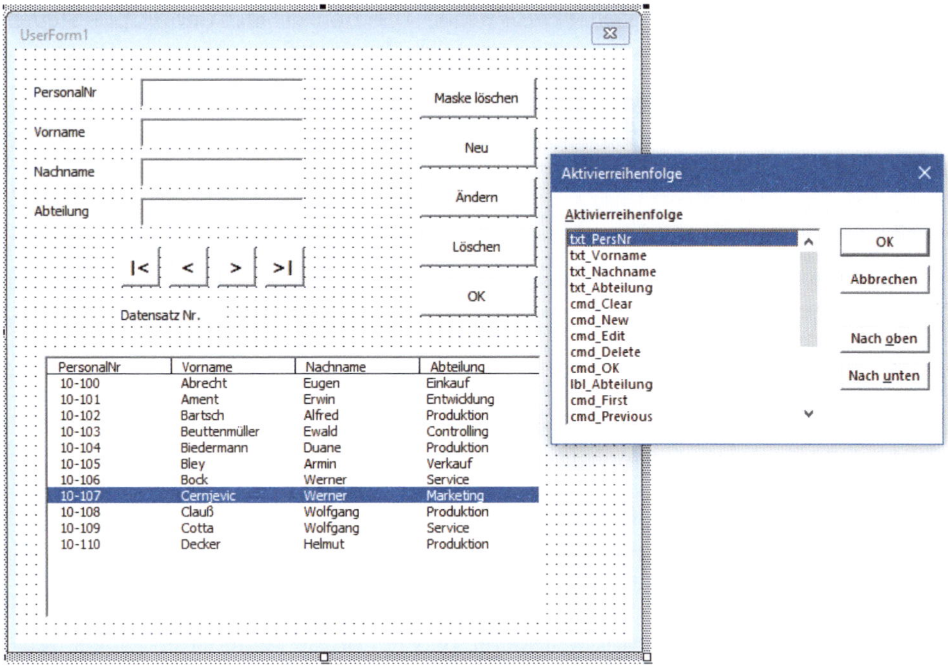

Abbildung 10.46: Die Aktivierreihenfolge

11. Formularsteuerelemente im Tabellenblatt

Dialoge mit dem Benutzer müssen nicht zwingend über eine UserForm geführt werden. Excel stellt seine Zeichentools auch auf der Standard-Oberfläche zur Verfügung und bietet damit die Möglichkeit, Tabellenblätter als Formulare zu gestalten.

Der Vorteil liegt auf der Hand: Der Anwender muss seine vertraute Oberfläche nicht verlassen, der Programmierer kann mit Formeln, Funktionen und Formatierungen arbeiten und Tabellenblätter in funktionelle Formulare umwandeln.

Schalten Sie um auf das Register *Entwicklertools*. Hier finden Sie in der Gruppe *Steuerelemente* alles, was Sie für die Gestaltung von Tabellenblattformularen brauchen.

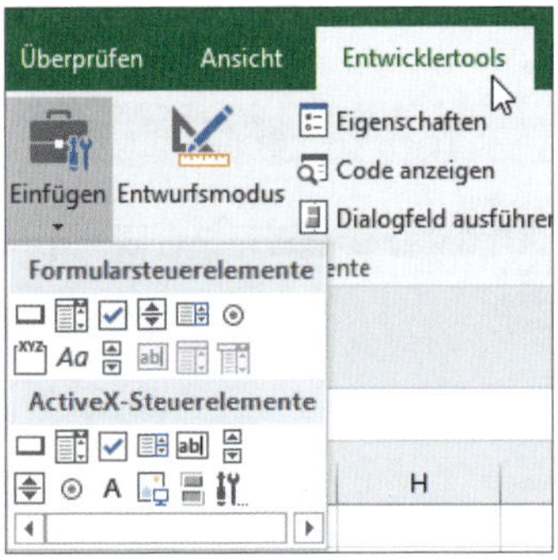

Abbildung 11.1: Formularsteuerelemente und ActiveX-Elemente in den Entwicklertools

Aktivieren Sie unter *Entwicklertools/Steuerelemente* das Symbol *Einfügen*, sehen Sie zwei Gruppen von Werkzeugsymbolen, die sich auf den ersten Blick kaum unterscheiden. Aber – der Unterschied ist wesentlich:

Die erste Gruppe enthält Formularsteuerelemente, für die keine externen Verweise auf Dateien benötigt werden. Diese Elemente sind zwar nicht ganz so flexibel wie die ActiveX-Steuerelemente, dafür aber weniger risikobehaftet. Für ActiveX-Elemente muss eine passende Bibliotheksdatei installiert sein, Formularelemente brauchen so etwas nicht.

Die Gruppe der ActiveX-Steuerelemente bietet dagegen eine reichhaltigere Auswahl, vergleichbar mit der Toolsammlung der UserForm.

Hier die wichtigsten Unterschiede:

Aktion	ActiveX-Steuerelemente	Formularsteuerelemente
Auswahl an Werkzeugen	Befehlsschaltfläche, Kontrollkästchen, Textfeld, Schaltfläche, Optionsfeld, Bezeichnungsfeld, Listenfeld, Kombinationsfeld, Umschaltfläche, Drehfeld, Scrollleiste, Bildfeld, viele weitere zusätzliche Steuerelemente	Befehlsschaltfläche, Kombinationsfeld, Kontrollkästchen, Drehfeld, Listenfeld, Optionsfeld (mit Gruppe), Bezeichnungsfeld, Scrollleiste
Speicherort für Makros	In jedem VBA-Modul	Nur im Modul des Tabellenblatts
Makroname	Muss den Elementnamen und das Ereignis enthalten (z. B. *cmdOK_Click*).	Beliebig
Eigenschaften	Viele, über die Eigenschaftenliste einstellbar	Wenige, nur Größe und Position einstellbar, keine Schrift, Farbe etc.
Ereignisse	Viele	Wenige, nur Click- und Change-Ereignis

11.1 Formularsteuerelemente

Die Standard-Formularelemente aus der ersten Gruppe kommen weitgehend ohne Makros aus, wenn es um einfache Aufgaben geht. Der Eingabebereich von Listenelementen lässt sich aus Zellbereichen holen, die Ausgabeverknüpfung (eine Zelle) wird in Formeln eingebunden und so weiterverarbeitet.

Zur Auswahl stehen Werkzeuge für Schaltflächen, Kombinationsfelder, Kontrollkästchen, Drehfelder, Listenfelder, Optionsfelder, Optionsfeldgruppen, Beschriftungen und Scrollleisten. Die nicht aktiven Werkzeuge dieser Gruppe bleiben inaktiv, außer Sie arbeiten in Dialogblättern früherer Excel-Versionen.

Um ein Formularelement zu zeichnen, klicken Sie das Werkzeug an. Klicken Sie dann in das Tabellenblatt oder ziehen Sie mit dem Mauszeiger gleich einen Rahmen in der gewünschten Größe auf. Das Element zeigt weiße Markierungspunkte an den Rändern, über diese lässt es sich vergrößern und verkleinern. Zum Verschieben nehmen Sie es in der Mitte oder am Rand zwischen den Markierungspunkten ab.

Klicken Sie in das Tabellenblatt, ist das Element aktiv. Um es wieder zu bearbeiten, klicken Sie es mit der rechten Maustaste an.

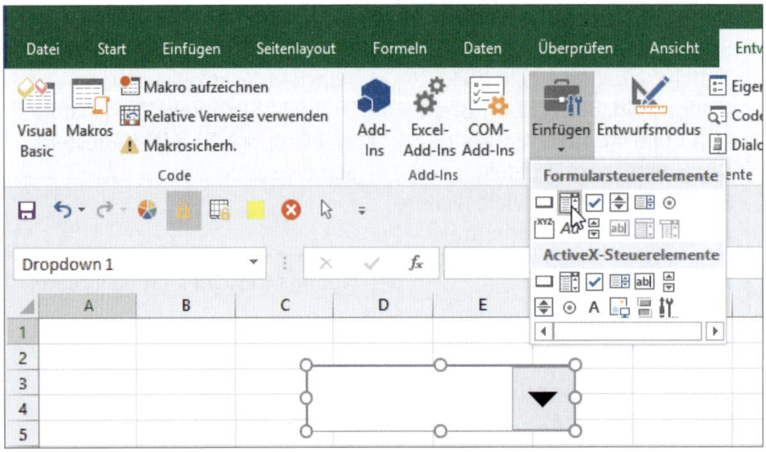

Abbildung 11.2: Ein Steuerelement wird gezeichnet

Im Kontextmenü finden Sie den Befehl *Steuerelement formatieren*. Damit öffnen Sie ein Dialogfenster, in dem Sie die Eigenschaften eintragen können. Bestätigen Sie mit *OK* und klicken Sie in das Tabellenblatt, um das Element freizuschalten.

11.1.1 Formularelemente formatieren

Formularelemente erhalten ihre Namen über das Namensfeld. Tragen Sie den Namen ein, verwenden Sie wie bei den UserForm-Elementen ein passendes Präfix (siehe Namenskonventionen in Kapitel 4.8). Vergessen Sie nicht, mit der [↵]-Taste abzuschließen. Der Name taucht nicht im Namens-Manager unter den Namen für Zellbezüge oder Formeln auf.

Mit *Text bearbeiten* aus dem Kontextmenü wird die Schaltfläche beschriftet, *Steuerelemente formatieren* bietet noch die Möglichkeit, Schrift und Schriftformat anzupassen. Wenn der Cursor im Text blinkt, können Sie nur die Schrift anpassen.

11.1.2 Makro zuweisen

Formularelemente müssen nicht zwingend mit Makros verbunden werden. Und das ist der große Vorteil dieser Elemente, denn wenn Sie das Formular makrofrei halten, müssen Sie den Dateityp der Mappe nicht auf XLSM (Makromappe) ändern. Eingabebereich und Zellverknüpfung der Elemente stammen aus Zellbezügen oder Bereichsnamen, und mit etwas Fantasie lässt sich vieles im Formular ohne Makros steuern (siehe Praxisbeispiel *Personalverwaltung*).

Wollen Sie das Element trotzdem mit einem Makro steuern, klicken Sie es mit der rechten Maustaste an und wählen *Makro zuweisen*. Markieren Sie ein bereits geschriebenes Makro aus der Liste oder wählen Sie *Neu*, um ein Makro anzulegen. Mit *Aufzeichnen* starten Sie den Makrorekorder.

Um die Makrozuweisung zu entfernen, wählen Sie *Makro zuweisen* und löschen den Eintrag mit der [Entf]-Taste. Formularsteuerelemente haben nur ein Ereignis, das vom Benutzer ausgelöst wird. Der Makroname *<Schaltflächenname>_Klicken* oder *<Schaltflächenname>_BeiÄnderung* weist darauf hin, mit welchem Ereignis das Makro startet, kann aber jederzeit geändert werden.

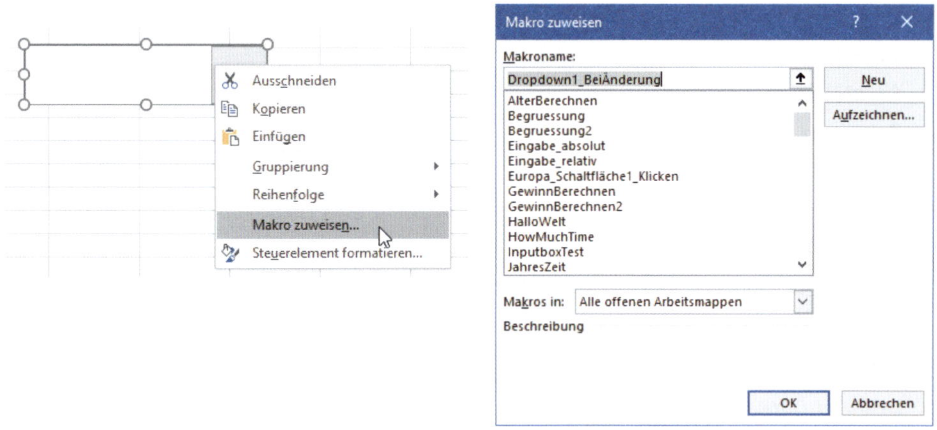

Abbildung 11.3: Steuerelemente können auch mit Makros gesteuert werden

11.2 Schaltflächen

Das meistbenutzte Werkzeug aus der Sammlung der Formularsteuerelemente dürfte die Schaltfläche sein. Sie ist für den Aufruf von Makros vorgesehen, und das Werkzeug hat deshalb im Unterschied zu den anderen Werkzeugen einen kleinen Automatismus:

Klicken Sie das Werkzeug *Schaltfläche* an und zeichnen Sie mit gedrückter Maustaste ein Rechteck auf das Tabellenblatt.

Der Dialog *Makro zuweisen* erscheint, Sie haben jetzt die Möglichkeit, ein bereits verfügbares Makro anzuklicken, ein neues Makro anzulegen oder den Makrorekorder zu starten. Schalten Sie für ein neues Makro unter *Makros in* auf das Ziel um:

- *Alle offenen Arbeitsmappen* (Standard) legt ein neues Modul an.
- *Diese Arbeitsmappe* erstellt das Modul im Projekt der aktiven Mappe.

Sind weitere Mappen offen, können Sie das Makro in den Projekten dieser Mappen anlegen. Das neue oder neu aufgezeichnete Makro erhält automatisch die Bezeichnung *<Elementname>_Klicken* zugewiesen. Sie können den Namen natürlich nachträglich ändern, vergessen Sie aber nicht, die Schaltfläche wieder mit dem neu benannten Makro zu verbinden (rechte Maustaste, *Makro zuweisen*).

Tragen Sie in einem neuen Tabellenblatt die Beschriftungen für die Erfassung von Personalstammdaten ein. Die Zelle B3 ist für die Anrede reserviert, hier sollten Sie ein Formularelement vorbereiten, damit der Anwender nur die Auswahl zwischen »Herr« und »Frau« hat.

1. Schreiben Sie die Auswahlliste in einen freien Bereich:

   K1: Herr
   K2: Frau
2. Zeichnen Sie über *Entwicklertools/Steuerelemente/Formularsteuerelemente* ein Kombinationsfeld in die Zelle B3.
3. Klicken Sie mit der rechten Maustaste in das Element und wählen Sie *Steuerelement formatieren*.
4. Markieren Sie das Feld *Eingabebereich* und ziehen Sie den Mauszeiger über $K$1:$K$2.
5. Setzen Sie den Cursor in das Feld *Zellverknüpfung* und klicken Sie in die Zelle $J$1.
6. Unter *Dropdownzeilen* bestimmen Sie, wie viele Zeilen angezeigt werden, wenn die Liste aufgeklappt wird (hier reicht eine 2).
7. Kreuzen Sie *3D-Schattierung* an, wenn Sie das Element im 3D-Look sehen wollen.
8. Bestätigen Sie mit *OK*.

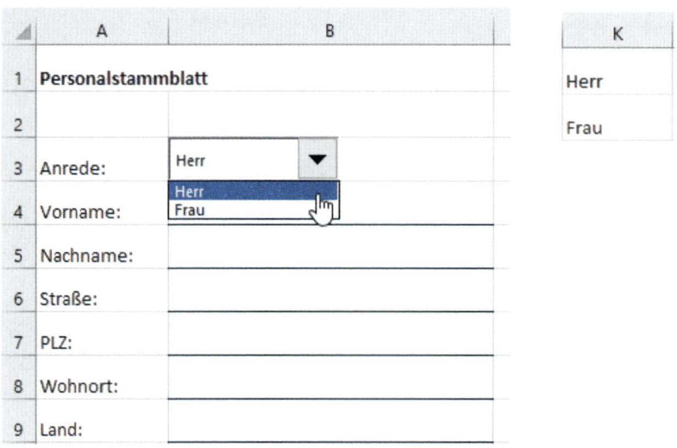

Abbildung 11.4: Ein Kombinationsfeld für die Anrede

Die Zellverknüpfung enthält, wie unschwer zu erkennen ist, die Nummer des zuletzt gewählten Eintrags. Um aus dieser Nummer einen Eintrag in das Formular zu machen, verwenden Sie diese Formel:

```
=INDEX($K$1:$K$2;$J$1;1)
```

Für den Familienstand zeichnen Sie zunächst eine Optionsfeldgruppe und dann vier Optionen. Achten Sie darauf, dass die Optionen komplett von der Gruppe umschlossen sein müssen, damit sie eine einheitliche Zellverknüpfung haben. Tragen Sie die Optionsbezeichnungen direkt in das Element ein und weisen Sie der ersten Option über die Steuerelementformatierung die Zellverknüpfung $J$2 zu. Die erste Option bekommt den Wert *Aktiv*, alle anderen bleiben nicht aktiviert.

Um über die Zellverknüpfung wieder zum passenden Zellinhalt zu kommen, schreiben Sie eine Formel mit der Funktion *WAHL()*, die den Wert der Zellverknüpfung für die Textauswahl verwendet:

```
=WAHL($J$2;"ledig";"verheiratet";"geschieden";"verwitwet")
```

Mit einem Kontrollkästchen mit der Beschriftung »Vollzeitbeschäftigung« fragen Sie das Arbeitsverhältnis ab. Die Zellverknüpfung wird auf $J$3 gesetzt, sie wird WAHR, wenn das Kästchen angekreuzt ist, sonst FALSCH. Für die Formelabfrage verwenden Sie eine WENN-Funktion:

```
=WENN($J$3;"Vollzeit";"Teilzeit")
```

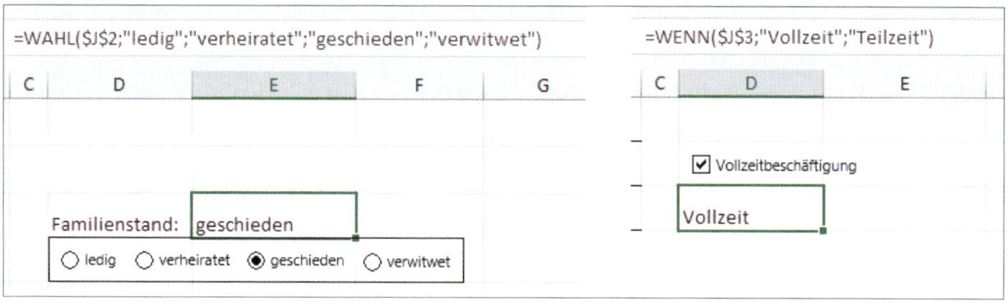

Abbildung 11.5: Optionsfelder und Kontrollkästchen

Für eine professionelle Formulargestaltung sollten Sie diese Tipps beachten:

- Legen Sie ein neues Tabellenblatt an, in dem alle Elementinhalte (Listen, Aktiv/Nicht aktiv etc.) und alle Zellverknüpfungen untergebracht sind. Dieses Blatt können Sie später ausblenden und unsichtbar machen.
- Verwenden Sie für alle Listen und Verknüpfungen globale Bereichsnamen und verwenden Sie keine $-Bezüge in den Elementeigenschaften. Ändert sich der Inhalt eines Elements, müssen Sie nur den Bereichsnamen anpassen.

- Schalten Sie unter *Objektpositionierung* die Option *Von Zellposition und -größe abhängig* ein, ändert sich die Elementgröße mit der Anpassung der Zeilenhöhe und der Spaltenbreite.
- Alle Formularelemente bieten in den Eigenschaften die Option *Objekt drucken* an. Schalten Sie diese Option ab, werden die gezeichneten Formularelemente nicht gedruckt.

11.3 ActiveX-Elemente

Die Werkzeuge aus dieser Symbolgruppe werden ähnlich wie die Symbole aus der Toolsammlung für UserForms verwendet. Wählen Sie unter *Entwicklertools/Steuerelemente/Einfügen/ActiveX-Steuerelemente* ein Symbol und zeichnen Sie das Element in der gewünschten Größe in das Tabellenblatt.

Neben den Werkzeugen, die auch als Formularelemente verfügbar sind, stehen auch Texteingabefelder, Beschriftungen, Bildelemente und Umschaltflächen zur Auswahl. Klicken Sie auf *Weitere Steuerelemente*, erhalten Sie eine reichhaltige Auswahl an weiteren ActiveX-Elementen.

Bei Schaltflächen startet im Unterschied zur ersten Gruppe nicht sofort der Makrozuweisungsdialog. Klicken Sie mit der rechten Maustaste auf das Element und wählen Sie *Eigenschaften*. Legen Sie einen passenden Namen fest und definieren Sie u. a. *ListFillRange* (Bereich für Listenfelder und Kombinationsfelder) und *LinkedCell* (Zellverknüpfung).

Die Schaltfläche *Entwurfsmodus* bleibt so lange aktiv, bis die ActiveX-Elemente gestaltet sind. Schalten Sie den Entwurfsmodus ab, können die Elemente im Tabellenblatt benutzt werden.

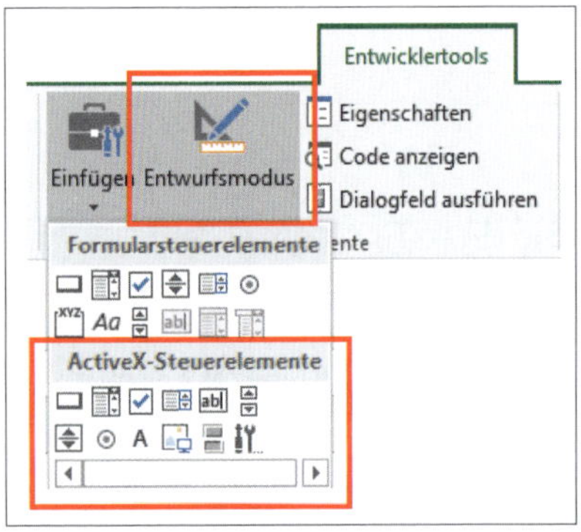

Abbildung 11.6: ActiveX-Elemente und Entwurfsmodus

Programmiert werden ActiveX-Elemente über Prozeduren, die im Modulblatt des Tabellenblatts oder in einem beliebigen Modul untergebracht sind.

In der Praxis ist es sinnvoll, das Tabellenblattmodul zu verwenden. Klicken Sie ein ActiveX-Element einfach doppelt an, um das erste Ereignismakro anzulegen. Sehen Sie in die Liste rechts oben, welche Ereignisse der Elementtyp noch anbietet.

11.3.1 Makrobeispiel: Monate

Makro Nr. 72

1. Schreiben Sie in eine freie Zelle im Tabellenblatt *Januar*, legen Sie mit dem Füllkästchen eine Monatsreihe an.
2. Markieren Sie diese und weisen Sie ihr den Bereichsnamen *rng_Monate* zu. Suchen Sie für die Ausgabeverknüpfung eine freie Zelle und nennen Sie diese *rng_MonatAktuell*.
3. Zeichnen Sie ein Listenfeld aus der Gruppe der ActiveX-Elemente in das Tabellenblatt.

   Aktivieren Sie die Eigenschaften und stellen Sie ein:

   Name: lst_Monate
   ListFillRange: rng_Monate
   LinkedCell: rng_MonatAktuell

Wenn Sie den Entwurfsmodus abschalten und auf einen der Monatsnamen klicken, wird dieser in die verlinkte Zelle eingetragen. Schalten Sie den Entwurfsmodus wieder ein und klicken Sie doppelt auf das Element.

Das Makro für das Klick-Ereignis holt sich über die Eigenschaft *Listindex* die Nummer des markierten Eintrags und berechnet den ersten bzw. letzten Wochentag des markierten Monats. Dazu wird der ListIndex in die Funktion *DateSerial* eingesetzt, für die Formatierung sorgt die Funktion *Format*.

Den Namen des Monats können Sie aus der verlinkten Zelle oder aus *Me.lst_Monate.Value* holen.

```
Private Sub lst_Monate_Click()
 Dim varMonat, varErsterTag, varLetzterTag, strMText As String
 varMonat = Me.lst_Monate.ListIndex + 1
 varErsterTag = Format(DateSerial(Year(Date), varMonat, 1), "dddd, dd.
MMMM YYYY")
 varLetzterTag = Format(DateSerial(Year(Date), varMonat + 1, 1) - 1,
"dddd, dd. MMMM YYYY")
 strMText = "Erster Tag: " & varErsterTag & vbCr & "Letzter Tag: " &
varLetzterTag
 MsgBox strMText, vbInformation, Me.lst_Monate.Value
End Sub
```

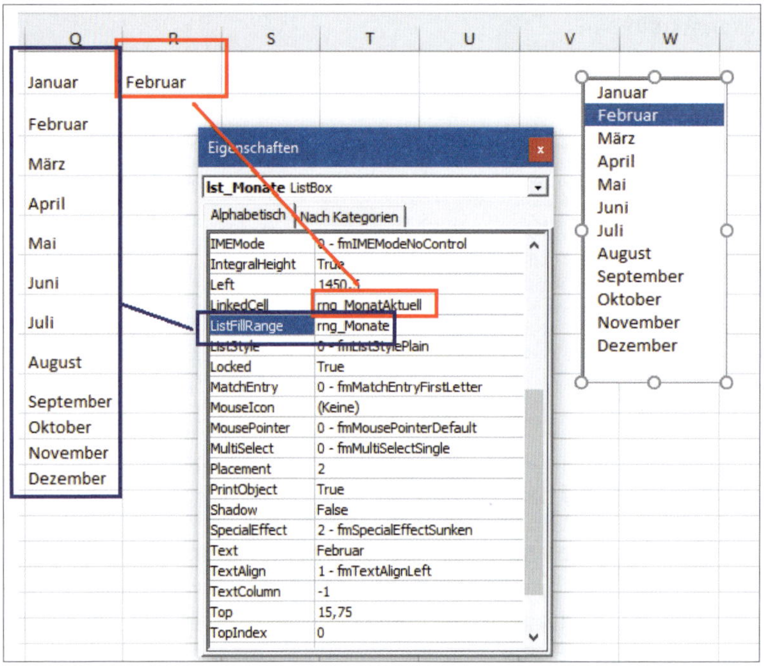

Abbildung 11.7: ActiveX-Element Liste mit Eigenschaften

12. VBA im Tabellenblatt

VBA ist keineswegs auf die Excel-Oberfläche eingeschränkt, obwohl die Codes eines Excel-Makros nur unter Excel laufen. Aber auch wenn Sie Outlook, Word, Access oder andere Applikationen als Quell- und Zielobjekte für Daten bestimmt haben, werden Sie doch den größten Teil Ihrer Programmierzeit mit Excel verbringen. Und das nicht nur, weil sich die meisten Daten, die mit VBA-Makros verwaltet werden, in Excel-Mappen und Tabellenblättern befinden, sondern weil Excel die ideale Plattform für die Aufbereitung der Daten ist.

- Brauchen Sie für Ihr Makro eine Liste mit Abteilungsbezeichnungen, werden Sie diese nicht als Variablen erfassen, sondern in einem Tabellenblatt zur Verfügung stellen und per VBA auslesen.
- Erfassen Sie Daten in für Excel geeigneten Größenordnungen, speichern Sie diese in Mappen und Tabellen. Brauchen Sie Daten für PDF-Berichte oder PowerPoint-Präsentationen, legen Sie Arbeitsmappen dafür an. Nur bei größeren Aufgaben und Datenmengen im Millonen-Datensätze-Bereich werden Sie auf Datenbanken wie Access, SQL-Server oder OLAP-Cubes ausweichen.
- Müssen Sie eine komplexe Berechnung durchführen, schreiben Sie in Excel eine Formel, verwenden eine oder mehrere der bis zu 468 (!) integrierten Funktionen und übernehmen das Ergebnis in Ihr Makro.

Als angehender Excel-Programmierer nutzen Sie also weiterhin Excel, ja sogar intensiver als vorher. Denn was Sie in Excel kalkulieren können, müssen Sie in VBA nicht programmieren.

12.1 Tabellenblattobjekte

VBA-Makros, die mit Tabellenblättern arbeiten, lesen Zellbereiche aus oder beschreiben diese, fügen Zeilen und Spalten ein oder löschen Bereiche. Die meisten Aktionen lassen sich per Makrorekorder aufzeichnen, und den sollten Sie auch nutzen, um die Tabellenblattobjekte sowie die passenden Eigenschaften und Methoden für deren Bearbeitung kennenzulernen.

Aber – trennen Sie sich relativ schnell vom Makrorekorder, nutzen Sie ihn nur, um festzustellen, was in VBA codiert werden muss, um ein Ziel zu erreichen. Lassen Sie aufgezeichnete Codes nicht stehen, sie sind in den meisten Fällen viel zu umständlich und können auf einen Bruchteil ihres Umfangs reduziert werden.

12.1.1 Selection und Select – meist überflüssig

Selection ist die allgemeine, nicht mit einem Bezug oder einer Zelladresse bezeichnete Eigenschaft für den markierten Bereich. Der Makrorekorder verwendet *Selection* inflationär. Jede Markierungaktion des Anwenders wird mit der Eigenschaft *Selection* aufgezeichnet und das macht die Codes ziemlich unübersichtlich.

Ein Beispiel: Zeichnen Sie folgende Aktionen auf:

- Text *Name:* in Zelle B2 schreiben.
- Zelle B3 mit Füllfarbe Gelb formatieren.

```
Sub SelectionTest1()
 Range("B2").Select
 ActiveCell.FormulaR1C1 = "Name:"
 Range("C2").Select
 With Selection.Interior
  .Pattern = xlSolid
  .PatternColorIndex = xlAutomatic
  .Color = 65535
  .TintAndShade = 0
  .PatternTintAndShade = 0
 End With
End Sub
```

Natürlich muss der Makrorekorder zuerst die Zelle ansteuern (*Select*) und anschließend die Markierung (*Selection*) formatieren, wobei alles, was nicht formatiert wird, auch wieder auf Standardwerte zurückzusetzen ist. Der Programmierer wird aber weder *Select* verwenden, um eine Zelle anzusteuern, noch *Selection*, um die Markierung zu formatieren. Das ganze Makro lässt sich auf wenige Zeilen reduzieren:

```
Sub SelectionTest2()
  With ThisWorkbook.Sheets("SelectionTest")
    .Range("B2").Value = "Name:"
    .Range("C2").Interior.Color = 65535
  End With
End Sub
```

Noch ein Beispiel: Kopieren Sie den Inhalt der Zelle C2 aus dem Tabellenblatt *SelectionTest1* in die Zelle C2 des Tabellenblatts *SelectionTest2*:

```
Sub SelectionTest3()
    Sheets("SelectionTest1").Select
    Range("C2").Select
    Selection.Copy
```

```
    Sheets("SelectionTest2").Select
    Range("C2").Select
    ActiveSheet.Paste
End Sub
```

Und hier der verbesserte Code. Verwenden Sie Objektvariablen, um den Code schnell und sicher zu machen. Das Makro läuft wesentlich ruhiger, der Bildschirm flackert nicht dauernd, Sie müssen auch nicht *Application.ScreenUpdating* auf *False* setzen, um ihn für die Makrodauer abzuschalten. Außerdem ist der Code besser zu lesen und braucht weniger Speicherplatz (auch wenn das heutzutage das kleinste Problem ist):

Makro Nr. 73

```
Sub SelectionTest4()
   Dim rngQuelle As Range, rngZiel As Range
   Set rngQuelle = ThisWorkbook.Worksheets("SelectionTest1").Range("C2")
   Set rngZiel = ThisWorkbook.Worksheets("SelectionTest2").Range("C2")
   rngQuelle.Copy rngZiel
End Sub
```

12.1.2 Range in eckigen Klammern

Das ist zwar erlaubt, aber nicht sehr professionell: Ein Zellbereich kann einfach mit eckigen Klammern angegeben werden:

```
[a1]
[a1:a3].count
```

Verwenden Sie immer das Range-Objekt und Cells und vergessen Sie nicht, die Objekthierarchie abzubilden:

```
ThisWorkbook.Sheets(1).Range("$a$1")
```

12.1.3 Range

Eines der häufigsten Objekte in aufgezeichneten Makros wird das Range-Objekt sein. Range ist ein Bereich im Tabellenblatt, und das kann eine einzelne Zelle, ein Zellbezug über mehrere Zellen oder eine ganze Zeile oder Spalte sein.

Range kann auch ein benannter Bereich sein, und als Excel-Profi sollten Sie die Möglichkeit, Bereichsnamen für Bereiche zu vergeben, ausführlich nutzen.

Hier ein paar Beispiele:

Range-Objekt	Beispiel
`Range("A1") oder Range("$A$1")`	Die Zelle A1, relativ oder absolut adressiert
`Range("A1:C5")`	Der Bereich A1:C5
`Range("3:3")`	Die Zeile 3
`Range("D:D")`	Die Spalte D
`Range("A1:B2,D5:G20")`	Die Zellbereiche A1:B2 und D5:G20
`Range("Ausgaben")`	Der Bereich, dem der Bereichsname *Ausgaben* zugewiesen ist (Namen sind im Namens-Manager zu sehen)

Alle diese Angaben beziehen sich auf das aktive Tabellenblatt. Sie können natürlich auch auf Bereiche in anderen Tabellenblättern und Mappen verweisen:

Range-Objekt	Beispiel
`Worksheets("Tabelle1").Range("A1")`	Die Zelle A1 im Tabellenblatt *Tabelle1*
`Workbooks("Mappe1.xlsx").Worksheets("Tabelle1").Range("A1")`	Die Zelle A1 in der Tabelle *Tabelle1* in der Mappe *Mappe1.xlsx*
`Range("Ausgaben")`	Der Bereich, dem der Bereichsname *Ausgaben* zugewiesen ist (Namens-Manager)

Wenn Sie mit *Range* programmieren, stellen Sie sicher, dass der Range auch auf das richtige Blatt verweist. Sie müssen nicht auf die Mappe oder das Blatt wechseln, sollten diese aber immer angeben. Schreiben Sie Mappe und Blatt am besten in Variablen, dann können Sie immer einfach und sicher auf die Bereiche zugreifen:

Makro Nr. 74

```
Sub RangeTest
 Dim wb as Workbook, shBlatt as Worksheet
 Set wb = ThisWorkbook
 Set shBlatt = wb.Sheets("Tabelle1")
 MsgBox shBlatt.Range("A1")
End Sub
```

Noch besser: Definieren Sie auch für den Range eine Objektvariable, dann lässt sich dieser sicher verwerten und auslesen. Hier ermitteln Sie die Anzahl Zeilen eines benannten Bereichs:

Makro Nr. 75

```
Sub RangeTest()
 Dim wb As Workbook, shBlatt As Worksheet, rngMonate As Range
 Set wb = ThisWorkbook
 Set shBlatt = wb.Sheets("Tabelle1")
 Set rngMonate = shBlatt.Range("Monate")
 MsgBox "Anzahl Monate: " & rngMonate.Rows.Count
End Sub
```

Wenn Sie per VBA-Makro einen Bereich markieren wollen, müssen Sie die einzelnen Objekte der Reihe nach ansteuern. Dazu verwenden Sie die Methoden *Select* und *Activate*. Machen Sie sich auch hier die Mühe, alle Objekte einzeln zu deklarieren, damit Sie den Range sicher adressieren:

Makro Nr. 76

```
Sub RangeTest_Aktivieren()
 Dim wb As Workbook, shBlatt As Worksheet, rngMonate As Range
 Set wb = ThisWorkbook
 Set shBlatt = wb.Sheets("Tabelle1")
 Set rngMonate = shBlatt.Range("Monate")
 wb.Activate
 shBlatt.Select
 rngMonate.Select
 MsgBox Selection.Rows.Count
End Sub
```

Die Eigenschaft Value

Der Inhalt des Bereichs *.Value* ist die Standard-Eigenschaft und kann deshalb auch weggelassen werden:

```
Range("A1").Value
```

ist identisch mit

```
Range("A1")
```

Wollen Sie einen aus mehreren Zellen bestehenden Range auslesen, müssen Sie die einzelnen Elemente adressieren. Diese Anweisung erzeugt einen Fehler:

```
MsgBox Range("A1:A12").Value
```

Holen Sie die einzelnen Zellen mit einer Schleife ab. Für eine Zählschleife brauchen Sie die Eigenschaft *Count* für das Schleifenende. *Item()* ist das indizierte Element im Range:

Makro Nr. 77

```
Sub ReadRange1()
  Dim i As Integer
  For i = 1 To Range("B1:B12").Cells.Count
    MsgBox Range("B1:B12").Item(i)
  Next i
End Sub
```

Besser geht's mit einer *For...Each*-Schleife, die braucht kein definiertes Ende und keinen Index. Sammeln Sie alle Elemente in einer Variablen mit der Konstanten *vbCr* (Visual Basic Carriage Return = Zeilenumbruch) am Zeilenende:

Makro Nr. 78

```
Sub ReadRange()
  Dim varCell, strMText As String
  For Each varCell In Range("B1:B12")
   strMText = strMText & varCell.Value & vbCr
  Next varCell
  MsgBox strMText
End Sub
```

Sie können einen Range aus mehreren Zellen auch einer Variablen zuweisen und damit automatisch ein Array erzeugen. Die Variable muss aber vom Typ *Variant* sein:

```
Dim arrX as Variant
arrX = Range("A1:B20")
```

Verwenden Sie die Variable wie ein Array. So geben Sie zum Beispiel den Wert aus der ersten Zeile und zweiten Spalte aus:

```
MsgBox arrX(1,2)
```

Die Eigenschaft Text

Diese schreibgeschützte Eigenschaft können Sie im Unterschied zu *Value* nicht programmieren, sondern nur auslesen. Sie gibt den Inhalt eines Bereichs so wieder, wie er im Tabellenblatt angezeigt wird. *Value* gibt dagegen nur den Wert aus. Enthält der Bereich eine Zahl oder eine Formel, wird die Zahl oder das Formelergebnis mit der Formatierung wiedergegeben. Enthält der Bereich einen Text oder ein Datum, ist die Ausgabe bei *Text* und *Value* identisch.

Die Eigenschaft Count

Mit dieser Eigenschaft zählen Sie alle Zellen im Bereich, nicht nur die Zellen mit Inhalt. *Count* ist schreibgeschützt und kann nur gelesen werden. Diese Anweisungen geben dasselbe Ergebnis aus:

```
MsgBox Range("B1:B20").Count
MsgBox Range("B1:B20").Cells.Count
```

Count wird häufig als Schleifenende eingesetzt oder bei Sicherungsanweisungen, um abzuprüfen, ob ein Bereich zu groß oder zu klein ist. In Verbindung mit *Selection* können Sie zum Beispiel prüfen, ob eine genügend große Anzahl Zellen markiert ist. Hier in einem Makro, das die Zahlen von 1 bis 12 in die Markierung schreiben muss:

Makro Nr. 79

```
Sub RangeTest_Count2()
 Dim i As Integer
 i = Selection.Cells.Count
 If i < 12 Then
   MsgBox "Bitte 12 Zellen markieren (" & i & " markiert)", vbCritical
 Else
  For i = 1 To Selection.Cells.Count
   Selection.Cells(i).Value = i
  Next i
End If
End Sub
```

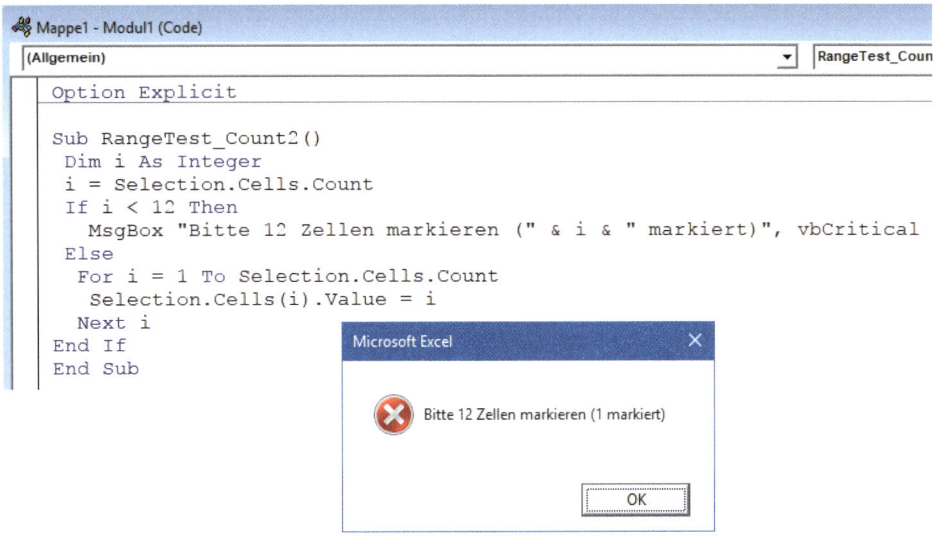

Abbildung 12.1: Die Eigenschaft Count als Schleifenende

Die Eigenschaften Column und Row

Mit *Range().Column* erhalten Sie die Spaltennummer eines Bereichs, *Range().Row* gibt die Zeilennummer aus. Besteht das Range-Objekt aus mehreren Spalten oder Zeilen, wird die erste Spalte/Zeile ausgegeben. Das ist besonders hilfreich, um festzustellen, wo sich ein benannter Bereich befindet. Achten Sie auf den Unterschied zu *Rows* und *Columns*, damit werden die Spalten/Zeilen des Bereichs gezählt.

Anweisung	Ergebnis
`Range("F3").Column`	6 (Spalte F)
`Range("XY23").Row`	23 (Zeile 23)
`Range("Ausgaben").Column`	5, wenn der Bereich *Ausgaben* in Spalte E beginnt
`Range("Ausgaben").Row`	2, wenn der Bereich *Ausgaben* in Zeile 2 beginnt
`MsgBox Range("Ausgaben").Rows.Count & ", " & Range("Ausgaben").Columns.Count`	20, 5, wenn der Bereich *Ausgaben* 20 Zeilen und 5 Spalten umfasst

Die Eigenschaft Address

Eine schreibgeschützte Eigenschaft, mit der die Zelladresse eines Range-Objekts als absoluter Bezug ausgewiesen wird. Um festzustellen, welche absolute Adresse sich hinter einem Bereich aus Zeilen und Spalten ergibt, können Sie den Bereich mithilfe von *Cells* konstruieren und über *Address* den absoluten Bezug ausgeben:

```
MsgBox Range(Cells(1, 1), Cells(12, 20)).Address
```

Address ist besonders im Zusammenhang mit benannten Bereichen interessant, wenn das Makro auf die direkte Adresse zugreifen muss. Hier zum Beispiel ein Makro, das ein neues Tabellenblatt anlegt, über eine Schleife alle Bereichsnamen der aktiven Mappe ausliest und in die erste Spalte schreibt und die Adressen der Bereiche daneben in Spalte B einträgt.

Makro Nr. 80

```
Sub RangeTest_Address()
 Dim i As Integer
 Sheets.Add
 Range("A1") = "Bereichsname"
 Range("B1") = "Adresse"
 For i = 1 To ThisWorkbook.Names.Count
  Range("$B$" & i + 1) = Range(ThisWorkbook.Names(i).Name).Address
 Next i
End Sub
```

Die Eigenschaften Formula, FormulaLocal, FormulaR1C1 und HasFormula

Formula ist die Formel im angegebenen Bereich. Sie können damit Zellen auslesen oder Formeln in Zellen eintragen, erhalten aber eine Fehlermeldung:

```
Range("A3").Formula = "=SUMME(A1:A2)"
```

Excel erkennt die Schreibweise der Formel nicht, weil der Bezug nicht lokalisiert ist. Verwenden Sie statt *Formula* die Eigenschaft *FormulaLocal*:

```
Range("A3").FormulaLocal = "=SUMME(A1:A2)" oder
Range("A3").FormulaLocal = "=SUMME($A$1:$A$2)"
```

Der Makrorekorder verwendet beim Aufzeichnen eines Formeleintrags die Eigenschaft *FormulaR1C1* und leider die damit verbundene Z1S1-Schreibweise. Außerdem wird die US-Version der Funktion eingetragen (SUM statt SUMME):

Mit absoluten Bezügen:

```
ActiveCell.FormulaR1C1 = "=SUM(R1C1:R2C1)"
```

Mit relativen Bezügen:

```
ActiveCell.FormulaR1C1 = "=SUM(R[-2]C:R[-1]C)"
```

Diese ältere Methode der Adressierung lässt sich in den Excel-Optionen unter *Formeln* zwar einstellen, kein Mensch wird damit aber langfristig arbeiten, weil die Formeln und Bezüge sehr schlecht zu lesen sind. Verstehen sollten Sie die Bezüge aber trotzdem:

Eigenschaft	Formel	Erklärung
FormulaLocal	`=SUMME("A1:A2")`	Relativer Bezug und deutschsprachige Funktionen (nicht aufzeichenbar)
FormulaLocal	`=SUMME("$A$1:$A$2")`	Absoluter Bezug und deutschsprachige Funktionen (nicht aufzeichenbar)
FormulaR1C1	`=SUM(R[-2]C:R[-1]C)`	Relativer Bezug mit Zeilen (R = *Row*) und Spalten (C = *Column*) und dem Versatz ([-2] = 2 Zeilen oberhalb der Formelzelle)
FormulaR1C1	`=SUM(R1C1:R2C1)`	Absoluter Bezug mit direkter Angabe der Zeilen (R = *Row*) und Spalten (C = *Column*). R1C1 ist die Zelle A1.

Mit *HasFormula* überprüfen Sie, ob Bereiche Formeln enthalten. Sie gibt als Ergebnis *True* zurück, wenn eine Zelle eine Formel enthält, ansonsten *False*. Damit stellen Sie beispielsweise im Makro sicher, dass Formelzellen nicht versehentlich überschrieben werden:

Makro Nr. 81

```
Sub RangeTest_HasFormula1()
 Dim varInput
 varInput = InputBox("Eingabe?")
 If ActiveCell.HasFormula = False Then
   ActiveCell.Value = varInput
 Else
   MsgBox "Achtung, " & ActiveCell.Address & " enthält eine Formel",
vbCritical
 End If
End Sub
```

Umfasst der Bereich mehrere Zellen, ist das Ergebnis *True*, wenn alle Zellen Formeln enthalten, und *False*, wenn keine Zelle eine Formel enthält. Enthält der Bereich eine Mischung aus Formeln/keine Formeln, ist das Ergebnis *Null*, und das können Sie mit *TypeName* abfragen:

Makro Nr. 82

```
Sub RangeTest_HasFormula2()
  Dim RTest As Variant, strMText As String
  RTest = Selection.HasFormula
  If TypeName(RTest) = "Null" Then
   strMText = "Zellen enthalten teilweise Formeln"
  Else
   Select Case RTest
    Case True
     strMText = "Alle Zellen enthalten Formeln"
    Case False
      strMText = "Keine Zelle enthält eine Formel"
   End Select
  End If
  MsgBox strMText, vbInformation
End Sub
```

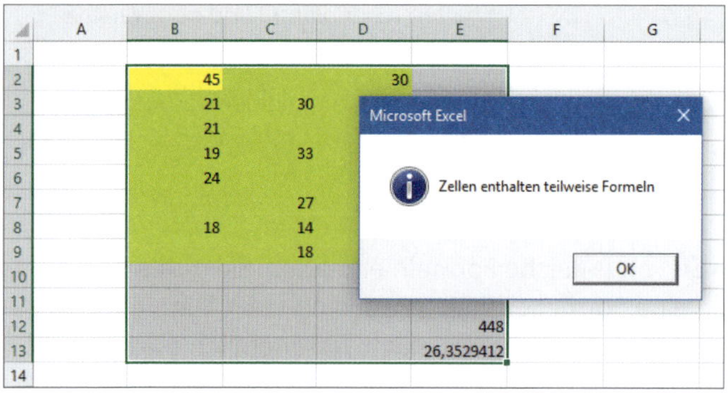

Abbildung 12.2: Die Range-Eigenschaft HasFormula

Die Eigenschaft Font

Mit der Schriftformatierung eines Bereichs wird dessen Eigenschaft *Font* aktiviert und das Font-Objekt zugewiesen. Das hat wiederum sehr viele eigene Eigenschaften. Schalten Sie hier den Makrorekorder ein, er zeichnet alle Schrift-Formatierungen sauber auf.

```
Range("A1").Font.Bold = true
Range("A1").Font.Color = vbBlack
Range("A1").Font.Size = 14
```

Die Eigenschaft Interior

Diese Eigenschaft ist für die Formatierung der Zellen verantwortlich. Mit der Zuweisung eines Formats wird das Interior-Objekt mit seinen eigenen Eigenschaften aktiviert. Nutzen Sie auch hier den Makrorekorder, um die wichtigsten Eigenschaften kennenzulernen. Zeichnen Sie den Klick auf die Füllfarbe Rot auf, erhalten Sie ein Makro, das über eine With-Klammer die Interior-Eigenschaften *Pattern* (Füllmuster), *PatterColorIndex* (Füllmusterfarbe), *Color* (Farbe), *TintAndShade* (Helligkeitswert Farbe) und *PatternTintAndShade* (Helligkeitswert Füllmuster) definiert.

```
With Selection.Interior
  .Pattern = xlSolid
  .PatternColorIndex = xlAutomatic
  .Color = 255
  .TintAndShade = 0
  .PatternTintAndShade = 0
End With
```

Für die Zellfarbe verwendet VBA also einen Wert (255 für Rot). Bevor Sie jetzt mühsam per Makrorekorder die Farbcodes der zahlreichen Farben herausfiltern, lernen Sie besser die Technik der Farbzuweisung mit VBA kennen:

Es gibt exakt 16.777.216 Farben in Excel. Die Zahl ergibt sich aus der Tatsache, dass das RGB-Farbmodell (RGB = Rot, Grün, Blau) je Farbe 0 bis 255 Werte annehmen kann. 256 x 256 x 256 = 16.777.216. Wenn Sie in einem Makro eine zufällige Farbe aus dieser Palette haben wollen, lassen Sie sich einen Zufallswert berechnen und weisen diesen dem Range zu. Die beiden anderen Zellen bekommen die Information über den *Color-* und den *Colorindex*-Wert:

```
Sub ZufallsFarbe()
  Range("B5").Interior.Color = Int(16777216 * Rnd)
  Range("B3") = Range("B5").Interior.Color
  Range("B4") = Range("B5").Interior.ColorIndex
End Sub
```

Verwenden Sie die Funktion *RGB()*, um die Zellfarbe mit RGB-Farben zu füllen. Die Argumente sind Zahlen zwischen 0 und 255:

```
RGB(Rot,Grün,Blau)
```

Beispiele:

```
Range("B5").Interior.Color = RGB(0,0,0)
```

12.1.4 Cells

Die Cells-Eigenschaft ist flexibler als die Range-Eigenschaft. *Cells* bietet nämlich die Möglichkeit, Zeile und Spalte numerisch anzugeben, und das hat große Vorteile. Denken Sie an die Zählschleife, die einen Wert hochzählt. Packen Sie diesen in die Cells-Eigenschaft, wird die Schleife zum Zellenturbo. Ein Beispiel:

Das Makro legt ein neues Tabellenblatt in der aktiven Mappe an und schreibt per Schleife die ersten 20 Zahlen in die Spalte A:

Makro Nr. 83

```
Sub CellsTest_Schleife()
 Dim i As Integer
 Sheets.Add
 For i = 1 To 20
   Cells(i, 1) = i
 Next i
End Sub
```

Cells lässt sich auch mit *Range* kombinieren. Da ein Range immer zwei Argumente braucht, definieren Sie den Anfangswert mit *Cells(Zeile,Spalte)* und ebenso den Endwert. Diese Anweisung markiert 10 Zeilen und 10 Spalten:

```
Range(Cells(1, 1), Cells(10, 10)).Select
```

Makrobeispiel: Kalender

Ein schönes Beispiel, um *Cells* richtig gut kennenzulernen: Legen Sie in einem neuen Tabellenblatt einen Jahreskalender an. Schreiben Sie das aktuelle Jahr in die Zelle A1 und berechnen Sie – wahlweise horizontal oder vertikal – die Kalendertage. Die Funktion *DateSerial(Jahr,Monat,Tag)* ist hier sehr nützlich, zählen Sie einfach mit einer Schleife den Tag weiter und Sie erhalten alle Kalendertage.

So sieht das Makro für einen horizontalen Kalender mit dem Monat in Zeile 2, dem Wochentag in Zeile 3 und dem Kalendertag in Zeile 4 aus:

Makro Nr. 84

```
Sub KalenderHorizontal()
  Dim i As Integer
  ' Neues Tabellenblatt
  Sheets.Add
  ' Aktuelles Jahr in Zelle A1
  Cells(1, 1) = Year(Date)
  ' Schleife über 365 Tage
  For i = 1 To 365
    ' Zeile 3 und 4 bekommen den Kalendertag
    Range(Cells(3, i), Cells(4, i)) = DateSerial(Year(Date), 1, i)
    ' ... und das passende Zahlenformat
    Cells(3, i).NumberFormat = "ddd"
    Cells(4, i).NumberFormat = "dd"
    ' Am Monatsersten wird der Monatsname in Zeile 2 geschrieben
    If Day(Cells(3, i)) = 1 Then
      Cells(2, i) = Format(Cells(3, i), "MMMM")
    End If
  Next i
  ' Jetzt nur noch die Spalten verkleinern
  Cells.ColumnWidth = 4
End Sub
```

	A	B	C	D	E	F	G	H	I	J	K	L	M	N	O	P
1	2017															
2	Januar															
3	So	Mo	Di	Mi	Do	Fr	Sa	So	Mo	Di	Mi	Do	Fr	Sa	So	Mo
4	01	02	03	04	05	06	07	08	09	10	11	12	13	14	15	16
5																

Abbildung 12.3: Ein horizontaler Tabellenblattkalender

Oder doch lieber vertikal? Schreiben Sie dieses Makro, wird der Kalender die Kalendertage in den Zeilen 2 (Wochentag) und 3 (Kalendertag) ausweisen, der Monat kommt in die erste Spalte:

```
Sub KalenderVertikal()
  Dim i As Integer
  ' Neues Tabellenblatt
  Sheets.Add
  ' Aktuelles Jahr in Zelle A1
  Cells(1, 1) = Year(Date)
  ' Schleife über 365 Tage
  For i = 1 To 365
    ' Kalendertag in Spalte 2 und 3
    Range(Cells(i + 2, 2), Cells(i + 2, 3)) = DateSerial(Year(Date), 1, i)
```

```
    ' Spalte 2 = Wochentag, Spalte 3 = Tageszahl
    Cells(i + 2, 2).NumberFormat = "ddd"
    Cells(i + 2, 3).NumberFormat = "dd"
    ' Am Monatsersten Monatsname in Spalte A
    If Day(Cells(i + 2, 2)) = 1 Then
      Cells(i + 2, 1) = Format(Cells(i + 2, 2), "MMMM")
    End If
  Next i
  ' Zum Schluss noch optimale Spaltenbreite für alle Zellen
  Cells.EntireColumn.AutoFit
End Sub
```

Um die Wochenendtage farbig zu markieren, verwenden Sie ein Bedingungsformat mit Formeln. Markieren Sie die Datumswerte und tragen Sie diese Bedingungen ein (der Zellbezug auf die erste Zelle bleibt relativ):

```
=WOCHENTAG(B3)=7 (Farbe 1)
=WOCHENTAG(B3)=1 (Farbe 2)
```

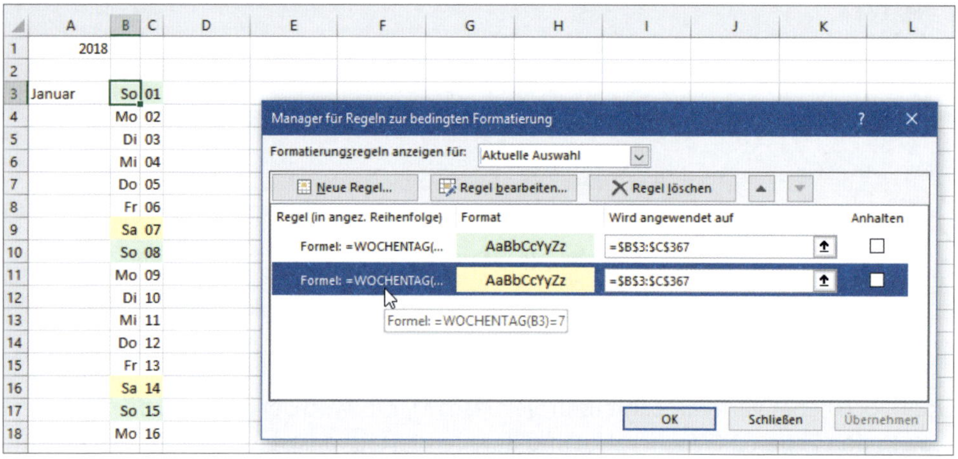

Abbildung 12.4: Vertikaler Tabellenblattkalender mit Bedingungsformaten

12.1.5 Offset und Resize

Die Eigenschaft *Offset* macht genau das, was die geniale Funktion *BEREICH.VERSCHIEBEN()* (die Königsfunktion von Excel) auch tut: Sie verschiebt einen Bereich um die angegebene Anzahl Zeilen und Spalten. *BEREICH.VERSCHIEBEN()* kann zusätzlich noch die Höhe und Breite des Bereichs anpassen. Das kann *Offset* nicht, dazu müssen Sie die Eigenschaft noch mit *Resize* kombinieren. Aber der Reihe nach.

So sieht die Syntax aus:

```
Range(Zelladressc).Offsct(Zcile,Spalte)
Cells(Zeile,Spalte).Offset(Zeile,Spalte)

Range(Zelladresse).resize(Zeilen,Spalten)
Cells(Zeile,Spalte).Resize(Zeile,Spalte)
```

Oder in Kombination:

```
Range(Zelladresse).Offset(Zeile,Spalte).Resize(Zeilen,Spalten)
```

Um beispielsweise eine Liste ohne ihre Kopfzeile zu markieren, nehmen Sie *Current-Region* (lässt sich einfach mit der Tastenkombination [Strg]+[⇧]+[+] aufzeichnen) und verschieben die Markierung (*Selection*) um eine Zeile:

```
Range("$A$1").CurrentRegion.Select
Selection.Offset(1, 0).Select
```

Jetzt ist die Markierung aber eine Zeile zu groß, reduzieren Sie sie mit *Resize* um eine Zeile. *Resize* legt die Größe fest, berechnen Sie diese aus der bisherigen Größe mit *Rows.Count* und *Columns.Count*:

```
Selection.Resize(Selection.Rows.Count - 1, Selection.Columns.Count).
Select
```

Das geht natürlich noch eleganter, vor allem, weil wir *Selection* und *Select* so sparsam wie möglich einsetzen:

Makro Nr. 85

```
Sub OffsetTest2()
  Dim rngList As Range
  Set rngList = ActiveSheet.Range("$A$1").CurrentRegion
  rngList.Offset(1, 0).Resize(rngList.Rows.Count - 1, rngList.Columns.
Count).Select
End Sub
```

Makrobeispiel: Champions-League-Sieger abfragen

Die Eigenschaften *Cells*, *Offset* und *Resize* sind besonders nützlich, wenn Tabellen im Einsatz sind. Tabellen stammen oft aus externen Verweisen oder Power-Query-Abfragen, und als Programmierer können Sie nicht immer davon ausgehen, dass der geneigte Anwender seine Spalten auch so platziert, wie Sie diese im Makro brauchen. In Tabellen lässt sich eine Spalte einfach ermitteln.

Als Datenbasis für dieses Beispiel verwenden wir die Liste Champions-League-Sieger von 1992 bis zum aktuellen Jahr. Bis 1991 hieß der Pokal noch Europapokal der Landesmeister, deshalb finden Sie bei Wikipedia zwei Tabellen:

https://de.wikipedia.org/wiki/Liste_der_UEFA-Champions-League-Endspiele

Sie können die Tabellen aus den Webseiten kopieren oder mit dem BI-Tool Power Query abfragen und kombinieren (siehe Kapitel 17 »Business Intelligence«).

Schreiben Sie dieses Makro in einem neuen Modul Ihres Projekts. Die Kommentare beschreiben, was zu tun ist. Das Makro fordert per InputBox ein Jahr an und gibt den Sieger und den Finalisten aus. Beide werden über die Offset-Eigenschaft aus der ermittelten Zeile (aktuelles Jahr abzüglich Siegerjahr) gelesen:

Abbildung 12.5: Die Champions-League-Sieger abfragen

```
Sub CL_Info()
  Dim varjahr, shCL As Worksheet, rngSiegerliste As Range
  Dim erstesSiegerjahr As Integer, varSiegerSpalte, varSieger,
varFinalist
  Dim intSiegerZeile As Integer
  ' Tabellenblatt als Objekt deklarieren
  Set shCL = ThisWorkbook.Sheets("UEFA")
  ' Tabelle "tbl_CL" als Range deklarieren
  Set rngSiegerliste = shCL.Range("tbl_CL")
  erstesSiegerjahr = rngSiegerliste.Cells(1, 1)
  ' Damit suchen Sie die Siegerspalte
```

```
  varSiegerSpalte = shCL.Range("tbl_CL[Sieger]").Column
  ' Das Jahr wird vom Anwender per InputBox angefordert
lbl_Input:
  varjahr = InputBox("Welches Jahr?")
  ' Sicherheitsabfrage, Makroende bei falscher Eingabe
  If Val(varjahr) < 1955 Or Val(varjahr) > Year(Date) Then Exit Sub
  ' Jetzt wird der Sieger aus der Siegerspalte ermittelt ...
  intSiegerZeile = Val(varjahr) - erstesSiegerjahr

  varSieger = rngSiegerliste.Cells(1, 1).Offset(intSiegerZeile,
varSiegerSpalte - 1)
  varFinalist = rngSiegerliste.Cells(1, 1).Offset(intSiegerZeile,
varSiegerSpalte + 1)
  ' ... und in einer MsgBox ausgegeben

  If MsgBox("Sieger " & varjahr & ": " & varSieger & vbCr & "Finalist: "
& varFinalist, vbInformation + vbRetryCancel, "UEFA") = vbRetry Then GoTo
lbl_Input
End Sub
```

Abbildung 12.6: So sehen Sieger aus ...

12.1.6 Range-Objekte auslesen

Wenn Sie mit dem Makrorekorder die Tastenkombination aufzeichnen, die den Zellzeiger in die letzte jemals benutzte Zelle des Tabellenblatts setzt (Strg+Ende), erhalten Sie diesen Befehl:

```
ActiveCell.SpecialCells(xlLastCell).Select
```

Packen Sie *UsedRange* mit dazu, können Sie die Zeilen- und Spaltennummer dieser Zelle in Variablen sichern:

```
With ActiveSheet.UsedRange.SpecialCells(xlCellTypeLastCell)
 lngLastRow =.Row
 lngLastCol = .Column
End With
```

Setzen Sie per Shortcut den Zellzeiger in die letzte Zeile eines Bereichs (Strg+↓) und lassen Sie dabei den Rekorder mitlaufen, erhalten Sie Befehle wie diesen:

```
Selection.End(xlDown).Select
```

Hier verwendet der Rekorder die Konstanten *xlDown*, *xlToLeft*, *xlToRight* und *xlUp*. Das bietet natürlich viel Raum für nützliche Makros, zum Beispiel, um von unten (letzte Tabellenzelle) nach oben zu schauen, wo der letzte Eintrag der Liste ist:

```
lngLastRow = ActiveSheet.Cells(1048576, 1).End(xlUp).Row
```

... oder von ganz rechts, um die letzte Spaltenüberschrift in Zeile 1 zu finden:

```
lngLastCol = ActiveSheet.Cells(1, 16384).End(xlToLeft).Column
```

Verwenden Sie diese Techniken, wenn Sie nicht sicherstellen können, dass eine geschlossene Liste (ohne Leerzeilen) vorliegt oder eine Tabelle. Andernfalls bietet der Klassiker *CurrentRegion* natürlich einfachere Techniken an. Nutzen Sie immer die Objektvariable:

```
Sub CurrentRegionTest()
 Dim rngListe As Range, lnGLastRow As Long, lngLastCol As Long
 Set rngListe = Range("$A$1").CurrentRegion
 ' Alles markieren
 rngListe.Select
 ' letzte Zeile
 lnGLastRow = rngListe.Rows.Count
 ' letzte Spalte
 lngLastCol = rngListe.Columns.Count
End Sub
```

12.2 Range-Methoden

Eigenschaften des Range-Objekts werden definiert oder ausgewertet, Methoden stehen für Aktionen. Von den vielen Methoden des Range-Objekts werden Sie nur einige wirklich brauchen.

12.2.1 Copy und Paste

Diese beiden Methoden sollten in einem guten Makro eigentlich nicht vorkommen. Aber für eine einfache Transaktion von Daten sind sie brauchbar.

Zeichnen Sie mit dem Makrorekorder diese Aktion auf: Die erste Liste wird markiert und mit Strg+C kopiert. Dann setzen Sie den Zellzeiger unter die zweite Liste und bestätigen mit der [Enter]-Taste. Achten Sie darauf, dass *Copy* ein anderes Objekt verwendet als *Paste*. Wenn Sie im Tabellenblatt etwas kopieren, suchen Sie nur die erste Zelle des Zielbereichs, und genauso wird auch programmiert:

```
Sub CopyPaste_Test()
    ' Bereich markieren
    Range("F2:I4").Select
    ' ... und kopieren
    Selection.Copy
    ' Zielzelle suchen
    Range("A5").Select
    ' ... und Kopie einfügen
    ActiveSheet.Paste
    ' Damit verschwindet der Kopierrahmen
    Application.CutCopyMode = False
End Sub
```

Wenn das in der Praxis so einfach wäre! Sie wissen weder, wie groß die erste Liste ist, noch, wo die nächste freie Zelle der zweiten Liste ist. Aber – mit unseren Spezial-Range-Eigenschaften ist das alles kein Problem. Probieren Sie es!

```
Sub CopyPaste_Test2()
    ' Bereich um den Zellzeiger markieren
    Selection.CurrentRegion.Select
    ' jetzt aber ohne Kopfzeile
    Selection.Offset(1, 0).Resize(Selection.Rows.Count - 1).Select
    ' ... und kopieren
    Selection.Copy
    ' erste Leerzeile im Zielbereich (Spalte A) suchen
    Range("$A$1048576").End(xlUp).Offset(1, 0).Select
    ' ... und Kopie einfügen
    ActiveSheet.Paste
    Application.CutCopyMode = False
End Sub
```

12.2.2 Clear und Delete

Mit *Clear* wird der Inhalt eines Bereichs und die gesamte Zellformatierung gelöscht, und dafür gibt es nicht mal einen passenden Befehl in Excel. Die meisten Löschbefehle löschen nämlich Bereiche und verschieben die angrenzenden Zellen.

```
Range("$A$1:$C$20").Clear
Selection.Clear
Cells(Zeile , Spalte).Clear
```

Mit *ClearContents* wird nur der Inhalt gelöscht, die Formatierung bleibt dem Bereich erhalten. Unschwer zu erraten, was *ClearFormat* macht – es löscht nur die Formatierungen.

```
Range("$A$1:$C$20").ClearContents
```

Löschen Sie einen Bereich mit der Delete-Methode, wird der angrenzende Bereich verschoben, und zwar standardmäßig immer nach links. Im Unterschied zu Excel wird dabei nicht nachgefragt, in welche Richtung der Rest verschoben werden soll. Geben Sie einen Range oder gleich ganze Zeilen und Spalten an:

```
Range("$A$1:$C$20").Delete
Range("6:6").Delete
Columns("D:E").Delete
```

Wenn Sie die Richtung, in die angrenzende Zellen verschoben werden, selbst bestimmen wollen, setzen Sie die Konstanten *xlToLeft* (nach links), *xlToRight* (nach rechts), *xlUp* (nach oben) oder *xlDown* (nach unten) ein:

```
Range("C5:D10").Delete xlToLeft
```

13. Laufwerke, Ordner und Dateien

Mit Laufwerken, Ordnern und Dateien zu arbeiten, gehört zur Hauptbeschäftigung des VBA-Programmierers. Datenimporte und -exporte sind immer mit Aktionen verbunden, und die lassen sich im Unterschied zur Kalkulation eben nur mit VBA automatisieren. Im Umgang mit Dateien ist es wichtig, das Laufwerk/Ordner-System zu kennen und die passenden Funktionen bereitzuhaben. Der Makrorekorder ist hier nur bedingt hilfreich, er registriert keine Aktionen im Windows-Dateisystem. Wer mit Dateien arbeitet, sollte immer sicherstellen, dass Laufwerk und Ordner richtig eingestellt sind.

Unterscheiden Sie zunächst zwischen Dialogen und Dateisystem-Elementen. Dialoge brauchen Sie, um dem Anwender eine Liste mit Dateien und Ordnern zur Verfügung zu stellen, wie er es von Windows gewohnt ist. Hier verwenden Sie Standardanweisungen wie *GetOpenFileName* oder *FileDialog* aus dem Objektkatalog. Dateisystem-Elemente brauchen Sie, um Laufwerke und Ordner auszulesen oder zu ändern. Beginnen wir mit diesen:

13.1 CurDir und ChDrive – Verzeichnis und Ordner aktuell

CurDir ist eine Funktion, sie gibt den aktuellen Ordner im aktuellen Laufwerk wieder. Tragen Sie in die Klammer ein Laufwerk ein, wird der aktuelle Ordner aus diesem Laufwerk zurückgegeben. Mit *ChDrive()* wechseln Sie das Laufwerk, und das müssen Sie kombinieren, wenn sich der Ordner in einem anderen Laufwerk befindet. Testen Sie die Anweisungen am besten im Direktfenster (Strg+G):

Anweisung	Ergebnis (Beispiel)
`CurDir()`	*C:\Users\UserName\Documents*
`CurDir("D")`	*D:*
`ChDrive()`	Wechselt das Laufwerk. Geben Sie nur den Laufwerkbuchstaben an: *ChDrive("D")*

`ChDir()`	Wechselt zu einem anderen Ordner. Achten Sie darauf, Laufwerk und Ordner separat anzugeben. *ChDir("D:\Daten")* wechselt im Ordner D zwar den Ordner, schaltet aber nicht auf *D:* um, falls *C:* das aktuelle Laufwerk ist. Da brauchen Sie *ChDrive*:
	`ChDrive("D")`
	`ChDir("Daten“)`

Sehr nützlich sind auch die Eigenschaften des Workbook-Objekts, die den Pfad oder den Pfad und den Namen der aktiven Arbeitsmappe wiedergeben:

```
ThisWorkBook.Path
ThisWorkBook.Fullname
```

Und den dürfen wir auch nicht vergessen: Der *DefaultFilePath* ist der Speicherpfad für Dokumente, der unter *Datei/Optionen/Speichern* eingetragen ist. In diesem Pfad sucht Excel nach Dateien, wenn kein Pfad angegeben wird:

```
Application.DefaultFilePath
```

> **Hinweis**
> In VBA-Makros sollten Sie keine Laufwerke und Pfade wechseln, wenn es nicht unbedingt nötig ist. Schließt der Anwender das Makro ab, bleibt ihm das neue Laufwerk und der Ordner erhalten, und er muss meist umständlich wieder zu seinem Standardordner zurückschalten. Alle Anweisungen, die sich auf Dateien beziehen, können Sie immer so absetzen, dass die Datei ohne Wechsel im Windows-Dateisystem gefunden wird.

Makrobeispiel: Neue Mappe anlegen mit Ordnerwechsel

Makro Nr. 86

Mit diesem Makro geben Sie den Namen und den Pfad der aktiven Mappe aus, legen eine neue Mappe an und speichern diese im Laufwerk *L:* im Ordner *Daten* (*L:* ist meist der USB-Stick, nehmen Sie eines Ihrer Laufwerke). Dann geben Sie den Namen und den Pfad der neuen Mappe aus. Wenn Sie *ChDrive()* einsetzen, ist der neue Speicherort auch das neue aktive Verzeichnis.

```
Sub WorkbookPath_Test()
  Dim strWbPath, strDir
  strWbPath = ThisWorkbook.FullName
  MsgBox "Aktiver Ordner: " & CurDir & vbCr & "Aktive Mappe: " &
strWbPath, vbInformation
  Workbooks.Add
  ChDrive "L:\"
  If Dir("L:\Daten", vbDirectory) = "" Then
    MkDir ("L:\Daten")
  End If
  ActiveWorkbook.SaveAs "L:\Daten\Test.xlsx"
  MsgBox "Aktiver Ordner: " & CurDir & vbCr & "Aktive Mappe: " &
ActiveWorkbook.FullName
  ActiveWorkbook.Close
End Sub
```

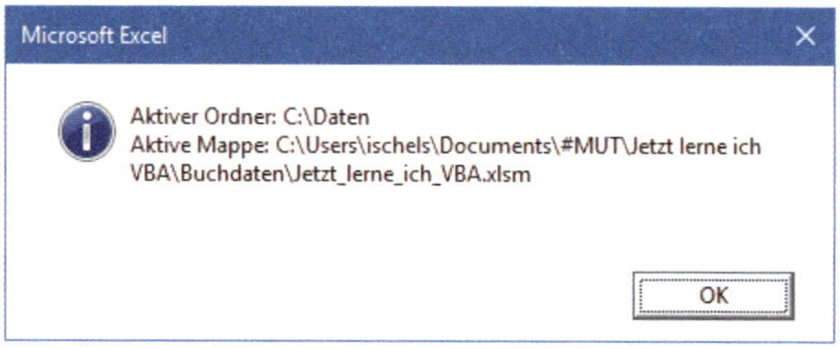

Abbildung 13.1: Laufwerk wechseln mit ChDrive

13.1.1 Laufwerke auslesen (API)

Hier ein kleines Hilfsprogramm, das eine API-Funktion nutzt, um alle Laufwerkbezeichnungen auszulesen. Legen Sie ein neues Modul an und schreiben Sie zuerst die Funktion:

Makro Nr. 87

```
Declare Function GetDriveType Lib "Kernel32" Alias _
"GetDriveTypeA" (ByVal nDrive As String) As Long
```

Die Prozedur dimensioniert eine Array-Variable und belegt diese mit den Laufwerktypen. Dann startet eine Schleife bei 65, das ist der ASCII-Wert des Buchstabens *A*. Der wird an die Funktion übergeben und diese meldet den Laufwerktyp zurück.

```
Sub DriveTest()
 Dim LWtyp, LWBez(6), mtext As String, i As Integer
 LWBez(2) = "Diskette, ZIP-Laufwerk"
 LWBez(3) = "Lokale Festplatte"
 LWBez(4) = "Netzlaufwerk"
 LWBez(5) = "CD-ROM-Laufwerk"
 LWBez(6) = "RAM-Laufwerk"
 On Error GoTo Fehler
 For i = 65 To 90
  LWtyp = GetDriveType(Chr(i) & ":")
   If LWtyp <> 1 Then
     mtext = mtext & "Laufwerk " & Chr(i) & " : " & LWBez(LWtyp) & vbCr
  End If
 Next i
 MsgBox mtext, , "LW-INFO"
Exit Sub
Fehler:
  MsgBox Error(Err)
End Sub
```

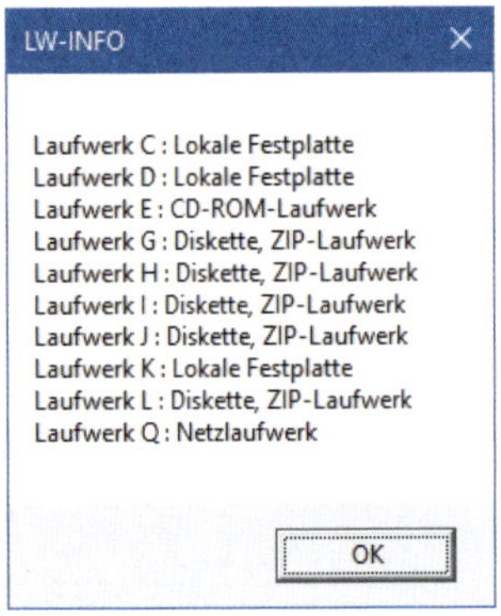

Abbildung 13.2: Alle Laufwerke im System

13.2 Laufwerk und Ordner wechseln

Für den Wechsel auf einen anderen Ordner im Dateisystem bietet VBA eine Standard-Routine mit einem Ordner-Dialog aus Windows an. Diese API-Funktion ist zwar alles andere als Einsteiger-Niveau, aber sie funktioniert und sieht immer gut aus. Legen Sie am besten ein neues Modul an, nennen Sie es *mod_DateienOrdner* und starten Sie mit der Deklaration der Variablen:

Makro Nr. 88

```
Public Type BROWSEINFO
    hOwner As Long
    pidlRoot As Long
    pszDisplayName As String
    lpszTitle As String
    ulFlags As Long
    lpfn As Long
    lParam As Long
    iImage As Long
End Type
Declare Function SHGetPathFromIDList Lib "shell32.dll" _
    Alias "SHGetPathFromIDListA" _
    (ByVal pidl As Long, ByVal pszPath As String) As Long
Declare Function SHBrowseForFolder Lib "shell32.dll" _
  Alias "SHBrowseForFolderA" _
  (lpBrowseInfo As BROWSEINFO) As Long
```

Schreiben Sie dann die Funktion für die Anzeige der Laufwerke und Ordner. Die Variant-Variable *Root* ist eine Zahl, sie entscheidet, welches Laufwerk und welcher Ordner im Dialog angeboten werden. Probieren Sie verschiedene Zahlen aus (0 = Rootverzeichnis, 5 ist der Bibliotheksordner *Eigene Dokumente*, 6 = Favoriten etc.).

```
Function OrdnerAuswahl(root As Variant) As String
   Dim bInfo As BROWSEINFO, strPath As String
   Dim r As Long, X As Long, pos As Integer
   ' Root ist eine Zahl (0 = C:\, 5 = Eigene Dokumente ...
   bInfo.pidlRoot = root
   bInfo.lpszTitle = "Wählen Sie bitte einen Ordner"
   bInfo.ulFlags = &H1
   X = SHBrowseForFolder(bInfo)
   strPath = Space$(512)
    r = SHGetPathFromIDList(ByVal X, ByVal strPath)
   If r Then
      pos = InStr(strPath, Chr$(0))
      OrdnerAuswahl = Left(strPath, pos - 1)
   Else
      OrdnerAuswahl = ""
   End If
End Function
```

Für den Aufruf des Dialogs brauchen Sie eine Prozedur. Rufen Sie die Funktion auf und übergeben Sie ihr das »Flag« für das angezeigte Verzeichnis:

```
Sub Ordner()
   Dim strOrdner
   strOrdner = OrdnerAuswahl(8)
   If strOrdner = "" Then
     Exit Sub
   Else
    MsgBox "Ihre Auswahl: " & vbCr & strOrdner
   End If
End Sub
```

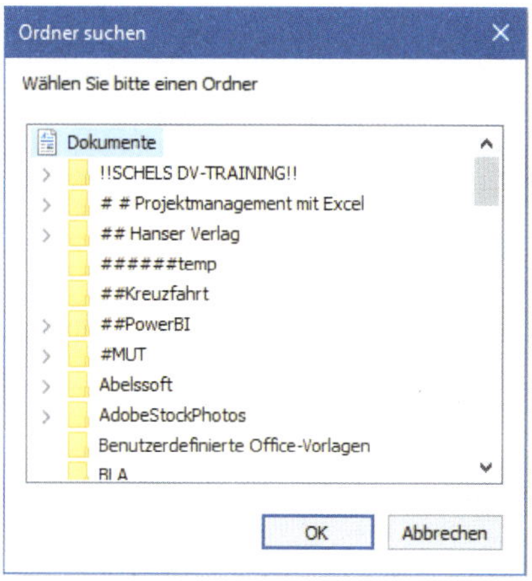

Abbildung 13.3: API-Funktion OrdnerAuswahl()

13.3 Dateien öffnen

Um eine Datei per VBA zu öffnen, entscheiden Sie sich für einen Dialog oder für eine direkte Anweisung. In den meisten Fällen ist der Dialog die bessere Wahl. Sie geben Ihrem User die vertraute Datei-Öffnen-Box und er kann sich in Ruhe seine Datei suchen.

Genau das wollen Sie aber in anderen Fällen wieder gar nicht. Der Benutzer soll eine Datei Ihrer Wahl bekommen und keine Möglichkeit haben, etwas anderes (Falsches) zu wählen. Dann brauchen Sie die dialogfreien Anweisungen.

13.3.1 Der Dialog

Die einfachste Möglichkeit, per Makro eine Liste mit Dateien anzubieten und eine markierte Datei zu öffnen, ist der Datei-öffnen-Dialog. Der Benutzer sieht dasselbe Dialogfenster, das er unter *Datei/Öffnen* bekommt, und kann eine Datei auswählen. Das Makro hat die Gelegenheit, die Auswahl zu überprüfen und die Datei zu öffnen oder den Versuch abzubrechen. Die Syntax:

```
Application.GetOpenFileName(Filter, FilterIndex, Titel, ButtonText,
MultiSelect)
```

Name	Beschreibung
`FileFilter`	Mit diesem Argument haben Sie die Möglichkeit, die Dateiliste zu filtern. **.** heißt der Filter für alle Dateien, **.xlsx* würde nur Excel-Mappen ohne Makros anzeigen. Brauchen Sie mehrere Filter, stellen Sie diese in einem Textstring zusammen.
`FilterIndex`	Gibt die Indexanzahl der Filterkriterien von 1 zur Anzahl der in *FileFilter* angegebenen Filter an. Wenn dieses Argument ausgelassen wird oder größer ist als die Anzahl der gegenwärtigen Filter, wird der erste Filter verwendet.
`Titel`	Gibt den Titel des Dialogfelds an. Wenn dieses Argument ausgelassen wird, steht *Open* in der Kopfzeile der Box.
`ButtonText`	Gilt nur für Macintosh-OS
`MultiSelect`	*True*, wenn mehrere Dateinamen ausgewählt werden können sollten. *False* erlaubt nur einen Dateinamen (Standardwert).

Achten Sie darauf, dass die Variable für den Dateinamen vom Typ *Variant* sein muss.

Makrobeispiel: Datei öffnen

Makro Nr. 89

Das Makro aktiviert den Dialog *Datei öffnen* mit einem eigenen Filter, der nur Dateien mit der Endung XLSX, XLSM und CSV zulässt. Die Datei wird nicht geöffnet, der Name wird in einer Meldung angezeigt. Wird der Dialog abgebrochen, erscheint ein entsprechender Hinweis.

```
Sub GetImportFileName_Test()
 Dim FString As String
 Dim FIndex As Long
 Dim FTitle As String
 Dim FName As Variant
 FString = "CSV-Dateien (*.csv),*.csv"
 FString = FString & ", " & "Excel-Mappen ohne Makros (*.xlsx),*.xlsx"
 FString = FString & ", " & "Excel-Makromappen (*.xlsm),*.xlsm"
 ' Filter Nr. 2 ist der Standardwert
  FIndex = 2
  ' Überschrift setzen
  FTitle = "Bitte wählen Sie eine Datei"
 ' Dialog anzeigen
  FName = Application.GetOpenFilename( _
         FString, FIndex, FTitle)
  ' Wenn kein Dateiname angegeben wird, ...
  If FName = False Then
    MsgBox "Sie haben keine Datei ausgewählt"
  Else
    MsgBox "Ihre Wahl: " & vbCr & FName
  End If
End Sub
```

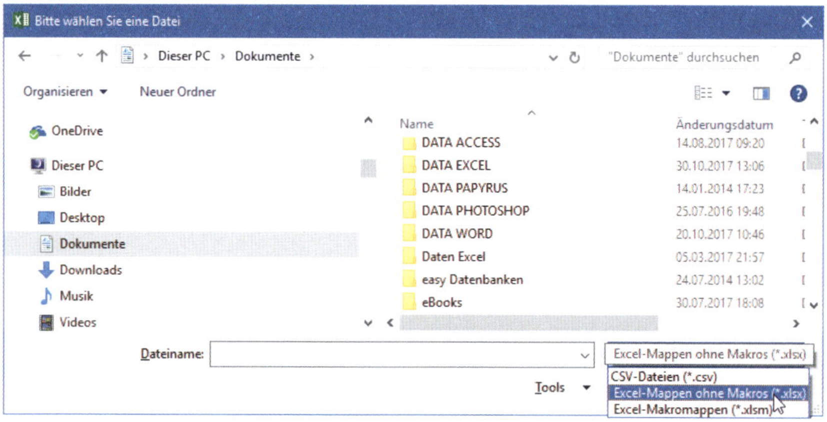

Abbildung 13.4: Der Datei-öffnen-Dialog mit Dateiauswahlvarianten

13.3.2 Mehrfachselektion auslesen

Eine nützliche Eigenschaft haben wir noch in *GetOpenFileName*: Setzen Sie *MultiSelect* auf *True*, können Sie im Dateidialog mit gedrückter [Strg]-Taste beliebig viele Dateien markieren.

Die Variable, die mit der Anweisung *GetOpenFileName* verknüpft ist, wird damit zum Array (mehrdimensionales Datenfeld) und kann per Schleife ausgelesen werden.

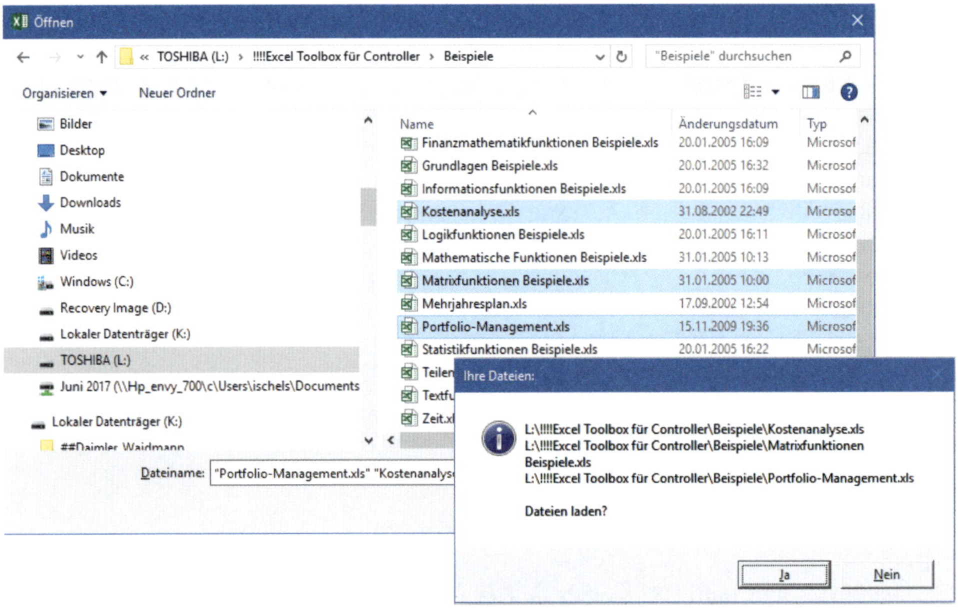

Abbildung 13.5: GetOpenFileName mit Mehrfachauswahl

Makro Nr. 90

```
Sub GetOpenFileName_MultiSelection_Test()
 Dim varFiles, i As Integer, strFiles As String
 ' DateiDialog der Variable zuweisen, Dateifilter steht auf Excel-Dateien
 varFiles = Application.GetOpenFilename( _
 FileFilter:="Excel-Dateien (*.xls), *.xls", MultiSelect:=True)
 If varFiles(1) = "" Then
   MsgBox "Dateiauswahl wurde abgebrochen"
   Exit Sub
 End If
 ' Schleife liest die Array-Variable aus (UBound = größter Wert)
 For i = 1 To UBound(varFiles)
  ' String-Variable wird als Textkette aus den Dateinamen konstruiert
  strFiles = strFiles & varFiles(i) & vbCr
```

```
 Next i
  ' Noch eine Frage unten anhängen, ...
  strFiles = strFiles & vbCr & "Dateien laden?"
 ' ... und den String mit Ja- und Nein-Schaltfläche ausgeben
 ' If fragt gleich den Status ab
 If MsgBox(strFiles, vbInformation + vbYesNo, "Ihre Dateien:") = vbNo
Then Exit Sub
 ' Dateien öffnen, wieder mit Schleife
 For i = 1 To UBound(varFiles)
  Workbooks.Open varFiles(i)
 Next i
End Sub
```

13.3.3 FileDialog

Die Eigenschaft *FileDialog* ist ein wenig moderner als die *GetOpenFileName*-Methode und auch ein wenig flexibler. Sie arbeitet mit Konstanten, und diese bestimmen das Ergebnis:

```
Application.FileDialog(fileDialogType)
```

Die Konstante kann eine aus dieser Auswahl sein:

msoFileDialogFilePicker	Datei auswählen
msoFileDialogFolderPicker	Ordner auswählen
msoFileDialogOpen	Datei öffnen
msoFileDialogSaveAs	Datei speichern

Geben Sie die Voreinstellungen für den Dateidialog als Eigenschaften des Objekts an. Mit der Mehrfachauswahl lassen sich mehrere Dateien abholen, sie werden über die Eigenschaft *.SelectedItems* ausgelesen.

Makro Nr. 91

```
Sub FileDialog_Test()
 Dim lngCount As Long, strMText As String
 With Application.FileDialog(msoFileDialogOpen)
   .Title = "Bitte wählen Sie eine oder mehrere Dateien (mit Strg)"
   .AllowMultiSelect = True
   .InitialFileName = "C:\Eigene Dokumente\"
   .Filters.Clear
   .Filters.Add "Excel-Dateien", "*.xl*"
   .Show
```

```
    If .SelectedItems.Count = 0 Then
      MsgBox "Keine Datei gewählt"
     Exit Sub
    Else
     For lngCount = 1 To .SelectedItems.Count
      strMText = strMText & .SelectedItems(lngCount) & vbCr
    Next lngCount
   End If
  End With
  MsgBox strMText
End Sub
```

13.3.4 Workbooks.Open

Neben den Dialogen für Dateilisten gibt es natürlich auch den Standardbefehl, den der Makrorekorder aufzeichnet, wenn die Aktion *Datei/Öffnen* ausgelöst wird. Nutzen Sie *Workbooks.Open*, wenn für die Datei keine Auswahl zu treffen ist. *Workbooks* ist das Container-Objekt für alle Arbeitsmappen, die Methode *Open* öffnet eine bereits gespeicherte Mappe, die Methode *Add* legt eine neue Mappe an.

```
Workbooks.Open(FileName, UpdateLinks, ReadOnly, Format, Password,
WriteResPassword, IgnoreReadOnlyRecommended, Origin, Delimiter, Editable,
Notify, Converter, AddToMru, Local, CorruptLoad).
```

Workbooks.Open kann auch auf Textdateien oder Dateien anderer Formate angewendet werden. Textdateien werden vom Text-Assistenten interpretiert, CSV-Dateien liest die Anweisung als Arbeitsmappen ein.

Bis auf das Argument *FileName* sind alle Argumente optional. Geben Sie den Objektbezeichner (zum Beispiel *ReadOnly:=*) an oder tragen Sie die Argumente in der richtigen Reihenfolge auf. Für leere Argumente schreiben Sie ein Komma. Hier die Argumente:

Name	Beschreibung
FileName	Der Dateiname der zu öffnenden Arbeitsmappe.
UpdateLinks	Mit *False* wird die Meldung, Verknüpfungen zu aktualisieren, unterdrückt.
ReadOnly	*True* öffnet die Mappe im schreibgeschützten Modus.
Format	Für das Trennzeichen beim Öffnen von Textdateien (1 = Tabs, 2 = Komma, 3 = Leerzeichen, 4 = Semikolon, 5 = keines, 6 = Benutzerdefiniert, mit Argument *Delimiter*).

Name	Beschreibung
`Password`	Das Kennwort für die Mappe als Text. Ist sie mit einem Kennwort geschützt, wird dieses angefordert, wenn das Argument nicht besetzt ist.
`WriteResPassword`	Das Schreibschutzkennwort der Mappe.
`IgnoreReadOnlyRecommended`	Mit *True* wird keine Schreibschutzempfehlung ausgegeben (nur bei Mappen mit Schreibschutz, aber ohne Schreibschutzkennwort).
`Origin`	Gibt bei Textdateien das passende Betriebssystem vor (*xlMacintosh*, *xlWindows* oder *xlMSDOS*). Wird das Argument ausgelassen wird, gilt das aktuelle Betriebssystem.
`Delimiter`	Das Trennzeichen für Textdateien, wenn unter Format *6* bzw. *Benutzerdefiniert* angegeben ist.
`Editable`	Für Vorlagen (XLT): Mit *True* wird die Vorlage geöffnet, *False* öffnet eine Kopie (Standard).
`Notify`	Kann die Datei nicht im Lese-/Schreibmodus geöffnet werden, ist das Argument *True*, um der Dateibenachrichtigungsliste die Datei hinzuzufügen.
`Converter`	Der Index des ersten beim Öffnen der Datei zu testenden Dateikonverters.
`AddToMru`	*True* fügt die Arbeitsmappe zur Liste der zuletzt verwendeten Dateien hinzu. Der Standardwert ist *False*.
`Local`	*True* speichert mit der lokalen Sprache von Microsoft Excel (einschließlich Systemsteuerungseinstellungen). *False* (Standard) speichert Dateien mit der Sprache von VBA (Englisch (USA)).
`CorruptLoad`	Kann eine der folgenden Konstanten sein: *xlNormalLoad* (Standard), *xlRepairFile* und *xlExtractData*. Mit dem Standard wird kein Versuch unternommen, eine Wiederherstellung vorzunehmen, wenn der Start über das Objektmodell erfolgt.

Tipp

Nutzen Sie mit der Funktion *Environ()* die Systemvariablen von Windows beim Einsatz von *Workbook.Open*. Damit legen Sie zum Beispiel eine Workbook-Variable mit einem Workbook an, das sich auf dem Desktop des Benutzers befindet:

```
Dim objWB as Workbook
Set objWB = .Workbooks.Open(Environ("USERPROFILE") & "\Desktop\Test.
xlsm")
```

13.3.5 Textdateien

Textdateien sind nicht mehr so wichtig. Die meisten Systeme, und damit sind sowohl Betriebssysteme als auch Programme gemeint, bieten Dateiexporte in allen Dateityp-Varianten an, außer sie stammen aus der Zeit, als Computer noch Turnhallen füllten. Kommen Sie trotzdem einmal in den Genuss, mit Textdateien arbeiten zu müssen, nutzen Sie die uralte BASIC-Methode mit *Open*, *Print* und *Close*. Mit *Open* wird eine Textdatei geöffnet, mit *Close* wieder geschlossen. Dazu gibt es mehrere Varianten:

Variante	Erklärung
`Open "TestDatei" For Input As #1` `Close #1`	Öffnet eine Textdatei und weist ihr die Nummer 1 zu. Schließt die Datei wieder.
`Open "TestDatei" For Binary Access As #1` `Close #1`	Öffnet eine Textdatei nur für Schreibzugriffe im Binary-Modus.
`Open "TestDatei" For Output Shared As #1` `Close #1`	Öffnet eine Textdatei, die von mehreren Prozessen gelesen oder beschrieben werden kann.

Makrobeispiel: Textdatei füllen

Füllen Sie eine Textdatei mit mehreren Eingaben. Das Makro speichert eine Textdatei, holt so lange Text per InputBox, bis Sie abbrechen, und hängt alle Textzeilen an:

Makro Nr. 92

```
Sub SchreibeTextdatei()
 Dim varTestText
nextText:
 varTestText = InputBox("Geben Sie einfach was ein:")
 If varTestText = "" Then Exit Sub
 Call WriteText(varTestText, ThisWorkbook.Path & "\Testdatei.txt")
 GoTo nextText
End Sub

Sub WriteText(strText, strPfad As String)
 Dim varFile As Long
 varFile = FreeFile
 Open strPfad For Append As #varFile
 Print #varFile, strText
 Close #varFile
End Sub
```

Textdateien lassen sich einfach mit *Workbooks.Open* aktivieren, der Text-Assistent liest die Daten ein und konvertiert sie. Alternativ dazu bietet VBA eine alte, aber bewährte Methode, um Textdaten zeilenweise einzulesen. Der Vorteil dabei: Sie können jede Zeile abprüfen und den Text formatieren, aufteilen oder in anderer Form verarbeiten.

Makrobeispiel: Textdatei in Tabellenblatt einlesen

Das Makro liest die Textdatei *Test.txt* zeilenweise ein und schreibt die Textzeilen in die Spalte A eines neuen Tabellenblatts.

Makro Nr. 93

```
Sub Textdatei_Importieren()
 Dim strDatei As String, Text As String
 Dim lngZeile As Long
 ' Bei Fehler auf Fehlerlabel schalten
 On Error GoTo lbl_Fehler
 ' Neues Tabellenblatt anlegen
 Sheets.Add
 'Quelldatei festlegen
 strDatei = ThisWorkbook.Path & "\Testdatei.txt"
 ' Textdatei öffnen
 Open strDatei For Input As #1
 lngZeile = 1
 ' Schleife bis zum Ende der Datei
 Do While Not EOF(1)
   ' Textzeile einlesen
   Line Input #1, Text
  ' Textzeile in Spalte A schreiben
  ActiveSheet.Cells(lngZeile, 1) = Text
  ' Schleifenzähler erhöhen
  lngZeile = lngZeile + 1
 Loop
 ' Quelldatei schließen
 Close #1
 Exit Sub
lbl_Fehler:
Close #1
 MsgBox "Fehler Nr. " & Err.Number _
            & vbCr & "Beschreibung: " & Err.Description, _
            vbCritical, "Fehler"
End Sub
```

13.4 Ordner und Dateien verwalten mit dem FileSystemObject

Das FileSystemObject hat Microsoft eigentlich für das Scripting erfunden. Seit mehreren Windows-Funktionen steht es aber auch für Visual-Basic- und VBA-Entwickler zur Verfügung. Es gibt zwei Möglichkeiten, das FileSystemObject (FSO) bereitzustellen:

Wählen Sie *Extras/Verweise* und suchen Sie die Bibliothek *Microsoft Scripting Runtime*. Markieren Sie den Eintrag und bestätigen Sie mit *OK*. Damit ist die Bibliothek eingebunden, und das Objekt kann in allen Codes verwendet werden. Die Datei heißt übrigens *SCRRUN.DLL*.

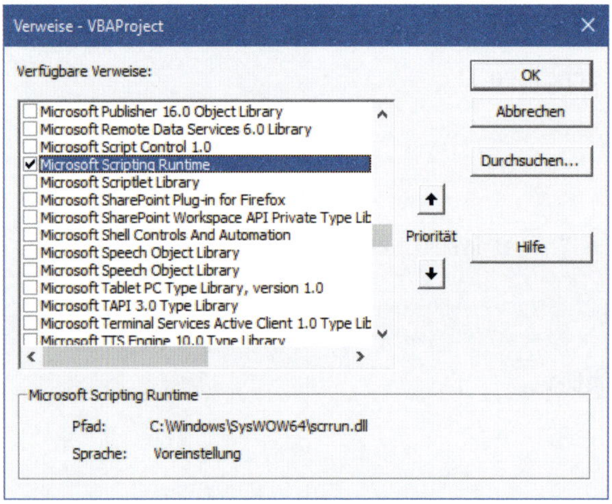

Abbildung 13.6: Die Scripting-Runtime-Bibliothek

So wird die Bibliothek gleich am Anfang des Makros bereitgestellt:

```
Dim FSO As FileSystemObject
Set FSO = New FileSystemObject
```

Vergessen Sie nicht, die Objektvariable am Schluss wieder freizugeben:

```
Set FSO = Nothing
```

Die FSO-Bilbliothek muss natürlich auf dem Rechner aktiv sein, auf dem Ihr mit FSO-Objekten bestücktes Makro läuft. Können Sie das nicht garantieren, dann legen Sie einen Verweis zur Laufzeit an:

```
Dim FSO As FileSystemObject
Set FSO = CreateObject("Scripting.FileSystemObject")
```

Die Fehlermeldung *Benutzerdefinierter Typ nicht definiert* weist darauf hin, dass der Verweis nicht gesetzt ist. Versuchen Sie aber nicht, mit *ActiveVBProject.References* die Verweise auszulesen oder gar zu definieren, das nehmen Ihnen die sicherheitsbewussten Admins in den Firmen äußerst übel.

Die beiden Methoden nennt man *EarlyBinding* und *LateBinding*, und warum das EarlyBinding, also das Einbinden der Bibliothek, besser ist, sehen Sie, wenn Sie das FSO-Objekt anschließend benutzen. Schreiben Sie einen Punkt hinter die Objektvariable, zeigt der Editor in der Quicklist alle Eigenschaften und Methoden an, die das FSO bereitstellt. Und das ist wirklich ein Argument für EarlyBinding.

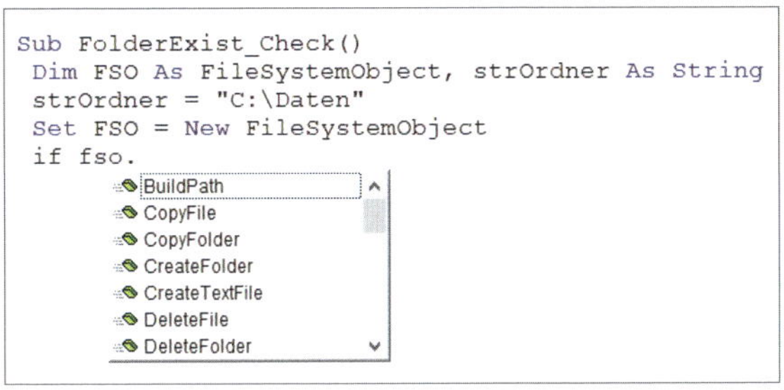

Abbildung 13.7: Das FileSystemObject

13.4.1 Die Existenzprüfungen

Ob eine Datei oder ein Ordner existiert und das auch noch im gewünschten Laufwerk, das überlassen Sie als (werdender) VBA-Profi natürlich nicht dem Zufall und schon gar nicht dem User. Denn der neigt dazu, seine Daten immer dahin zu verschieben, wo Ihr Makro sie nicht findet. Sichern Sie Ihre Makros ab, prüfen Sie mit dem FileSystemObject, ob Dateien und Ordner existieren. Hier die Ordnerprüfung:

Makro Nr. 94

```
Sub FolderExist_Check()
 Dim FSO As FileSystemObject, strOrdner As String
 strOrdner = "C:\Daten"
 set FSO = new FileSystemObject
 If FSO.FolderExists(strOrdner) Then
    MsgBox "Der Ordner" & vbCr & strOrdner & vbCr & "existiert",
vbInformation, "Exists!"
 Else
  MsgBox "Der Ordner" & vbCr & strOrdner & vbCr & "existiert nicht ",
vbInformation, "Not Found!"
 End If
 Set FSO = Nothing
End Sub
```

Für die häufig benötigte Dateiexistenzprüfung schreiben Sie sich eine globale Funktion mit kurzem Namen. Dieser wird ein Dateiname (mit Pfad) übergeben, und die Rückgabe ist *True* oder *False*, je nachdem, ob die Datei zu finden ist oder nicht.

Makro Nr. 95

```
Function FE(strFile)
  Dim FSO As FileSystemObject
  Set FSO = New FileSystemObject
  If FSO.FileExists(strFile) Then
    FE = True
  Else
   FE = False
  End If
End Function
```

Die aufrufende Prozedur verwendet die Existenzprüfungsfunktion gleich in einer *If*-Anweisung:

```
Sub FE_Test()
 Dim strFile As String
 strFile = "L:\Kosten.xlsx"
 If FE(strFile) = True Then
  Workbooks.Open strFile
 Else
  MsgBox strFile & " finde ich nicht ...", vbCritical
 End If
End Sub
```

13.4.2 Ordner erstellen, kopieren, löschen

Mit dem FSO sind Ordner schnell erstellt, sogar mit Sicherung:

Makro Nr. 96

```
Sub FSO_Test_OrdnerErstellen()
 Dim FSO, StartOrdner As String
 StartOrdner = "C:\Daten3"
 Set FSO = New FileSystemObject
 If Not FSO.FolderExists(StartOrdner) Then
   FSO.CreateFolder (StartOrdner)
   MsgBox "Ordner erfolgreich angelegt", vbExclamation
 Else
   MsgBox "Ordner existiert bereits", vbCritical
 End If
 Set FSO = Nothing
End Sub
```

Etwas komplizierter sind die Sicherungsmechanismen beim Kopieren von Ordnern. Die FSO-Methode lautet einfach *CopyFolder Startordner Zielordner*:

```
Sub FSO_Test_OrdnerKopieren()
 Dim FSO, StartOrdner As String, ZielOrdner As String, varWahl
 StartOrdner = "C:\Daten3"
 ZielOrdner = "L:\Daten"
 Set FSO = New FileSystemObject
 If FSO.FolderExists(ZielOrdner) Then
 ' Hier muss das Laufwerk aus dem Startordner extrahiert werden
  If Not FSO.FolderExists(ZielOrdner & "\" & Mid(StartOrdner, 4, 100))
Then
      FSO.CopyFolder StartOrdner, ZielOrdner & "\"
      MsgBox "Ordner erfolgreich kopiert", vbExclamation
  Else
   MsgBox "Der Ordner" & vbCr & ZielOrdner & "\" & Mid(StartOrdner, 4,
100) & vbCr & "ist bereits vorhanden", vbCritical
  End If
 Else
   MsgBox "Der Zielordner" & vbCr & ZielOrdner & vbCr & "existiert
nicht!", vbCritical
 End If
 Set FSO = Nothing
End Sub
```

Und so wird ein Ordner gelöscht, natürlich auch wieder mit Sicherung. Am besten warnen Sie den Benutzer noch einmal eindringlich, denn die Aktion ist unumkehrbar, und der Befehl *DeleteFolder* löscht nicht nur alle Daten, sondern auch alle Unterordner:

Makro Nr. 97

```
Sub FSO_Test_OrdnerLoeschen()
 Dim FSO, strOrdner As String
 strOrdner = "L:\Daten"
 Set FSO = New FileSystemObject
 If Not FSO.FolderExists(strOrdner) Then
   MsgBox "Der Ordner existiert nicht", vbCritical
 Else
  If MsgBox("Der Ordner" & vbCr & strOrdner & vbCr & "wird gelöscht. Ihre
Daten gehen damit verloren. Wollen Sie wirklich?", vbYesNo) = vbNo Then
Exit Sub
  FSO.DeleteFolder strOrdner
 End If
 Set FSO = Nothing
End Sub
```

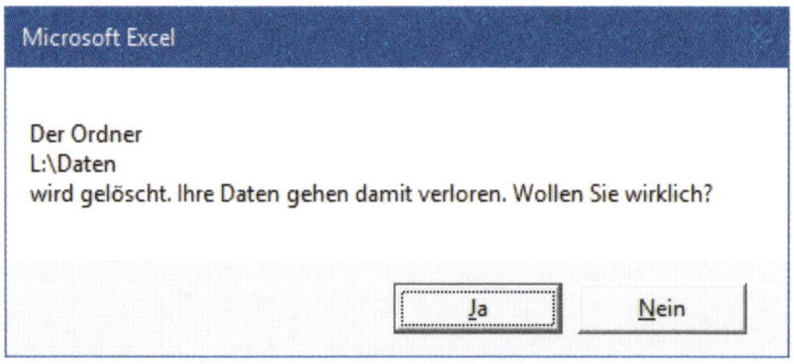

Abbildung 13.8: Sicherheitsmeldung: Ordner und Unterordner werden gelöscht

13.4.3 Ordner- und Dateiinfos auslesen

Vom Erstellungsdatum bis zum Dateityp – dem FileSystemObject – bleibt nichts verborgen. Lesen Sie die Ordner- oder Dateiinformationen aus und setzen Sie diese bei Bedarf neu fest. Viele sind aber schreibgeschützt.

Ordnerinformationen:

Eigenschaft	Beschreibung
`Attributes`	Ein Bitfeld mit den Attributen des Ordners
`DateCreated`	Das Erstellungsdatum des Ordners
`DateLastAccessed`	Das letztes Zugriffsdatum
`DateLastModified`	Das letztes Bearbeitungsdatum
`Drive`	Der Laufwerkbuchstabe mit Doppelpunkt (zum Beispiel *C:*) des Laufwerks, in dem der Ordner gespeichert ist
`Files`	Eine Collection mit Objekten vom Typ *File* zum Zugriff auf die im Ordner gespeicherten Dateien
`IsRootFolder`	Ein Boolean-Wert, der anzeigt, ob es sich um einen Stammordner (wie zum Beispiel *C:*) handelt
`Name`	Der Name des Ordners ohne Pfadangaben (zum Beispiel *System32*)
`ParentFolder`	Der Name des Ordners, in dem der Ordner gespeichert ist. Für den Ordner *C:\Daten* wäre dies zum Beispiel *C:*
`Path`	Der vollständige Pfad des Ordners (zum Beispiel *C:\Windows\System32*)
`ShortName`	Der Ordnername in der MS-DOS-Syntax mit der 8.3-Namenskonvention. Der Ordner *C:\Windows\Programme* wird zum Beispiel als *Progra~1* angezeigt.

Eigenschaft	Beschreibung
`ShortPath`	Der Pfadname des Ordners in der MS-DOS-Syntax. Der Ordner *C:\Windows\Programme* wird zum Beispiel als *C:\Windows\Progra~1* angezeigt.
`Size`	Die Gesamtgröße in Bytes aller Inhalte des Ordners. Dies schließt die in dem Ordner gespeicherten Dateien und alle Dateien in Unterordnern ein.
`SubFolders`	Eine Collection mit den Unterordnern des Ordners. Die Unterordner in den Unterordnern sind nicht in dieser Collection enthalten.
`Type`	Ein Textstring mit einer Beschreibung des Ordnertyps – meist File Folder

Dateiinformationen:

Eigenschaft	Beschreibung
`Attributes`	Ein Bitfeld mit den Attributen der Datei
`DateCreated`	Das Erstellungsdatum der Datei
`DateLastAccessed`	Das Datum des letzten Dateizugriffs
`DateLastModified`	Das Datum der letzten Änderung an der Datei
`Drive`	Der Laufwerkbuchstabe (mit Doppelpunkt) des Laufwerks, auf dem die Datei gespeichert ist
`Name`	Der Dateiname ohne Pfadinformationen. Für die Datei *C:\Daten\Test.xlsx* wäre das zum Beispiel *Test.xlsx*
`ParentFolder`	Der Name des Ordners, in dem die Datei gespeichert ist. Für *C:\Daten\test.xlsx* ist das zum Beispiel *Daten*
`Path`	Der vollständige Pfad der Datei (zum Beispiel *C:\Daten/Test.xlsx*)
`ShortName`	Der MS-DOS-Name der Datei (in 8.3-Schreibweise). Für die Datei *C:\MeineDaten.xlsx* ist das zum Beispiel *MeineDat~1.xlsx*.
`ShortPath`	Der Pfad in MS-DOS-Schreibweise (in 8.3-Schreibweise). Für die Datei *C:\Windows\Program Files\MyScript.vbs* wäre das zum Beispiel *C:\Windows\Progra~1\MyScript.vbs*.
`Size`	Die Gesamtgröße der Datei in Bytes
`Type`	Ein Textstring mit der Dateiart (zum Beispiel Microsoft Word Document)

Makrobeispiel: Schreibschutz für Datei setzen

Für Excel-Dateien hat die VBA-Bibliothek eine einfache Methode für ActiveWorkbook, um den Schreibschutz zu überprüfen und zu definieren:

```
ActiveWorkbook.ReadOnly = True
```

Mit *ChangeFileAccess* ändern Sie den Status:

```
ActiveWorkbook.ChangeFileAccess Mode:=xlReadOnly
```

Das FilesystemObject kann den Schreibschutz bei jedem Dateityp überprüfen und ändern. Das Makro überprüft die Eigenschaft *Attributes* und ändert nach Zustimmung des Benutzers den Schreibschutz:

Makro Nr. 98

```
Sub FSO_Test_ReadOnly()
 Dim FSO As FileSystemObject, strFile, strPfad As String
  Set FSO = New FileSystemObject
 strFile = "L:\Kosten.xlsx"
 Set strFile = FSO.GetFile(FilePath:=strFile)
 If strFile.Attributes = 1 Then
  If MsgBox(strFile & " ist schreibgeschützt. Schreibschutz aufheben?",
vbInformation + vbYesNo) Then
    strFile.Attributes = 0
  End If
 Else
  If MsgBox(strFile & " ist nicht schreibgeschützt. Schreibschutz
setzen?", vbInformation + vbYesNo) Then
    strFile.Attributes = 1
  End If
 End If
 Set FSO = Nothing
End Sub
```

13.4.4 Dateispionage mit Windows Shell

Wussten Sie, dass eine Datei über 300 Eigenschaften hat oder haben kann? Windows registriert längst nicht mehr nur Attribute wie Speicherplatz, letztes Speicherdatum oder Autor der Datei, sondern dateispezifische Informationen wie Bitrate und Auflösung bei Videodateien oder Copyright-Informationen in Bilddateien.

Das FileSystemObject schafft diese Informationsvielfalt nicht mehr, hier muss Windows Shell ran. Das ist die grafische Oberfläche von Windows, und eines der programmierbaren Objekte ist tatsächlich das Visual-Basic-ScriptingObject.

Testen Sie das Dateispionagewerkzeug mit dem nächsten Makro, es wird Ihnen interessante Ergebnisse liefern.

Makrobeispiele: Dateiinfos mit Windows Shell

Das Makro listet bis 350 Informationen über den angegebenen Ordner in den ersten drei Spalten eines neuen Tabellenblatts, wobei Spalte A die Nummer bekommt, Spalte B die Bezeichnung und Spalte C die eigentliche Info.

Mit der zweiten Schleife holt das Makro die gleichen Informationen für die angegebene Datei ein und legt sie in den Spalten E bis F ab.

Makro Nr. 99

```
Sub GetFileProperties()
 Dim strLaufwerk As String, strPfad As String, strDatei As String
 strLaufwerk = "L:\"
 strPfad = "Daten"
 strDatei = "Preisliste.xlsx"
 Dim shell As Object, curFolder As Object, curItem As Object
 Dim propIdx As Integer, i As Integer
 Set shell = CreateObject("Shell.Application")
 Sheets.Add
 ' Eigenschaften des Ordners in Spalte A-C
 Set curFolder = shell.Namespace("L:\")
 Set curItem = curFolder.ParseName("Daten")
 For i = 1 To 350
  propIdx = i
  Cells(i, 1) = i
  Cells(i, 2) = curFolder.GetDetailsOf(, propIdx)
  Cells(i, 3) = curFolder.GetDetailsOf(curItem, propIdx)
 Next i
 ' Eigenschaften der Datei in Spalte E-F
 Set curFolder = shell.Namespace("L:\Daten")
 Set curItem = curFolder.ParseName(strDatei)
 For i = 1 To 350
  propIdx = i
  Cells(i, 5) = i
  Cells(i, 6) = curFolder.GetDetailsOf(Null, propIdx)
  Cells(i, 7) = curFolder.GetDetailsOf(curItem, propIdx)
 Next i
End Sub
```

	A	B	C	D	E	F	G
1	1	Größe			1	Größe	16,7 KB
2	2	Elementtyp	Dateiordner		2	Elementtyp	Microsoft Excel-Arbeitsblatt
3	3	Änderungsdatum	08.10.2017 21:15		3	Änderungsdatum	01.09.2017 18:47
4	4	Erstelldatum	08.10.2017 21:15		4	Erstelldatum	08.10.2017 21:15
5	5	Letzter Zugriff	08.10.2017 01:00		5	Letzter Zugriff	08.10.2017 01:00
6	6	Attribute	D		6	Attribute	A
7	7	Offlinestatus			7	Offlinestatus	
8	8	Verfügbarkeit	Offline verfügbar		8	Verfügbarkeit	
9	9	Erkannter Typ	Unbekannt		9	Erkannter Typ	
10	10	Besitzer	Jeder		10	Besitzer	
11	11	Art	Ordner		11	Art	
12	12	Aufnahmedatum			12	Aufnahmedatum	
13	13	Mitwirkende Interpreten			13	Mitwirkende Interpreten	
14	14	Album			14	Album	
15	15	Jahr			15	Jahr	
16	16	Genre			16	Genre	
17	17	Dirigenten			17	Dirigenten	
18	18	Markierungen			18	Markierungen	
19	19	Bewertung	Nicht bewertet		19	Bewertung	

Abbildung 13.9: Ordner- und Datei-Attribute auslesen mit Windows Shell

13.5 Dateien speichern

Auch für das Speichern von Dateien liefert der Makrorekorder zuverlässige Befehle auf Basis der Anweisung *Workbook.Save* bzw. *Workbook.SaveAs*. Sehen Sie sich die Argumentfolge an.

13.5.1 Workbook.Save

Speichert die aktive Arbeitsmappe. Ist die Mappe noch unbenannt, wird *Workbook.SaveAs* aktiv. Damit speichern Sie alle Arbeitsmappen:

```
Dim wb
For Each wb In Application.Workbooks
    wb.Save
Next wb
```

13.5.2 Workbook.SaveAs

)Speichert die aktive Arbeitsmappe und fordert dafür immer einen Dateinamen an. Alle Speicheroptionen (Passwort etc.) können als Argumente angegeben werden.

```
Workbook.SaveAs(FileName, FileFormat, Password, WriteResPassword,
ReadOnlyRecommended, CreateBackup, AccessMode, ConflictResolution,
AddToMru, TextCodepage, TextVisualLayout, Local
```

Argument	Beschreibung
`Filename`	Der Name der zu speichernden Datei. Wird der Pfad nicht mit angegeben, speichert Excel die Datei im aktuellen Ordner.
`FileFormat`	Das Dateiformat. *XLFileFormat* liefert eine Liste mit den gültigen Formaten. Standard ist das in den Optionen eingestellte Dateiformat.
`Password`	Ein Text mit maximal 15 Zeichen (Groß-/Kleinschreibung beachten). Wird der Datei als Kennwort übergeben.
`WriteResPassword`	Das Schreibschutzkennwort. Wird es nicht angegeben, wird die Datei schreibgeschützt geöffnet, sofern ein Schreibschutzkennwort zugewiesen ist.
`ReadOnlyRecommended`	*True* für eine Empfehlung beim Öffnen der Datei, dass sie schreibgeschützt geöffnet werden sollte
`CreateBackup`	*True* estellt eine Sicherungsdatei
`AccessMode`	Zugriffsmodus für die Arbeitsmappe
`ConflictResolution`	Ein *xlSaveConflictResolution*-Wert, der die Art und Weise festlegt, wie ein Konflikt beim Speichern der Arbeitsmappe gelöst wird. *xlUserResolution* zeigt ein Dialogfeld für die Konfliktauflösung an. *xlLocalSessionChanges* akzeptiert die vorgenommenen Änderungen automatisch. *xlOtherSessionChanges* akzeptiert die Änderungen aus anderen Sitzungen anstelle der Änderungen durch den lokalen Benutzer.
`AddToMru`	*True* fügt die Mappe zur Liste der zuletzt verwendeten Dateien hinzu (Standard ist *False*).
`Local`	*True* speichert Dateien mit der Sprache von Microsoft Excel (einschließlich Systemsteuerungseinstellungen). *False* (Standard) speichert Dateien mit der Sprache von VBA (Englisch (USA)).

13.5.3 Speichern mit GetSaveAs

Arbeitsmappen mit dem Speicherdialog zu speichern ist etwas, was die Programmierer nicht gern tun. Der Anwender hat die Möglichkeit, den Dateinamen zu bestimmen und den Speicherort zu wechseln, und das bedeutet wieder viel Aufwand, um alles abzuprüfen und alle Risiken auszuschalten.

Hier ein Makro, das den Speicherdialog wenigstens so lange anzeigt, bis die Mappe gespeichert ist:

Makrobeispiel: Mappe speichern

Makro Nr. 100

```
Sub WBSpeichern_Test()
 Dim wb As Workbook, varFName
 Set wb = Workbooks.Add
 Do
    varFName = Application.GetSaveAsFilename
 Loop Until varFName <> False
 wb.SaveAs FileName:=varFName
End Sub
```

13.5.4 Textdatei speichern

Textdateien werden nach wie vor für den Datenaustausch mit externen Systemen benötigt. Es gibt mehrere Möglichkeiten, Daten in Textform abzulegen:

Geben Sie für die *SaveAs*-Methode des Workbooks das Textformat an.

```
ActiveWorkbook.SaveAs Filename:="Test.txt", FileFormat:=xlText
```

Eine uralte Technik, um Textdaten zeilenweise in eine Datei zu schreiben, bietet die Anweisung *Open For OutPut*:

Makro Nr. 101

```
Sub MakeTextFile()
  Dim lngChannel As Long
  lngChannel = FreeFile()
  Open ThisWorkbook.Path & "\Testdatei.txt" For Output As lngChannel
  Print #lngChannel, "Testzeile 1"
  Print #lngChannel, "Testzeile 2"
  Close #lngChannel
End Sub
```

Das FileSystemObject bietet sich ebenfalls zum Speichern von Textdateien an. Hier ein Makro, das die Textdatei im aktuellen Pfad anlegt und über eine Schleife Textzeilen erzeugt. Die Konstanten *vbCr* und *vbLf* sorgen für die Zeilen- bzw. Absatzumbrüche.

Makro Nr. 102

```
Public Sub TextdateiErstellen()
 Dim objFSO As Scripting.FileSystemObject, objTextstream As Scripting.
TextStream
 Dim i As Integer
 Set objFSO = New Scripting.FileSystemObject
 Set objTextstream = objFSO.CreateTextFile(ThisWorkbook.Path & "\Text.txt")
```

```
 With objTextstream
  For i = 1 To 20
     .Write "Zeile " & i & vbCr & vbLf
  Next i
 End With
End Sub
```

13.6 Dateien löschen

Mit der martialischen Anweisung *Kill* löschen Sie eine Datei. Und zwar jede Datei, egal, welchen Typs. *Kill* ist ein lautloser, effektiver und absolut tödlicher Killer. Die Anweisung löscht eine Datei ohne Rückfrage, und es gibt keine Möglichkeit, die Datei wieder zurückzuholen. Passen Sie also gut auf, bevor Sie den Killer beauftragen:

```
Kill <Dateiname>
```

Als verantwortungsvoller Programmierer sollten Sie natürlich dafür sorgen, dass der Anwender nicht versehentlich seine wertvollen Daten löscht. Schreiben Sie ein Makro, das den Dateinamen und den Dateipfad in eine Variable überführt. Prüfen Sie dann mit *Dir()*, ob es die Datei überhaupt gibt, und lassen Sie das Makro abbrechen, falls nicht.

Gibt es die Datei, schalten Sie noch eine Sicherungsmeldung dazwischen, und erst nach Bestätigung dieser Meldung wird der Dateikiller aktiv.

Makro Nr. 103

```
Sub Kill_File()
  Dim strFile As String
  ' Variable für Datei und Dateipfad
  strFile = ThisWorkbook.Path & "\Testdatei.txt"
  ' Mit Dir() abprüfen, ob es die Datei gibt
  If Dir(strFile) = "" Then
    MsgBox "Die Datei " & vbCr & strFile & vbCr & "existiert nicht",
vbCritical, "Fehler"
  Else
   ' Sicherheitsabfrage
   If MsgBox("Datei " & vbCr & strFile & vbCr & " löschen?", vbQuestion +
vbYesNo, "Datei löschen") = vbYes Then
     ' Datei löschen
     Kill strFile
   End If
 End If
End Sub
```

13.6.1 Fehler beim Löschen

Sollte das Löschen der Datei fehlschlagen, kann das unterschiedlichste Gründe haben. VBA reagiert mit einem Fehler, bestehend aus Fehlernummer und Fehlerbeschreibung. Die Liste dieser »auffangbaren Fehler« finden Sie bei MSN unter dieser Adresse:

https://msdn.microsoft.com/de-de/library/ms234761(v=vs.90).aspx

Die beiden häufigsten Fehlernummern beim Versuch, eine Datei per *Kill* zu löschen, sind **53** (Datei nicht gefunden) und **70** (Zugriff verweigert). Der erste Fehler lässt sich mit *Dir()* abfangen, der zweite, der bei offenen oder aktiven Dateien das Löschen verhindert, leider erst zur Laufzeit.

Schreiben Sie das Makro neu, starten Sie nach der *Dir()*-Prüfung und der Sicherungsabfrage eine Funktion mit der *Kill*-Anweisung. Stößt diese auf einen Fehler, gibt sie eine entsprechende Meldung aus und meldet der aufrufenden Prozedur zurück, dass der Löschvorgang nicht geklappt hat. Packen Sie die Funktion gleich in eine *If*-Anweisung, können Sie auf den Abbruch des Löschvorgangs reagieren:

Makro Nr. 104

```
Sub LoescheDatei()
  Dim strFile As String
  ' Variable für Datei und Dateipfad
  strFile = ThisWorkbook.Path & "\Testmappe2.xlsx"
  ' Prüfen, ob Datei existiert
  If Dir(strFile) = "" Then
    MsgBox "Die Datei " & vbCr & strFile & vbCr & "existiert nicht",
vbCritical, "Fehler"
    Exit Sub
  End If
   ' Sicherungsmeldung
   If MsgBox("Datei " & vbCr & strFile & vbCr & " löschen?", vbQuestion +
vbYesNo, "Datei löschen") <> vbYes Then Exit Sub
   ' Aufruf der Funktion, der Dateiname wird übergeben
   If fn_KillFile(strFile) = True Then
       MsgBox "Die Datei wurde gelöscht", vbInformation
   End If
End Sub
Function fn_KillFile(strFile As String)
   ' tritt ein Fehler auf, wird die Sprungmarke "Fehler" angesteuert
   On Error GoTo fehler
   ' Datei löschen
   Kill strFile
   ' Löschen erfolgreich, Funktionsergebnis = True
```

```
    fn_KillFile = True
    ' Funktion verlassen, zurück zur aufrufenden Prozedur
    Exit Function
    ' Die Sprungmarke
fehler:
  ' Fehlermeldung abhängig vom Fehlercode (70 = Datei ist offen)
  If Err.Number = 70 Then
    MsgBox "Bitte schließen Sie die Datei", vbCritical, "Fehlercode: " &
Err.Number
  Else
    MsgBox Err.Description, vbCritical, "Fehler " & Err.Number
  End If
End Function
```

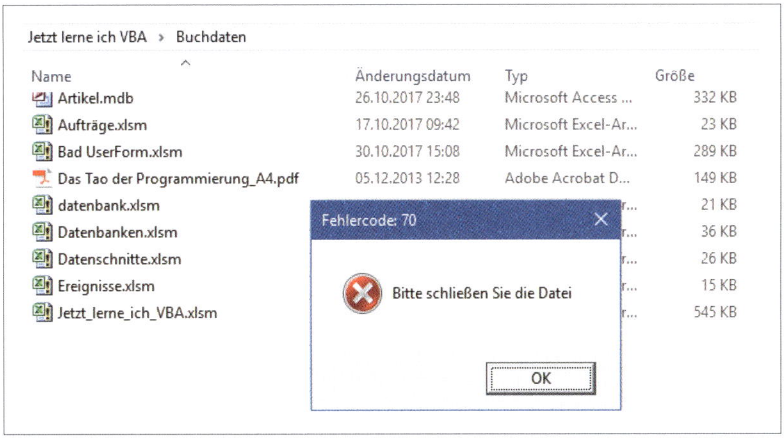

Abbildung 13.10: Fehlermeldung mit Fehlercode

14. Ereignisse

Objekte im Objektkatalog haben Methoden und – eine besonders nützliche Einrichtung – Ereignisse. Das Öffnen einer Mappe, das Markieren von Zellen oder die Neuberechnung der Tabelle – das sind Ereignisse, die von VBA-Makros ausgewertet werden können.

Ein klassisches Ereignis ist der Klick auf eine Schaltfläche: Das Programm wird mit einer Meldung unterbrochen, der Benutzer löst das Ereignis aus und das im Speicher »wartende« Programm wertet das Ergebnis aus. Auch das Öffnen und Schließen von Mappen, die Druckausgabe und der Wechsel in ein anderes Fenster sind programmierbare Ereignisse.

14.1 Arbeitsmappenereignisse

Die wichtigsten Ereignisse für Arbeitsmappen sind *Workbook_Open()*und *Workbook_BeforeClose()*, der Zweck ist leicht zu erraten. Das *Open*-Ereignis tritt mit dem Öffnen der Mappe ein, das *BeforeClose*-Ereignis, wenn die Mappe über das *Datei*-Menü mit dem Schließen-Kästchen des Fensters oder über einen Makrobefehl geschlossen wird. Auch das *BeforePrint*-Ereignis ist sehr beliebt.

So finden Sie die Ereignisse:

1. Aktivieren Sie den VBA-Editor für die aktive Arbeitsmappe.
2. Klicken Sie im Projekt-Explorer-Fenster doppelt auf den Eintrag *DieseArbeitsmappe* im Ordner *Excel-Objekte*.
3. Schalten Sie im Listenelement, das links oben im Codefenster angeboten wird, auf *Workbook*. Das *Workbook_Open*-Makro wird automatisch erzeugt, Sie können den Code einfügen.
4. Die Ereignisse, für die bereits Prozeduren erstellt sind, werden fett gedruckt. Mit dem Klick auf ein Ereignis wird das Makro sofort angelegt.

Tipp

In den Vorgängerversionen (bis Excel 5) gab es für diese Aufgaben spezielle Makronamen (*auto_open(), auto_close()*). Diese Technik ist zwar veraltet, funktioniert aber immer noch.

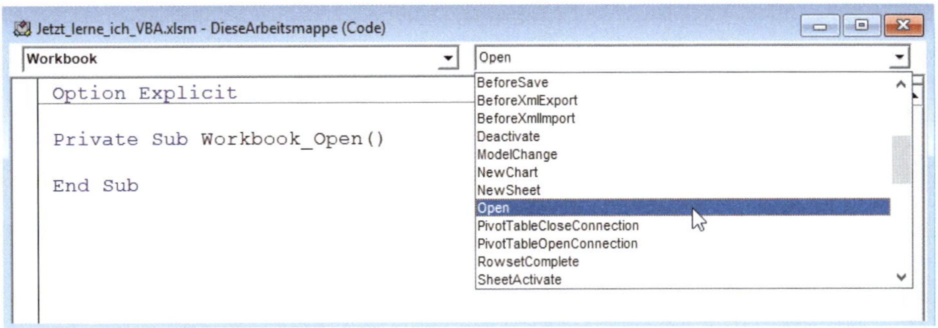

Abbildung 14.1: Workbook-Ereignisse

Dieses Makro steuert nach dem Öffnen der Mappe gezielt ein Tabellenblatt an und schreibt den Benutzernamen in eine Zelle:

Makro Nr. 105

```
Private Sub Workbook_Open ()
  Dim wb As Workbook, ws As Worksheet
  Set wb = ThisWorkbook
  Set ws = wb.Sheets("Vordruck")
  ws.Select
  [d1] = "bearbeitet von: "
  [d2] = Application.UserName
End Sub
```

Mit diesem Makro speichern Sie beim Schließen die Mappe automatisch, wenn sie noch nicht gespeichert wurde.

Dazu wird die Eigenschaft *Saved* abgefragt:

```
Private Sub Workbook_BeforeClose(Cancel as Boolean)
   If Me.Saved = False Then Me.Save
End Sub
```

Das *BeforeClose*-Ereignis bietet in der Klammer das Argument *Cancel* an. Setzen Sie dieses im Makrocode auf *True*, verhindern Sie, dass die Mappe geschlossen wird.

Das Beispielmakro verhindert das Schließen einer Mappe, wenn eine andere Mappe (*Journal.xlsx*) noch offen ist.

Makro Nr. 106

```
Private Sub Workbook_BeforeClose (Cancel As Boolean)
 Dim gefunden As Boolean, wb
 gefunden = False
 For Each wb In Application.Workbooks
  If wb.Name = "Journal.xlsx" Then
    gefunden = True
    Exit For
  End If
 Next wb
 If gefunden = True Then
  Cancel = True
  MsgBox "Bitte schließen Sie zuerst das Journal! " _
    , vbInformation, "Hinweis"
 End If
End Sub
```

Schreiben Sie ein Makro, das auf das Ereignis *Tabelle anlegen* reagiert, den Benutzer informiert, wie die neue Tabelle heißt, und ihm die Möglichkeit gibt, diese sofort zu benennen. Das neue Blatt wird in der Klammer als Objektvariable *Sh* definiert:

Makro Nr. 107

```
Private Sub Workbook_NewSheet(ByVal Sh As Object)
  Dim neuname, neublatt
  neuname = _
  InputBox("Blattname für " & Sh.Name)
  If neuname = "" Then Exit Sub
  Sh.Name = neuname
End Sub
```

14.2 Tabellenblattereignisse

Nicht nur die Arbeitsmappe, sondern auch jedes einzelne Tabellenblatt bietet eine Liste mit Ereignissen, die mit VBA-Code belegt werden können. Lassen Sie sich diese Liste anzeigen:

1. Klicken Sie im Projekt-Explorer-Fenster doppelt auf einen Tabellennamen im Ordner *Excel-Objekte*.
2. Schalten Sie im Codefenster links oben auf *Worksheet* und suchen Sie in der Liste rechts oben nach dem passenden Ereignis.
3. Das erste Ereignismakro wird sofort erzeugt, Sie können es mit VBA-Code füllen.

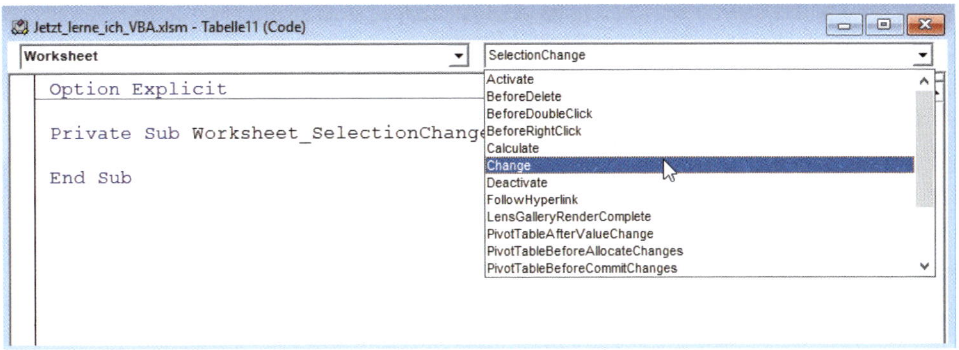

Abbildung 14.2: Worksheet-Ereignisse

14.2.1 Worksheet_Activate

Mit den Tabellenblattereignissen können Sie Tabellenblätter vor oder nach der Aktivierung berechnen, schützen oder vorformatieren. Das Ereignis tritt auf, wenn das Tabellenblatt aktiviert wird, unabhängig davon, ob der Anwender auf das Register klickt oder ein Makro mit der Anweisung *Sheets(Blattname).Select* aktiv wird:

Makro Nr. 108

```
Private Sub Worksheet_Activate()
  MsgBox ActiveSheet.Name
End Sub
```

Hier ein Makro, das ein Tabellenblatt mit Blattschutz versieht, sobald es aktiviert wird:

Makro Nr. 109

```
Private Sub Worksheet_Activate()
  Me.Protect
End Sub
```

14.2.2 Selection_Change()

Das ist das Ereignis, das mit dem Verschieben des Zellzeigers oder mit Markierungen im Tabellenblatt ausgelöst wird. Sie können den Benutzer informieren oder warnen, die Kontrolle über den Zellzeiger wegnehmen und das Markieren bestimmter Bereiche verhindern oder die Markierung auf andere Zellen verschieben. Die neue Markierung wird in der Klammer als Range-Objekt übergeben.

Hier ein Makro, das dem Benutzer die Anzahl markierter Zeilen und Spalten meldet. Die Adresse der Markierung steht in der Kopfzeile der Nachricht:

Makro Nr. 110

```
Private Sub Worksheet_SelectionChange(ByVal Target As Range)
  Dim lngRows As Long, lngCols As Long
  With Target
    lngRows = .Rows.Count
    lngCols = .Columns.Count
   End With
   MsgBox "Sie haben " & lngRows & " Zeile(n) und " & lngCols & "
Spalte(n) markiert", vbInformation, Target.Address
End Sub
```

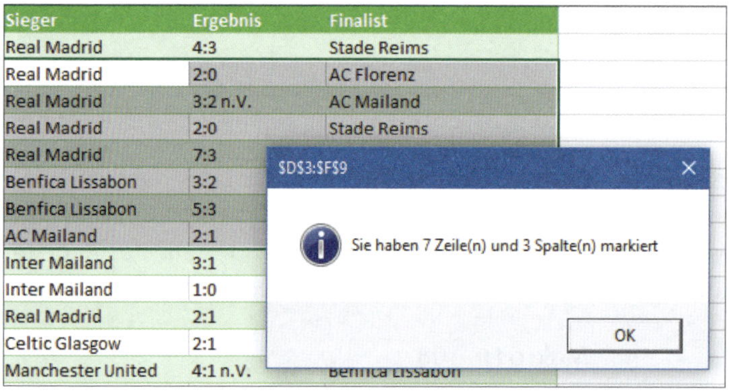

Abbildung 14.3: Das Selection_Change-Ereignis

Und so merkt sich das Makro die zuvor markierte Zelle: Schreiben Sie eine *DIM*- oder *Private*-Anweisung für die vorherige Markierung außerhalb der Prozeduren. Da diese beim ersten Mal nicht belegt ist, prüfen Sie sie auf den Inhalt *Null* ab. Beim zweiten Versuch enthält die Variable den Bezug auf die vorherige Zelle:

Makro Nr. 111

```
Dim rngOldCell As Range
Private Sub Worksheet_SelectionChange(ByVal Target As Range)
    If rngOldCell Is Nothing Then
        Set rngOldCell = Target
        Exit Sub
    End If
    MsgBox "Neue Zelle: " & Target.Address & vbCrLf & "Alte Zelle " &
rngOldCell.Address
    Set rngOldCell = Target
End Sub
```

> **Hinweis**
>
> Auf den ersten Blick ist das *SelectionChange()*-Ereignis interessant, ist aber mit Vorsicht zu genießen. Mit der Zeit »nervt« es, wenn bei jeder Markierung ein Makro aktiv wird. Arbeiten Sie lieber mit Zellschutz und Blattschutz, um ungewollte Markierungen auszuschalten.

Makrobeispiel: Eingabe von Ziffern verhindern

Makro Nr. 112

Dieses Makro verhindert, das in einem definierten Bereich Ziffern von 0 bis 9 eingegeben werden. Im Unterschied zur Datenüberprüfung (Register *Daten*), die das auch kann, prüft dieses Makro auch Kopien aus der Zwischenablage ab und löscht die Eingabe gleich wieder. Mit der *Intersect*-Methode prüfen Sie, ob es eine Überschneidung mit dem Bereich gibt, in dem Ziffern verhindert werden sollen.

```
If cInputCell.Value Like "*#*" Then
```

* steht für eine beliebige Folge von Zeichen und # für eine der Ziffern 0 bis 9. Dieses Suchmuster findet damit alle Ausdrücke mit einer oder mehreren Ziffern. Falls der überprüfte Zellinhalt mit dem Suchmuster übereinstimmt, wird die Zelle zum Bereich der Zellen mit ungültigen Eingaben hinzugefügt (*rngInvalid*). Zum Schluss wird der Bereich markiert und nach Ausgabe einer Fehlermeldung gelöscht (funktioniert auch für Eingaben mit Strg+↵ in mehrere Zellen oder bei Kopien aus der Zwischenablage).

Der Testbereich wird mit dem Bereichsnamen *rngInputRange* belegt (Namens-Manager).

```
Private Sub Worksheet_Change(ByVal Target As Range)
 Dim rngInput As Range, rngInputCell As Range, rngInvalid As Range
 Set rngInput = ActiveSheet.Range("rngInputRange")
 If Not Application.Intersect(rngInput, Target) Is Nothing Then
  For Each rngInputCell In Target.Cells
   If rngInputCell.Value Like "*#*" Then
    If rngInvalid Is Nothing Then
      Set rngInvalid = rngInputCell
    Else
      Set rngInvalid = Application.Union(rngInvalid, rngInputCell)
    End If
   End If
  Next rngInputCell
```

```
    If Not rngInvalid Is Nothing Then
     rngInvalid.Select
     MsgBox "Bitte keine Ziffern eingeben!", vbCritical, "Ungültige Eingabe"
     rngInvalid.Clear
    End If
  End If
  Set rngInvalid = Nothing
  Set rngInputCell = Nothing
  Set rngInput = Nothing
End Sub
```

15. Mit Tabellen programmieren

Wenn Sie jetzt sagen, das wäre ja selbstverständlich, dass in VBA mit Tabellen programmiert wird, dann meinen Sie sicher das Programmieren mit Tabellenblättern. Aber hier geht es um Tabellen. Die Tabelle ist die Nachfolgerin der Liste und sollte diese aus gutem Grund langsam ablösen. Und zwar nicht nur im täglichen Kalkulationskampf, sondern auch in der VBA-Programmierung.

Diese Gründe sprechen für die Tabelle alternativ zur Liste:

Grund	In der Kalkulation	In VBA
Tabellen sind dynamisch	Daten werden einfach an die Tabelle angehängt oder aus dieser gelöscht, die Tabelle wird automatisch erweitert oder reduziert.	Das Makro muss den Datenbereich nicht mehr identifizieren bzw. dessen Größe bestimmen.
Tabellen haben einen Tabellennamen	Formeln beziehen sich auf den Namen oder auf Teile der Tabelle: =ZEILEN(Tabelle1) =SUMME(Tabelle1[Betrag]	Makros arbeiten mit dem Tabellennamen, um Datenbereiche zu bearbeiten oder zu analysieren. Das Zuweisen von Bereichsnamen wird überflüssig.
Tabellen arbeiten mit strukturierten Verweisen	Es gibt keine Bezüge mehr. Statt =$A$2 heißt es in der Tabelle =Tabelle1[Nummer]. Spaltenformeln werden automatisch bis zum Ende der Tabelle kopiert.	Das umständliche Berechnen von Bereichen in Formeln mit dem R1C1-Bezug wird überflüssig. An Stelle von =SUM(R[1]C[1]:[R[1]C[20]) heißt es in der Tabelle =SUM(Tabelle1[Betrag])

Mit *Einfügen/Tabelle* erklären Sie eine Liste zur Tabelle. Die Liste sollte natürlich eine Kopfzeile haben und ohne Leerzeilen sein. In den Tabellenspalten müssen die Daten einheitlich sein, das heißt, eine Datumsspalte enthält nur Datumswerte und eine Zahlenspalte nur Zahlen.

Geben Sie der Tabelle gleich nach der Umwandlung des Bereichs einen passenden Namen, tragen Sie diesen unter *Tabellenentwurf/Eigenschaften* ein. Verwenden Sie für Tabellen das Präfix *tbl*. Damit lassen sich diese von »normalen« Bereichsnamen unterscheiden.

Tabellennamen werden im Namens-Manager zwar angezeigt, können mit diesem aber nicht bearbeitet oder gelöscht werden.

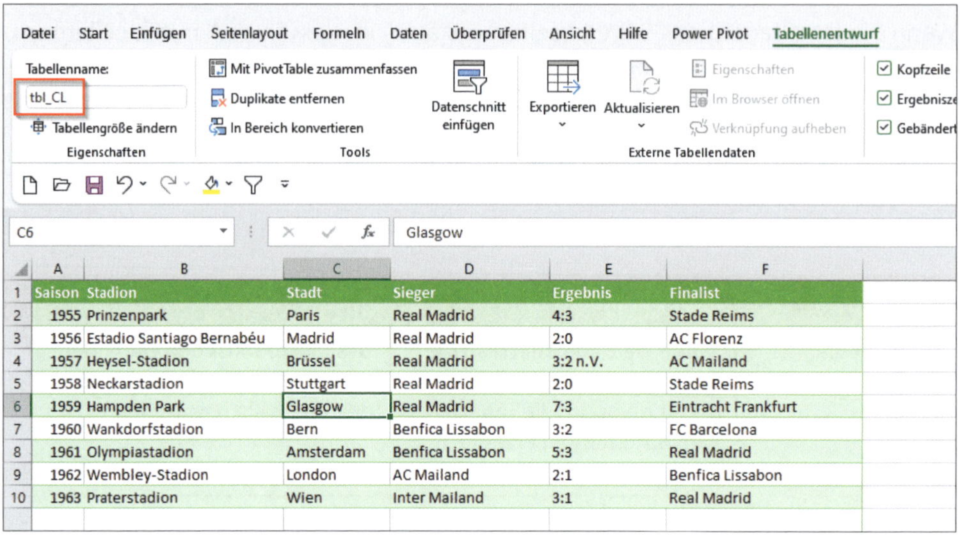

Abbildung 15.1: Die Tabelle löst die Liste ab

15.1 VBA-Anweisungen für Tabellen

Die wichtigsten Makrobefehle rund um Tabellen zeichnen Sie mit dem Makrorekorder auf. Das *ListObject* wird als Container mit der Nummer oder dem Tabellennamen angesprochen. Hier eine Übersicht:

Tabellenteil	VBA-Element
Gesamte Tabelle	`ActiveSheet.ListObjects("tbl_Test").Range`
Kopfzeile	`ActiveSheet.ListObjects("tbl_Test").HeaderRowRange`
Tabellendaten	`ActiveSheet.ListObjects("tbl_Test").DataBodyRange`
Die 3. Spalte	`ActiveSheet.ListObjects("tbl_Test").ListColumns(3).Range`
Die Daten der 3. Spalte	`ActiveSheet.ListObjects("tbl_Test").ListColumns(3).DataBodyRange`

Tabellenteil	VBA-Element
Die 4. Zeile markieren	ActiveSheet.ListObjects("tbl_Test").ListRows(4).Range.Select
Die 3. Spaltenüberschrift markieren	ActiveSheet.ListObjects("tbl_Test").HeaderRowRange(3).Select
Zelle 2 in Spalte 3 markieren	ActiveSheet.ListObjects("tbl_Test").DataBodyRange(2, 3).Select
Eine neue Spalte am Ende anfügen	ActiveSheet.ListObjects("tbl_Test").ListColumns.Add
Eine neue Zeile oberhalb der Zeile 5 einfügen	ActiveSheet.ListObjects("tbl_Test").ListRows.Add (5)

15.1.1 Tabelle anlegen

Setzen Sie den Zeiger in die Liste und holen Sie mit *CurrentRegion* die Bereichsadresse. Diese übergeben Sie der Eigenschaft *ListObjects* (mit *Add* wird eine neue Tabelle angelegt):

Makro Nr. 113

```
Sub MakeTable()
 Dim rngBereich As Range
 Set rngBereich = Range("A1").CurrentRegion
 With ActiveSheet
   .ListObjects.Add
   .ListObjects(1).Name = "tbl_Auftraege"
 End With
End Sub
```

15.1.2 Prüfen, ob Tabelle existiert

Prüfen Sie mit einer Funktion, ob ein Tabellenname bereits einer Tabelle in der aktuellen Mappe zugewiesen ist:

Makro Nr. 114

```
Sub TableTest()
 If TableExist("tbl_Auftraege") = True Then
   MsgBox "Tabelle gibt es schon"
 Else
   MsgBox "Tabelle gibt es noch nicht"
 End If
End Sub
Function TableExist(tabname As String)
  Dim varTab, varS
  TableExist = False
  ' Schleife über alle Tabellenblätter
  For Each varS In ThisWorkbook.Worksheets
  ' Schleife über alle Tabellen
    For Each varTab In varS.ListObjects
      If varTab.Name = tabname Then
        TableExist = True
        Exit Function
      End If
    Next varTab
  Next varS
End Function
```

15.1.3 Tabelle in Bereich umwandeln

Wandeln Sie per Makro eine Tabelle wieder in einen normalen Bereich (eine Liste) um:

Makro Nr. 115

```
Sub TabLoeschen()
  Call RemoveTable("tbl_Auftraege")
End Sub

Function RemoveTable(varTabName)
  Dim shT As Worksheet
  Set shT = ActiveSheet
  shT.ListObjects(varTabName).Unlist
End Function
```

15.1.4 Tabelle in Array einlesen

Eine nützliche Programmiertechnik ist das Einlesen von Bereichen in Array-Variablen. Die Tabelle macht es uns besonders leicht, sie bietet mit der Eigenschaft *DataBodyRange* bereits ein Array an, und das wird der Variablen einfach zugewiesen.

Das Makrobeispiel weist die Daten aus der Auftragstabelle einer Variablen zu und schreibt die Datensätze mit dem Auftragsstatus »erteilt« in das Direktfenster:

Makro Nr. 116

```
Sub Table_To_Array()
 Dim lstOrders As ListObject
 Dim arrOrders()
 Dim i As Long
 Set lstOrders = ActiveSheet.ListObjects(1)
 arrOrders = lstOrders.DataBodyRange
 For i = LBound(arrOrders) To UBound(arrOrders)
   If arrOrders(i, 4) = "erteilt" Then
     Debug.Print arrOrders(i, 1) & ": " & arrOrders(i, 2)
   End If
 Next i
End Sub
```

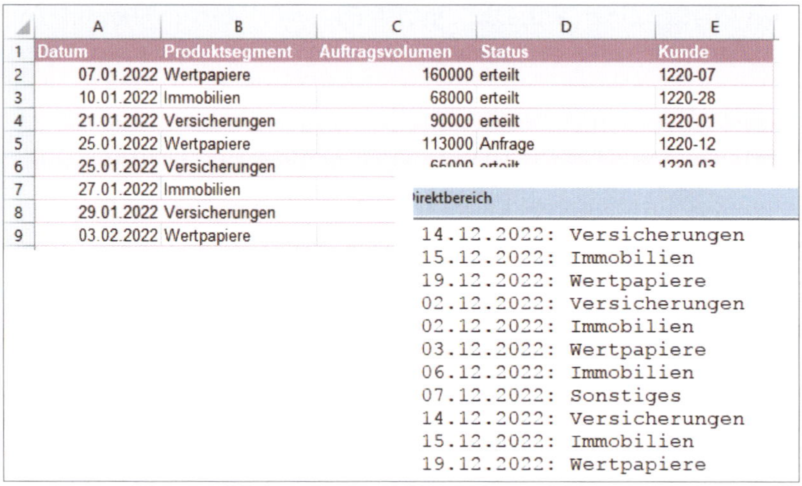

Abbildung 14.2: Schleife über alle Zeilen einer Tabelle

16. VBA und Microsoft Office

Excel ist ja eigentlich kein Programm, sondern Teil eines Programmpakets. Konnte man früher noch Einzelversionen von Excel, PowerPoint, Word und Access erwerben, so gibt es diese längst nur noch zusammen in der Office-Suite zu kaufen im Elektronik-Laden oder online oder – und das ist sicher auf die Zukunft bezogen die bessere Wahl – in der Cloud als Microsoft 365.

Ja, ja, die Cloud – die Skeptiker ergreifen sofort das Wort – unsicher, gefährlich, Daten auf einem amerikanischen Server etc. Wir wollen die Diskussion hier nicht führen, bedenken Sie aber, dass die Cloud-Version von Office die einzige ist, die regelmäßig, sicher und kostenlos upgedatet wird. Haben Sie zum Beispiel im Januar 2022 eine Kaufversion erstanden, dann fehlen Ihnen bis zur nächsten Version die neuen Funktionen aus den Updates, die Microsoft nur für Microsoft 365 ausgerollt hat.

16.1 VBA in Microsoft Office – einheitlich und doch völlig anders

Die ersten Office-Versionen – wie im Vorwort erwähnt für Apple Macintosh und erst später für Windows – hatten einen einheitlichen VBA-Editor für Word und PowerPoint, Excel hatte eine Makrosprache mit Anweisungen in »umgedrehten« Tabellen, Access gab's erst ab 1990. Zum Glück haben die Entwickler sich Mitte der 90er_Jahre geeinigt und ein VBA für alle Office-Programme bereitgestellt. Und das ist im Prinzip tatsächlich für alle Office-Satelliten gleich, unterscheidet sich aber in den Objektkatalogen.

Bietet der Objektkatalog von Excel in der Klasse *Application* ein *Workbook* und ein *Worksheet*, so heißen die Eigenschaften bei Word *Document* und *Bookmark* (Textmarke) und in PowerPoint *Presentation* und *Slide* (Folie). In Access gibt es *DataBases, Tables, Forms* und *Queries*.

Die Programmierung quer über die Office-Programme ist deshalb relativ einfach. Der Objektkatalog des Familienmitglieds wird bereitgestellt, und schon »kennt« Excel dessen Objekte, Eigenschaften, Methoden und Ereignisse.

1. Wählen Sie im Excel-VBA-Editor *Extras/Verweise*.
2. Suchen Sie den Objektkatalog des Office-Programms und kreuzen Sie ihn an.
3. Verwenden Sie das Office-Programm als Objekt in Ihrem VBA-Code und weisen Sie alle Elemente diesem Objekt zu.

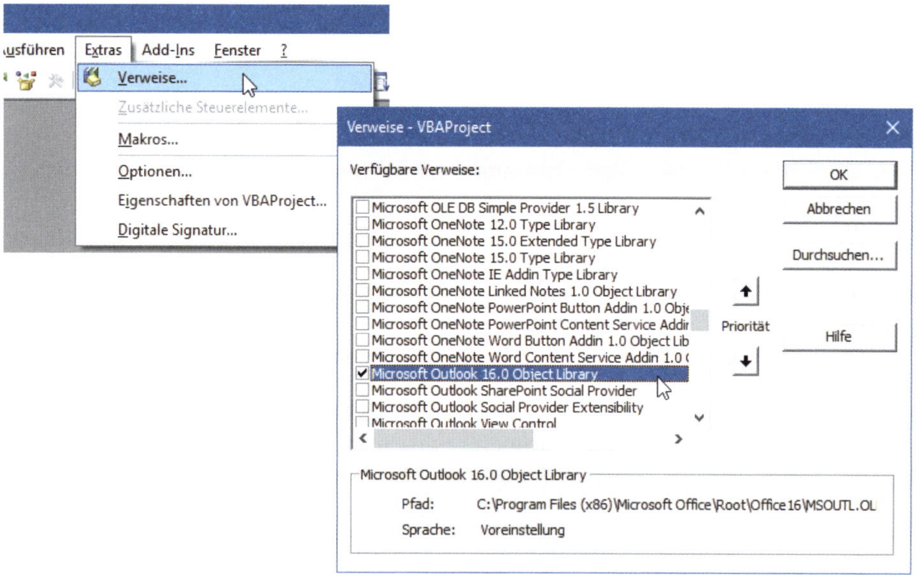

Abbildung 16.1: Ein Verweis auf einen Objektkatalog – hier Outlook

16.2 EarlyBinding oder LateBinding?

Binding heißt, den Objektkatalog einer anderen Anwendung bereitzustellen, und das geschieht, wie Sie schon wissen, unter *Extras/Verweise* im VBA-Editor. Aber es gibt noch eine andere Methode.

EarlyBinding ist das Einbinden der Fremdobjekte während der Entwicklung und deren Anbindung während der Laufzeit. Es bringt den Vorteil von IntelliSense mit sich, das sind die Vorschläge, die automatisch aufpoppen, wenn hinter dem Objekt eingegeben wird. Die Objektbibliothek muss bereitstehen.

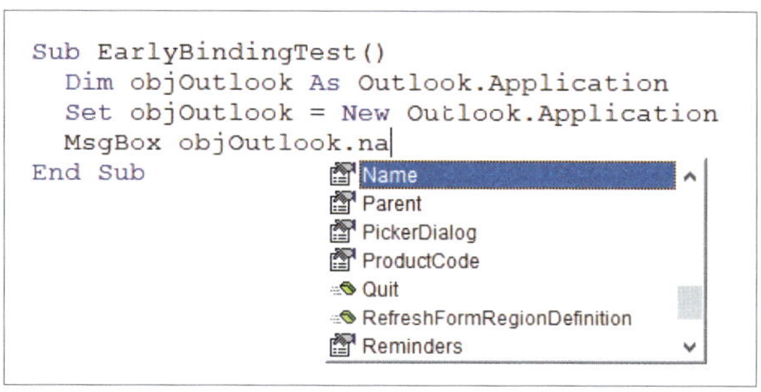

Abbildung 16.2: IntelliSense hilft beim Programmieren mit Objektkatalogen

Beim *LateBinding* wird die Objektvariable der zweiten Applikation als Objekt deklariert. Alle Eigenschaften und Methoden stehen erst während der Laufzeit zur Verfügung.

Sie können keine Syntax überprüfen und dürfen keine Objektkonstanten benutzen wie *olMailItem* (Mail) oder *olAppointmentItem* (Termin). Die Objektbibliothek muss dafür nicht aktiviert werden.

```
Sub LateBindingTest()
  Dim objOutlook As Object
  Set objOutlook = CreateObject("Outlook.Application")
  MsgBox objOutlook.Name
End Sub
```

Was ist besser? LateBinding ist langsamer als EarlyBinding, aber das zählt bei den derzeitigen Rechnergeschwindigkeiten in der Regel nicht mehr. LateBinding funktioniert aber in jeder Version, weil es eben die Konstanten nicht benutzt:

```
objOutlook.GetDefaultFolder(olFolderCalender)
```

ist versionsabhängig (EarlyBinding)

```
objOutlook.GetDefaultFolder(9)
```

funktioniert (LateBinding) in jeder Outlook-Version und braucht keinen Verweis.

Microsoft selbst rät vom LateBinding ab, beschert aber mit seinen zahlreichen Updates immer wieder mal Ärger, wenn die Elemente im Objektkatalog umbenannt werden. Entscheiden Sie selbst, welche Methode Sie verwenden wollen.

16.3 VBA und Outlook

Outlook hat als Mitglied der Office-Familie drei Aufgaben:

- Mailverwaltung (Mails schreiben, senden und archivieren)
- Terminverwaltung (Termine in Kalender eintragen)
- Kontaktverwaltung (Adressen, Firmen, Ansprechpartner, Telefonnummern)

Outlook kann wie Excel auch mit VBA programmiert werden, das Programm hat seinen eigenen VBA-Editor. Stellen Sie die Outlook-Bibliothek in Excel zur Verfügung, können Sie Outlook auch von Excel aus anprogrammieren.

16.3.1 Kontakte via CSV nach Excel exportieren

Outlook-Kontakte können aus Excel-Tabellen importiert oder von Outlook in Excel-Dateien exportiert werden.

Es gibt zwar einen Import-/Export-Assistenten, der den Datenaustausch makrofrei durchführen sollte, der hat aber in Excel einen »Bug«: Die beim Export erzeugten CSV-Dateien werden mit dem falschen Trennzeichen (Komma statt Semikolon) versehen. Excel kann damit die Daten beim Einlesen nicht auf Spalten verteilen.

Da ein Kontakteintrag in Outlook aus fast 100 Feldern besteht, ist es ratsam, zunächst mindestens einen Kontakt anzulegen, diesen zu exportieren und vorhandene Excel-Adressen an die Feldstruktur des *Kontakte*-Ordners anzupassen.

1. Starten Sie Outlook und wählen Sie *Datei/Öffnen und Exportieren*. Klicken Sie auf *Importieren/Exportieren*.
2. Wählen Sie die Aktion *In Datei exportieren* mit Excel als Zielprogramm und dem Ordner *Kontakte* als Quelle. Der Dateityp ist *Durch Trennzeichen getrennte Werte*. Bestimmen Sie den *Kontakte*-Ordner als Quelle.
3. Tragen Sie den Dateinamen *Kontakte* für die Excel-Mappe ein. Die Dateiendung CSV wird automatisch zugewiesen.
4. Klicken Sie auf *Benutzerdefinierte Felder zuordnen*. Hier können Sie die Feldauswahl festlegen, übernehmen Sie beim ersten Versuch aber die Standardzuordnung.
5. Exportieren Sie die Datei anschließend mit Klick auf *OK*.

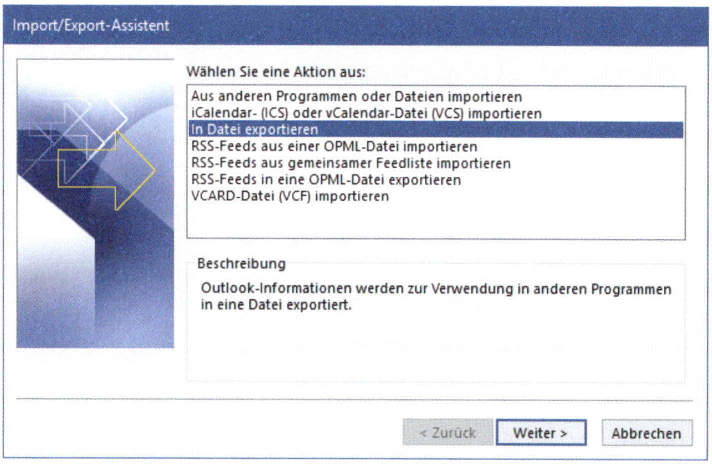

Abbildung 16.3: Outlook-Kontakte exportieren

Da die CSV-Datei Kommas als Trennzeichen zwischen den Spalten verwendet, erkennt Excel diese nicht mehr automatisch. Die Kontakte werden in einem Textstring in die Spalte A eingelesen.

Mit der Funktion *Text in Spalten* machen Sie daraus brauchbare Tabellen:

1. Markieren Sie die Spalte A und wählen Sie *Daten/Datentools/Text in Spalten*.
2. Im ersten Schritt bestätigen Sie die Option *Getrennt*.
3. In Schritt 2 schalten Sie die vorgeschlagene Option *Semikolon* als Trennzeichen aus und kreuzen *Komma* an.
4. Den dritten Schritt bestätigen Sie ohne Änderung, klicken Sie dann auf *Fertig stellen*.

Nach dieser Umwandlung akzeptiert Excel aber die Daten nicht mehr, auch wenn sie als CSV-Datei gespeichert werden. Zeichnen Sie deshalb die Aktion »Text in Spalten« als Makro auf, damit Sie sie nach jedem Kontakte-Export nutzen können.

Makro Nr. 117

```
Sub Outlook_Kontakte_TextInSpalten()
   Columns("A:A").Select
   Selection.TextToColumns Destination:=Range("A1"), _
   DataType:=xlDelimited, TextQualifier:=xlDoubleQuote, _
   ConsecutiveDelimiter:=False, Tab:=False, Semicolon:=False, _
   Comma:=True, Space:=False, Other:=False
End Sub
```

Jetzt können Sie die Kontakte in Excel ändern, löschen und neue Kontakte hinzufügen. Entfernen Sie keine einzelnen Spalten, sonst müssen Sie in Outlook die umständliche Feldzuordnung durchführen. Speichern Sie die Excel-Mappe im XLSX-Format ab.

16.3.2 Kontakte für den Outlook-Import in CSV umwandeln

Für den Import der Kontakteliste muss diese wieder im ursprünglichen CSV-Format bereitgestellt werden. Da Excel dafür keine Funktion bereitstellt, schreiben Sie ein kleines Makro, das alle 92 Kontaktspalten mit Komma als Trennzeichen in einer Spalte zusammenfasst.

Einzelne Teile wie Kopieren und als Werte einfügen können Sie wieder mit dem Makrorekorder aufzeichnen. Sehen Sie sich die Kommentare im Makro an.

Makro Nr. 118

```
Sub Outlook_Kontakte_SpaltenInText()
 Dim strText As String, i As Byte
 Dim anzKontakte As Byte
' Spalten zählen
 anzSpalten = Range("A1").End(xlToRight).Column
 ' Kontakte zählen
 anzKontakte = Range("F1").End(xlDown).Row
 ' Neue Spalte A einfügen
 Columns("A:A").Insert Shift:=xlToRight
 ' Variable vorbereiten
 strText = "="
 ' Alle Spalten mit "," per Schleife
 ' in einer Formel verknüpfen
 For i = 1 To anzSpalten
   strText = strText & "RC[" & i & "]" & "&" _
   & Chr(34) & "," & Chr(34) & "&"
 Next i
 ' Formel eintragen
 Range("A1").FormulaR1C1 = Left(strText, Len(strText) - 1)
 ' Formel für alle Kontakte kopieren
 Range("A1").AutoFill Destination:=Range("A1:A" & anzKontakte)
 ' Kopie in Werte umwandeln
 Columns("A:A").Copy
 Columns("A:A").PasteSpecial Paste:=xlPasteValues
 Application.CutCopyMode = False
 ' Alle Spalten ab B löschen
 Range("B:B", Range("B:B").End(xlToRight)).Delete Shift:=xlToLeft
End Sub
```

16.3.3 Kontakte zwischen Excel und Outlook synchronisieren

Eleganter ist natürlich die Makrolösung, die Kontakte direkt aus dem Outlook-Kontakte-Ordner holt und in ein Excel-Tabellenblatt schreibt und umgekehrt Excel-Kontakte nach Outlook exportiert. Für diese Makros brauchen Sie die Outlook-Bibliothek, stellen Sie diese unter *Extras/Verweise* zur Verfügung (Microsoft Outlook 16.0 Object Library, Dateiname *MSOUTL.OLB*).

Der Outlook-Kontakte-Ordner stellt für einen einzelnen Kontakt fast 100 Felder zur Verfügung, die meisten kommen niemals zum Einsatz. In VBA müssen die Felder aber angesprochen werden, und deshalb sollten Sie sich erst einmal einen Überblick über die Feldnamen und deren Entsprechungen im VBA-Code verschaffen.

Ein Kontakt ist im Makro eine Eigenschaft des Kontakte-Ordners, und jedes Feld wird wieder über eine Eigenschaft angesteuert.

So sieht das Makro das Feld *LastName*, zu Deutsch »Nachname« im ersten Kontakt:

```
Outlook.Application(getDefaultFolders(olFoldersContacts).Items(1).LastName
```

Hier finden Sie die Webseite des Microsoft-Supports, auf der alle Outlook-Felder und die dazugehörigen VBA-Eigenschaften gelistet sind:

https://learn.microsoft.com/de-de/office/vba/outlook/concepts/forms/outlook-fields-and-equivalent-properties

Legen Sie eine neue Mappe an, holen Sie die passende Tabelle mit einer Power-Query-Abfrage in das erste Tabellenblatt:

Wählen Sie *Daten/Daten abrufen und transformieren/Neue Abfrage/Aus anderen Quellen/Aus dem Web.*

Geben Sie die URL ein und markieren Sie die Tabelle für Ihre Landessprache (*Table 5* = Deutsch).

Verwenden Sie die Feldnamen, die Sie für Ihre Kontakte nutzen, und die Eigenschaften in den nächsten Makros.

Das erste Makro holt die Kontakte aus dem Kontakte-Ordner von Outlook:

Makro Nr. 119

```
Sub XL2Kontakte()
  ' Eine Variable für das Outlook-Tabellenblatt
  Dim olApp As Object
  Dim shOL As Worksheet, i As Integer
  ' Zwei Objektvariablen für Outlook
  Dim MyOutApp As Object, olContact As Object
  Set shOL = Worksheets("Outlook-Kontakte")
  Set olApp = CreateObject("Outlook.Application")
  With shOL
  .Select
  For i = 2 To Range("A1048000").End(xlUp).Row
  Set olContact = olApp.CreateItem(2)
  With olContact
   ' Zellinhalte in die Felder schreiben
   .FirstName = Cells(i, 1)
   .LastName = Cells(i, 2)
   .BusinessAddressStreet = Cells(i, 3)
   .BusinessAddressPostalCode = Cells(i, 4)
```

```
    .BusinessAddressCity = Cells(i, 5)
    .BusinessAddressCountry = Cells(i, 6)
    .Email1Address = Cells(i, 7)
    .BusinessTelephoneNumber = Cells(i, 8)
    .MobileTelephoneNumber = Cells(i, 9)
    ' Kontakt speichern
    .Save
   End With
   ' Speicher freigeben
   Set olContact = Nothing
  Next i
 End With
  ' Outlook-Objekt freigeben
  Set olApp = Nothing
End Sub
```

Das zweite Makro löscht alle Kontakte aus dem Kontakte-Ordner. Da diese Aktion nicht rückgängig zu machen ist, sollten Sie eine Sicherungsabfrage einbauen:

Makro Nr. 120

```
Sub OutlookKontakteLoeschen()
 Dim olap As New Outlook.Application, nspMapi As Outlook.Namespace
 Dim folMapi As Outlook.MAPIFolder, itmAll As Outlook.Items
 Dim itmReal As Outlook.Items, itmContacts As Outlook.ContactItem
 Dim strContactFilter As String, intRow As Integer
 Dim excApp As Object, excWkb As Object, excWks As Object

 If MsgBox("Damit löschen Sie alle Outlook-Kontakte. Wollen Sie
weitermachen?", vbQuestion + vbYesNo, "Achtung! Kontakte werden
gelöscht") = vbNo Then Exit Sub

 ' Outlook-Objekte öffnen
 Set nspMapi = olap.GetNamespace("MAPI")
 Set folMapi = nspMapi.GetDefaultFolder(olFolderContacts)
 Set itmAll = folMapi.Items

 ' Verteilerlisten herausfiltern,
 ' nur "Richtige Kontakte" verwenden
 strContactFilter = "[MessageClass] = 'IPM.Contact'"
 Set itmReal = itmAll.Restrict(strContactFilter)

 Do While itmReal.Count > 0
   itmReal(itmReal.Count).Delete
 Set itmReal = itmAll.Restrict(strContactFilter)
```

```
 Loop
  Set itmReal = Nothing
  Set itmAll = Nothing
  Set folMapi = Nothing
  Set nspMapi = Nothing
End Sub
```

Das dritte Makro in dieser Runde schreibt die Kontakte aus dem Excel-Tabellenblatt in den Outlook-Kontakte-Ordner zurück:

Makro Nr. 121

```
Sub Kontakte2XL()
 Dim olApp As New Outlook.Application, nspMapi As Outlook.Namespace
 Dim folMapi As Outlook.MAPIFolder, olItems As Outlook.Items
 Dim olItemsFiltered As Outlook.Items, olContact As Outlook.ContactItem
 Dim i As Integer
 'Outlook-Objekt öffnen
 Set nspMapi = olApp.GetNamespace("MAPI")
 ' Kontakte-Ordner öffnen
 Set folMapi = nspMapi.GetDefaultFolder(olFolderContacts)
 ' Kontakte einlesen
 Set olItems = folMapi.Items
' Verteilerlisten werden herausgefiltert
 Set olItemsFiltered = olItems.Restrict("[MessageClass] = 'IPM.Contact'")
 ' Tabellenblatt ohne Rückfrage löschen
 Application.DisplayAlerts = False
 On Error Resume Next
 Sheets("Outlook-Kontakte").Delete
 Application.DisplayAlerts = True
 On Error GoTo 0
 ' Neues Tabellenblatt
 Sheets.Add
 ActiveSheet.Name = "Outlook-Kontakte"
 ' Kopfzeile
 Cells(1, 1) = "Vorname"
 Cells(1, 2) = "Nachname"
 Cells(1, 3) = "Strasse"
 Cells(1, 4) = "PLZ"
 Cells(1, 5) = "Ort"
 Cells(1, 6) = "Land"
 Cells(1, 7) = "e-Mail"
 Cells(1, 8) = "Telefon"
 Cells(1, 9) = "Mobilnummer"
```

```
Rows("1:1").Font.Bold = True
' Outlook-Kontakte nach Excel exportieren
i = 2
With olContact
  For Each olContact In olItemsFiltered
  Cells(i, 1) = olContact.FirstName
  Cells(i, 2) = olContact.LastName
  Cells(i, 3) = olContact.BusinessAddressStreet
  Cells(i, 4) = olContact.BusinessAddressPostalCode
  Cells(i, 5) = olContact.BusinessAddressCity
  Cells(i, 6) = olContact.BusinessAddressCountry
  Cells(i, 7) = olContact.Email1Address
  Cells(i, 8) = olContact.BusinessTelephoneNumber
  Cells(i, 9) = olContact.MobileTelephoneNumber
  i = i + 1
Next olContact
 Columns("A:I").ColumnWidth = 15
End With
  'Speicher freigeben
 Set olItems = Nothing
 Set olItemsFiltered = Nothing
 Set folMapi = Nothing
 Set nspMapi = Nothing
End Sub
```

16.3.4 Termine importieren und exportieren

Termine sind wie Kontakte auch Elemente eines Ordners, der in diesem Fall *Appointments* heißt. Legen Sie eine Tabelle mit Terminen an, tragen Sie das Startdatum, die Dauer (in Stunden), eine Beschreibung und den Ort ein (weitere Felder finden Sie in der Hilfe).

Das Makro arbeitet die Tabelle Zeile für Zeile ab und trägt die Zeilen als neue Termine in Outlook ein:

Makro Nr. 122

```
Sub Termine2Outlook()
 Dim datDatum As String, lngDauer As Long, strTermin As String, strOrt As
String
 Dim XLTerminliste As ListObject, olApp As Object, i As Integer, olTermin
As Object
 ' Outlook-Objekt anlegen
 Set olApp = CreateObject("Outlook.Application")
 ' Tabellenblatt "Termine" aktivieren
```

```
 Sheets("Termine").Select
 ' Tabelle als Objekt festlegen
 Set XLTerminliste = ActiveSheet.ListObjects(1)

 With XLTerminliste
  ' Schleife über alle Zeilen der Tabelle
  For i = 1 To .DataBodyRange.Rows.Count
   ' Felder belegen
   datDatum = .DataBodyRange.Cells(i, 1)
   ' Dauer in Stunden * 60
   lngDauer = .DataBodyRange.Cells(i, 2) * 60
   strTermin = .DataBodyRange.Cells(i, 3)
   strOrt = .DataBodyRange.Cells(i, 4)
   ' Neuen Termin anlegen
   Set olTermin = olApp.CreateItem(1) 'olAppointmentItem)
   With olTermin
   ' Startdatum festlegen
   .Start = Format(datDatum, "dd.mm.yyyy") & " 08:00"
   .Subject = strTermin
   .Location = strOrt
   .Duration = lngDauer
   ' Termin speichern
   .Save
   End With
  Next i
 End With
 Set XLTerminliste = Nothing
 Set olApp = Nothing
End Sub
```

16.3.5 Outlook-Mails versenden per Makro

Wenn die Outlook-Bibliothek verfügbar gemacht wurde (*Extras/Verweise*), ist eine neue Mail schnell erstellt. Legen Sie ein neues Objekt für Outlook an und erstellen Sie mit *CreateItem* eine neue Mail, ebenfalls als Objekt. Dieses hat anschließend Eigenschaften wie *.To* oder *.Subject*, weisen Sie diesen Texte zu. Für Dateianhänge nutzen Sie *.Attachments.Add*, geben Sie die Anweisung für jede Datei einzeln ein. Schicken Sie die Nachricht nicht gleich los, mit *.Display* wird sie zunächst auf dem Bildschirm angezeigt; erst wenn Sie *.Send* verwenden, schickt Outlook die VBA-Mail auf die Reise.

```
Sub OutlookMail()
 Dim objOutlook As Object, objMail As Object
 Set objOutlook = CreateObject("Outlook.Application")
 Set objMail = objOutlook.CreateItem(0)
```

```
 With objMail
  .To = "hugo.habicht@test.de"
  .CC = "chef@test.de"
  .Subject = "Auftragsliste"
  .Body = "Sehr geehrter Herr Habicht," & vbCr & "anbei wie besprochen
die Auftragsliste."
  .Attachments.Add ThisWorkbook.Path & "\Aufträge.xlsm"
  .Display
  ' .Send
 End With
End Sub
```

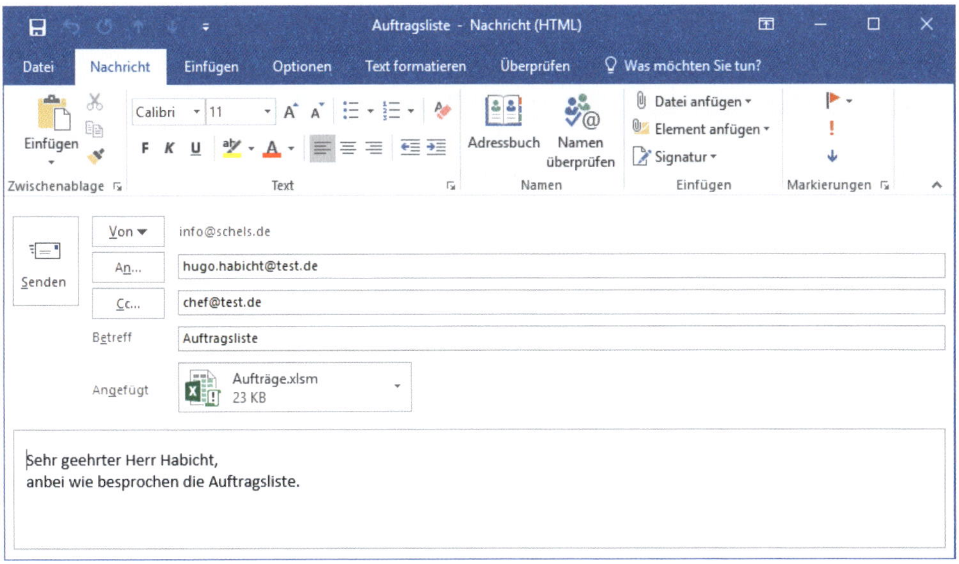

Abbildung 16.4: Outlook-Mail mit Anhang

16.3.6 Makrobeispiel: Outlook-Mails an Verteiler

Makro Nr. 123

Die örtliche Brauerei plant ein Sommerfest im August, und damit alles reibungslos verläuft, erstellt der Abteilungsleiter rechtzeitig eine Aufgabenliste mit den Feldern *Teilaufgabe, Aufgabe, zuständiger Mitarbeiter* und *Datum*. Die Liste wird in eine Tabelle umgewandelt, der Name der Tabelle ist *tbl_Sommerfest*.

Eine zweite Tabelle mit nur einem Feld trägt die Bezeichnung *tbl_Mitarbeiter*, sie enthält in der ersten Spalte die Mitarbeiternamen und in der zweiten Spalte deren E-Mail-Adressen.

Sommerfest 2022 — Sonntag, 19. August 2022

Aufgabenliste

Teilaufgabe	Aufgabe	zuständiger Mitarbeiter	Datum
Brauerei	Showroom gestalten	Rudi Heinzmann	12.08.2022
Brauerei	Spezialsud "Sommerhopfen" brauen	Richard Braumeister	05.05.2022
Brauerei	Gerstenmalz einkaufen	Beate Kaufmann	01.05.2022
Brauerei	Hopfen einkaufen	Beate Kaufmann	01.05.2022
Biergarten	Bestuhlung	Doris Fröhlich	08.08.2022
Biergarten	Dekoration	Hans Bergmeister	10.08.2022
Biergarten	Speisekarten gestalten und drucken	Doris Fröhlich	10.07.2022
Marketing	Prospekte gestalten und drucken	Doris Fröhlich	10.07.2022
Marketing	Anzeigen schalten	Hans Bergmeister	15.07.2022
Marketing	Werbemittel bestellen	Hans Bergmeister	01.06.2022

Mitarbeiter	eMail
Rudi Heinzmann	rudi.heinzmann@uc.de
Richard Braumeister	richard.braumeister@uc.de
Beate Kaufmann	beate.kaufmann@uc.de
Doris Fröhlich	doris.froehlich@uc.de
Hans Bergmeister	hans.bergmeister@uc.de

Abbildung 16.5: Zwei Tabellen – Aufgaben und Verteilerliste

Im VBA-Editor erstellt der Kollege eine UserForm (Name: *frm_Aufgabenbericht*) mit einem Listenfeld und zwei Schaltflächen. Alle Elemente werden korrekt benannt, damit sie für die Programmierung sicher anzusteuern sind. Ein Doppelklick in die UserForm schaltet auf das Codeblatt um, hier werden die Makros ausprogrammiert.

Das Initial-Ereignis holt die Tabelle *tbl_Mitarbeiter* in eine Array-Variable und koppelt diese an das zweispaltige Listenfeld an:

```
Private Sub UserForm_Initialize()
 Dim wb As Workbook, shAufgaben As Worksheet, i As Integer
 Dim lst_MA As ListObject, arrMA
 Set wb = ThisWorkbook
 Set shAufgaben = wb.Sheets("Aufgaben")
 Set lst_MA = shAufgaben.ListObjects("tbl_Mitarbeiter")
 arrMA = lst_MA.DataBodyRange
 Me.lst_Mitarbeiter.List = arrMA
End Sub
```

Das Klick-Ereignis des Listenfelds setzt den Filter auf die Aufgabenliste und filtert die Aufgaben des ausgewählten Mitarbeiters, der dem Argument *Criteria1* übergeben wird:

```
Private Sub lst_Mitarbeiter_Click()
  Dim varMA
  varMA = Me.lst_Mitarbeiter.Value
  ActiveSheet.ListObjects("tbl_Sommerfest").Range.AutoFilter Field:=3, _
        Criteria1:=varMA
End Sub
```

Das Klick-Ereignis der Schaltfläche *cmd_Aufgabenbericht* kopiert die gefilterte Liste in eine neue Mappe und speichert diese unter dem Namen des Mitarbeiters ab. Dann wird eine Outlook-Mail geöffnet. Die Daten holt das Makro aus der UserForm oder trägt sie in Textform ein. Die gespeicherte Mappe wird als Anhang hinzugefügt.

```
Private Sub cmd_Aufgabenbericht_Click()
 If Me.lst_Mitarbeiter.ListIndex < 0 Then Exit Sub
 Dim NeuesBlatt, varMitarbeiter, varEMail
 Dim olApp As Object, olMail As Object, strDateityp As String
 varMitarbeiter = Me.lst_Mitarbeiter.Column(0, Me.lst_Mitarbeiter.ListIndex)
 varEMail = Me.lst_Mitarbeiter.Column(1, Me.lst_Mitarbeiter.ListIndex)
 ' Aufgabenliste markieren
 With Sheets("Aufgaben")
   .Select
   .Range("$A$5").CurrentRegion.Select
 End With
 ' Altes Blatt löschen, Blatt umbenennen
 On Error Resume Next
 Application.DisplayAlerts = False
 Sheets(varMitarbeiter).Delete
 On Error GoTo 0
 ' Gefilterte Liste in neue Mappe kopieren
 Selection.Copy
 Workbooks.Add
 ActiveSheet.Paste
 Application.CutCopyMode = False
 ' Mappe speichern und schließen
 With ActiveWorkbook
 .SaveAs "Aufgabenbericht " & varMitarbeiter & ".xlsx"
 .Close
 End With
 ' Neue Outlook-Mail öffnen und Argumente setzen
 Set olApp = CreateObject("Outlook.Application")
 Set olMail = olApp.CreateItem(0)
 With olMail
  .To = varEMail
  .Subject = "Sommerfest 2022 - Aufgabenbericht"
  .Body = _
    "Liebe Kollegin, lieber Kollege," _
    & vbCr _
    & "hier dein aktueller Aufgabenbericht für unser Sommerfest 2022" _
    & vbCr & "Liebe Grüße!"
  ' Gespeicherte Mappe als Anhang anfügen
  .Attachments.Add CurDir & "\" & "Aufgabenbericht " & varMitarbeiter &
".xlsx"
  .Display
 End With
 Set olMail = Nothing
 Set olApp = Nothing
End Sub
```

Fehlt nur noch das Klick-Ereignis für die Schaltfläche *cmd_Abbrechen*, und das öffnet nur den Filter der Aufgabenliste und schließt die UserForm:

```
Private Sub cmd_Abbrechen_Click()
 Sheets("Aufgaben").Select
 ActiveSheet.ListObjects("tbl_Sommerfest").Range.AutoFilter Field:=3
 Unload Me
End Sub
```

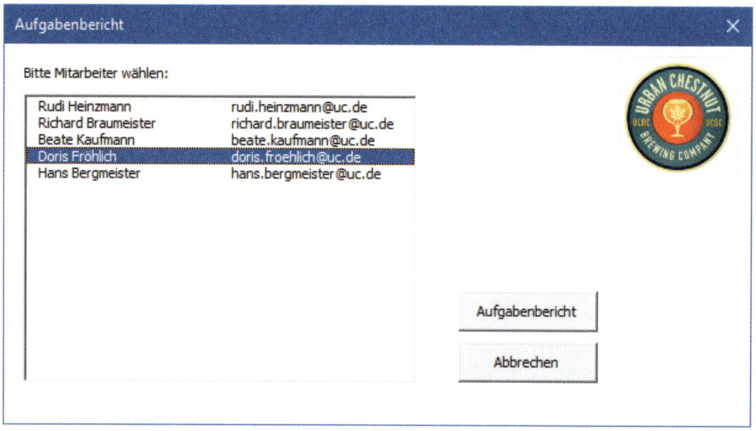

Abbildung 16.6: Mails aus Verteiler steuern mit einer UserForm ...

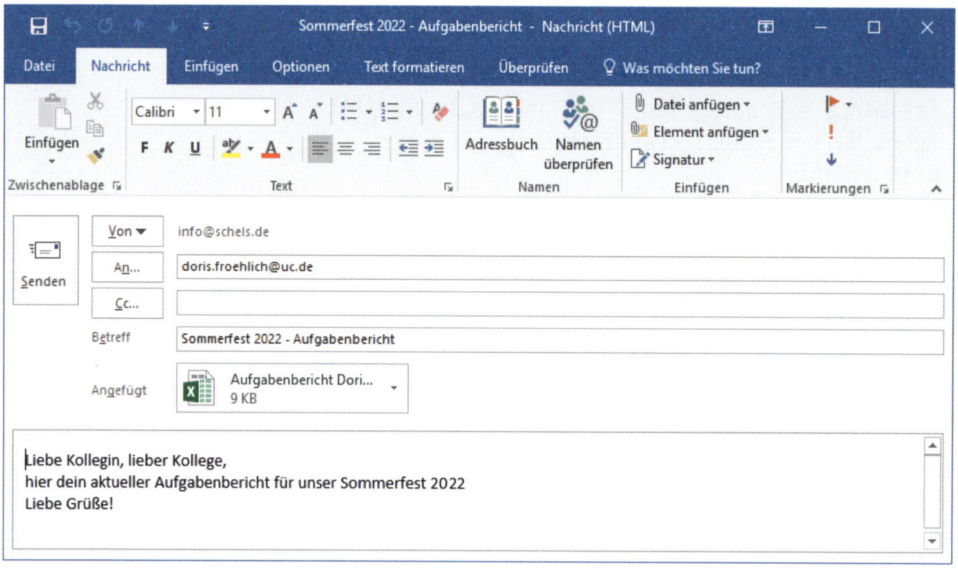

Abbildung 16.7: ... und alles mit Anhang versenden

16.4 VBA und Word

Das Textprogramm Word aus der Microsoft-Office-Familie hat sein eigenes VBA und auch einen hauseigenen Makrorekorder. Wer Aktionen in und um Word automatisieren möchte, zeichnet sich diese einfach mit aktivem Rekorder auf und sieht sich anschließend die Befehle an. Einen Nachteil hat der Word-Makrorekorder: Er kann nur Tastenbefehle aufzeichnen, die Maus wird deaktiviert. Da sollten Sie gut Bescheid wissen über Word-Tastenkombinationen:
https://www.wintotal.de/tastenkombinationen-word/

16.4.1 Der Bibliotheksverweis für Word

Wenn Sie Word-Dokumente mit Excel-Makros programmieren wollen, brauchen Sie nur ein Word-Objekt und die passenden Befehle aus der Bibliothek. Stellen Sie diese gleich in einer neuen Excel-Mappe zur Verfügung:

Schalten Sie mit Alt+F11 zum Visual Basic Editor um und wählen Sie *Extras/Verweise*.

Suchen Sie die Bibliothek *Microsoft Word 16.0 Object Library* und kreuzen Sie den Eintrag an.

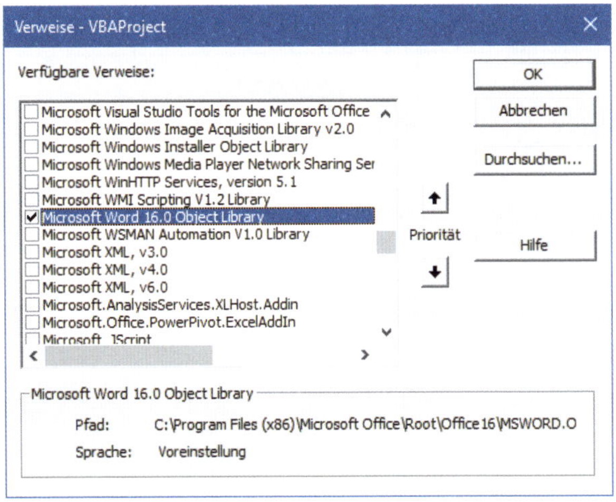

Abbildung 16.8: Der Verweis auf die Word-Bibliothek muss gesetzt werden

Makrobeispiel: Neues Dokument in Word

Schreiben Sie ein Excel-Makro, das Word in einem neuen Fenster öffnet, ein neues Dokument anlegt und Text in das Dokument schreibt. Die Anweisungen für die Aktionen in Word (Text einfügen, Absatzumbruch etc.) zeichnen Sie mit dem Word-Makrorekorder auf und kopieren sie in das Excel-Makro. Setzen Sie nur jeweils das Word-Objekt vor die Anweisung.

Makro Nr. 124

```
Sub MakeNewWordDoc()
  Dim objWord As Object
  ' Word-Objekt anlegen
  Set objWord = CreateObject("Word.Application")
  With objWord
    ' Word-Objekt sichtbar machen
    .Visible = True
    ' Neues Dokument
    .documents.Add
    ' Text einfügen
    .Selection.TypeText Text:="Das ist ein Test"
    ' Absatz einfügen
    .Selection.TypeParagraph
  End With
  ' Objekt im Speicher freigeben
  Set objWord = Nothing
End Sub
```

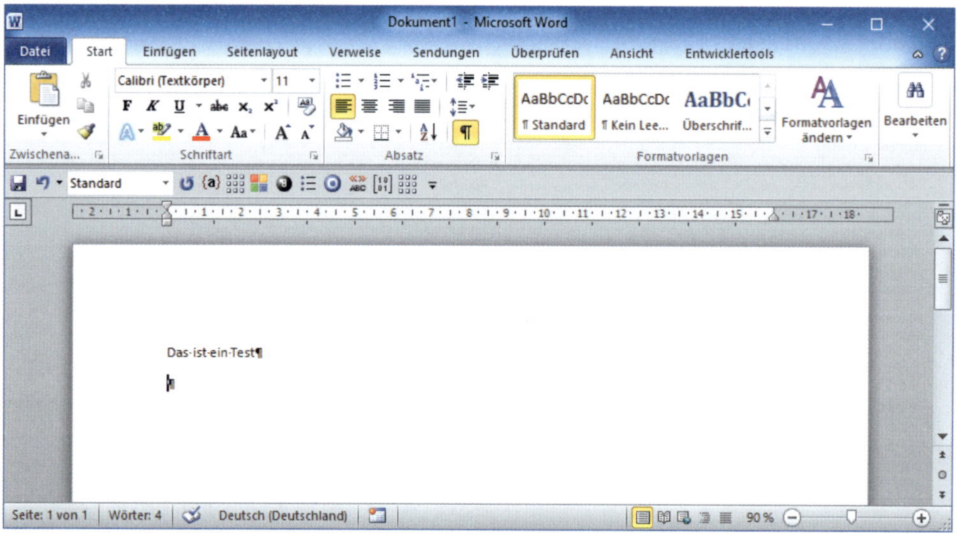

Abbildung 16.9: Ein neues Word-Dokument, mit VBA erstellt

16.4.2 Textmarken in Word befüllen

Um gezielt einzelne Textstellen in einem Word-Dokument anzusteuern, setzen Sie Textmarken. Zeichnen Sie den Sprung auf eine Textmarke in Word auf (F5 drücken), erhalten Sie diesen Code:

```
Selection.GoTo What:=wdGoToBookmark, Name:="Textmarke"
```

Tragen Sie Text neben der Textmarke ein:

```
Selection.TypcTcxt Text:-"neuer Text im Bereich"
```

Alternativ dazu können Sie auch den Bereich einer Textmarke füllen:

```
With objWord.ActiveDocument
 .Bookmarks("TextM1").Range.Text = "Hans"
 .Bookmarks("TextM2").Range.Text = "Meier"
End With
```

Makrobeispiel: Personalstammblätter drucken

Steuern Sie Textmarken in Word-Dokumenten einzeln mit einem Excel-Makro an, füllen Sie so Formulare, Tischkarten, Einladungen etc. Hier ein Beispiel:

Legen Sie in einem Excel-Tabellenblatt eine Liste mit Personaldaten an, die einzeln an ein Word-Formular übermittelt werden sollen. Wandeln Sie die Liste in eine Tabelle um, nennen Sie die Tabelle *tbl_Personal*.

	A	B	C	D	E	F
1	Personalnummer	Vorname	Nachname	Straße	PLZ	Wohnort
2	1002010	Hans	Meier	Goethestraße 3	10304	Berlin
3	1002011	Herbert	Huber	Wiesenweg 4	23456	Hamburg
4	1002012	Frieda	Günther	Urbanplatz 34	63055	Frankfurt
5	1002013	Doris	Bergmann	Hafenstraß 5	82311	München

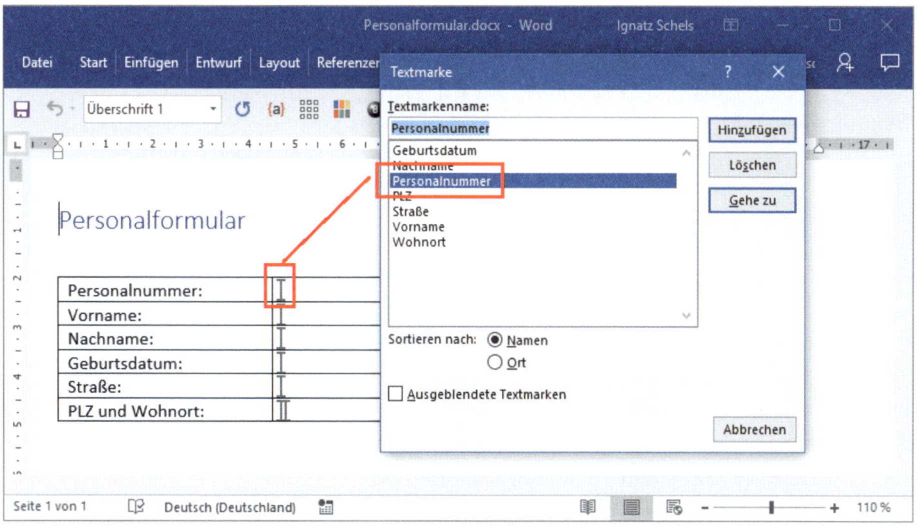

Abbildung 16.10: Eine Personaltabelle und ein Word-Dokument mit Textmarken

Legen Sie ein neues Word-Dokument an. Zeichnen Sie eine Tabelle und bestücken Sie diese über *Einfügen/Textmarke* mit Textmarken. Unter *Datei/Optionen/Erweitert* finden Sie die Option *Textmarken anzeigen*, schalten Sie diese ein, damit Sie die Textmarken sehen. Die Textmarken sollten gleichlautend mit den Spaltenüberschriften der Liste sein (Personalnummer, Vorname etc.).

Speichern Sie das Dokument als Word-Dokument.

Das Makro liest zunächst die Liste aus und merkt sich die Spaltennamen in einer Array-Variablen. Dann wird eine Instanz von Word gestartet und sichtbar gemacht. Anschließend startet eine Schleife über alle Datensätze. Sie liest Satz für Satz in eine zweite Array-Variable ein, legt ein neues Dokument als Kopie der Vorlage an und bestückt die Textmarken, deren Namen aus den Spaltentiteln stammen, mit den Daten aus der Excel-Liste.

Das Ergebnis besteht aus je einem Dokument für jeden Datensatz der Liste.

Makro Nr. 125

```
Sub PersFormular()
 Dim lstPers As ListObject, arrdata(), i As Integer
 Dim strWordTemplate As String, BMRange As Range, j As Integer, strBM,
strData
 Dim objWord As Object, arrBM(), anzSpalten
 ' Pfad und Dateiname der Word-Vorlage
 strWordTemplate = ThisWorkbook.Path & "\Personalformular.docx"
 ' Objekt für die Tabelle mit Personaldaten festlegen
 Set lstPers = Sheets("Personal").ListObjects("tbl_Personal")
 With lstPers
  ' Anzahl Spalten ermitteln und Array mit Spaltennamen füllen
  anzSpalten = .HeaderRowRange.Columns.Count
  ReDim arrBM(anzSpalten - 1)
  For i = 0 To .HeaderRowRange.Columns.Count - 1
   arrBM(i) = .HeaderRowRange.Columns(i + 1)
  Next i
 ' Word öffnen
 Set objWord = CreateObject("Word.Application")
 objWord.Visible = True
 ' Schleife 1: Array mit dem ersten/nächsten Personalsatz füllen
 ReDim Preserve arrdata(.ListRows.Count, 5)
 For i = 0 To .ListRows.Count - 1
  arrdata(i, 0) = .DataBodyRange.Cells(i + 1, 1)
  arrdata(i, 1) = .DataBodyRange.Cells(i + 1, 2)
  arrdata(i, 2) = .DataBodyRange.Cells(i + 1, 3)
```

```
  arrdata(i, 3) = .DataBodyRange.Cells(i + 1, 4)
  arrdata(i, 4) = .DataBodyRange.Cells(i + 1, 5)
  arrdata(i, 5) = .DataBodyRange.Cells(i + 1, 6)
  ' Neues Word-Dokument
  objWord.Documents.Add Template:=strWordTemplate, NewTemplate:=False,
DocumentType:=0
  ' Schleife 2: Textmarkennamen (Spaltentitel) und Daten
  For j = LBound(arrBM) To UBound(arrBM)
   strBM = arrBM(j)
   strData = arrdata(i, j)
   ' Prüfen, ob Textmarke existiert
   If objWord.activedocument.bookmarks.Exists(strBM) Then
    ' Textmarke ansteuern
    objWord.activedocument.bookmarks(strBM).Select
    ' Daten in Textmarke schreiben
    objWord.Selection.InsertAfter strData
   End If
  Next j
 Next i
End With
End Sub
```

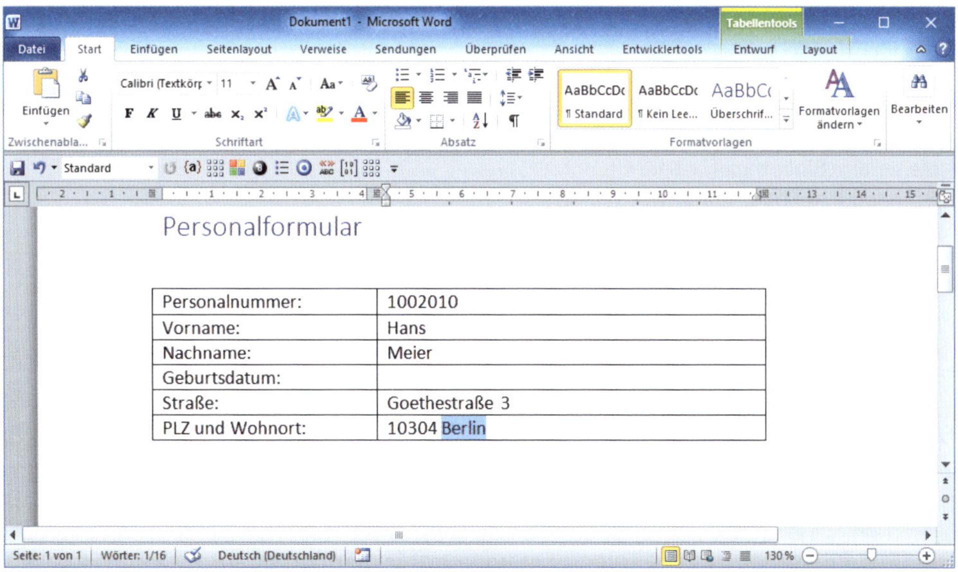

Abbildung 16.11: Das VBA-Makro füllt die Textmarken im Word-Dokument

16.5 VBA und Datenbanken

Excel-VBA-Makros, die Daten in eine Datenbank schreiben oder aus einer Datenbank auslesen, sind relativ selten. In der Praxis wird das Datenbanksystem (SQL-Server, Access) die Kontrolle haben und Daten ins Excel-Format exportieren.

Excel bezieht Datenbankdaten meist aus Abfragen oder Views. Tabellen sind nämlich über IDs miteinander verknüpft, und wenn Sie eine Tabelle nach Excel holen, bekommen Sie nur den numerischen Index der verknüpften Daten.

16.6 Die Objektbibliotheken für Datenbankzugriffe

Damit Excel mit den Objekten einer Datenbank etwas anfangen kann, muss eine Objektbibliothek eingebunden werden. Es gibt drei Bibliotheken, die bei der Kombination von Excel mit Datenbanken eine Rolle spielen.

Sehen Sie unter *Extras/Verweise* nach:

Bibliothek	Verweis
Die Microsoft-Access-Bibliothek nur für Zugriffe auf Access-Datenbanken	Microsoft Access 16.0 Object Library
ADO (ActiveX Data Objects) die neuere Bibliothek für Zugriffe auf relationale Datenbanken (Access, Oracle, SQL-Server)	Microsoft ActiveX Data Objects Library
DAO (Data Access Objects) die ältere Bibliothek, funktioniert mit Access und SQL-Server	Microsoft Office 16.0 Access Database Engine Object Library Microsoft DAO3.6 Object Library

Die Access-Bibliothek enthält wie die Word- oder PowerPoint-Bibliothek die Objekte aus Access. Die beiden anderen Bibliotheken verwalten generell Daten aus Datenbanken.

Die DAO-Bibliothek ist die ältere, sie wurde nur für den Zugriff auf Access konzipiert. Mit dem Nachfolger ADO lassen sich externe Daten auch aus Oracle oder SQL-Server beziehen. Die Objekte in diesen Bibliotheken bieten die Möglichkeit, sowohl die Daten einer Datenbank als auch deren Struktur zu bearbeiten.

Verwenden Sie für einfache Zugriffe auf Access-Datenbanken die Access-Bibliothek oder die DAO-Bibliothek. Die modernste Schnittstelle zu Datenbanken ist die ADO-Bibliothek, nehmen Sie diese Bibliothek für Zugriffe auf Oracle oder SQL-Server.

Makrobeispiel: Access-Datenbank öffnen und neue Tabelle anlegen

Mit diesem Makro starten Sie über die Access-Bibliothek eine Datenbank und legen in dieser eine neue Tabelle an:

Makro Nr. 126

```
Sub StartAccessDB()
 Dim appAccess As Object, strPath As String, varNeueTabelle
 strPath = ThisWorkbook.Path
 varNeueTabelle = InputBox("Name der neuen Tabelle?")
 'Set appAccess = New Access.Application
 Set appAccess = CreateObject("Access.Application")
 With appAccess
  .Visible = True
  .OpenCurrentDatabase (strPath & "\Artikel.accdb")
  .CurrentProject.Connection.Execute ("Create Table " & varNeueTabelle)
 End With
 Set appAccess = Nothing
End Sub
```

16.6.1 Access-Daten importieren

Wenn Sie Daten per VBA zwischen Microsoft Access und Excel austauschen, verwenden Sie in der Regel Abfragen. Abfragen kombinieren und sortieren verknüpfte Tabellen, filtern diese nach Kriterien und treffen die Auswahl über die Spalten (Felder). Ein Beispiel:

Die Access-Datenbank *Artikel.accdb* enthält drei Tabellen:

`Artikel, Kategorie, Hersteller`

In der Artikeltabelle sind relationale Beziehungen zu den IDs der beiden anderen Tabellen angelegt. Access zeigt in der Tabelle zwar den verknüpften Wert an, technisch gesehen speichert die Artikeltabelle aber nur die ID.

Diese relationalen Verknüpfungen lassen sich als permanente Beziehungen anlegen oder als sogenannte Ad-hoc-Verknüpfungen in der Abfrage. Dazu werden die Felder einfach manuell verknüpft.

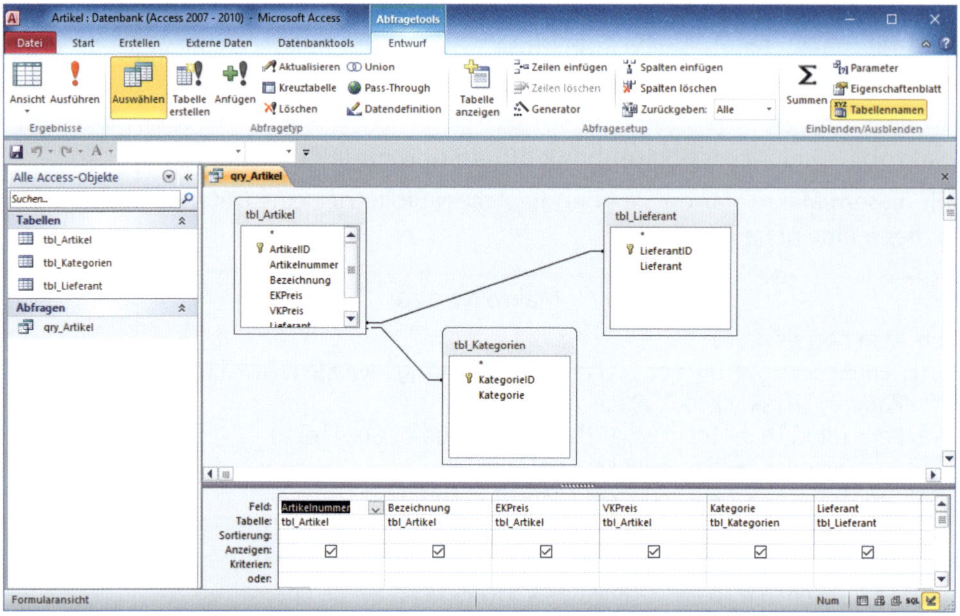

Abbildung 16.12: Eine Access-Datenbank mit drei Tabellen und einer Abfrage

Eine Abfrage ist nichts anderes als ein SQL-Befehl, und dieser wird in der gleichnamigen Ansicht auch sichtbar:

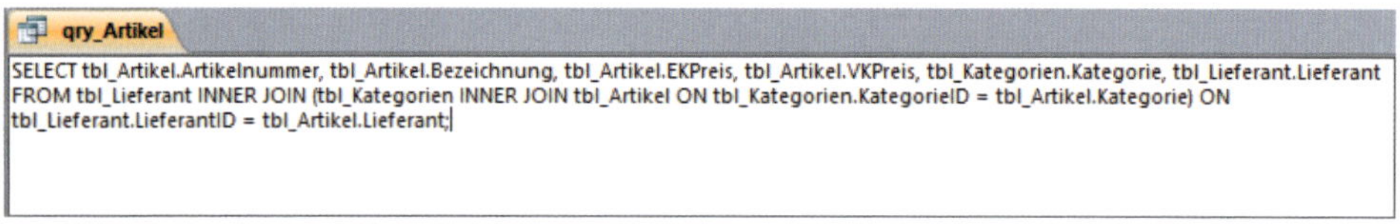

Abbildung 16.13: Die Abfrage in der SQL-Ansicht

16.6.2 Access-Daten mit DAO auslesen

Die oberste Ebene der DAO-Bibliothek bildet das DBEngine-Objekt, und das hat zwei Container-Objekte, *Workspace* und *Errors*.

Mit *Workspace* erzeugen Sie eine Instanz, in der Datenbanken angelegt und verwaltet werden. Die wichtigsten Methoden eines Workspace-Objekts sind *Close* und *OpenDatabase*.

Hier ein Makro, das ein Workspace-Objekt anlegt und alle Workspaces anzeigt:

Makro Nr. 127

```
Sub AccessDAO_Workspace()
  Dim strMText As String, i As Integer
  Dim wrkSpaceNew As DAO.Workspace
  Set wrkSpaceNew = DBEngine.CreateWorkspace("newWS", "admin", "",
dbUseJet)
  ' Neues Workspace-Objekt anlegen
  DBEngine.Workspaces.Append wrkSpaceNew

  For i = 1 To DBEngine.Workspaces.Count - 1
    strMText = strMText & DBEngine.Workspaces(i).Name & vbCr
  Next i
  MsgBox strMText
  Set wrkSpaceNew = Nothing
End Sub
```

Einfacher geht's mit der Database-Eigenschaft, hier können Sie eine Datenbank direkt ansprechen. Für Lese-Schreib-Zugriffe auf Tabellen oder Abfragen verwenden Sie das Recordset-Objekt. Enthält ein Recordset Daten, steht der interne Zeiger beim ersten Datensatz. Die Felder können Sie mit *Recordset!Feld*, *Recordset.Fields("Feldname")* oder mit dem numerischen Index *Recordset.Fields(Nummer)* ansteuern.

Makrobeispiel: Artikeldaten aus Access in neues Tabellenblatt importieren

Das Makro öffnet die Datenbank *Artikel.accdb* und liest die Abfrage *qry_Artikel* in eine Recordset-Variable ein. Dann wird ein neues Tabellenblatt angelegt, die Feldnamen des Recordsets landen in der ersten Zeile. Mit *CopyFromRecordset* holt das Makro die Daten in das Tabellenblatt.

Makro Nr. 128

```
Sub AccessDB_ArtikelImportieren()
 Dim db As DAO.Database, strPath As String, i As Integer
 Dim rs As DAO.Recordset
 strPath = ThisWorkbook.Path
 Set db = OpenDatabase(strPath & "\Artikel.accdb")
 Set rs = db.OpenRecordset("qry_Artikel")
 ' Neues Tabellenblatt
 Sheets.Add
 ' Recordset auslesen
 With rs
   ' Feldnamen in die erste Zeile
   For i = 1 To .Fields.Count
    Cells(1, i) = .Fields(i - 1).Name
   Next i
```

```
    ' Recordset in Zelle A2 kopieren
    Cells(2, 1).CopyFromRecordset rs
  End With
  rs.Close
  db.Close
End Sub
```

Makrobeispiel: Verkaufspreise in der Artikeldatenbank anheben

Das Makro öffnet die Artikeldatenbank, liest die Artikeltabelle in eine Recordset-Variable ein und startet eine Schleife über alle Datensätze. In dieser werden die Verkaufspreise um 10 % erhöht.

Makro Nr. 129

```
Sub AccessDB_ArtikelDatenUpdaten()
  Dim db As DAO.Database, strPath As String, i As Integer
  Dim rs As DAO.Recordset
  strPath = ThisWorkbook.Path
  Set db = OpenDatabase(strPath & "\Artikel.accdb")
  Set rs = db.OpenRecordset("tbl_Artikel")
  ' Recordset auslesen
  With rs
   If .BOF Then
      ' keine Daten
      MsgBox "Keine Daten", vbCritical
      GoTo end_ofP
   End If
   ' Erster Datensatz
   .MoveFirst
   ' Schleife bis zum Ende
   Do While Not .EOF
    ' Datensatz editieren
    .Edit
    ' Verkaufspreis um 10% anheben
    .Fields("VKPreis") = .Fields("VKPreis") * 1.1
    ' Datensatz schreiben
    .Update
    ' Nächster Datensatz
    .MoveNext
   Loop
  End With
end_ofP:
  rs.Close
  db.Close
End Sub
```

Nutzen Sie SQL, um den Recordset zu filtern, zu sortieren oder auf bestimmte Felder zu beschränken:

```
Set rs = db.OpenRecordset("Select * From Artikel Where ArtikelNummer Is Null;")
```

Stellen Sie in der Datenbank Abfragen bereit, die umfangreiche Aufgaben vornehmen, und aktivieren Sie über das Excel-Makro die Abfragen:

```
Dim rsq As DAO.QueryDef
Set rsq = db.QueryDefs("ArtikelLöschen")
rsq.Execute
Debug.Print rsq.RecordsAffected
```

16.6.3 SQL-Server-Daten mit ADO auslesen

Für den Zugriff auf eine SQL-Server-Datenbank brauchen Sie die ADO-Bibliothek, den Namen des Servers und die Bezeichnung der Tabellen, Views oder der Cubes, die mit Analysis Services angelegt wurden.

Das wichtigste Element der ADO-Bibliothek ist der Recordset. Ein Recordset verweist auf eine Tabelle oder eine Abfrage in der Datenbank, meist wird dazu ein SQL-Befehl konstruiert, in dem Filter, Sortierungen und Feldnamen angegeben sind. So lässt sich gezielt eine Datenmenge in einer Datenbank ansprechen.

Makrobeispiel: Mitarbeiterdaten aus einem SQL-Server-Cube auslesen

Makro Nr. 130

```
Sub GetMADataFromSQLServer()
  Dim objMyConn As Object, objMyCmd As Object, objMyRecordset, strCube As
String
  Dim strServer As String, strConString As String, i As Integer
  Dim shMA As Worksheet, anzMa As Long, str_DSMA As String, pz As Byte,
pzplus As Byte
  ' Mitarbeitertabelle
  Set shMA = ThisWorkbook.Sheets("Mitarbeiter")
  Set objMyConn = New ADODB.Connection
  Set objMyCmd = New ADODB.Command
  Set objMyRecordset = New ADODB.Recordset
  ' Name des SQL-Servers
  strServer = "\\sslTestserver"
  strCube = "CubeXY"
  ' Verbindungsinformationen für den Server
  ' der SQL-Server wird mit den Windows-Anmeldedaten geöffnet
  strConString = "Provider=SQLOLEDB.1;Data Source=" _
```

```
  & strServer _
  & ";" _
  & "Initial Catalog=" & strCube & ";" _
  & "Integrated Security = SSPI;"
  ' Verbindung öffnen
  objMyConn.ConnectionString = strConString
  ' Bei Verbindungsfehler abbrechen
  On Error GoTo noServer
  objMyConn.Open
  On Error GoTo 0
  Set objMyCmd.ActiveConnection = objMyConn
  ' SQL-Befehl konstruieren
  objMyCmd.CommandText = "SELECT * FROM slqTabelle"
  objMyCmd.CommandType = adCmdText
  ' SQL-Befehl ausführen
  objMyCmd.Execute
  ' Recordset öffnen
  Set objMyRecordset.ActiveConnection = objMyConn
  objMyRecordset.Open objMyCmd
  ' Neues Tabellenblatt anlegen
  Sheets.Add
  ' Feldliste der Abfrage in erste Zeile schreiben
  For i = 1 To objMyRecordset.Fields.Count
   Cells(1, i) = objMyRecordset.Fields(i - 1).Name
  Next i
  ' Recordset kopieren
  shMA.Range("A2").CopyFromRecordset (objMyRecordset)
  GoTo proc_end
noServer:
  MsgBox "Keine Verbindung zum Server möglich", vbCritical
proc_end:
  Set objMyConn = Nothing
  Set objMyCmd = Nothing
  Set objMyRecordset = Nothing
  Set shMA = Nothing
End Sub
```

16.7 SQL im Excel-Makro

Die Skriptsprache SQL wurde zwar für Datenbanken erfunden, bietet aber dem VBA-Programmierer die gleichen Vorteile wie dem DB-Designer. Mit SQL werden Daten aus geschlossenen Objekten importiert, und das können sowohl Datenbanken als auch Excel-Arbeitsmappen sein.

16.7.1 ODBC

ODBC steht für **O**pen **D**ata**b**ase **C**onnectivity und bezeichent die Verbindung zwischen Excel und einer externen Datenquelle. Das kann, wie der Name schon sagt, eine Datenbank sein, ODBC funktioniert aber auch mit Excel-Mappen, Text- und CSV-Dateien. Voraussetzung ist ein ODBC-Treiber, und für die Verwaltung dieser Treiber stellt Windows ein Verwaltungsprogramm in der Systemsteuerung bereit:

1. Suchen Sie im Windows-Suchfeld nach dem Begriff ODBC.
2. Öffnen Sie die Desktop-App *ODBC-Datenquellen-Administrator*.
3. In der Liste *Benutzerdatenquellen* sehen Sie die installierten ODBC-Treiber. Wählen Sie *Hinzufügen*, um weitere Treiber hinzuzufügen.
4. Mit *Konfigurieren* bereiten Sie eine Datenquelle für den markierten Treiber vor. Geben Sie zum Beispiel eine Excel-Mappe oder eine Access-Datenbank an.

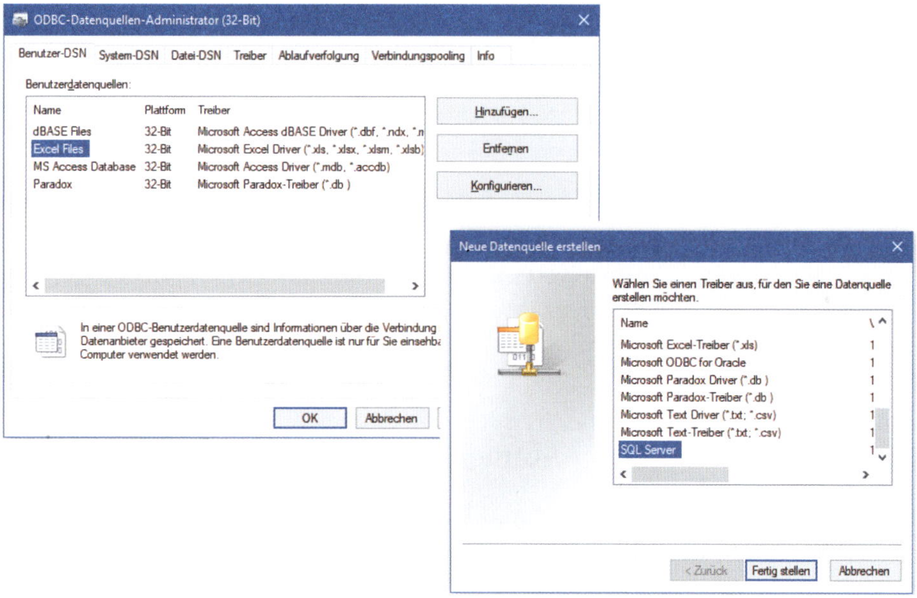

Abbildung 16.14: Ein neuer ODBC-Datentreiber für den SQL-Treiber

Den Servernamen geben Sie gleich bei der Anlage des ODBC-Treibers ein.

16.7.2 ODBC-Abfrage mit MS Query

MS Query war bis zur Version 2016 ein Add-in, das den Zugriff auf externe Datenquellen mithilfe eines ODBC-Treibers ermöglicht. Unter *Daten/Externe Daten abrufen* stehen alle Datenquellen bereit, die MS Query unterstützt.

Um Daten aus einer Access-Datenbank zu holen, können Sie diese auch einfach öffnen und eine Abfrage oder eine Tabelle wählen. Das Ergebnis ist eine ODBC-Verbindung.

Wählen Sie *Daten/Externe Daten abrufen/Aus anderen Quellen/Aus Microsoft Query*, um Daten aus externen Quellen zu holen. Markieren Sie den Treiber, beantworten Sie die Fragen des Query-Assistenten und binden Sie die Abfrage als Tabelle ein. Mit *<Neue Datenquelle>* können Sie von Query aus eine neue Datenquelle erstellen. Geben Sie den Treiber, den Server und, falls erforderlich, die Anmeldeinformationen ein.

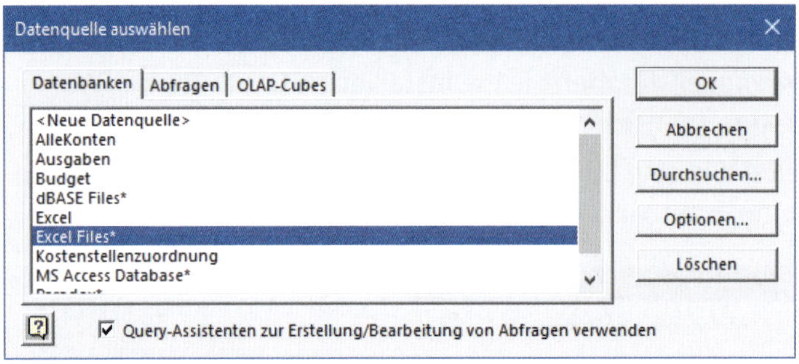

Abbildung 16.15: MS Query

Hinweis

Power Query (ab Excel 2016 *Abrufen und Transformieren*) ist der Nachfolger von MS Query mit einem besseren Editor und einer eigenen Abfragesprache (siehe Kapitel 17 »Business Intelligence«). Wenn Sie einfache Verbindungen ohne M-Code brauchen, verwenden Sie weiterhin MS Query.

16.7.3 SQL in der Query-Abfrage

SQL ist die Abkürzung für **S**tructured **Q**uery **L**anguage, eine Datenbank-Programmiersprache. Mit SQL werden Daten analysiert und verarbeitet. Erstellen Sie zum Beispiel in MS Access eine Abfrage, entsteht ein SQL-Befehl, der sich in der passenden Ansicht auch anzeigen lässt.

Excel arbeitet auch mit SQL, und zwar beim Aufbau von Verbindungen über MS Query oder Power Query (*Abrufen und Transformieren*). Erstellen Sie eine Abfrage auf eine externe Quelle, generiert Excel genauso wie Access einen SQL-String. Mithilfe des Makrorekorders lässt sich die Abfrage aufzeichnen, und der SQL-String kann bearbeitet werden. Sehen Sie sich die Syntax von SQL an, mit SQL lässt sich mehr machen, als der Makrorekorder aufzeichnen kann.

16.7.4 Makrobeispiel: Umsatzanalyse mit SQL

Die Datenbasis für dieses Beispiel ist eine Excel-Mappe mit zwölf Monatsblättern, beschriftet von *Jan* bis *Dez*. Jedes Blatt hat eine einheitliche Liste mit Umsatzdaten, die Anzahl der Datensätze variiert natürlich, und in den Monatsblättern der Monate nach dem aktuellen Monat steht gar nichts drin außer der Kopfzeile.

Holen Sie über MS Query eine gefilterte Monatstabelle aus der Mappe und sehen Sie sich den SQL-Befehl an, der dafür benötigt wird.

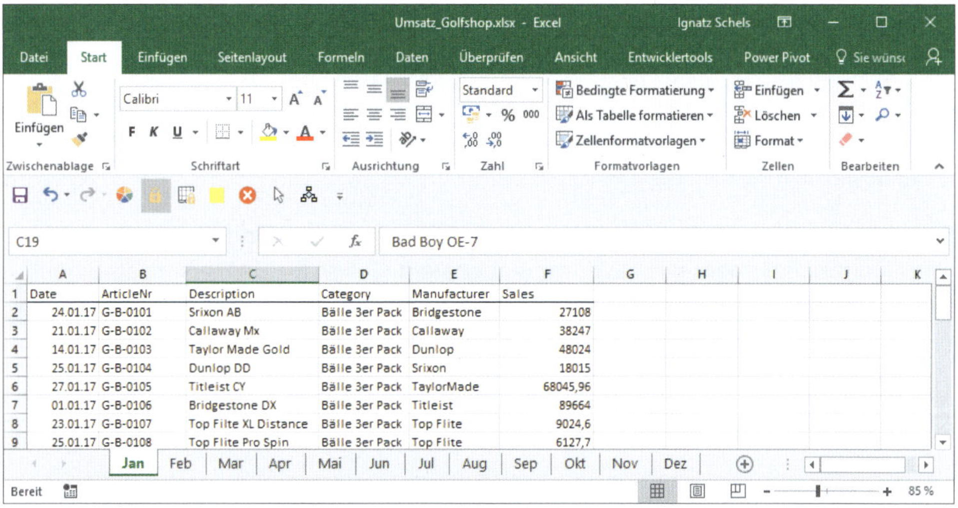

Abbildung 16.16: Beispielmappe mit zwölf Umsatz-Tabellenblättern

1. Legen Sie eine neue Mappe an und holen Sie mit diesen Aktionen die erste Monatstabelle, gefiltert nach einem Hersteller, in das erste Blatt: *Daten/Externe Daten abrufen/Aus anderen Quellen/Aus Microsoft Query*.
2. Wählen Sie den ODBC-Treiber *Excel-Files* und suchen Sie die Datei mit den Monatsumsätzen.
3. Wenn die Fehlermeldung *Diese Datei enthält keine sichtbaren Tabellen* erscheint, bestätigen Sie mit *OK* und klicken im nächsten Schritt auf *Optionen*. Kreuzen Sie die Option *Systemtabellen* an, dann sehen Sie die Tabellenblätter.
4. Holen Sie alle Felder in die Abfrage und filtern Sie im nächsten Schritt nach dem Hersteller (Manufacturer) »Callaway«.
5. Bestätigen Sie die übrigen Abfragen und holen Sie die Daten als Tabelle ab Zelle $A$1 in das Blatt.

6. Starten Sie dann den Makrorekorder und zeichnen Sie die nächsten Änderungen auf:
7. Öffnen Sie die Abfrage mit *Daten/Verbindungen/Eigenschaften*. Ändern Sie den SQL-Befehl, ersetzen Sie die Liste der Feldnamen durch * und tauschen Sie die Akzente gegen eckige Klammern aus. Löschen Sie alle Befehle von Optionen, die Sie nicht verändert haben. Diese Makrozeilen bleiben damit noch übrig:

Makro Nr. 131

```
Sub GetSales_Golfshop()
 With ActiveWorkbook.Connections(1).ODBCConnection
  .CommandText = "SELECT * FROM [Jan$]" _
  & " WHERE [Manufacturer]= 'Callaway'"
 End With
 ActiveWorkbook.Connections(1).Refresh
End Sub
```

Für die Auswahl des Monats und des Herstellers zeichnen Sie über die Entwicklertools (Formularelemente) je ein Kombinationsfeld. Geben Sie dem ersten als Eingabeverknüpfung die Liste mit den Monaten (Jan–Dez) und dem zweiten die Herstellernamen. Stellen Sie <*Alle*> in die erste Zeile.

Mit den Ausgabeverknüpfungen und zwei Excel-Formeln konstruieren Sie den SQL-Befehl, der Ihrer Auswahl entspricht:

Ausgabeverknüpfung für Monate:	$L$1
Ausgabeverknüpfung für Hersteller:	$L$3
Formel in $L$2:	="["&INDEX(Monate;$L$1;1)&"$]"
Formel in $L$4:	=INDEX(Hersteller;$L$3;1)
Formel in $L$5:	="SELECT * FROM "&$L$2&WENN($L$4<>"<Alle>";" WHERE [Manufacturer] = "&"'"&$L$4&"'";"")

Das Makro übernimmt den SQL-Befehl aus der Zelle $L$5. Zeichnen Sie noch eine Schaltfläche für den Makroaufruf ein oder binden Sie das Makro mit der Kontextmenü-Option *Makro zuweisen* direkt an die Formularelemente:

Makro Nr. 132

```
Sub GetSales_Golfshop()
 Dim strSQL As String
 strSQL = Range("$L$5")
 With ActiveWorkbook.Connections(1).ODBCConnection
  .CommandText = strSQL
 End With
 ActiveWorkbook.Connections(1).Refresh
End Sub
```

Wenn Sie mehrere Tabellen aus der Mappe holen wollen, verbinden Sie diese in einer SQL-Anweisung mit UNION ALL. Achten Sie darauf, dass in der Anweisung keine Absatzumbrüche (↵-Taste) erlaubt sind, weil mit diesen zwei Bytes (in VBA *vbLf* und *vbCr*) erzeugt werden. Arbeiten Sie mit ⇧-Taste und ↵ oder im VBA-Code mit der Konstanten *vbLf* (Line feed).

```
SELECT * FROM [Jan$]
UNION ALL SELECT * FROM [Feb$]
UNION ALL SELECT * FROM [Mar$]
```

16.7.5 SQL-Befehle für Excel

SQL-Befehl	Erklärung
SELECT * FROM [Tabelle1$]	Die Daten stammen aus einem Tabellenblatt. Das $-Zeichen steht für das Tabellenblattobjekt.
SELECT * FROM [Tabelle1$A1:C10]	Die Daten werden aus dem Zellenbereich A1:C10 geholt.
SELECT * FROM rngBereich	Die Daten werden aus dem benannten Bereich *rngBereich* geholt.
SELECT * FROM BereichA UNION ALL SELECT * FROM BereichB	Die Daten werden aus zwei verschiedenen Bereichen eines Tabellenblatts geholt.
SELECT * FROM Datei1.csv UNION ALL SELECT * FROM Datei2.csv	Die Daten werden aus zwei verschiedenen CSV-Dateien geholt.
INSERT INTO [Tabelle1$] VALUES (Wert1,Wert2,Wert3, ...)	Daten werden in ein Tabellenblatt eingefügt. Achtung: INSERT INTO ist nur über ein Worksheet möglich (nicht über einen Bereich).

17. Business Intelligence

Den Begriff Business Intelligence hat ein IBM-Mitarbeiter schon 1958 geprägt, er umfasst die Summe aller Prozesse und Verfahren zur digitalen Datenanalyse. Unternehmen und Behörden öffnen ihre relationalen und multidimensionalen Datenbanken, Data Warehouses und Data Farms für den Anwender, der Controller, der Personalchef und der Marketing-Manager haben Zugriff auf Daten, die bisher von IT-Fachkräften gehütet wurden. Soziale Netzwerke saugen Daten von kommunikationswütigen Internetsurfern ab, Amazon und Zalando bekommen für billige Ware wertvolle Kunden- und Marketingdaten. Und die Software-Industrie wirft Analyse-Tools auf den Markt, die sich Management-Information-Systeme nennen und dem Benutzer die Freiheit lassen, seine Daten selbst zu analysieren und in schöne Charts und Reports zu verpacken. Das nennt man dann **Self Service Business Intelligence**.

Das können wir auch, dachte sich Microsoft, rüstete die Tabellen seines Datenanalyse-Juwels Excel mit über einer Million Zeilen und 16.000 Spalten (ungefähr!) aus und holte die BI-Tools, die bereits für die **Analysis Services** des **SQL-Servers** erfunden wurden, um den großen Anbietern wie Tableau oder SAP Paroli zu bieten, nach Excel.

Und ab Excel 2010 gibt es nun Power Query, Power Pivot und Power BI. Letzteres hat nur indirekt mit Excel zu tun, nutzt aber Excel-Daten sehr intensiv.

Abbildung 17.1: Business Intelligence – Analysieren und Visualisieren

17.1 VBA im BI

Welche Rolle spielt VBA in dieser schönen neuen Welt? Können Power Query und Power Pivot programmiert werden oder wird das VBA-Makro im Zusammenhang mit BI-Tools überflüssig? Ein klares Ja und Nein. Power Query lässt sich sehr wohl mit VBA unterstützen und automatisieren, und Power Pivot nutzt das Datenmodell der PivotTables, auch das bietet Platz für VBA-Unterstützung. Mit Power Query können zwar viele Datenmodellierungen vereinfacht werden, für die früher VBA-Makros nötig waren, aber überflüssig wird VBA dadurch nicht. Im Gegenteil – die Kombination von Power Query und Power Pivot mit VBA-Routinen öffnet neue Türen für die Software-Entwicklung.

17.2 Power Query

Power Query wurde von den SQL-Server-Entwicklern 2013 als Data Explorer vorgestellt und für die Excel-Versionen 2010 sowie 2013 als Add-in angeboten und in die Menüleiste integriert. Seit Excel 2016 gibt es kein Power-Query-Menü mehr, das Werkzeug steht aber unter *Daten abrufen und transformieren* im Register *Daten* zum Abruf bereit.

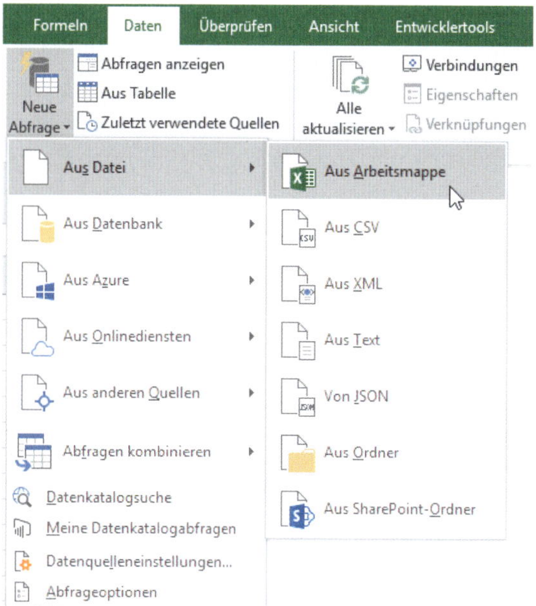

Abbildung 17.2: Power Query heißt in Excel 2016 Abrufen und Transformieren

Power Query holt Daten aus unterschiedlichen Datenquellen, bereitet sie für die Analyse auf und speichert sie im internen Datenmodell. Aus diesem wird über PivotTables und PivotCharts visualisiert. Die Auswahl der Datenquellen reicht von der einfachen Textdatei bis zum Cube, von SQL-Server bis Azure Marketplace. Mit dem integrierten Editor analysiert Power Query die Daten, formatiert sie, löscht nicht Benötigtes und kombiniert bei Bedarf mehrere Abfragen über relationale Beziehungen.

17.2.1 M-Code

Alle Schritte, die in Power Query zur Aufbereitung einer Datenquelle durchgeführt werden, zeichnet das Tool in einer Art Makrorekorder auf und erstellt eine Codefolge ähnlich einem Makro. Die dafür verwendete Sprache heißt **M**. M-Codes sind einfache Textdaten, die in der Abfrage mitgespeichert werden.

Für den VBA-Programmierer ist Power Query ein unschätzbar wichtiges Werkzeug, und zwar nicht nur, weil das Tool sehr viel Makroprogrammierung erspart, sondern weil es auch komfortabel in VBA-Codes einzubinden ist.

M-Beispiel: Power-Query-Abfrage UEFA-Champions-League

Erstellen Sie eine Webabfrage mit Power Query (*Daten abrufen und transformieren*), in der Sie die Sieger der Fußball-Champions-League in einer Tabelle auflisten.

1. Legen Sie ein neues Tabellenblatt an und wählen Sie *Daten/Daten abrufen und transformieren/Neue Abfrage/Aus anderen Quellen/Aus dem Web*.
2. Tragen Sie diese Webadresse ein, sie führt zu einer Wikipedia-Seite, in der alle Endspiele der Champions League ab 1992 gelistet sind. Da der Pokal bis 1992 noch »Europapokal der Landesmeister« hieß, ist die Siegerliste auf zwei Tabellen aufgeteilt: https://de.wikipedia.org/wiki/Liste_der_UEFA-Champions-League-Endspiele

Bearbeiten Sie zuerst die Tabelle *UEFA Champions League* im Abfrage-Editor:

1. Teilen Sie die erste Spalte über das Trennzeichen **/** in zwei Spalten
2. Nennen Sie die erste Spalte *Jahr*.
3. Löschen Sie die zweite Spalte.

Bearbeiten Sie so auch die Tabelle *Europapokal der Landesmeister* und fügen Sie die erste Tabelle an die zweite Tabelle an:

1. Wählen Sie im Abfrage-Editor in der Gruppe *Neue Abfrage Neue Quelle/Andere Quellen/Web*.
2. Holen Sie die Wikipedia-Adresse in die Abfrage und bearbeiten Sie die Tabelle *Europapokal der Landesmeister*.

3. Wählen Sie *Kombinieren/Abfragen anfügen*. Fügen Sie die erste Abfrage *UEFA Cup Champions League* an. Nennen Sie die zweite Abfrage *UEFA*, schließen und laden Sie die beiden Abfrage als Tabellen in das Tabellenblatt.
4. Die zweite Tabelle brauchen Sie nicht, markieren Sie sie in der Abfragenliste am rechten Rand (wenn die Liste nicht sichtbar ist, wählen Sie *Daten/Daten abrufen und transformieren/Abfragen anzeigen*).
5. Wählen Sie *Laden in* und schalten Sie um auf *Nur Verbindung erstellen*.
6. Bestätigen Sie die Warnmeldung (Datenverlust, weil die Tabelle entfernt wird).
7. Geben Sie der Tabelle den Namen *tbl_CL* und nennen Sie das Tabellenblattregister *UEFA ChampionsLeague*.

Öffnen Sie die Abfrage noch einmal per Doppelklick in der rechten Randleiste (*Abfragen anzeigen*) und schalten Sie um auf den *Erweiterten Editor* (*Ansicht*-Menü). Jetzt sehen Sie den M-Code der Abfrage.

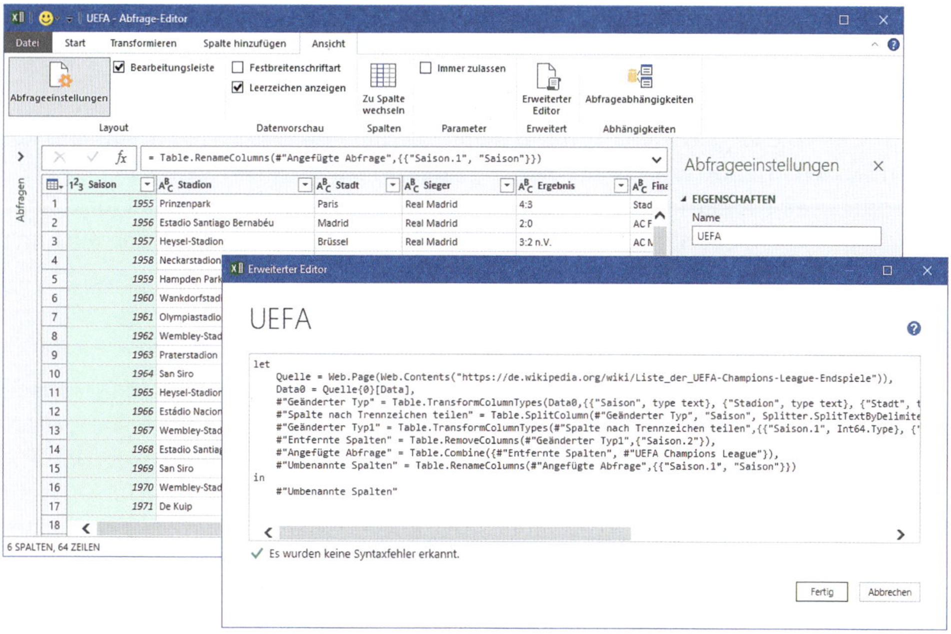

Abbildung 17.3: Der M-Code der Abfrage

17.2.2 Power-Query-Abfrage mit dem Makrorekorder aufzeichnen

Zeichnen Sie das Erstellen einer Power-Query-Abfrage auf, erhalten Sie ein Makro, das Sie vielleicht schon aus der Anwendung von MS Query kennen. Der Makrocode enthält die Verbindungsinformationen und alle Einstellungen für die Verbindung, wie sie unter *Daten/Verbindungen* angezeigt werden. Hier ist meist die SQL-Anweisung die einzige Variable, alle anderen Einstellungen, die nicht verändert wurden, können Sie löschen. Beim Aufzeichnen einer Power-Query-Abfrage wird zusätzlich noch der M-Code aufgezeichnet, und das ist den Entwicklern leider nicht besonders gelungen. Die Textfolge wird über das Argument *Formula=* als Textkette mit vielen Einzelstrings eingebunden, für den Zeilenumbruch werden *CHR(13) & CHR(10)* benutzt, die ASCII-Zeichen für *Carriage Return* und *LineFeed*.

```
Sub PowerQueryTest()
 Application.CutCopyMode = False
 With ActiveSheet.ListObjects.Add(SourceType:=0, Source:=Array( _
 "OLEDB;Provider=Microsoft.ACE.OLEDB.12.0;Password="""";User ID=Admin
  , _
  "daten\Artikel.accdb;Mode=Share Deny Write;Extended Properties=""""
  , _
  "DB:Database Password="""";Jet OLEDB:Engine Type=6;Jet OLEDB:Databa
  , _
  "Global Bulk Transactions=1;Jet OLEDB:New Database Password="""";Je
  , _
  "False;Jet OLEDB:Don't Copy Locale on Compact=False;Jet OLEDB:Compa
  , _
  "Support Complex Data=False;Jet OLEDB:Bypass UserInfo Validation=Fa
```

Abbildung 17.4: Der M-Code wird im VBA-Code als String aufgezeichnet

Hier gibt es eine elegantere Lösung: Erstellen Sie die Power-Query-Abfrage und kopieren Sie den M-Code als Text aus dem Erweiterten Editor. Holen Sie ihn in eine Textdatei oder in eine Excel-Tabelle und binden Sie ihn über eine Schleife in Ihr Makro ein. Damit haben Sie nicht nur das Makro vereinfacht, Sie können den M-Code auch mit VBA bearbeiten und so die Power-Query-Abfrage manipulieren.

Makrobeispiel: Tabelle mit Power Query und VBA entpivotieren

Das Tabellenblatt *Umsatz 2022* enthält eine Tabelle *tbl_Umsatz* mit den Artikelbezeichnungen in der ersten Spalte und den Monatsumsätzen in den Folgespalten. Leider liefert der Server nur die Monatszahl in der Kopfzeile, und für eine Umsatzanalyse eignet sich die Tabelle auch nicht besonders, weil sie für PivotTables nicht geeignet ist. Entpivotieren Sie die Tabelle mit Power Query. Lassen Sie den Makrorekorder mitlaufen, nennen Sie das neue Makro *UmsatzEntpivotieren()*:

	A	B	C	D	E	F	G	H	I	J	K	L	M
1	Artikel	Monat 1	Monat 2	Monat 3	Monat 4	Monat 5	Monat 6	Monat 7	Monat 8	Monat 9	Monat 10	Monat 11	Monat 12
2	Tennisschläger	10	20	23	20	25	30	20	23	20	15	25	30
3	Golfausrüstung	6	12	22	12	20	23	34	10	15	30	20	20
4	Outdoor-Bekleidung	15	13	50	16	40	15	45	45	20	20	29	25
5													

Abbildung 17.5: Umsatzliste mit Werten in der Spalte

1. Setzen Sie den Zellzeiger in die Tabelle und wählen Sie *Daten/Daten abrufen und transformieren/Aus Tabelle/Bereich*. In Excel 2013/2010 wählen Sie im Register *Power Query Neue Abfrage/Aus Tabelle*.

2. Bestätigen Sie die Tabelle als Datenquelle und klicken Sie auf *Bearbeiten*, um den Power-Query-Editor zu aktivieren.
3. Markieren Sie die Spalte *Artikel* mit der rechten Maustaste und wählen Sie *Andere Spalten entpivotieren*. Damit erhalten Sie 36 Zeilen (12 x 3 Artikel) mit dem Artikel in der ersten Spalte und dem Monat in der 2. Spalte. Benennen Sie die 2. Spalte um in *Datum*.
4. Löschen Sie über *Werte ersetzen* im Kontextmenü den Text *Monat<Leertaste>* (kein Ersatzwert).
5. Wählen Sie *Spalte hinzufügen/Benutzerdefinierte Spalte*. Geben Sie der neuen Spalte den Namen *Datum*. Schreiben Sie die Formel, die aus der Monatszahl ein Datum macht. Achten Sie auf Groß-/Kleinschreibung:
   `=Date.FromText([Periode]&"/2022/01")`
6. Nennen Sie die Abfrage im Eigenschaftenfeld *qry_Umsatz* und wählen Sie *Start/Schließen und Laden*, um das Abfrageergebnis als neue Tabelle in die Mappe zu holen. Beenden Sie den Makrorekorder und sehen Sie sich das aufgezeichnete Makro an.

Die Abfragebefehle sind transparent, aber der M-Code ist unlesbar und schwer zu manipulieren. Holen Sie den Code aus der Abfrage und lesen Sie ihn per Schleife ein. Bei der Gelegenheit können Sie auch gleich das Jahr festlegen oder neu definieren:

1. Klicken Sie unter *Daten/Abfragen anzeigen* doppelt auf die angezeigte Abfrage *qry_Umsatz*, um sie im Editor zu bearbeiten.
2. Wählen Sie *Ansicht/Erweiterter Editor*. Markieren Sie den M-Code der Abfrage und kopieren Sie ihn mit Strg+C in die Zwischenablage.
3. Schließen Sie den erweiterten Editor und die Abfrage. Legen Sie ein neues Tabellenblatt an und holen Sie den M-Code in die erste Spalte. Geben Sie ihm die Überschrift *Umsatz* und wandeln Sie den Text in eine Tabelle (*tbl_MCode*) um.

In der siebten Zeile sehen Sie die Anweisung, mit der das Attribut in ein Datum umgewandelt wurde. Tragen Sie hier die passende Jahreszahl ein oder lassen Sie diese per Makrodialog eintragen.

	A
1	Umsatz
2	let
3	Quelle = Excel.CurrentWorkbook(){[Name="tbl_Umsatz"]}[Content],
4	#"Geänderter Typ" = Table.TransformColumnTypes(Quelle,{{"Artikel", type text}, {"Monat 1", Int64.Type}, {"Monat 2", Int64.Type}, {"Monat 3", Int
5	#"Entpivotierte andere Spalten" = Table.UnpivotOtherColumns(#"Geänderter Typ", {"Artikel"}, "Attribut", "Wert"),
6	#"Ersetzter Wert" = Table.ReplaceValue(#"Entpivotierte andere Spalten","Monat ","",Replacer.ReplaceText,{"Attribut"}),
7	#"Hinzugefügte benutzerdefinierte Spalte" = Table.AddColumn(#"Ersetzter Wert", "Datum", each Date.FromText([Attribut]&"/2022/01")),
8	#"Neu angeordnete Spalten" = Table.ReorderColumns(#"Hinzugefügte benutzerdefinierte Spalte",{"Datum", "Artikel", "Attr[illegible]", "Wert"}),
9	#"Geänderter Typ1" = Table.TransformColumnTypes(#"Neu angeordnete Spalten",{{"Datum", type date}}),
10	#"Entfernte Spalten" = Table.RemoveColumns(#"Geänderter Typ1",{"Attribut"})
11	in
12	#"Entfernte Spalten"

Abbildung 17.6: Der M-Code aus Power Query in einer Tabelle

Bearbeiten Sie jetzt das aufgezeichnete Makro. Ersetzen Sie den M-Code durch eine Schleife, die alle Zeilen Ihres M-Codes in eine Textvariable schreibt, und weisen Sie diese der Verbindung zu. Löschen Sie dann alle alten Abfragen und legen Sie die neue Abfrage an.

Makro Nr. 133

```
Sub UmsatzEntpivotieren2()
 Dim strMCode As String, wb As Workbook, shMCode As Worksheet, lstMCode
As ListObject
 Dim i As Integer
 Set wb = ThisWorkbook
 Set shMCode = wb.Sheets("M-Code")
 Set lstMCode = shMCode.ListObjects(1)
 ' Schleife über alle Zeilen des M-Codes
 For i = 1 To lstMCode.ListRows.Count
  ' Nächste Zeile plus Zeilenumbruch anhängen
  strMCode = strMCode & lstMCode.ListRows(i).Range & vbCr & vbLf
 Next i
 ' Alle Abfragen löschen
 With ActiveWorkbook
   Do While .Queries.Count > 0
    .Queries(1).Delete
   Loop
  .Queries.Add Name:="tbl_Umsatz", Formula:=strMCode
 End With
 ' Neues Tabellenblatt mit Abfrage
 Sheets.Add After:=ActiveSheet
  With ActiveSheet.ListObjects.Add(SourceType:=0, _
   Source:="OLEDB;Provider=Microsoft.Mashup.OleDb.1; " _
   & "Data Source=$Workbook$;Location=tbl_Umsatz", _
   Destination:=Range("$A$1")).QueryTable
   .CommandType = xlCmdSql
   .CommandText = Array("SELECT * FROM [tbl_Umsatz]")
   .RowNumbers = False
  .FillAdjacentFormulas = False
  .PreserveFormatting = True
  .RefreshOnFileOpen = False
  .BackgroundQuery = True
  .RefreshStyle = xlInsertDeleteCells
  .SavePassword = False
  .SaveData = True
  .AdjustColumnWidth = True
  .RefreshPeriod = 0
  .PreserveColumnInfo = True
  .ListObject.DisplayName = "tbl_Umsatz_2"
```

```
  .Refresh BackgroundQuery:=False
 End With
 ' Abfrage aktualisieren
 Selection.ListObject.QueryTable.Refresh BackgroundQuery:=False
 Range("A1").Select
End Sub
```

Der SQL-Befehl in der Eigenschaft *.CommandText* lässt sich natürlich wieder flexibel mit einer Anweisung belegen, die Daten aus der Quelle filtert, sortiert oder kombiniert:

```
.CommandText = "SELECT * FROM [tbl_Umsatz] WHERE [Artikel] =
'Tennisschläger'"
```

17.3 Power Pivot

Power Pivot ist das große Auswertungswerkzeug, das Daten aus zahlreichen Datenquellen von Datenbanken über Textdateien bis zu Internetdaten integrieren kann, Verknüpfungen zwischen Datenpools erkennt und bei Bedarf einrichtet sowie DAX-Funktionen für Berechnungen aller Art bereitstellt. Power Pivot stützt sich dabei auf das Datenmodell, eine für den Anwender nicht sichtbare Datenbank mit Dateien bis zu 2 GB Größe und einer Kapazität von bis 4 GB im Arbeitsspeicher.

Das Power-Pivot-Datenmodell heißt ab Excel 2013 *ThisWorkbookDataModel*, in 2010 heißt es *PowerPivotData*.

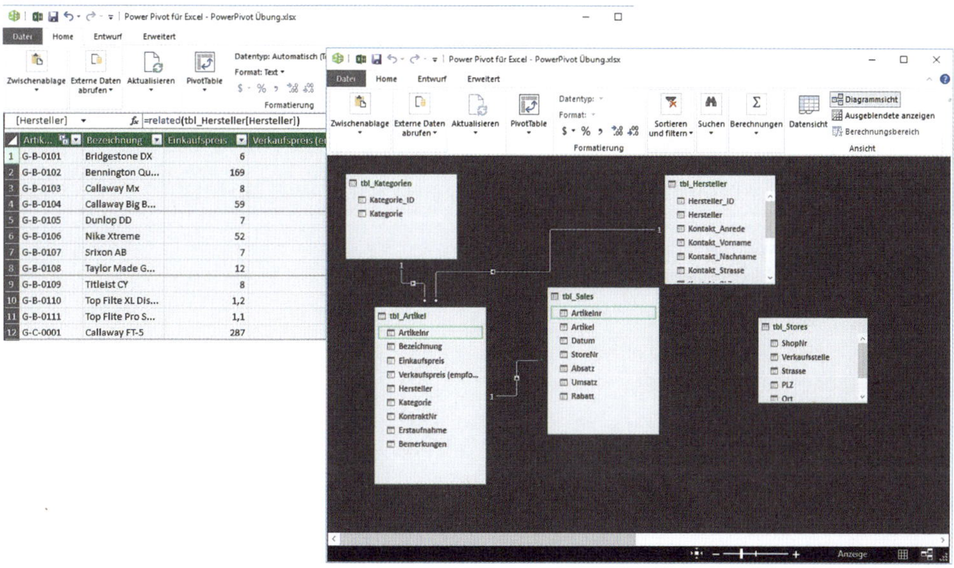

Abbildung 17.7: Power Pivot speichert Tabellen und Beziehungen im Datenmodell

VBA wird im Power-Pivot-Fenster nicht unterstützt, Sie können aber jederzeit dem Datenmodell Daten hinzufügen und damit für Power Pivot bereitstellen.

17.3.1 Makrobeispiel: Kostentabelle in Power Pivot einbinden

Das Makro erstellt eine Verbindung zum ersten Tabellenblatt in *Kosten.xlsx*. Aktivieren Sie anschließend Power Pivot, steht die Tabelle bereit.

Makro Nr. 134

```
Sub XLSX2PowerPivot()
  ActiveWorkbook.Connections.AddFromFile "C:\Kosten.xlsx", True, False
End Sub
```

Um eine PivotTable aus dem Datenmodell von Power Pivot zu generieren, verbinden Sie den PivotCache mit dem Datenmodell. Die Befehle für die PivotTable sind die gleichen, die Sie auch für die »normale« PivotTable in VBA verwenden.

17.3.2 Makrobeispiel: PivotTable aus Power-Pivot-Tabelle anlegen

Makro Nr. 135

```
Sub PowerPivotTable()
 Dim PowerPivotCache As Excel.PivotCache
 Dim NewPowerPivotTable As Excel.PivotTable
 ' Neuen PowerPivot-Cache anlegen
 Set PowerPivotCache = _
 ActiveWorkbook.PivotCaches.Create( _
 SourceType:=xlExternal, _
 SourceData:=ActiveWorkbook.Connections("ThisWorkbookDataModel"), _
 Version:=xlPivotTableVersion15)
 ' PivotTable anlegen
 Set NewPowerPivotTable = PowerPivotCache.CreatePivotTable( _
 TableDestination:=ActiveCell, _
 DefaultVersion:=xlPivotTableVersion15)
 ' PowerPivotTable gestalten
 With NewPowerPivotTable
  .RowAxisLayout xlTabularRow
  .HasAutoFormat = False
 End With
 Set NewPowerPivotTable = Nothing
 Set PowerPivotCache = Nothing
End Sub
```

18. Menüband und Symbolleiste programmieren

Excel erlaubt ab der Version 2010 die Anpassung der beiden Oberflächenelemente für die Benutzersteuerung (Menüband und Symbolleiste für den Schnellzugriff). Beide können sowohl mit Befehlssymbolen als auch mit Makroaufrufen bestückt werden.

18.1 Makros in der Symbolleiste für den Schnellzugriff

Die kleine Symbolleiste wird benutzerspezifisch in einer Datei mit der Bezeichnung *Excel.QAT* (**Q**uick **A**ccess **T**oolbar) gespeichert. Sie enthält XML-Codes und kann mit entsprechenden Kenntnissen über XML-Programmierung einfach angepasst werden. Es geht aber auch ohne Programmierkenntnisse.

18.1.1 Makrobeispiel: Environment-Infos

Hier ein Makro, das Informationen über das System (Environment) in einer Meldungsbox ausgibt. Diese Informationen stehen in der Array-Variablen *Environ()* zur Verfügung, und da nicht alle Variablen in eine Meldungsbox passen, lässt das Makro zwei Schleifen laufen und präsentiert die Variablen in zwei Meldungsboxen.

Fügen Sie dieses Makro in die persönliche Makroarbeitsmappe *PERSONAL.XLSB* ein. Diese Mappe wird mit dem Start von Excel geladen, damit ist die persönliche Mappe der ideale Platz für Menüband- oder Symbolleisten-Makros. Wenn die Mappe noch nicht existiert, zeichnen Sie kurz ein Makro mit der persönlichen Mappe als Ziel auf.

Makro Nr. 136

```
Sub EnvInfo()
 Dim i As Integer, strMtext As String
 ' Schleife über die ersten 20 Variablen
 For i = 1 To 20
   strMtext = strMtext & Environ(i) & vbCr
 Next i
 MsgBox strMtext, vbInformation, "Environment-Info 1 - 20"
 strMtext = ""
 For i = 21 To 40
   If Environ(i) <> "" Then strMtext = strMtext & Environ(i) & vbCr
 Next i
 MsgBox strMtext, vbInformation, "Environment-Info > 20"
End Sub
```

1. Wählen Sie *Datei/Optionen/Symbolleiste für den Schnellzugriff anpassen* und suchen Sie die Kategorie *Makros*.
2. Ziehen Sie das Makro aus der linken Liste in die rechte Liste.
3. Mit *Ändern* können Sie das Makrosymbol ändern, suchen Sie ein anderes Symbol aus der Dialogbox.

Das Makro steht damit zur Verfügung, die QAT-Datei enthält die entsprechenden Codes und hier können Sie auch andere Symbole für die Makros einbinden.

18.2 Makros im Menüband platzieren

Auch die Makros, die Sie im Menüband bereitstellen, sollten am besten in der persönlichen Makroarbeitsmappe *PERSONAL.XLSB* gespeichert werden, denn diese Mappe wird automatisch mit Excel geladen. Sie können natürlich auch Makros aus anderen Mappen in das Menüband einbinden, sie werden aktiviert, wenn Sie das Makro ausführen.

1. Wählen Sie *Datei/Optionen/Menüband anpassen*.
2. Fügen Sie eine neue Registerkarte mit einer neuen Gruppe ein oder markieren Sie ein Register und fügen Sie eine neue Gruppe ein.
3. Markieren Sie die Gruppe und stellen Sie in der linken Liste *Makros* ein.
4. Suchen Sie das Makro und klicken Sie auf *Hinzufügen*, um das Makro einzufügen.
5. Wählen Sie für Register, Gruppe und Makro *Umbenennen* und fügen Sie neue Bezeichnungen und Symbolbilder ein.

Das Makro steht damit im Menüband bereit, ein Klick darauf startet es. Nach dem Schließen des Programmfensters wird das Menüband in die Datei *Excel.CustomUI* geschrieben, unter diesem Pfad ist sie zu finden:

C:\Users\Benutzername\AppData\Local\Microsoft\Office

Wenn Sie Ihre Makrozuweisung auf einem anderen Rechner vornehmen wollen, kopieren Sie einfach diese Datei.

19. VBA-Makros im Menüband (RibbonX)

Wesentlich mehr Aufwand als die Einbindung von Makros in das Menüband oder in die kleine Symbolleiste erfordert die programmtechnische Anpassung der Hauptbenutzeroberfläche. Das »Ribbon«, wie diese Leiste in der Entwicklersprache heißt, muss mit einer Kombination aus VBA-Makros und XML-Code programmiert werden und beides erfordert natürlich entsprechend gute Kenntnisse.

Für die VBA-Codierung legen Sie Excel-Makroarbeitsmappen an und speichern diese mit der Endung XLSM oder XLAM (als Add-in). Wollen Sie die Änderung im Menüband permanent machen, speichern Sie die Mappe am besten als Startvorlage im Startverzeichnis von Excel.

19.1 XLSX ist ZIP

Excel-Arbeitsmappen werden als XML-Dateien gespeichert. Im Prinzip ist eine Arbeitsmappe identisch mit einem ZIP-Archiv und wenn Sie die Dateiendung ändern, können Sie auch gleich einen Blick auf das Innere mit den XML-Codes werfen:

1. Ändern Sie die Dateiendung einer Excel-Mappe von XLSX oder XLSM in ZIP.
2. Öffnen Sie das ZIP-Archiv und sehen Sie sich den Inhalt an. Klicken Sie doppelt auf eine XML-Datei, erhalten Sie den Code in einem neuen Browserfenster angezeigt.

Wenn die Datei schon eigene Menüs (Ribbons) enthält, sind diese unter *customUI.xml* im Unterordner *customUI* zu finden.

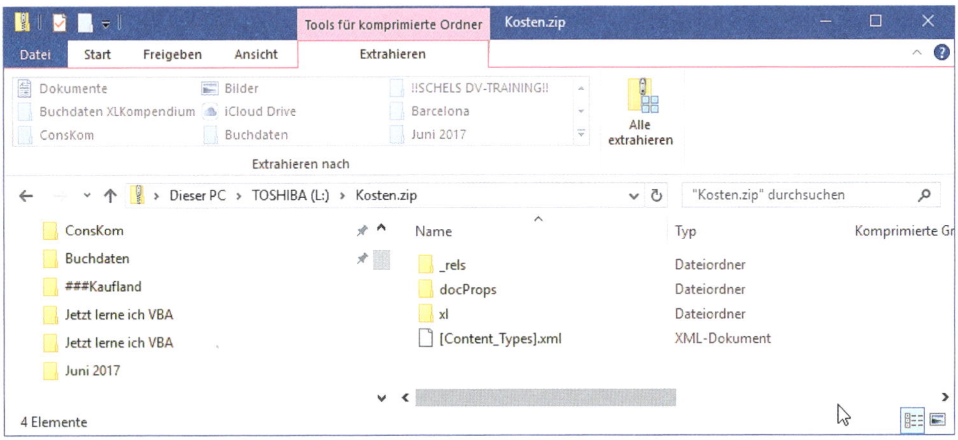

Abbildung 19.1: Eine Excel-Mappe als ZIP-Archiv

19.2 Der Office RibbonX Editor

Für die Erstellung und Bearbeitung von XML-Code in einer Excel-Arbeitsmappe gibt es sogenannte Ribbon-Editoren.

Der *Custom UI Editor* ist das ältere Programm mit einigen Einschränkungen. Er wird nicht offiziell von Microsoft supportet.

Der *Office RibbonX Editor* entstand im Rahmen eines privaten Projektes von Fernando Andreu und wird von diesem in der Entwicklerplattform GitHub zum Download angeboten:

https://github.com/fernandreu/office-ribbonx-editor

Mit dem Ribbon-Editor kann eine Excel-Datei (ohne Umwandlung in ZIP) geöffnet werden, der Inhalt erscheint daraufhin im Codefenster. Ist noch keine solche Datei vorhanden, öffnet der Editor ein leeres Blatt. In diesem wird der XML-Code für das neue Menüband (RibbonX) programmiert und die Datei wird wieder gespeichert.

Mit dem Editor können sowohl XML-Dokumente als auch die XML-Bestandteile von Excel-Dateien, Word-Dokumenten und PowerPoint-Präsentationen bearbeitet werden.

19.3 Die Office Icon Gallery

Die Icons, die für die Programmierung des Ribbons zur Verfügung stehen, haben Bezeichnungen und Nummern und diese werden im XML-Code verwendet. Welche Icons systemseitig zur Verfügung stehen, zeigt ein Word-Dokument, das Sie hier downloaden können:

https://www.microsoft.com/en-us/download/confirmation.aspx?id=21103

Öffnen Sie das Word-Dokument und aktivieren Sie das *Datei*-Menü. Links unten in der Randleiste sehen Sie die beiden Einträge *ImageMso 0* und *ImageMso 1*, die zur Übersicht der Icons und zu den Icon-Bezeichnungen führen.

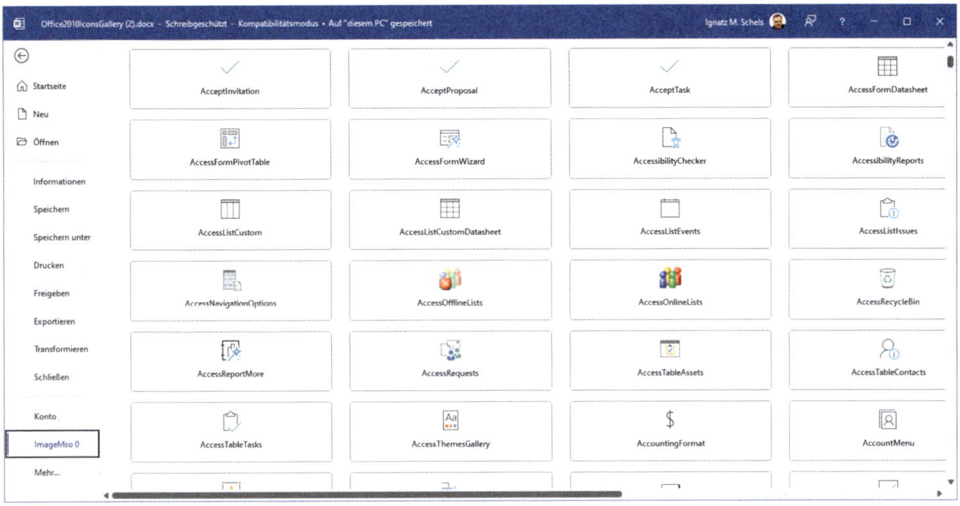

Abbildung 19.2: In der Office Gallery finden Sie die Icons und ihre Namen

> **Tipp**
> Hier sind alle imageMSO-Namen zusammen mit den Bildern aufgelistet:
> https://bert-toolkit.com/imagemso-list.html

19.4 RibbonX-Grundlagen

RibbonX ist die programmierbare Benutzeroberfläche der Office-Versionen ab Office 2007. Wenn Sie VBA-Makros programmieren, können Sie diese ohne Programmieraufwand in das Menüband einbinden. Professionelle Makros legen sich ihre Oberfläche aber selbst zurecht, erstellen Registerkarten, Gruppen und Symbole im Menüband und verbinden diese mit den Makros, die der Anwender zur Verfügung haben soll.

19.4.1 Office-Namespace

Um ein XML-Dokument eindeutig zu identifizieren und die Möglichkeit zu bieten, mehrere XML-Sprachen zu mischen, wird im XML-Dokument ein Namespace benutzt. Für aktuelle Office-Dokumente sieht dieser so aus:

```
"customUI xmlns="http://schemas.microsoft.com/office/2009/07/customui"
```

Die Grundstruktur von RibbonX:

```
<customUI xmlns="http://schemas.microsoft.com/office/2009/07/customui"
onLoad="onLoad">
<commands>
<!-- Hier werden die Commands aufgelistet -->
</commands>

<ribbon startFromScratch="true"
<qat><documentControls>

<!-- Hier werden die Elemente aufgelistet -->
</documentControls></qat>
<officeMenu>
<!-- Hier werden die Elemente aufgelistet -->
</officeMenu>

<contextualTabs>
  <!-- Hier wird der TabSetname angegeben>
  <!-- visible="True", wenn nur ein Tab ausgeblendet werden soll -->
  <tabSet idMso="TabSetNameAufEnglisch" visible="false">
  <!-- Hier werden einzelne Tabs ausgeblendet -->
  <!-- visible weglassen, um einzelne Tabs auszublenden -->
  <tab idMso="TabNameAufEnglisch" visible="false">
  <!-- Hier werden einzelne Gruppen ausgeblendet -->
   <group idMso="GruppenNameAufEnglisch" visible="false">
   </group>
  </tab>
  </tabSet>
  </contextualTabs>
<tabs>
<tab>
<group>
<!-- Hier werden die Elemente aufgelistet -->
</group>
</tab>
</tabs>
</ribbon>
</customUI>
```

Struktur	Erklärung
`<commands>`	An erster Stelle steht die Kommandoebene. Damit können die Excel-Optionen deaktiviert werden.
`<ribbon>` oder `<ribbon startFrom-Scratch="true"`	Dann folgt die Eröffnung des Ribbons, hier wird mit *start-FromScratch* bestimmt, wie das Ribbon angelegt wird. Allein, ohne das bisherige Menüband: `startFromScratch="true"` Angehängt an das bereits angezeigte Menüband: `startFromScratch="false"`

`<qat><documentControls>`
`...`
`</documentControls></qat>`
	Hier wird die Schnellstartleiste programmiert (Quick Access Toolbar = QAT) (nur bei `startFromScratch = "True"`)

`<officeMenu>`
`...`
`</officeMenu>`
	Dieser Teil ist für das Office-Menü zuständig.

`<contextualTabs>`	Das sind die Kontextregisterkarten.

`<tabs>`
`...`
`</tabs>`
	Hier werden die einzelnen Tabs erstellt. Jeder Tab enthält mindestens eine Gruppe (*<group>*) mit mindestens einem Element.

19.5 Das Onload-Ereignis

Dieser (optionale) Makrocode sorgt dafür, dass das Ribbon zur Laufzeit dynamisch aktualisiert werden kann. Kopieren Sie ihn in ein Modul einer Makroarbeitsmappe (**.xlsm* oder **.xlam*). Das Makro muss an oberster Stelle im Modul unter der Zeile *Option Explicit* stehen.

```
Public objRibbon As IRibbonUI
Public Sub rx_onload(ribbon As IRibbonUI)
Set objRibbon = ribbon
End Sub
```

19.6 Makrobeispiel: VBA-Tools im Menüband

Makro Nr. 137

In diesem Beispiel erstellen Sie ein Makro, das ein neues Register mit der Bezeichnung *VBA-Tools* im Menüband anlegt, zwei Gruppen einrichtet und vier Makroschaltflächen bereitstellt. Suchen Sie passende Bilder in der Gallery. Diese Makros sind für das neue Register vorgesehen:

Makro	Erklärung	Bild
BenutzerName	Benutzername anzeigen und ändern	MailMergeRecipientsEditList
BlattschutzINFO	Listet alle Tabellenblätter mit Blattschutz	SheetProtect
BlattschutzEinAus	Schaltet den Blattschutz des aktiven Tabellenblatts ein oder aus	ProtectDocument
BlattschutzAusAlle	Schaltet den Blattschutz für alle Tabellenblätter aus	ReviewProtectWorkbookMenu

Legen Sie eine neue Arbeitsmappe an, speichern Sie diese mit der Endung *xlsm* als Makroarbeitsmappe. Aktivieren Sie den Visual Basic Editor und legen Sie ein neues Modul an. Tragen Sie diesen Makrocode ein:

```
Option Private Module
Public objRibbon As IRibbonUI
Public Sub onload(ribbon As IRibbonUI)
Set objRibbon = ribbon
End Sub
Sub Button1_OnAction(control As IRibbonControl)
 Call BenutzerName
End Sub
Sub Button2_OnAction(control As IRibbonControl)
 Call BlattschutzINFO
End Sub
Sub Button3_OnAction(control As IRibbonControl)
  Call BlattschutzEinAus
End Sub
Sub Button4_OnAction(control As IRibbonControl)
  Call BlattschutzAusAlle
End Sub
```

Die Makros für die einzelnen Schaltflächen können Sie im gleichen Modul oder in einem neuen Modul bereitstellen:

```
Sub BenutzerName()
 Dim strUser As String, varUser
 strUser = Application.UserName
 varUser = InputBox("Wollen Sie Ihren Benutzernamen ändern?",
"Benutzername ändern", strUser)
 If varUser <> "" Then Application.UserName = varUser
End Sub
```

Schreiben Sie die restlichen Makros *BlattSchutzINFO()*, *BlattschutzEinAus()* und *BlattschutzAusAlle()* (siehe Kapitel 21.4 »Blattschutz«).

Speichern und schließen Sie die Excel-Mappe. Aktivieren Sie den Custom UI Editor und öffnen Sie in diesem die Datei. Fügen Sie diesen Code ein:

```
<customUI xmlns="http://schemas.microsoft.com/office/2009/01/customui"
onLoad="onload">
<ribbon startFromScratch="false">
<tabs>
<tab id="tab01" label="VBA-Tools">
<group id="grp01" label="User" >
<button id="tgb01" label="Benutzername anzeigen/ändern"
imageMso="MailMergeRecipientsEditList"
onAction = "Button1_onAction"
size="large"/>
</group>
<group id="grp02" label="Blattschutz" >
<button id="tgb02" label="BlattschutzINFO" imageMso="SheetProtect"
onAction = "Button2_onAction"
size="large"/>
<button id="tgb03" label="BlattschutzEinAus" imageMso="ProtectDocument"
onAction = "Button3_onAction"
size="large"/>
<button id="tgb04" label="BlattschutzAusAlle"
imageMso="ReviewProtectWorkbookMenu"
onAction = "Button4_onAction"
size="large"/>
</group>
</tab></tabs></ribbon></customUI>
```

Speichern Sie die Datei und schließen Sie den Custom UI Editor. Nach dem erneuten Öffnen der Arbeitsmappe in Excel sehen Sie das neue Register *VBA-Tools* mit den vier Makroschaltflächen mit individuellen Bildern. Klicken Sie auf die Makrosymbole, um die Makros zu testen. Fügen Sie mit der Kombination aus XML-Code und Makrocode weitere Gruppen und Makroschaltflächen hinzu, um Ihre VBA-Tools auszubauen.

> **Tipp**
>
> Speichern Sie die Mappe als Add-in und binden Sie das Add-in über *Entwicklertools/Add-Ins* in die Oberfläche ein, stehen die VBA-Tools in jeder aktiven Mappe bereit.

Abbildung 19.3: Das neue Register mit zwei Gruppen und vier Makros

20. Makros zertifizieren

Öffnet ein Anwender zum ersten Mal eine Mappe, die VBA-Makros enthält, bekommt er die Sicherungsmeldung *Von Microsoft Office wurde ein potentielles Sicherheitsrisiko identifiziert.*

Diese Sicherheitsmeldung wird aktiv, wenn im *Trust Center* (Excel-Optionen) für Makros die Stufe *Mittel* eingestellt ist (mit *Hoch* können Sie gar keine Makros laden, wenn kein Zertifikat vorliegt).

Erstellen Sie Ihr eigenes Zertifikat und signieren Sie Ihre Makros damit, können Sie alle Makros ohne Warnungen auf Ihrem eigenen Rechner starten und bearbeiten.

20.1 Office-Programm für Zertifikate

Microsoft stellt für die Ausstellung von Zertifikaten im Office-Paket eine Software zur Verfügung. Wenn diese nicht im Startmenü angeboten wird, holen Sie diese Aktivierung in der Wartungsinstallation nach:

1. Doppelklicken Sie in der Systemsteuerung auf *Software.*
2. Starten Sie die Systemsteuerung, öffnen Sie das Dienstprogramm *Software.*
3. Suchen Sie den Eintrag *Microsoft Office Professional* und klicken Sie auf *Ändern.*
4. Klicken Sie im Office-Setup auf *Features hinzufügen/entfernen.*
5. Wählen Sie für die Kategorie *Gemeinsam genutzte Office-Features* die Einstellung in *Vom Arbeitsplatz starten.*
6. Klicken Sie auf *Aktualisieren*, um die Installation abzuschließen.

20.2 Zertifikat erstellen

Die Software für eigene Zertifikate steht jetzt zur Verfügung, erstellen Sie Ihr erstes Zertifikat. Die Programmdatei heißt *SELCERT.EXE*, sie wird in Windows unter *Alle Programme/Microsoft Office/Microsoft Office-Tools* mit dem Befehl *Digitales Zertifikat für VBA-Projekte* gestartet.

1. Eine Dialogbox erscheint, geben Sie den Namen ein, den Sie in Ihrem Zertifikat sehen oder anzeigen wollen. Daraufhin wird ein digitales Zertifikat zum Signieren von Code mit diesem Namen erstellt und in Ihrem persönlichen Zertifikatsspeicher abgelegt.

2. Bestätigen Sie die Meldung und Ihr eigenes Zertifikat ist erstellt.
3. Klicken Sie auf den Link, um eine Liste von Zertifizierungsstellen im Browserfenster zu öffnen. Bei diesen Anbietern können Sie Zertifikate kaufen, die größere Entwicklungen absichern.

> **Tipp**
> Eine Alternative bietet diese Freeware-Lösung für selbst signierte Testzertifikate: http://www.abylonsoft.de/selfcert/index.htm

20.3 Digitale Signatur erstellen

1. Starten Sie die Makroarbeitsmappe in der mittleren oder niedrigen Sicherheitsstufe, in der Sie die Makros bearbeiten können. Wechseln Sie mit Alt+F11 in das Fenster des Visual Basic Editors.
2. Wählen Sie *Extras/Digitale Signatur*.
3. Die bereits zugewiesenen Zertifikate werden angezeigt, klicken Sie auf *Wählen*, um ein Zertifikat zu wählen.
4. Markieren Sie Ihr Zertifikat. Mit *Zertifikat anzeigen* erhalten Sie Details dazu, klicken Sie auf *OK*, um es zuzuweisen.

20.3.1 Echte Zertifizierung

Diese eigenen Zertifikate dienen nur zu Testzwecken, Microsoft stellt das Programm auch nur für diesen Zweck zur Verfügung. Wenn Sie eine echte Zertifizierung brauchen, setzen Sie sich mit einer Zertifizierungsstelle in Verbindung und beantragen ein solches Zertifikat.

Die Links in den Dialogboxen sind meistens falsch, aber Sie können alle wichtigen Informationen zur Zertifizierung bei Microsoft abrufen: http://office.microsoft.com/de-de/excel-help/digitales-signieren-eines-makroprojekts-HA010354312.aspx

Mit diesem Link erhalten Sie eine 30 Seiten starke DOC-Datei, in der die wichtigsten Fragen zur Makrosicherheit, digitalen Signatur und Zertifizierung von Makros beantwortet werden: http://download.microsoft.com/download/OfficeXPStandard/offxpsec/1/W98NT42KMe/DE/offxpsec.exe

21. Know-how von A bis Z

In diesem Kapitel finden Sie vieles, was Sie über VBA wissen sollten oder noch wissen könnten, in Kurzform und in alphabetischer Reihenfolge.

21.1 Add-in

Speichern Sie eine Excel-Makromappe als Add-in, lässt sich diese nur noch für den Benutzer unsichtbar öffnen. Deshalb sollte ein Add-in automatisch eine UserForm starten oder dem Benutzer ein Startsymbol im Menüband oder in der kleinen Symbolleiste bereitstellen. Erstellen Sie eine Excel-Makrodatei und speichern Sie diese unter dem Dateityp *Add-In* mit der Endung *XLAM*. Excel schlägt als Speicherort den *AddIns*-Ordner des Benutzers vor.

```
C:\Users\info\AppData\Roaming\Microsoft\AddIns
```

Öffnen Sie unter *Entwicklertools/Add-Ins/Excel-Add-Ins* die Liste der Add-ins und wählen Sie *Durchsuchen*. Das neue Add-in wird angeboten, klicken Sie es an, um es in den Start von Excel einzubinden.

Starten Sie Excel neu, wird das Add-in automatisch mitgeladen, ist aber für den Benutzer unsichtbar. Im Visual Basic Editor wird es als Projekt angezeigt, und wenn Sie die Mappe für Änderungen sichtbar machen wollen, ändern Sie einfach den Status:

1. Markieren Sie im Ordner *Microsoft Excel-Objekte Diese Arbeitsmappe*.
2. Stellen Sie im Eigenschaftenfenster die Eigenschaft *IsAddIn* auf *False*.
3. Bearbeiten Sie das Add-in und stellen Sie die Eigenschaft wieder auf *True*, bevor Sie das Add-in abspeichern.

Enthält das Add-in für den Benutzer bestimmte Makros, öffnen Sie über das Workbook-Open-Ereignis der Mappe eine UserForm und stellen in dieser Daten und Schaltflächen zur Auswahl. Wenn Sie die UserForm modal öffnen, kann der Benutzer im Hintergrund weiterarbeiten:

```
Private Sub Workbook_Open()
  frmStart.Show vbModeless
End Sub
```

Mit der RibbonX-Programmierung lässt sich ein Add-in natürlich auch für größere Aufgaben einsetzen. Programmieren Sie über CustomUI-Editor den XML-Code für den Aufruf von Makros, Hyperlinks oder externen Programmen (siehe Kapitel 19 »VBA-Makros im Menüband (RibbonX)«).

21.2 AutoFilter

Der AutoFilter ist ein Schalter. Der Makrorekorder zeichnet das Ein- oder Ausschalten des AutoFilters nur so auf:

```
Selection.AutoFilter
```

Hat der Benutzer den Zugriff auf den Filter, müssen Sie abprüfen, ob er bereits gesetzt ist oder nicht. Verwenden Sie dafür die Eigenschaft *.AutoFilterMode* und setzen Sie mit *.ShowAllData* alle Filter zurück:

Makro Nr. 138

```
Sub AutofilterTest()
 With ActiveSheet
  If .AutoFilterMode Then
   If .FilterMode Then .ShowAllData
  End If
 End With
End Sub
```

Zeichnen Sie mit dem Makrorekorder das Filtern einzelner Elemente auf, enthält der Makrocode alle Einträge, die Sie angekreuzt haben. Das ist natürlich in der Praxis nicht brauchbar, weil die Listen- oder Tabelleninhalte ja wechseln. Verwenden Sie Filter deshalb immer benutzerdefiniert und arbeiten Sie nur mit Filterkriterien:

Filter	Erklärung
Range("A4:E4").Autofilter Field:=2, Criteria1:="Tennis"	Filtert die 2. Spalte nach einem Suchbegriff
Range("A4:E4").Autofilter Field:=3, Criteria1:="Tennis", Operator:=xlOr, Criteria2:="Golf"	Filtert die 3.Spalte mit zwei Suchbegriffen
Range("A4:E4").Autofilter Field:=4, Criteria1:="=***"	Filtert die 4. Spalte nach allen Texteinträgen
Range("A4:E4").Autofilter Field:=4, Criteria1:="<>***"	Filtert die 4. Spalte nach allen Zahlenwerten
Range("A4:E4").Autofilter Field:=4	Setzt den Filter in Spalte 4 zurück

Lässt es sich nicht vermeiden und Sie müssen eine Liste, Tabelle oder PivotTable nach bestimmten Werten filtern, dann legen Sie im Makro eine Array-Variable an, beschriften diese mit den Filterwerten und weisen sie dem AutoFilter zu:

Makro Nr. 139

```
Sub AutoFilter_mehrere_Kriterien()
 Dim rngFilterRange As Range
 Dim arrCriteria() As String
 ' Arrayvariable dimensionieren (0 = erster Eintrag)
 ReDim arrCriteria(1)
 ' Filterkriterien festlegen
 arrCriteria(0) = "Immobilien"
 arrCriteria(1) = "Wertpapiere"

 Set rngFilterRange = ActiveSheet.Range("A4:E4")
 rngFilterRange.AutoFilter Field:=2, Criteria1:=arrCriteria(),
Operator:=xlFilterValues
 Set rngFilterRange = Nothing
End Sub
```

21.3 Bildschirm

Der Bildschirm kommt bei VBA ins Spiel, wenn Makros ihre Aktionen anzeigen oder Meldungen ausgeben. In beiden Fällen lässt er sich kurzfristig abschalten. Programmieren Sie UserForms, dann sollten Sie darauf achten, dass Anwender Ihre Makros auf unterschiedlich großen Bildflächen laufen lassen. Ältere Overhead-Projektoren sind auch natürliche Feinde der VBA-Programmierer, sie setzen die Bildschirmauflösung gnadenlos herunter, sodass größere UserForms nicht mehr zu gebrauchen sind.

21.3.1 Ein- und ausschalten

Schalten Sie den Bildschirm ab, wenn das Makro etwas länger braucht, um Daten zu holen oder zu konvertieren oder bei auffälligen Aktivitäten, die der Benutzer gar nicht sehen sollte.

Die Anweisung lässt den Bildschirm einfrieren:

```
Application.ScreenUpdating=False
```

Vergessen Sie nicht, den Bildschirm wieder einzuschalten, wenn das Makro die Steuerung an den Benutzer zurückgibt. Endet das Makro mit ausgeschaltetem Bildschirm, schaltet sich dieser automatisch wieder ein.

```
Application.ScreenUpdating=True
```

21.3.2 Meldungen ein-/ausschalten

Meldungen schaltet Excel, wenn eine Aktion bestätig werden muss oder wenn ein Fehler auftritt. Mit der Anweisung *DisplayAlerts*, die diese Meldungen ein- oder ausschaltet, sollten Sie deshalb besonders vorsichtig umgehen. Löschen Sie beispielsweise ein Tabellenblatt per Makro, werden Sie nicht gefragt, ob Sie das auch absichtlich tun, wenn Sie diese Anweisung davorschalten:

```
Application.DisplayAlerts = False
```

Damit schalten Sie aber alle Meldungen aus, bis das Makro fertig ist oder bis Sie die Meldungen wieder zulassen:

```
Application.DisplayAlerts = True
```

Aber Vorsicht! *DisplayAlerts* schaltet auch Fehlermeldungen aus, und das kann große Probleme verursachen. Arbeiten Sie stattdessen mit *On Error Goto*, um das Makro bei Fehlern auf ein Label zu lenken:

```
On Error Goto lbl_Fehler
lblFehler:
MsgBox "Fehler: " & Err.Description
```

21.3.3 UserForms zoomen

Wer VBA-Makros programmiert, muss die Bildschirmgröße des Anwenders berücksichtigen, besonders beim Einsatz von UserForms. Ist die UserForm zu groß, lassen sich die Schaltflächen, die meist rechts unten angeordnet sind, nicht ansteuern.

Nutzen Sie die API-Funktion *Bildschirmauflösung*, um die Bildschirmgröße des Anwenders zu ermitteln (siehe Kapitel 9.12 »API-Funktionen«). Mit dieser Information können Sie die Größe der UserForm über das *Initialize*-Ereignis auf den Bildschirm zuschneiden.

Verwenden Sie ein Zoom-Makro, das die UserForm über die Eigenschaft *Zoom* schrittweise verkleinert. Zeichnen Sie ein Drehfeld (Spin Button) in die UserForm und belegen Sie die Ereignisse *SpinDown* und *SpinUp* mit diesen Makros:

Makro Nr. 140

```
Private Sub spbZoom_SpinDown()
  With frm_ZoomTest
    .Zoom = .Zoom - 1
  End With
End Sub
```

```
Private Sub spbZoom_SpinUp()
  With frm_ZoomTest
    .Zoom = .Zoom + 1
  End With
End Sub
```

21.4 Blattschutz

Blattschutz und Arbeitsmappenschutz sind ein wirksames Mittel, um den Anwender vor unbeabsichtigten Aktionen zu schützen und falsche Eingaben oder Aktionen zu verhindern. Der Makroprogrammierer hat aber mit geschützten Tabellenblättern oder Zellbereichen ein Problem, wenn Makros mit diesen arbeiten, denn der Blattschutz nimmt auch Makros nicht aus. Mit den Methoden *Protect* und *Unprotect* lässt sich der Blattschutz im Makro steuern.

Makrobeispiel: BlattschutzINFO

Das Makro durchsucht alle Tabellenblätter der aktiven Mappe und schreibt ihre Namen in eine Textvariable, wenn sie geschützt sind. Anschließend wird die Liste in einer Meldung ausgegeben. Das Passwort wird zuvor über eine InputBox angefordert:

Makro Nr. 141

```
Sub BlattschutzINFO()
 Dim shW As Worksheet, strMText As String
 For Each shW In ActiveWorkbook.Worksheets
  If shW.ProtectContents = True Then
   strMText = strMText & vbCr & shW.Name
  End If
 Next
 If strMText <> "" Then
   MsgBox strMText, vbInformation, "BlattschutzINFO"
 Else
  MsgBox "Kein Tabellenblatt hat einen Blattschutz", vbInformation,
"BlattschutzINFO"
 End If
End Sub
```

Makrobeispiel: Blattschutz ein-/ausschalten

Das erste Makro schaltet den Blattschutz ein, wenn das Blatt nicht geschützt ist, bzw. aus, wenn es geschützt ist. Das zweite Makro entfernt den Blattschutz aus allen Tabellenblättern der Mappe. Das Passwort ist im Makro fest integriert, lässt sich natürlich aber auch aus einer Zelle holen:

Makro Nr. 142

```
Sub BlattschutzEinAus()
 If ThisWorkbook.ActiveSheet.ProtectContents = True Then
  ActiveSheet.Unprotect Password:="test"
  MsgBox "Blattschutz ausgeschaltet", vbInformation
 Else
  ActiveSheet.Protect Password:="test", UserInterfaceOnly:=True, _
  DrawingObjects:=True, Contents:=True, Scenarios:=True
  MsgBox "Blattschutz eingeschaltet", vbInformation
 End If
End Sub

Sub BlattschutzAusAlle()
 Dim shBlatt As Worksheet, varPW As String
 varPW = InputBox("Bitte Blattschutzpasswort eingeben!")
 If varPW = "" Then Exit Sub
 For Each varBlatt In ActiveWorkbook.Worksheets
   varBlatt.Unprotect varPW
 Next varBlatt
End Sub
```

21.4.1 Blattschutzpasswort entfernen

Nur für persönliche Zwecke und eigene Dateien: Entfernen Sie mit einer Schleife über alle ASCII-Zeichen das Blattschutzpasswort. Das Passwort selbst kann nicht angezeigt werden, das Makro entfernt auch keine Passwörter, die zu groß sind oder Sonderzeichen enthalten.

```
Sub BlattSchutzEntfernen()
  On Error Resume Next
  Dim i As Integer, j As Integer, k As Integer
  Dim l As Integer, m As Integer, n As Integer
  Dim o As Integer, p As Integer, q As Integer
  Dim r As Integer, s As Integer, t As Integer
  For i = 65 To 66: For j = 65 To 66: For k = 65 To 66: For l = 65 To 66
  For m = 65 To 66: For n = 65 To 66: For o = 65 To 66: For p = 65 To 66
  For q = 65 To 66: For r = 65 To 66: For s = 65 To 66: For t = 32 To 126
  ActiveSheet.Unprotect Chr(i) & Chr(j) & Chr(k) & Chr(l) _
  & Chr(m) & Chr(n) & Chr(o) & Chr(p) & Chr(q) & Chr(r) & _
  Chr(s) & Chr(t)
  Next t: Next s: Next r: Next q:  Next p: Next o: Next n: Next m
  Next l: Next k: Next j: Next i
  MsgBox "Blattschutz abgeschaltet"
End Sub
```

21.5 Datenschnitte

Datenschnitte sind seit Excel 2010 die idealen Werkzeuge zum Filtern von PivotTables. VBA stellt im Objektkatalog die Collection *Slicers* und das *Slicer*-Objekt zur Verfügung.

Seit Excel 2016 können Datenschnitte auch in Tabellenblättern zum Einsatz kommen.

Makrobeispiel: Datenschnitt anlegen und positionieren

Das Makro zeichnet für die erste PivotTable im aktuellen Tabellenblatt einen Datenschnitt auf das Feld *Kategorie*, positioniert diesen in der Zelle $E$1 und passt die Größe an.

Makro Nr. 143

```
Sub Datenschnitt_Neu()
 Dim slcCache As SlicerCaches
 Dim slcSlicers As Slicers
 Dim slcSingleSlicer As Slicer
 Set slcCache = ActiveWorkbook.SlicerCaches
 Set slcSlicers = slcCache.Add(ActiveSheet.PivotTables(1), "Kategorie",
"Kategorie").Slicers
 Set slcSingleSlicer = slcSlicers.Add(ActiveSheet, , "slcKategorie",
"Kategorie", 0, 0, 200, 200)
 With ActiveSheet.Shapes.Range(Array("slcKategorie"))
   .Top = 0
   .Left = Range("$E$1").Left
   .Width = 120
   .Height = 76
 End With
End Sub
```

21.6 Diagramme

Die Datenbasis für das Diagramm ist idealerweise eine Tabelle, denn Tabellen sind dynamisch und passen sich im Unterschied zur Liste veränderbaren Datengrößen an.

Die Funktion *DATENREIHE()* zeigt zwar immer noch den $-Bezug auf die Zellbereiche, das Diagramm passt sich aber dynamisch an die Größe der Tabelle an.

Makrobeispiel: Liste in Tabelle umwandeln und Diagramm erstellen

Makro Nr. 144

Legen Sie eine Liste mit Monatsnamen in der ersten Spalte sowie Einnahmen und Ausgaben in den nächsten Spalten an. Zeichnen Sie ein Makro auf, das die Liste in eine Tabelle umwandelt, ein Säulendiagramm erstellt und das Diagramm in Spalte E positioniert.

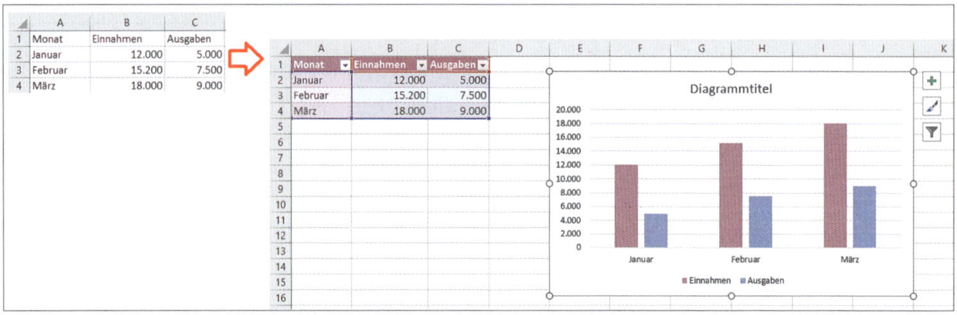

Abbildung 21.1: Von der Liste zur Tabelle, von der Tabelle zum Diagramm

Passen Sie das aufgezeichnete Makro an. Verwenden Sie die Adresse der Markierung als Quellbereich für die Tabelle und für das Diagramm. Positionieren Sie das Diagramm nicht mit *Inkrement*, sondern mit *Top* und *Left*.

```
Sub DiagrammTest()
 ' Bereich rund um Zelle A1 markieren
 Range("A1").CurrentRegion.Select
 ' Tabelle entsteht aus "Selection"
 ActiveSheet.ListObjects.Add(xlSrcRange, _
 Range(Selection.Address), , xlYes).Name = "tbl_Umsatz"
 ' Säulendiagramm anlegen
 ' Daten zuweisen mit SetSourceData ist nicht nötig, wenn Datenbereich
markiert ist
 ActiveSheet.Shapes.AddChart2(201, xlColumnClustered).Select
 ' Diagramm in Spalte E positionieren (linke obere Ecke = Zelle E2)
 With ActiveSheet.Shapes(1)
   .Top = Range("$E$2").Top
   .Left = Range("$E$2").Left
 End With
End Sub
```

21.7 Fehlerbehandlung

Fehler gehören zur Programmierung wie die Flöhe zum Hund. Es beginnt mit den lästigen Syntaxfehlern, die schon beim Schreiben des Codes mit roter Schrift kennzeichnen, was so nicht stehen bleiben darf, und geht weiter mit den Debugging-Fehlern, die erst auffliegen, wenn der Debugger gestartet wird, oder beim Versuch, ein fehlerhaftes Makro zu starten. Die ärgerlichsten Fehler sind aber die logischen Fehler, die der Debugger nicht finden kann, weil sie aus der Logik des Programms oder aus der Konsistenz der Daten entstehen.

Natürlich sollte jeder Programmierer den persönlichen Anspruch haben, seine Programme fehlerfrei zu bekommen, aber das ist nicht so einfach. In der Praxis tauchen oft nach Wochen und Monaten noch Fehler auf, die sich auch durch intensivstes Testen nicht aufspüren ließen. Meist liegt es an neuen »Basisparametern«, das heißt, der Benutzer, das System oder die Ordnerstruktur hat sich geändert oder die importierten Daten haben eine andere Struktur.

21.7.1 Fehler verhindern und abfangen

Es gibt verhinderbare Fehler und abfangbare Fehler. Verhinderbar sind diejenigen, die beim Testen auffliegen. Die müssen Sie bereinigen, indem Sie den Code richtig oder anders programmieren. Ist der Fehler aber auffangbar, können Sie mit Fehlerroutinen arbeiten.

> **Hinweis**
> Machen Sie nie den Fehler, verhinderbare Fehler durch Fehlerroutinen abzufangen. Schreiben Sie On-Error-Routinen nur in Ausnahmefällen und nur für kleine Codesegmente.

21.7.2 On Error

Die einfachste Form, einen Fehler abzufangen, ist *On Error Resume Next*. Das Makro macht einfach mit der nächsten Codezeile weiter, wenn ein Fehler auftritt, und das kann so nützlich wie gefährlich sein. *On Error Resume Next* sollte eigentlich nie zum Einsatz kommen.

21.7.3 On Error Goto

Die Anweisung *On Error Goto* sorgt dafür, dass das Makro bei eventuell auftretenden Fehlern nicht abbricht. Mit *On Error Goto* schalten Sie die Fehlerprüfung aus und lenken das Makro im Fehlerfall auf eine Sprungadresse (im Beispiel mit der Bezeichnung *lbl_Fehler*). Nach dieser Anweisung wird die Fehlerprüfung sofort wieder eingeschaltet und das Makro bricht wieder ab, wenn ein Fehler auftritt. Verwenden Sie *On Error*, um sicherzustellen, dass eine Tabelle oder Mappe, die Sie bearbeiten wollen, auch da ist.

Makro Nr. 145

```
Sub Fehlertest()
  On Error GoTo lbl_Fehler
  Sheets("Test").Select
  Exit Sub
Lbl_Fehler:
 MsgBox "Die Tabelle ist nicht vorhanden! ", _
vbCritical, "Fehler " & Err
End Sub
```

Verwenden Sie die Fehlerprüfung immer, wenn das Makro bei Fehlern kontrolliert beendet werden soll. Vergessen Sie aber auf keinen Fall, die Fehlerprüfung mit *On Error Goto 0* wieder einzuschalten, wenn die potenzielle Fehlerquelle vorbei ist. Excel kann bei ausgeschalteter Fehlerprüfung viel Unheil anrichten!

Mit der Anweisung *Resume* können Sie auch wieder in den normalen Code zurückspringen, aber auch das wird selten angewendet.

> **Hinweis**
> Suchen Sie bei Google nach diesem Knowledge-Base-Artikel, er enthält alle auffangbaren Fehler: KB142138.

Makrobeispiel: Fehlerlogbuch

Schreiben Sie die Makrofehler in eine Textdatei. In dieser können Sie unabhängig von Excel auf die Fehlersuche gehen.

Makro Nr. 146

```
Sub ErrTest()
  On Error GoTo msgErr_Write
  ChDir "Test"
  Exit Sub
msgErr_Write:
  WriteErr
End Sub
Public Sub WriteErr()
  ' Ausgabe von Fehlermeldungen in Log- oder Err-File
  Dim strFehlerDatei As String, datnr As Integer
```

```
  Dim err_mldg As String, pfad As String
  ' Freie Dateinummer
  datnr = FreeFile
  strFehlerDatei = "Fehler-Logbuch.txt"
  ' Hier bestimmen Sie den Pfad zum Logbuch
  pfad = "C:\Daten\"
  ' Datei wird geöffnet
  Open pfad & strFehlerDatei For Append As #datnr
  ' Auf Fehler überprüfen und eintragen
  If Err.Number <> 0 Then
    err_mldg = "Fehler # " & Str(Err.Number) _
    & " - ausgelöst von " _
    & Err.Source & " Beschr.: " & Err.Description
  Print #datnr, "***"; strFehlerDatei; "***"
  Print #datnr, Date, Time, err_mldg
  Print #datnr, "*******"
  Close #datnr
  ' Meldung (evtl. abschalten)
  MsgBox "Fehler in Logbuch eingetragen"
 End If
End Sub
```

21.8 IntelliSense

IntelliSense ist die Technik, mit der Excel dem Anwender das Leben leichter macht. Starten Sie zum Beispiel eine Formeleingabe, schlägt IntelliSense mit dem ersten Buchstaben nach dem =-Zeichen alle Funktionen aus dieser Buchstabengruppe vor. Und wenn Sie beim Erfassen einer Liste die ersten Buchstaben schreiben, schlägt Excel bereits vorhandene Einträge vor.

Diese Technik können Sie auch im VBA-Editor nutzen. Drücken Sie einfach Strg+Leer, um eine Vorschlagsliste zu bekommen. Schreiben Sie die ersten Buchstaben einer Variablen oder Funktion, erhalten Sie mit Strg+Leer alles, was damit beginnt.

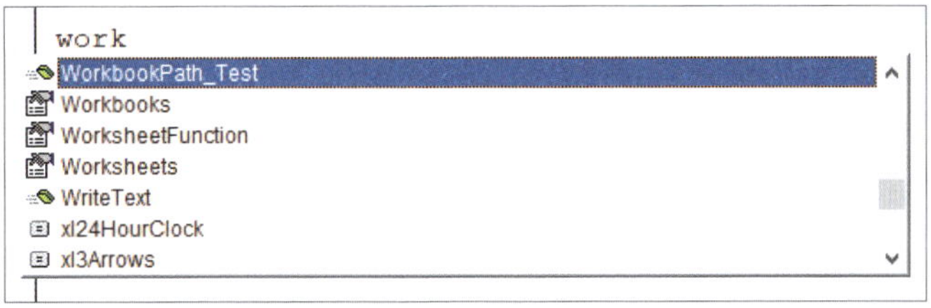

Abbildung 21.2: IntelliSense zeigt an, was in den Objektkatalogen zu finden ist

21.9 Makronamen

Der Makroname ist nicht frei wählbar, es gibt ein paar Regeln dafür. Versuchen Sie, ein Makro mit einem nicht erlaubten Namen anzulegen, erhalten Sie eine entsprechende Fehlermeldung.

- Das erste Zeichen muss ein Buchstabe sein.
- Groß- und Kleinschreibung wird nicht unterschieden.
- Leerzeichen, Punkt, Komma, Ausrufezeichen und die Zeichen @, &, $, # sind im Namen nicht erlaubt.
- Der Name darf nicht länger als 255 Zeichen sein.
- Der Makroname darf nicht mit einem Schlüsselwort aus VBA verwechselbar sein.
- In einem Projekt dürfen Makronamen nicht mehrfach vorkommen, auch nicht, wenn sie in unterschiedlichen Modulen stehen.
- Benennen Sie Makros möglichst nicht mit Programmiersprachen-Elementen wie *Sub*, *End*, *GoTo* oder Ähnlichem.

21.10 PDF

PDF-Dateien können per VBA direkt aus Excel erzeugt werden. Zeichnen Sie die Aktion einfach mit dem Makrorekorder auf:

1. Wählen Sie *Datei/Speichern unter*.
2. Suchen Sie den Zielordner und geben Sie einen Dateinamen ein.
3. Schalten Sie um auf den Dateityp PDF (**.pdf*) und speichern Sie die Datei.
4. Schließen Sie die Aufzeichnung ab. Das Makro verwendet die Methode *ExportAsFixedFormat* und belegt die restlichen Argumente, wie sie beim Speichern angegeben wurden (Optimieren, Datei nach dem Veröffentlichen öffnen, Optionen).

```
ActiveSheet.ExportAsFixedFormat Type:=xlTypePDF,
  Filename:=ThisWorkbook.Path & "\Testdatei.pdf" , _
 Quality:=xlQualityStandard, IncludeDocProperties:=True, _
 IgnorePrintAreas:=False, OpenAfterPublish:=True
```

21.11 Persönliche Arbeitsmappe

Das ist eine Excel-Mappe mit besonderen Eigenschaften:

- Die Mappe wird automatisch angelegt, wenn bei der Aufzeichnung eines Makros mit dem Makrorekorder *Persönliche Makroarbeitsmappe* als Ziel gewählt wird.

- Die Mappe wird automatisch zusammen mit Excel geöffnet.
- Die Mappe wird ausgeblendet und ist für den Benutzer nicht sichtbar. Er kann sie aber wie alle anderen ausgeblendeten Mappen auch wieder einblenden.
- Wird Excel ordnungsgemäß beendet, erscheint eine Meldung, ob die Änderungen in der persönlichen Makroarbeitsmappe gespeichert werden sollen.

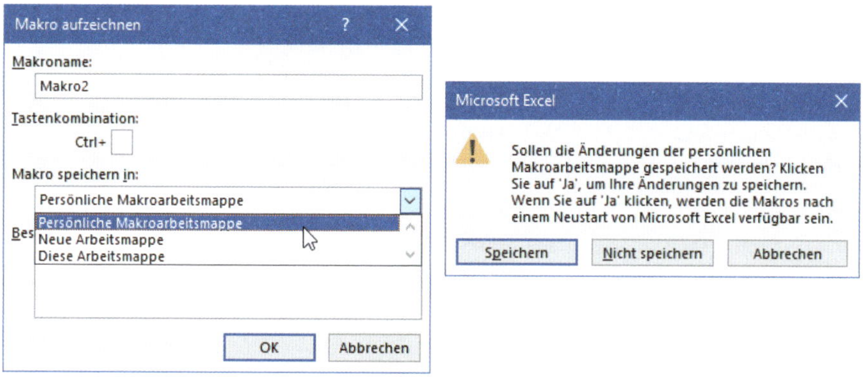

Abbildung 21.3: Die persönliche Makroarbeitsmappe

Damit die Mappe automatisch mit dem Start von Excel aktiv wird, muss der Speicherort XLSTART heißen. Geben Sie im Windows-Explorer *%appdata%* als Suchpfad ein und schalten Sie um auf *Microsoft/Excel/XLSTART*, sehen Sie die Datei.

Hinterlegen Sie in dieser Datei alle Makros, die Sie mit Symbolen im Menüband oder in der Symbolleiste für den Schnellzugriff abrufen. Packen Sie auch die Funktionen hinein, die Sie in verschiedenen Makros benutzen. Binden Sie die *PERSONAL.XLSB* unter *Extras/Verweise* als Bibliothek ein, können Sie die Funktionen in allen Makros benutzen, ohne den Namen der Mappe voranzustellen.

21.12 PivotTables

Die PivotTable als das wichtigste Analysewerkzeug in Excel wird in VBA über das PivotTable-Objekt angesprochen. Zeichnen Sie die Aktionen mit dem Makrorekorder auf, er liefert zuverlässig alle Methoden und Eigenschaften, die in VBA für die Erstellung, Verwaltung und Gestaltung von PivotTables und PivotCharts benötigt werden.

Der PivotCache ist der Zwischenspeicher für die Basisdaten einer PivotTable, eine vor dem Anwender versteckte binäre Kopie der Abfragedaten. Ändern Sie nur Kleinigkeiten an der PivotTable, wird Excel die Daten nicht neu aus der Quelle abfragen (was bei Server- und Cube-Verbindungen lange dauern kann), sondern die Daten aus dem Cache holen. Kopieren Sie PivotTables, nutzen Original und Kopie denselben Cache.

Makrobeispiel: PivotTable für eine Auftragstabelle

Makro Nr. 147

Schreiben Sie ein Makro, das eine PivotTable aus der Tabelle *tbl_Aufträge* anlegt. Fangen Sie mit Objektvariablen an, schreiben Sie die Daten erst in den Cache und dann in die PivotTable.

	A	B	C	D	E
1	Datum	Produktsegment	Auftragsvolumen	Status	Kunde
2	07.01.2022	Wertpapiere	160000	erteilt	1220-07
3	10.01.2022	Immobilien	68000	erteilt	1220-28
4	21.01.2022	Versicherungen	90000	erteilt	1220-01
5	25.01.2022	Wertpapiere	113000	Anfrage	1220-12
6	25.01.2022	Versicherungen	65000	erteilt	1220-03
7	27.01.2022	Immobilien	32000	erteilt	1220-25
8	29.01.2022	Versicherungen	137000	erteilt	1220-22
9	03.02.2022	Wertpapiere	91000	Anfrage	1220-09

Abbildung 21.4: Auftragsstabelle für die Auswertung per PivotTable

```
Sub PivotTableAnlegen()
 Dim sh As Worksheet, pvtCache As PivotCache, pvt As PivotTable
 Dim StartPvt As String, Quelldaten As String
 Quelldaten = "tbl_Aufträge"
 Set sh = Sheets.Add
 StartPvt = sh.Range("A3")
 ' PivotTable aus den Quelldaten in den Cache
 Set pvtCache = ActiveWorkbook.PivotCaches.Create(SourceType:=xlDatabase,
SourceData:=SrcData)
 ' PivotTable aus dem PivotCache
 Set pvt = pvtCache.CreatePivotTable(TableDestination:=StartPvt,
TableName:="PivotTable1")
End Sub
```

Fügen Sie per Makro gleich die Felder in das Pivot-Layout ein und weisen Sie den Zahlenfeldern das passende Zahlenformat zu.

```
Sub PivotFelder()
 Dim pvt As PivotTable
 Set pvt = ActiveSheet.PivotTables(1)
 ' Status in den Filter, Abteilung in Spalten, Produkt in Zeilen
 pvt.PivotFields("Status").Orientation = xlPageField
 pvt.PivotFields("Abteilung").Orientation = xlColumnField
 pvt.PivotFields("Produkt").Orientation = xlRowField
 ' Betrag in den Wertebereich und formatieren
 pvt.AddDataField pvt.PivotFields("Betrag"), "Summe von Betrag", xlSum
 pvt.PivotFields("Summe von Betrag").NumberFormat = "#,##0"
End Sub
```

Makrobeispiel: Alle PivotTables löschen

Löschen Sie über zwei ineinander verschachtelten Schleifen alle PivotTables in der aktuellen Arbeitsmappe.

Makro Nr. 148

```
Sub AllePivotTablesLoeschen()
 Dim sh As Worksheet, pvt As PivotTable, i As Integer
  For Each sh In ActiveWorkbook.Worksheets
  For Each pvt In sh.PivotTables
    pvt.TableRange2.Clear
    i = i + 1
  Next pvt
 Next sh
 MsgBox i & " PivotTable(s) gelöscht", vbInformation
End Sub
```

PivotTables aktualisieren sich nicht automatisch, wenn die Daten in der Datenquelle geändert werden. In den PivotTable-Optionen können Sie die Option *Aktualisieren beim Öffnen der Datei* setzen. Setzen Sie den *Refresh* für einzelne PivotTables in das Ereignismakro *Worksheet_Activate()* des Tabellenblatts und lassen Sie im *Workbook_Open()* alle PivotTables aktualisieren.

Makro Nr. 149

```
Private Sub Worksheet_Activate()
 ActiveSheet.PivotTables(1).PivotCache.Refresh
End Sub

Private Sub Workbook_Open()
  ActiveWorkbook.RefreshAll
End Sub
```

21.13 VBA-Projekt

Das VBA-Projekt ist in der Regel die Arbeitsmappe. Schalten Sie in den VBA-Editor, sehen Sie im Projekt-Explorer alle VBA-Projekte. Wählen Sie *Ansicht/Projekt-Explorer*, wenn dieser nicht sichtbar ist.

21.13.1 Eigenschaften des VBA-Projekts

Klicken Sie mit der rechten Maustaste im Projekt-Explorer auf den Namen des Projekts und wählen Sie *Eigenschaften von VBA-Project*. Tragen Sie auf der ersten Registerkarte die Eigenschaften ein:

- Der Projektname identifiziert die Komponente in der Windows-Registierung und im Browser. Der Projektname ist gleichzeitig der Name für die Typbibliothek.
- Der Name der Hilfedatei verweist auf die Hilfedatei, die dem Projekt zugeordnet ist. Klicken Sie auf das Symbol mit den Punkten, können Sie eine HLP-Datei zuordnen.
- Die Beschreibung des Projekts wird am unteren Browserrand angezeigt.
- Die Kontext-ID für die Projekthilfe ist für das Hilfe-Symbol im Objektkatalog reserviert.

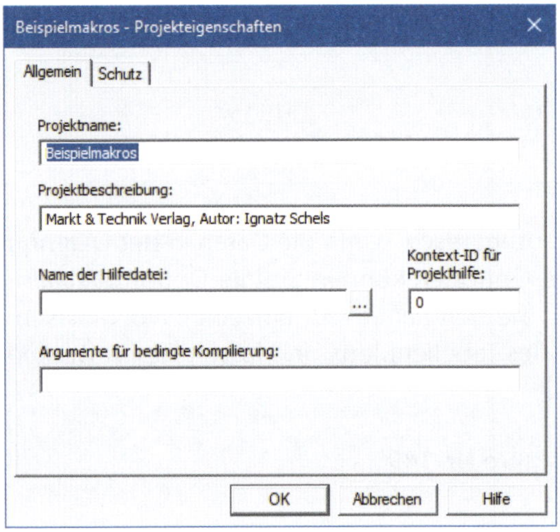

Abbildung 21.5: Die Eigenschaften des VBA-Projekts

21.13.2 VBA-Projekt schützen

Excel bietet zusätzlich zum Dateischutz noch die Möglichkeit, das VBA-Projekt zu schützen. Der Benutzer sieht dann das Projekt zwar im VBA-Editor, kann es aber nur über die Eingabe des richtigen Kennworts öffnen:

1. Klicken Sie mit der rechten Maustaste im Projekt-Explorer auf den Namen des Projekts und wählen Sie *Eigenschaften von VBA-Project*. Schalten Sie um auf die zweite Registerkarte und markieren Sie die Option *Projekt für die Anzeige sperren*. Geben Sie unter *Kennwort* ein Kennwort ein und bestätigen Sie es im zweiten Feld.
2. Speichern und schließen Sie das Projekt. Starten Sie es erneut und klicken Sie doppelt auf den Eintrag im Projekt-Explorer, werden Sie nach dem Kennwort gefragt.
3. Um den Schutz wieder aufzuheben, deaktivieren Sie die Option *Projekt sperren* und löschen die beiden Kennwörter.

21.14 Zeichen und Zeichencodes

Ein Computer kennt keine Zeichen, sondern nur Zahlen. Damit er aber trotzdem mit Zeichen arbeiten kann, werden den Zeichen Zahlencodes zugewiesen.

Die älteste Codiermethode ASCII (**A**merican **S**tandard **C**ode for **I**nformation **I**nterchange) stammt aus den Vorzeiten der Personal Computer und konnte nur 7-Bit-Zeichen codieren. Sie wurde unter Windows durch ANSI abgelöst, und ab dieser Norm hatte ein Byte 8 Bits. Deshalb gilt die ACSII-Norm nur bis zum Zeichencode 127 (0 bis 128 = 2 ^ 7) und die ANSI-Norm bis 256 (2 ^ 8).

Mittlerweile hat der Unicode alle Codierprobleme gelöst, im Unicode sind über 100.000 Zeichen genormt. Sehen Sie sich die Codierungen in Excel unter *Einfügen/ Symbole* an, schalten Sie rechts unten auf den Code und markieren Sie ein Zeichen, wird die Codezahl angezeigt.

> **Tipp**
> Mit gedrückter Alt-Taste und der Eingabe des vierstelligen Codes (0 vor dem ASCII-Code) lässt sich das Zeichen auch direkt auf der Tastatur erzeugen (zum Beispiel Alt + 0169 = ©).

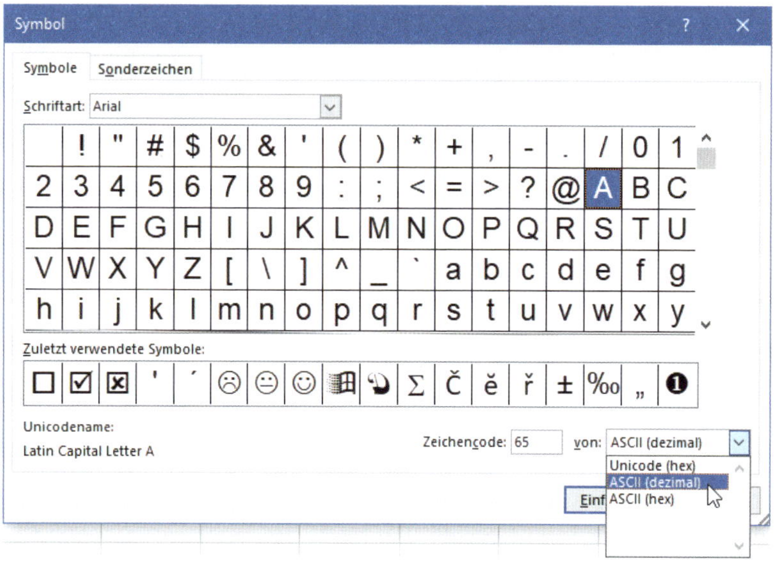

Abbildung 21.6: ASCII-, ANSI- und Unicode

VBA hat zwei Äquivalente zu den Tabellenfunktionen von Excel, die ASCII- bzw. ANSI-Codes erzeugen:

Excel-Funktion	VBA-Funktion
=ZEICHEN(nummer)	CHR(nr)
=CODE(nummer)	Asc(nr)

Die Zeichen vor der Codezahl 32 sind nicht druckbare Druckersteuerzeichen, die in der Programmierung auch verwendet werden. VBA hat für diese aber Konstanten:

ASCII-Zeichen	Code	Konstante
Chr(8)	Rückschritt	vbBack
Chr(9)	Tabulator	vbTab
Chr(10)	LineFeed (Zeilenvorschub)	vbLf
Chr(13)	Carriage Return	vbCr
Chr(1)+Chr(13)	Carriage Return Line Feed	vbCrLf

Makrobeispiel: Codetabelle mit Excel- und VBA-Funktionen

Makro Nr. 150

Das Makro legt ein neues Tabellenblatt an, schreibt in Spalte A eine Nummernreihe von 32 bis 255, rechnet in den nächsten Spalten mit den Excel-Funktionen *ZEICHEN()* und *CODE()* und in zwei weiteren Spalten mit den VBA-Funktionen *Asc()* und *Chr()*.

```
Sub ZeichenCodes()
 Dim i As Integer
 Sheets.Add
 Range("A1") = "Nummer"
 Range("B1") = "Zeichen"
 Range("C1") = "Nummer"
 Range("A2").FormulaR1C1 = "=ROW()+30"
 Range("A2").AutoFill Destination:=Range("A2:A225"), Type:=xlFillDefault
 Range("B2").FormulaR1C1 = "=CHAR(RC[-1])"
 Range("B2").AutoFill Destination:=Range("B2:B225")
 Range("C2").FormulaR1C1 = "=CODE(RC[-1])"
 Range("C2").AutoFill Destination:=Range("C2:C225")
 Range("D1") = "Asc()"
 Range("E1") = "Chr()"
```

```
  For i = 3 To 225
    Cells(i, 4) = Asc(Range("B" & i))
    Cells(i, 5) = Chr(Range("D" & i))
  Next i
End Sub
```

C4 =CODE(B4)

	A	B	C	D	E
1	**Nummer**	**Zeichen**	**Nummer**	**Asc()**	**Chr()**
2	32		32		
3	33	!	33	33	!
4	34	"	34	34	"
5	35	#	35	35	#
6	36	$	36	36	$
7	37	%	37	37	%
8	38	&	38	38	&
9	39	'	39	39	
10	40	(	40	40	(
11	41	)	41	41	)
12	42	*	42	42	*
13	43	+	43	43	+
14	44	,	44	44	,

Abbildung 21.7: ASCII/ANSI-Codetabelle mit Excel- und VBA-Funktionen

Für Unicode-Zeichen stellt VBA die Funktion *ChrW()* zur Verfügung. *ChrW()* akzeptiert eine dezimale oder eine hexadezimale Zahl als Argument. Da Unicode in der Regel mit hexadezimalen Werten arbeitet, konvertieren Sie die Dezimalzahl vorher in eine Hex-Zahl oder teilen der Funktion mit, dass Sie eine Hex-Zahl meinen:

```
ChrW(8242) oder
ChrW(&H2032)
```

22. Office-Skripts einsetzen

Mit der Einführung von Office-Skripts eröffnet Microsoft seinen geschätzten Kunden eine neue Möglichkeit, Aufgaben zu automatisieren. Aktionen können ähnlich wie mit dem Makrorekorder aufgezeichnet und bei Bedarf ausgeführt werden. Skripts lassen sich auch editieren und direkt codieren.

Microsoft ermöglicht mit Office-Skripts Automatisierungen, die sicherer als VBA sind und vor allem Interaktionen mit cloudbasierten Anwendungen bieten. Administratoren haben bei VBA-Makros nicht viele Alternativen in puncto Sicherheit und Rechtevergabe, während Office-Skripts für beliebige Benutzergruppen und Mandanten freigegeben werden können.

Für umfangreiche Projekte eignen sich Office-Skripts nicht. Sie unterstützen keine Ereignisse, kennen außer Konsolenausgaben (*MsgBox*) keine Dialoge und haben ein vergleichsweise mageres Angebot an Kontrollstrukturen.

Office-Skripts sind nur für das funktionsarme Excel im Web verfügbar und damit für komplexe Programmierprojekte nicht geeignet. Die Zusammenarbeit mit Power Automate gilt als Innovation für die Prozessautomatisierung, aber auch diese Technik ist nur für Cloud-Lösungen interessant.

22.1 Voraussetzungen

Für Office-Skripts muss eine Office-365-Version vom Typ Business, Business Premium, Pro Plus, Enterprise, A3 oder A5 installiert sein. Der Anwender braucht Admin-Rechte für das Konto, nur dann ist das Menü *Automatisieren* für Office-Skripts verfügbar.

Wenn das Menü *Automatisieren* nicht sichtbar ist, kann das auch diese Ursachen haben:

- Als Betriebssystem muss Windows ab Version 8.1 zum Einsatz kommen, Mac OS X ab Version 10.10 oder höher oder Linux (unterstützt nicht alle Features).
- Der Browser muss Edge, Firefox oder Chrome heißen, beim Mac muss es mindestens Safari 10+ sein.
- Auf Mobilgeräten werden die mobilen Microsoft-365-Apps (iOS und Android) unterstützt.
- Der Browser muss Cookies von Drittanbietern zulassen (im Edge-Browser unter *Einstellungen/Webberechtigungen*.

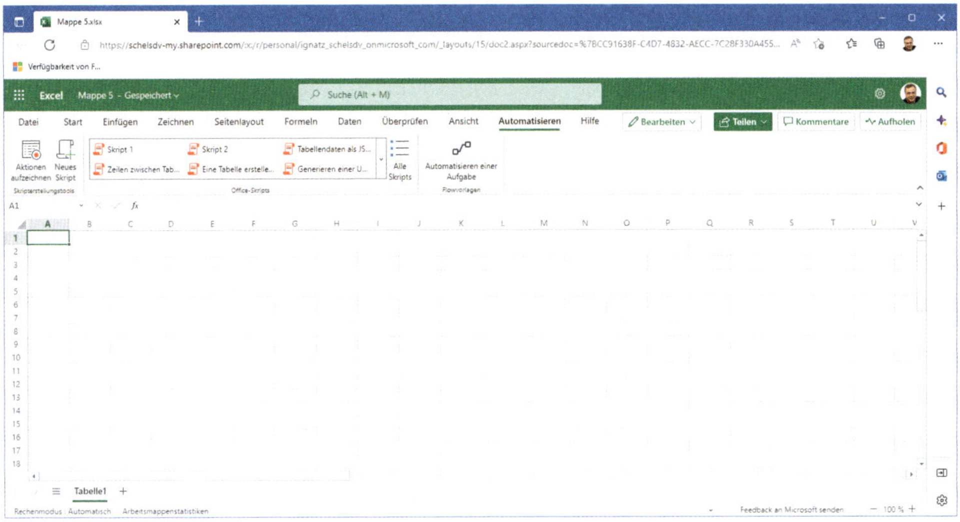

Abbildung 22.1: Excel im Web mit Office-Skripts

22.2 Das Menü »Automatisieren«

Aktivieren Sie Excel im Web, erstellen Sie eine neue Arbeitsmappe oder öffnen Sie eine bereits gespeicherte Anwendung. Das Menü *Automatisieren* bietet diese Werkzeuge für Office-Skripts an.

22.2.1 Skripterstellungstools

Mit *Aktionen aufzeichnen* im Bereich *Skripterstellungstools* starten Sie den Rekorder. Dieser legt eine neue Funktion an und registriert Zeile für Zeile, was per Maus oder Tastatur ausgeführt wird. Über den Code-Editor am rechten Rand lässt sich die Aufzeichnung nachverfolgen.

Die Schaltfläche *Neues Skript* legt ein Skript mit einer leeren Funktion an und speichert dieses Skript. Im Code-Editor lässt sich das neue Skript weiterverarbeiten.

22.2.2 Office-Skripts

In diesem Bereich finden Sie eine Liste mit allen verfügbaren Skripts. Klicken Sie auf ein Skript, wird es im Code-Editor bereitgestellt. Mit *Alle Skripts* erhalten Sie im Code-Editor eine Liste. Neben den eigenen Skripts enthält die Liste mehrere Beispielskripts.

Office-Skripts werden als OSTS-Dateien in OneDrive oder im SharePoint-Ordner gespeichert, und zwar getrennt von allen Arbeitsmappen. Wird ein Skript freigegeben, steht es allen Usern zur Verfügung, die Zugriff auf den OneDrive-Ordner haben. Aktivieren Sie in OneDrive den Ordner *Eigene Dateien/Dokumente/Office-Skripts*, sehen Sie alle selbst erstellten Skripts.

22.2.3 Flowvorlagen

Das Symbol *Automatisieren einer Aufgabe* im Bereich *Flowvorlagen* startet im Code-Editor eine Liste mit Vorlagen für Power Automate.

22.3 Office-Skript aufzeichnen

Ähnlich dem Makrorekorder in VBA leistet der Skriptrekorder wertvolle Dienste beim Erlernen der Skriptsprache. Zeichnen Sie die Aktionen auf und sehen Sie sich das Ergebnis im Skript-Editor an.

Die Aufgabe: Erstellen Sie eine Ein-/Ausgabenrechnung für zwölf Monate eines Jahres. Berechnen Sie die Betragssummen und formatieren Sie erfasste und berechnete Werte mit dem Währungsformat. Benennen Sie Tabellenblatt und Mappe und speichern Sie das Ergebnis.

1. Legen Sie eine neue Arbeitsmappe an. Starten Sie die Aufzeichnung eines neuen Skripts per Klick auf *Automatisieren/Skripterstellungstools/Aktionen aufzeichnen*.
2. Schreiben Sie im Bereich A1:C1 *Monat*, *Einnahmen* und *Ausgaben*.
3. Schreiben Sie den Monat Januar in Zelle A2 und ziehen Sie das Füllkästchen bis März (A4).
4. Schreiben Sie Werte in die Spalten B und C.
5. Legen Sie eine Spalte D mit der Überschrift *Differenz* an und berechnen Sie für alle Zeilen die Differenz zwischen B und C:

   D2: = B2-C2
6. Berechnen Sie in D5 die *AutoSumme* für die Spalte D.
7. Formatieren Sie die Spalten C bis D mit dem Währungsformat.
8. Klicken Sie im Code-Editor auf *Stopp*, um die Aufzeichnung zu beenden.
9. Geben Sie dem Skript im Code-Editor die Bezeichnung *Einnahmen_Ausgabenrechnung*.

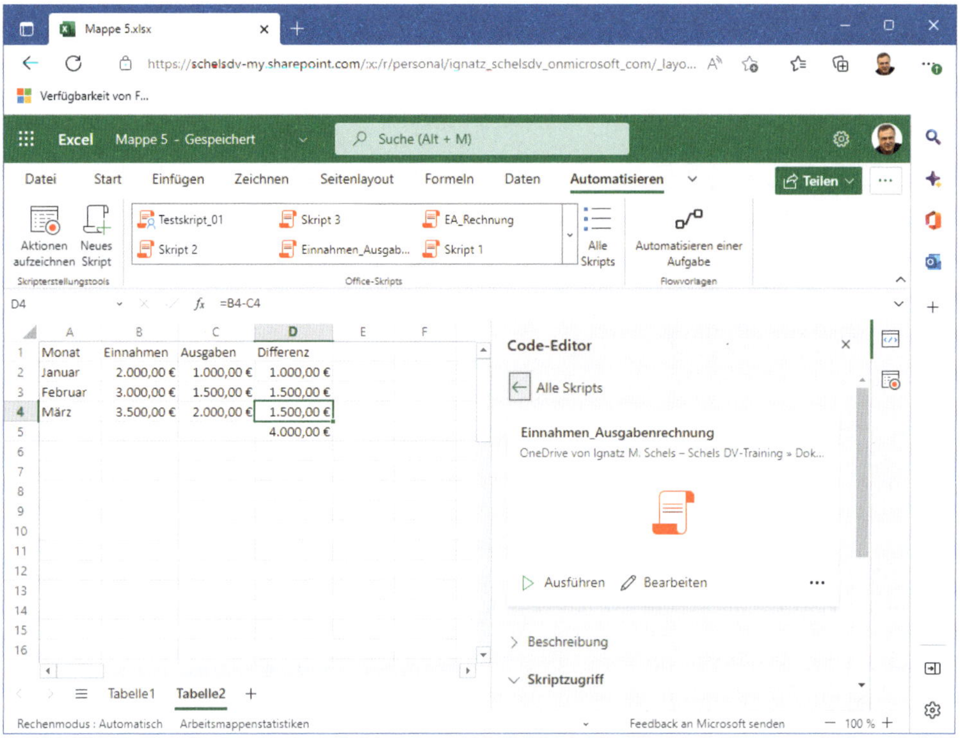

Abbildung 22.2: Ein Office-Skript wird aufgezeichnet

22.4 Office-Skript bearbeiten

Sehen Sie sich das aufgezeichnete Skript im Code-Editor an und bearbeiten Sie es.

> **Hinweis**
>
> Bei den ersten Versuchen mit dem Rekorder werden Sie feststellen, dass dieser nicht besonders zuverlässig, sondern fehlerhaft aufzeichnet, besonders, wenn Sie Profi-Techniken mit Shortcuts nutzen. Dazu gehört zum Beispiel der Doppelklick auf das Füllkästchen oder das Füllen mehrerer markierter Zellen mit der Strg-Taste.

Klicken Sie im Code-Editor auf das Symbol *Bearbeiten*. Das Skript wird angezeigt. Wenn Sie eine größere Schrift oder einen anderen Hintergrund brauchen, öffnen Sie über das Drei-Punkte-Menü rechts oben die Editor-Einstellungen.

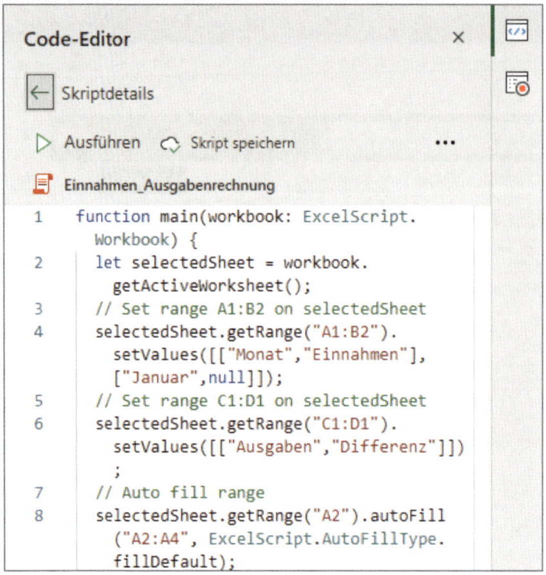

Abbildung 22.3: Das Office-Skript im Code-Editor

Speichern Sie das Skript nach der Bearbeitung wieder per Klick auf *Skript speichern*. Über das Drei-Punkte-Menü können Sie das Skript umbenennen oder löschen. Klicken Sie auf *Teilen*, wird das Skript allen Nutzern bereitgestellt, die Zugriff auf Ihr OneDrive haben.

22.4.1 IntelliSense

Im Unterschied zu VBA bietet der Office-Skript-Editor echte IntelliSense-Unterstützung. Während der Eingabe werden Vorschläge eingeblendet, die mit der [Tab]-Taste oder mit [Enter] übernommen werden. Mit [Strg]+[Leer] schließen Sie einen Vorschlag an der aktuellen Cursorposition ab. Zeigen Sie mit dem Mauszeiger auf eine Methode, eine Klasse oder ein anderes Code-Element, wird häufig ein Infofenster eingeblendet.

Fehler im Code zeigt IntelliSense durch rote oder gelbe Wellenlinien an. Zeigen Sie auf einen Fehler, wird die Infobox aktiviert. In der unteren Zeile finden Sie *Peek Problem* für eine detaillierte Beschreibung und häufig auch einen *Quick Fix* zur schnellen Fehlerbehebung.

Die Features stammen von Visual Studio, eine vollständige Dokumentation finden Sie dort. Visual Studio bietet auch eine reichhaltige Auswahl an Tastenkombinationen:

https://code.visualstudio.com/docs/editor/intellisense#_intellisense-features
https//code.visualstudio.com/shortcuts/keyboard-shortcuts-windows.pdf

Hinweis

Achten Sie auf die korrekte Groß-/Kleinschreibung. TypeScript lässt im Unterschied zu VBA nur die korrekte Schreibweise der Code-Elemente zu:

Falsch: setvalues(), getrange()
Richtig: setValues(), getRange()

22.5 Office-Skript erstellen

Um ein neues Skript zu erstellen, klicken Sie unter *Automatisieren/Skripterstellungstools* auf *Neues Skript*. Das Skript wird erstellt, die Funktion *main* steht zur Verfügung. Tragen Sie Ihre Codezeilen ein und speichern Sie das Skript unter einer Bezeichnung Ihrer Wahl.

22.6 Grundlagen TypeScript

Office-Skripts werden in TypeScript erstellt, einer Obermenge der Programmiersprache JavaScript. Wer JavaScript kennt, kann die meisten Elemente der Sprache auch für TypeScript nutzen, das von Microsoft entwickelt wurde.

22.6.1 Die Funktion main

Das Skript beginnt mit einer *main*-Funktion und einem Objekt vom Typ *Workbook*, das über *ExcelScript.Workbook* als erster Parameter übergeben wird.

```
function main(workbook: ExcelScript.Workbook)
```

Dann folgen die Skriptklammern, zwischen die der Code geschrieben wird. Kommentare werden mit // eingeleitet. Hier ein Skript, das nach einem Kommentar *Hello World!* in der Konsole ausgibt:

```
function main(workbook: ExcelScript.Workbook) {
// Hello World!
console.log "Hello World!"
}
```

Anschließend folgt die Zuweisung des Tabellenblatts per *let* an eine Variable (hier *selectedSheet*):

```
let selectedSheet = workbook.getActiveWorksheet()
```

22.6.2 Bereiche

Im Folgenden werden die Bereiche definiert und bearbeitet. Ein Bereich ist eine Gruppe von Zellen, im Skript in der A1-Notation festgelegt. Bereiche haben drei Haupteigenschaften: Werte, Formeln und Formate. Über *getValues*, *getFormulas* und *getFormat* greift das Skript auf diese Eigenschaften zu. Mit *setValues*, *setFormula*, *setFormulaLocal* und *setNumberFormat* bzw. *setNumberFormatLocal* werden die Eigenschaften der Bereiche geändert.

Hier ein Beispiel, wie das oben aufgezeichnete Skript ohne Rekorderaufzeichnung aussehen würde. Nach der Anlage der Hauptfunktion werden die Variablen für die Kopfzeile angelegt, dann wird diese mit den Texten bestückt und formatiert:

```
function main(workbook: ExcelScript.Workbook) {
let sheet = workbook.getActiveWorksheet();
// Kopfzeile anlegen, Bereich festlegen
let headers = [["Monat","Einnahmen","Ausgaben","Differenz"]];
let headerRange=sheet.getRange("A1:D1");
headerRange.setValues(headers);
headerRange.getFormat().getFill().setColor("blue");
headerRange.getFormat().getFont().setColor("white");
}
```

Anschließend werden die Daten und die Formeln in weitere Array-Variablen eingelesen, den definierten Bereichen zugewiesen und formatiert:

```
// Daten anlegen
let eaData = [
  ["Januar", 2000, 1000],
  ["Februar", 3000, 1500],
  ["März", 3500, 2000],
];
let dataRange=sheet.getRange("A2:C4");
dataRange.setValues(eaData);
// Formeln anlegen
let monthFormulas= [
["=B2*C2"],
["=B3*C3"],
["=B4*C4"],
["=SUM(D2:D4"],
];
// Daten und Formel zuweisen
let totalRange=sheet.getRange("D2:D5");
totalRange.setFormulas(monthFormulas);
```

```
// Formatierung
totalRange.getFormat().getFont().setBold(true)
totalRange.setNumberFormat("#,##0 €")
}
```

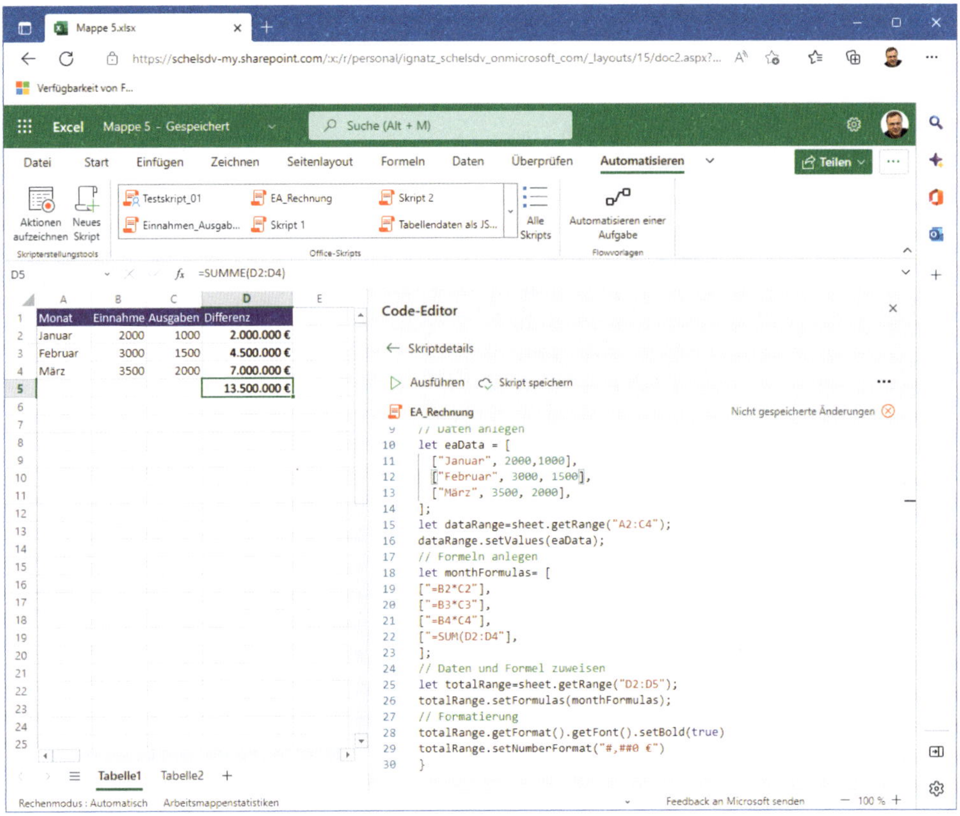

Abbildung 22.4: Das Skript EA_Rechnung mit Ausgabeergebnis

22.6.3 Skript mit Schaltfläche ausführen

Um dem User die Ausführung von Office-Skripts so einfach wie möglich zu machen, bietet die Automatisierung an, Schaltflächen in die Oberfläche des Tabellenblatts zu zeichnen und diese mit Skripts zu kombinieren.

1. Markieren Sie das Skript in der Liste der Office-Skripts unter *Automatisieren*.
2. Klicken Sie auf das Drei-Punkte-Symbol im Code-Editor und wählen Sie *Schaltfläche „Hinzufügen"*.

3. Klicken Sie die Schaltfläche mit der rechten Maustaste an und bearbeiten Sie den Text. Ändern Sie die Größe und positionieren Sie die Schaltfläche auf dem Tabellenblatt.

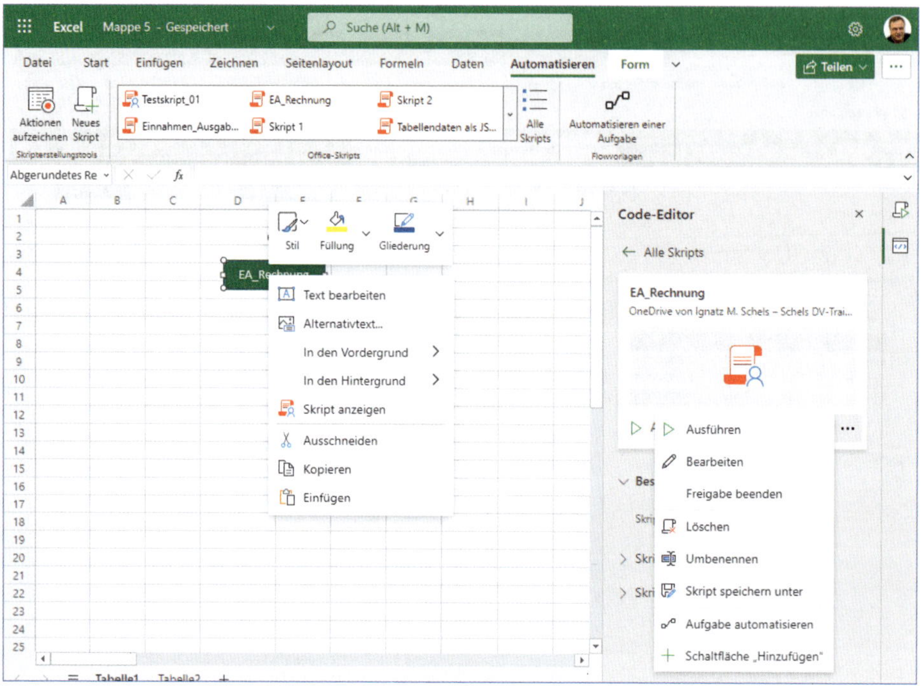

Abbildung 22.5: Eine Schaltfläche für das Office-Skript

22.7 Office-Skripts und Power Automate

Power Automate ist ein cloudbasierter Dienst für die Erstellung von Workflows, die Prozesse automatisieren. Es gibt Cloud-Flows, Desktop-Flows und Geschäftsprozess-Flows.

Power Automate lässt sich über das Menü in der Office-App oder unter Excel im Web über das Menü *Automatisieren* aktivieren. Wählen Sie eine Aufgabe aus und erstellen Sie einen Flow mithilfe der vordefinierten Vorlagen.

Viele dieser Vorlagen bieten die Möglichkeit, Office-Skripts an den Flow anzubinden und auszuführen. Aktivieren Sie beispielsweise eine Aufgabe, die beim Empfang einer E-Mail ein Office-Skript ausführt.

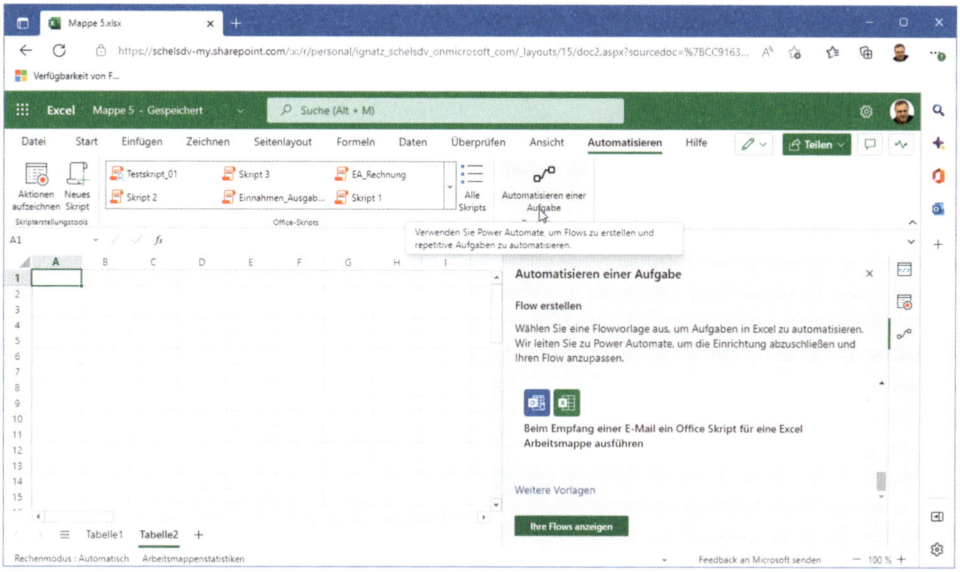

Abbildung 22.6: Power-Automate-Aufgabe mit Office-Skript verbinden

A

B

C

D

E

F

G

H

I

K

L

M

S

T

U